동남아시아계 이주민의 다문화 생활세계 연구

사회통합 총서 3
동남아시아계 이주민의 다문화 생활세계 연구

2019년 12월 25일 초판 인쇄
2019년 12월 30일 초판 발행

지은이 | 김영순 · 박미숙 · 최승은 · 오영훈 · 손영화 · 박종도 · 조영철 · 이미정 · 오세경 · 오영섭 · 정지현 · 박봉수 · 방현희
펴낸이 | 이찬규
펴낸곳 | 북코리아
등록번호 | 제03-01240호
주소 | 13209 경기도 성남시 중원구 사기막골로 45번길 14 우림2차 A동 1007호
전화 | 02-704-7840
팩스 | 02-704-7848
이메일 | sunhaksa@korea.com
홈페이지 | www.북코리아.kr
ISBN | 978-89-6324-681-9(94300)
978-89-6324-636-9(세트)

값 24,000원

* 이 저서는 2017년 정부(교육부)의 재원으로 한국연구재단의 지원을 받아 수행된 연구임(NRF-2017S1A5B4055802).

사회통합 총서 3

동남아시아계 이주민의 다문화 생활세계 연구

김영순 · 박미숙 · 최승은 · 오영훈 · 손영화 · 박종도 · 조영철 ·
이미정 · 오세경 · 오영섭 · 정지현 · 박봉수 · 방현희

북코리아

서문: 이주민의 다문화 생활세계 모습 엿보기

다문화 생활세계는 어떤 세계일까? 특히 이주민들로 인해 구성되는 다문화 생활세계는 우리 사회구성원들에게는 어떤 의미일까?

이 책은 이러한 문제들에 천착하여 동남아시아계 이주민들이 어떻게 한국사회에 적응하며, 어떤 정체성의 변화를 겪는지를 심층적으로 이해하고자 이들의 생활세계를 탐색한 것이다. 생활세계는 권력 집단으로부터 만들어지는 제도의 모습이라기보다 어떤 사회 구성원들의 일상생활로부터 구성된다. 다문화 생활세계는 바로 이주민들로부터 형성된 다양한 문화를 전제로 한다. 다문화 생활세계에서의 주체는 정주민이라기보다 이주민이며, 이들로 인해 만들어지는 생활세계를 일컫는다.

이 책은 바로 동남아시아계 이주민을 생활세계의 주체로 삼아 이들의 문화적응과 정체성 협상을 탐색한 것이다. 이 책을 집필하게 된 배경은 2017년 한국연구재단의 인문사회토대연구지원사업에서 선정된 연구과제에 의해서이다. 이 연구과제명은 '글로벌 시대 에스노그래피를 활용한

다문화가정 구성원의 디지털 아카이브 구축 및 지속가능한 다문화사회를 위한 사회통합 연구'이다.

이 연구과제는 글로컬 다문화 시대를 살아가고 있는 한국 사회의 사회통합을 위해 문화적으로 다양한 구성원의 생활세계에 나타나는 문화적응과 이에 따른 정체성 협상 현상들을 수집하여 분석하고 이를 바탕으로 다문화 생활세계 디지털 아카이브를 구축하는 것이다. 이뿐만 아니라 아카이브를 구축하는 과정 중에서 수집된 자료들을 바탕으로 이주민 생애사와 문화적응에 관한 사례연구를 총서로 집필하는 것이다.

총서 3권 『동남아시아계 이주민의 다문화 생활세계 연구』는 동남아시아계 이주민의 특성을 인지정서적 영역과 사회제도적 영역에서 이해하고 이들의 문화다양성을 제고하고 사회통합에 이르기 위한 목적을 가지고 있다. 다양한 다문화 구성원들이 사회구성원으로 통합되기 위해 이들을 바라보는 기존의 관점을 넘어 다양한 영역의 생활세계를 이해하는 것이 우선되어야 한다. 그리고 이러한 다문화 사회에 대한 관점의 전환이 우리를 진정한 사회통합의 길로 들어서도록 해줄 것이라고 믿는다. 그 이유는 다문화 구성원들이 만들어나가고 있는 생활세계가 이주에 의해서 만들어지는 문화 다양성으로부터 파생되기 때문이다. 그러므로 사회통합정책은 이러한 상호문화적 의사소통의 공간 형성을 목표로 해야 한다.

이 책은 우선 선행연구를 통해 동남아시아계 이주민의 이주배경과 특성을 살펴봄으로써 동남아시아계 이주민을 이해하는 데 도움을 주고자 하였다. 각 장의 다문화 생활세계 유형별 심층 연구를 위해 일정 기간 동안 한국에 거주한 경험이 있는 동남아시아계 이주민들을 연구 참여자로 선정하였다. 자료수집은 다문화 생활세계 연구의 틀인 인지정서적 영역과 사회제도적 영역으로 나누어 연구 참여자의 생활세계 경험을 듣고 이를 기술하여 분석하는 과정을 수행하였다. 이들의 경험을 기술하기 위해 심층면담을 수행하였다.

심층면담은 각 연구자들이 영역에 따라 1시간에서 1시간 30분 동안 진행했으며 면담 내용은 녹음했다. 심층면담 중에는 자료의 체계적인 정리를 위해 현장 노트를 작성했으며, 경험의 맥락에 따라 정보를 수집했다. 연구자들은 자료 분석 단계에서 이주민들이 다문화 생활세계를 형성해가면서 경험한 그들의 이야기 구조를 파악하기 위해 전사자료와 연구자가 제공한 문서 자료를 반복해서 읽으며 그들 경험의 의미와 내면의 변화 과정 등에 주목했다. 면담내용은 텍스트화하여 연구참여자들의 경험의 본질을 찾는 데 주력하였으며 연구의 신뢰성과 타당성을 위해 전사한 자료와 현장노트를 반복적으로 비교하였으며 자료에 대한 분석과 해석, 그리고 그 결과에 대하여 연구팀의 공동연구자들 간에 서로 공유하며 확인하는 과정을 거쳤다.

이런 이주민의 경험담을 내러티브 탐구를 통해 연구자별 혹은 연구자 간 공동 소논문을 작성하였으며, 이를 토대로 저서 형태의 작업을 거쳐 총서 3권 『동남아시아계 이주민의 다문화 생활세계 연구』가 발간되었다. 이 책은 총 2부로 구성되어 있다. 1부는 동남아시아계 이주민이 인지정서적인 측면에서 다문화 생활세계를 어떻게 구축하고 있는지 문화, 언어, 여가, 가족, 상담으로 나누어 분야별로 초점화된 연구를 진행한 결과를 담았다.

2부는 이주민의 사회제도적 측면에서 복지, 미디어, 경제, 인권, 교육 영역에서 어떻게 생활세계를 구축하고 살아가는지에 주력하여 결과물을 완성하였다. 각 부와 각 장의 내용을 간략히 제시하면 다음과 같다.

1부인 인지정서적 영역은 5장으로 구성하였다. 1장 문화영역은 동남아시아 출신 외국인 노동자의 직장 내에서의 문화갈등 사례를 살펴보았다. 외국인노동자의 직장 내 갈등 요인을 탐색하고 갈등을 극복할 수 있는 방안을 제시하였다. 2장 언어영역은 카렌족 재정착 난민의 언어와 문화적응에 대한 사례로 미얀마 카렌족인 재정착 난민의 언어와 문화적응 경험에 대한 구체적인 양상을 살펴보고 재정착 난민의 삶의 독자성과 특이성에 대한 내용으로 구성하였다. 3장 여가영역은 결혼이주여성의 사회통합과 여가활동에 대한 경험사례이다. 결혼이주여성의 여가 경험은 가족여가가 곧 나의 여가이며 모국 문화향유를 통한 그림 회복과 여가활동을 통한 재생산활동에 대한 내용으로 구성하였다. 4장 가족영역은 베트남 출신 결혼이주여성의 상호문화적 가족관계에 대한 내러티브 사례이다. 베트남 결혼이주여성들이 가족관계에서 나타난 상호문화성 개념을 긍정적인 측면과 부정적인 측면으로 제시하였다. 5장 상담영역은 동남아시아계 결혼이민자의 심리상담 지원에 대한 인식이다. 한국으로 이주한 동남아시아계 결혼이주여성의 실리적 경험은 자신의 어려움을 해결하기 위해 노력과 지원으로 나타났다.

2부는 사회제도적 영역은 5장으로 구성되었다. 6장 복지영역은 결혼이주여성의 생애주기별 사회복지서비스 이용 경험에 대한 사례이다. 결혼이주여성의 생애주기는 입국초기, 자녀양육기, 노동시장 재진입기로 나타났으며 생애주기별 사회복지 서비스 이용경험을 다루었다. 7장 미디어영역은 동남아시아계 유학생의 미디어리터러시 경험에 대한 사례이다. 동남아시아계 유학생들은 이주민 소수자 미디어에 나타난 재현방식과 차별문제를 파악하고 소수자의 전형적인 이미지 재생산 방식에 대한 방안을 모색하였다. 8장 경제영역은 동남아시아계 결혼이주여성의 경제 생활세계 자립과정에 대한 사례이다. 결혼이주여성들이 한국 남성과의 결혼을 결심하고 이주하여 가족을 구성하고 노동시장에 참여하여 직업생활을 영위해

가는 과정은 자본주의와 가부장제가 결합된 불평등 구조 속에서 행위자에 관한 내용으로 구성하였다. 9장 인권영역은 동남아시아계 난민의 인권의식과 인권교육에 관한 사례이다. 난민의 인권의식에 대해 인지적인 측면과 정서적인 측면, 행동적인 측면으로 분석하고 이를 통해 난민에 대한 인권교육의 필요성을 제시하였다. 10장 교육영역은 동남아시아계 결혼이주여성의 학습동기에 관한 사례이다. 결혼이주여성의 학습동기는 자기결정성이론에 비추어 볼 때 자율성과 유능감과 관계성이라는 기본 욕구를 충족하기 위해 학습하는 의지에 관한 내용을 다루었다.

마지막으로 각 장을 정리하기 위해 마련한 맺음말에서는 동남아시아계 이주민들이 새로운 다문화 사회공간에서 발생하는 다문화 생활세계의 특성을 탐색하고 한국사회의 다문화 관련 사회적 이슈들을 효과적으로 해결하기 위한 영역별 특성을 탐색하여 우리사회에 주는 시사점으로 마무리하였다.

이처럼 동남아시아계 이주민의 다문화 생활세계 연구는 우리 사회 내에 증가하고 있는 동남아시아계 이주민들이 한국 사회에 적응하는 데 교두보의 역할을 할 것으로 예상한다. 이를 통해 이주민들이 주류사회와 사회제도에서 소외되고 타자화되지 않고 그 안에서 자신의 삶의 영역을 만들어 나아갈 수 있길 바라는 바이다.

사회통합 총서 3권 『동남아시아계 이주민의 다문화 생활세계 연구』를 집필하는 데 우리 연구팀의 모든 연구자들의 기여가 있었다. 본 연구과제의 전임연구원인 박미숙 교수, 최승은 교수를 비롯하여 공동연구원이신 오영훈 교수, 손영화 교수, 박종도 교수, 조영철 박사, 김정희 박사, 전문연구원이신 이미정 교수, 오세경 박사, 정지현 박사, 박봉수 박사, 방현희 박사, 조영철 박사, 황해영 박사, 오영섭 박사가 수고를 해주셨다. 또한 집필을 위한 연구과제 수행 과정에서 연구보조원 역할을 충실하게 해주신 최유성 선생과 김수민 선생께도 감사함을 전한다.

이 책은 본 연구과제를 수주한 인하대학교 아시아다문화융합연구소의 공동연구 팀워크와 협동 작업으로 집필이 수행된 만큼 함께해준 모든 연구진들의 책임감 또한 크다고 생각한다. 그리고 이런 책임감들이 동남아시아계 이주민 연구를 넘어 이 땅의 모든 이주민들을 연구할 수 있는 계기가 되었으면 한다.

오늘도 우리 연구팀은 100년 후 이 땅에 이주민 연구를 수행했던 연구 그룹이 있었다는 역사를 만들기 위해 성실히 연구에 임하고자 한다.

2019년 8월 여름을 보내며

연구책임자 겸 대표 집필자

김영순 씀

CONTENTS

CONTENTS

CONTENTS

연구개요

1. 연구의 필요성 및 목적

세계는 기술과 통신의 발달로 인해 초국적 이주 시대가 시작됐으며, 이로 인해 지금까지 단일 민족 국가의 영역 속에 다양한 민족들이 함께 살아가게 됐다. 엔더슨(2003)에 따르면 민족은 인쇄 자본주의에 기댄 근대 상상력의 결과물이라면 민족이 공통의 언어를 기반으로 소속감, 결속력을 다진 지리적 경계 안에 있는 정치 공동체라고 했다. 따라서 이러한 민족이 이주로 인해 국경으로 경계 지어진 단위 국가 내에 다문화 공간을 형성하게 됐다. 이렇게 초국적 이주를 통해 다양한 민족이 함께 살아가면서 모두가 함께 행복하게 살아갈 수 있는 공동체 형성에 대해 세계의 관심이 집중되고 있다.

한국 사회가 다양한 민족의 이주에 관심을 가지게 된 것은 그리 오래되지 않았다. 외국인들이 1990년을 기점으로 유입이 시작되면서 2002년 올림픽 이후 증가하기 시작했다. 법무부 통계월보에 따르면 2019년 4월 한국에 체류하는 외국인은 2,430,589명이다. 체류외국인 중 외국인등록자는 1,259,152명이며 외국국적 동포로 국내거소 신고자는 447,605명,

단기체류자는 723,832명이다. 이들의 국적별 분포를 보면 중국 1,089,442명(44.8%), 베트남 216,822명(8.9%), 태국 195,633명(8.0%), 미국 158,181명(6.5%), 일본 79,026명(3.3%), 우즈베키스탄 72,307명(3%), 필리핀 59,034명(2.4%) 순이다. 이들은 60% 이상이 수도권에 거주하고 있고 그다음 영남권, 충청권, 호남권 순으로 분포되어 있으며 노동자, 결혼이민자, 유학생, 난민, 외국동포들이 대부분이다.

본 연구의 연구대상은 한국에 체류하고 있는 동남아시아계 이주민이며, 이들은 주로 베트남, 태국, 필리핀, 인도네시아, 캄보디아, 미얀마, 방글라데시 출신이다. 동남아시아계 이주민의 수는 총 606,011명으로, 이들은 전체 체류 외국인의 25%를 차지한다. 이런 통계를 살펴보면 한국에 체류하는 외국인 중 중국계 이주민이 1,089,442명(44.8%)으로 가장 많은 분포를 차지하고 있지만 이 중에는 재중동포 713,914명(29.3%)이 포함되어 있기 때문에 실질적으로 재중동포를 제외한 중국 이주민은 375,528(15.5%)명에 불과하다. 이런 수치를 살펴볼 때 중국계 이주민보다 동남아시아계 이주민이 실질적으로 더 많이 우리나라에 체류하고 있음을 알 수 있다. 이러한 상황을 종합할 때 한국에 체류하는 동남아시아계 이주민에 대한 이해와 함께 이들을 대상으로 한 적절한 사회통합 방안이 요구되는 상황이다.

다양한 국가의 이주민은 물론 모든 공동체 구성원의 행복하고 평화로운 공존을 위해서는 다문화 사회의 새로운 사회통합을 논의해야 한다. 이를 위해서는 다문화 구성원을 하나의 집단으로 바라보는 관점을 넘어 그들의 개별적 · 집단적 생활세계를 이해할 필요가 있다. 특히 다문화 구성원들이 만들어나가고 있는 생활세계는 이주에 의해서 새롭게 만들어졌으며 이는 문화다양성으로부터 파생된 생활세계이다.

하버마스(Habermas, 1981)는 사회통합을 생활세계의 문제로 이해했다.

생활세계에서 통합은 필수적인 조건으로, 왜곡되지 않은 이상적인 의사소통이라고 했다. 다문화 생활세계에서 이상적인 의사소통은 바로 의사소통에 참여하는 이주민과 정주민 모두의 동등한 관계와 합의를 전제로 이루어지는 것을 말한다. 즉 이주민과 정주민들 사이의 양방향적 의사소통이 이루어질 때 상호문화적 의사소통이 이루어지고 이를 통한 공간 형성이 바로 본 연구에서 추구하는 다문화 생활세계 공간이다. 그러므로 바람직한 다문화 사회 이행을 위한 새로운 사회통합정책으로 이주민의 문화권 보장 및 다문화적 역량을 계발할 수 있도록 다양한 문화적 주체에 대한 가치를 이해하고 존중해야 한다. 이를 위해 상호문화 이해를 위한 다문화 실천 프로그램을 확산하여 사회적 포용을 넘어 사회적 응집성을 실현할 수 있는 정책이 요구된다.

사회통합에 대해 설동훈(2017)은 이주노동자 및 결혼이민자 그리고 이주민 자녀 등의 다문화 구성원에 대한 차별과 편견을 없애고, 그들의 권리를 보장하기 위한 방향으로 강구되어야 한다고 보았다. 이를 위해서는 동화주의를 넘어설 수 있는 사회적 소수자 존중이나 이민자와 더불어 사는 열린 공동체 사회를 만들어야 하며 이를 위해 시민윤리의 정립과 실천이 우선되어야 한다고 주장했다. 이처럼 이주민의 집단적 특성을 이해하고 한국 사회 각 생활 영역에서 나타나는 개별적 사회문화 적응에 대한 내러티브를 간과해서는 안 된다.

주류와 다르다는 이유로 이질적 집단으로 묶어 이해하는 것은 바람직한 태도가 아니다. 특히 그들이 지닌 문화다양성의 그릇된 이해는 지속가능한 다문화 사회를 위한 사회통합 실천의 방해 요인이 된다. 그러므로 한국 사회의 바람직한 다문화 사회 진입을 돕기 위해서는 새로운 사회통합의 패러다임이 필요하다. 하지만 현재 한국 사회에서 이루어지고 있는 사회통합 정책과 사회통합 프로그램 운영은 결혼이민자에게 치중되어있으며 이민자의 국가별 또는 문화별 특성을 고려하지 않고 일방적인 형태로 진행되고 있는 것이 현실이다.

그러므로 이 책에서 목표로 하는 것은 한국 사회 이주민을 위한 사회통합이다. 특히 동남아시아계 다문화 구성원들이 한국 사회의 다양한 영역에서 어떻게 다문화 생활세계를 구축하며 살아가는지 그들의 생활세계 경험담에 대한 내용을 살펴보고자 한다. 더욱이 이들의 일반적인 동화가 아니라 이주민의 민족적 동질성을 유지하며 문화다양성의 가치를 지향한 경험에 초점을 맞추고자 한다. 이로써 한국 사회가 직면한 다문화 관련 사회적 이슈들을 효과적으로 해결하고, 다문화 구성원들인 결혼이민자, 외국인 노동자, 외국인 유학생, 난민 등의 생활세계 적응양상에 나타난 사회통합 과정을 구축하는 것이다.

2.
동남아시아계 이주민 이해

동남아시아는 아시아의 세부 지역 중 하나로 지리적으로 크게 인도차이나반도와 그 남동쪽에 분포하는 말레이제도 두 부분으로 나뉜다. 주로 베트남 · 라오스 · 캄보디아 · 타이 · 미얀마 · 말레이시아 · 싱가포르 · 인도네시아 · 필리핀 · 브루나이 국가가 포함된다. 동남아시아는 자연적으로는 몬순아시아 지역을 이루어 고대부터 많은 민족국가가 형성되어 전통문화가 번영한 지역이다. 그러나 구미 제국의 식민지가 되면서 동남아시아라는 호칭은 제2차 세계대전 무렵부터 일반화됐다.

한국에 거주하는 외국인은 2019년 4월 240만 명을 넘어섰다. 이들 중 동남아시아계 이주민은 약 70만 명 정도로 전체 이주민의 약 30%를 차지한다. 외국인의 한국 이주는 노동력 수요뿐만 아니라 국제결혼과 재외동포의 귀환을 통해 이루어졌다. 결혼이민자는 한국에서 경제적으로 열악한 남성들이 외국인 신부를 맞이하면서 증가하게 됐고 외국인 노동자는 한국인들이 3D 직종의 노동시장에 들어오지 않으면서 급속히 증가하게 됐다. 그리고 외국국적 동포들은 과거 중국 등 해외 각지로 이주했던 동포들이 한국으로 귀환하면서 증가하게 됐다. 한국에 체류하는 동남아시아계 이주민은 결혼이주여성, 외국인 노동자, 유학생, 난민들이 대부분이다. 이들의 국적은 아시아의 동남부에 위치한 베트남, 말레이시아, 인도네시아, 태국, 캄보디아, 라오스, 필리핀 등 중국과 인도의 중간지대에 있는 국가의 사람들로 이들의 이주배경을 살펴보면 다음과 같다.

한국 사회에서 국제결혼이 시작하게 된 것은 한국전쟁 이후 미군과의 결혼으로부터이다. 1980년대 말 결혼 적령기가 지난 농촌의 남성들이 결혼을 못하는 상황에서 외국인 여성을 아내로 받아들이면서 국제결혼은 확산되기 시작했다. 1980년대 말부터 국내 사회단체들이 농촌 총각 장가보내기 운동을 추진하면서 재중동포 여성과 농촌 총각들이 국제결혼을 시작했다. 1998년 이후에는 지방자치단체들이 결혼중매사업을 추진하면서 국제결혼은 더욱 활성화됐다. 2005년에는 국제결혼 건수가 한국 총결혼 건수의 13.6%를 차지할 정도로 많았으며 특히 한국의 농어촌 남성 8,027명 중 35.9%인 2,885명이 국제결혼을 할 정도로 많았다. 이처럼 국제결혼이 활성화되자 결혼 중개업체가 성행하게 됐고 국제결혼 중개업체는 이윤이 많이 남고 영업하기 수월한 베트남을 선호하면서 동남아 결혼이주민들이 증가하게 됐다.

2019년 4월 현재 한국에 체류하고 있는 결혼이주민은 161,458명이다. 국제결혼은 2000년을 기점으로 급격히 증가하다가 2012년부터 잠시 주춤하여 2018년까지는 거의 증가하지 않고 있다. 또한 결혼이주민은 여성이 83%를 차지하며 국적은 중국, 베트남, 태국, 필리핀, 몽골, 우즈베키스탄 등 국적이 다변화됐다. 그리고 동남아시아계 결혼이주민은 전체 결혼이주민의 약 40%를 차지할 정도로 한국 사회에 많이 체류하고 있다.

한국의 노동이주는 1980년대 중반부터 한국의 급속한 경제성장으로 노동력 수요가 발생됐다. 이러한 상황에 따라 1990년 이후 이주노동자들이 한국의 노동시장으로 몰려들기 시작했다. 한국에 공식적으로 체류하는 취업자격 외국인은 593,767명으로 전문인력이 47,991명, 단순기능인력이 545,776명으로 대부분 단순기능인력으로 한국의 산업현장에서 일하고 있다. 이들의 국적별 현황을 살펴보면 중국이 가장 많은 241,066명, 베트남 37,429명, 캄보디아 37,429명, 네팔 35,224명, 우즈베키스탄 34,447명, 인도네시아 34,146명, 필리핀 28,180명 등 중국을 제외한 동남아시아계 이주노동자는 약 268,180명으로 약 49%를 차지한다. 이처럼 동남아시아계 이주노동자는 전체 노동자의 가장 많은 수를 차지하고 있으며 한국의 산업현장에서 일하고 있다.

이주노동자가 기하급수적으로 증가하게 된 것은 1990년 이후이다. 노동이주가 증가하게 된 요인은 먼저 한국과 중국 간의 국교가 정상화됨에 따라 친족이 없는 조선족이라도 관광비자로 입국하는 것이 용이하게 되면서 친지방문 비자나 관광 비자 등 단기 비자로 입국한 사람들이 건설업과 서비스업에 취업하게 됐다. 더불어 동남아시아계 외국인 노동자들은 고용기회가 풍부한 새로운 이주지로 한국을 선택했다. 유럽이나 미국은 물론 일본에 대한 노동이주는 제반규제가 심하고 중동에서의 노동수요에도 변동이 나타나면서 경제규모가 크고 취업할 확률이 높은 한국이 새로운 이주지로 관심을 받게 됐다.

이주노동자들이 증가하면서 한국정부에서는 이들에게 초창기 산업연수생의 지위를 부여했으나 한국이 노동력 부족에 시달리는 상황에서 이주노동자는 최저임금 이하의 낮은 산업연수 수당에서 벗어나기 위해 중소기업에서 일하면서 또 다른 문제들이 도출되기 시작했다. 이에 한국정부는 산업연수제를 외국인 고용허가제로 대체했고 이주노동자들은 동등한 근로조건과 최저임금을 보장받게 됐다. 그러나 이주노동자들이 취업 허가기간이 만료된 후에도 사용자가 계속 고용을 하고자 할 때 성실근로자 재취업제도를 만들어 다시 4년 10개월 동안 초청할 수 있도록 하여 장기체류 압박이 가해지고 있다.

또한 한국에 체류하는 외국인 중 또 다른 유형은 유학생이다. 외국인 유학생은 특정 프로그램에 최소한 한 학기 이상의 전일제 학생으로 등록한 외국인 학생을 말한다. 캐슬(Castles, 2013)에 의하면 1998년부터 2003년까지 총 260만 명가량 아시아 학생들이 다른 국가로 유학 갔다고 했다. 이처럼 한국에도 동남아시아계 유학생들이 증가하면서 한국정부는 다양한 유학생 대책을 마련하기도 했다. 한국에 거주하는 동남아시아계 유학생의 현황을 살펴보면 2019년 4월 170,470명으로 전년 대비 16.9%가 증가했다. 이들은 유학, 한국어 연수, 외국어 연수 등의 비자 지위를 가지고 한국에 체류한다.

2019년 동남아시아계 유학생은 베트남 유학생이 50,068명으로 중국 다음으로 가장 많은 수를 차지하고 있으며 그다음은 우즈베키스탄 유학생이 8,795명, 네팔 1,885명, 파키스탄 1,884명, 인도네시아 1,607명, 방글라데시 1,353명, 말레이시아 1,054명으로 전체 유학생의 약 39%를 차지한다. 특히 동남아시아계 유학생은 한국어 연수를 위해 입국한 학생의 비율이 높다. 이처럼 한국에 유학생이 증가하는 이유는 한국의 유학 정책의 전환 때문이다. 이전에 한국이 보내는 유학이었다면 받아들이는 유학으로 전환했고 대학의 학생들이 감소하면서 이를 유지하기 위한 방편으로 작용하기도 한다. 특히 동남아시아계 유학생이 증가한 것은 한국의 경제성장과 함께 한류문화가 세계적으로 알려지기 시작했기 때문이다.

새롭게 등장하는 한국의 이주자는 난민이다. 2004년 유엔난민기구의 아시아 태평양 지역의 난민이 340만 명가량이며 전 세계 난민 920만 명 중 33%를 차지한다. 한국에 체류하기 위해 난민 신청을 한 사람은 2019년 4월까지 53,001명이고, 이 중 심사결정이 종료된 사람은 24,444명이다. 한국은 난민 인정을 받았고 2,059명이 인도적 체류허가를 받아 총 3,013명이 난민 인정 보호를 받고 있다. 난민 신청 사유는 종교적인 이유가 가장 많으며 그다음은 정치적 사유, 특정 사회집단 구성원, 인종, 국적 순으로 나타났다. 이처럼 많은 수의 동남아시아계 이주민들이 한국 사회에 진입하면서 이들의 문화 적응에 관심을 가지기 시작했고 상호문화의 관점에서 서로의 문화가 상충되지 않고 적절하게 협상하며 생활세계를 이루어 나가는 것에 주목했다.

다른 나라 이주민과 다르게 동남아시아계 이주민의 경우 한국 사회에 잘 적응하고 정착하기 위해 이들만이 가진 어려움이 있다. 이들은 한국 사회 적응과정에서 다음과 같은 특성을 보인다(이윤호, 2007; 변성원, 2012; 백경아, 2015). 첫째, 한국의 가부장적이고 권위적인 태도 때문에 힘들어한다. 혈통주의 성향이 강한 한국 남성들은 주로 조선족이었던 중국 여성들을 한국인과 같은 민족이며 같은 언어를 사용한다는 점에서 다른 외국 여성들보다 선호했다. 그러나 결혼이주여성은 남편의 독단적이고 권위적인 태도가 이주여성에게 부정적으로 작용하며 이는 부부갈등으로 이어진다.

이런 가부장적인 관행은 한국의 농촌뿐만 아니라 도시에서도 유사하게 일어난다. 특히 가사 전담 외에도 농사일이나 맞벌이로 과중한 노동 부담은 부부관계에 어려움과 갈등을 증폭하게 된다(김오남, 2007). 특히 동남아시아 사람들에 대한 한국인의 태도는 이주노동현장에서도 나타난다. 이주민에 대한 한국인 사장이나 관리자의 권위적인 태도와 이주노동자를 무시하거나 차별하는 언행은 이들의 한국 사회 적응을 힘들게 한다. 유학생들도 다르지 않다. 학교현장에서 교수의 권위적인 태도는 이들의 학교생활과 소통에 많은 영향을 미치게 한다.

둘째, 의사소통의 문제이다. 동남아시아계 이주민들은 한국어 문법, 발음, 높임말 등으로 인해 의사소통의 어려움을 호소한다. 그러다 보니 원활한 의사소통이 이루어지지 않으며 이는 남편과의 불화로 이어지거나 이웃과의 소통 결여로 연결되어 사람들의 편견에 대응하지 못하기도 한다. 이러한 문제를 해결하기 위해 2014년 4월부터 결혼이민비자 심사에 있어 기초수준 이상의 한국어가 가능해야 한다는 기준을 두고 있으나 여전히 한국어 소통으로 인한 어려움은 남아있다.

셋째, 문화 적응의 어려움이다. 동남아시아는 더운 나라가 많아 대부분 음식에 기름기가 많거나 향신료를 많이 사용한다. 결혼이민자는 물론 노동자나 유학생들도 한국에 이주하여 가장 먼저 접하는 것이 음식이다. 한국 음식의 맛과 향은 이들이 경험하지 못한 부분이다. 특히 결혼이주여성은 한국의 빠른 음식 준비, 빠른 식사 등을 따라가기 힘들어하는 문화적 차이가 있다. 특히 남은 음식을 다시 먹는다는 것은 동남아 여성들에겐 이해하기 어려운 문제이다. 또한 시부모님들의 고정관념인 남자는 경제활동을 하고 여자는 집안일을 한다는 것에 대해 이주여성들은 많이 힘들어한다(김이선 외, 2006).

넷째, 한국인의 부정적인 시선이다. 한국인들은 동남아시아 이주민에 대해 무시하거나 배척한다. 고국을 떠나 한국이라는 낯선 땅에서 이주민들은 외로움과 사회적 고립감을 느끼기도 하지만 동남아시아 출신에 대한 부정적인 인식은 이들을 심리적으로 더욱 어렵게 한다. 많은 사람들이 동남아시아 사람들에 대해 후진국 출신이라는 강한 편견이나 선입견을 가지고 있다. 그뿐만 아니라 경제적 이유로 찾아온 이방인 혹은 불쌍한 사람으로 인식하고, 게으르거나 느리다는 부정적인 시선은 한국인과의 관계형성을 더욱 힘들게 한다. 이는 우울증과 스트레스의 원인이 되며 이혼의 결정적 사유가 되기도 한다.

다섯째, 부정확한 정보제공으로 인한 어려움이다. 특히 결혼이주여성은 대부분 동남아시아계로 결혼중개업체를 통하여 한국으로 이주한다. 특히 정부 차원의 농촌 총각들의 결혼 장려정책 때문에 동남아시아계 결혼이주여성이 크게 증가했고 그 과정에서 결혼중개업체가 난무하게 됐다. 이주여성의 위장결혼, 부정확하고 거짓된 정보, 돈으로 여성을 매수했다는 인식 등의 결혼중개업체로 인한 문제는 더욱 심각한 사회문제로 부각됐다. 특히 중개업체가 주는 정보는 불균형하고 부정확한 경우가 많아 이주 후 이들은 많은 어려움을 경험한다. 결혼중개업체를 통해 결혼한 결혼이주여성의 44%가 남편에 대한 사전정보가 사실과 달랐다고 했다. 이처럼 결혼 과정에서 잘못된 정보제공은 심각한 오해를 발생시킬 소지가 있다.

이와 더불어 한국인과 비슷한 외모를 한국인 남성들이 선호한다. 특히 베트남 여성은 한국인과 비슷한 외모와 순종적인 기질 때문에 선호하는 편이다. 한편 결혼이주여성의 이주에는 개인적인 요소는 물론 사회적 요인이 작용한다. 자본주의 체제에 따른 나라들 간의 불균등한 발전과 가난과 실업 등은 여성의 상품화로 이어졌으며 이는 국제결혼 증가에 영향을 미치게 됐다. 그러므로 한국으로 이주해온 여성들은 결혼이주뿐만 아니라 노동이주의 선상에 놓여 있다.

이들은 국제결혼을 통해 한국에 정착하고자 한다. 특히 가난으로부터 벗어나고자 하는 동남아시아 지역의 이주여성들이 국제결혼을 선택하지만 이주여성들을 맞아들이는 한국 가정 중 다수가 빈곤층이기 때문에 국제결혼을 선택했다. 그러다 보니 결혼이주여성은 여전히 생계부양의 부담에서 벗어나기 어렵다. 이는 결혼이주여성들이 빈곤한 가정에 경제적으로 도움을 주기 위해 경제적 활동을 하고 있으며 이는 노동이주로 전략한다는 것을 의미한다. 그리고 결혼이주여성은 가정에서 부인과 어머니의 위치에서 역할을 해야 하지만 남성 중심, 부계 중심의 결혼제도로 인해 무급에 가까운 가사노동 인력으로 전유한다. 이러한 상황은 결혼이주여성을 부인과 어머니로서 제대로 된 대우를 받지 못하고 질 낮은 삶을 살아가게 한다.

이에 본 연구는 현재 초국적 이주와 이로 인한 새로운 글로컬 다문화 사회공간이 창출되고 있는 한국 사회가 직면한 다문화 관련 사회적 이슈들을 효과적으로 해결하고 더불어 다문화 구성원들인 결혼이민자, 외국인 노동자, 외국인 유학생, 난민 등의 생활세계 적응 양상을 살펴 사회통합의 과정을 탐색했다.

3.
연구경향

결혼이주여성의 문화 적응과 관련된 연구는 정경운(2007), 정주연(2008), 설동운 · 윤동식(2005), 남순현(2010), 이은주 · 전미경(2014), 김태원(2013), 이용수 · 이용재(2013)의 연구가 있다. 이를 살펴보면 다음과 같다.

정경운(2007)은 베트남 국제결혼이주여성을 대상으로 가족관계와 이들이 지각한 사회적 지지가 삶의 만족에 미치는 영향을 연구했다.

정주연(2008)은 국제결혼이주여성들의 성공적인 한국 생활 적응과 긍정적 삶의 만족을 위해 가족관계 내에서 이주여성과 가족을 함께 지원할 수 있는 서비스 접근과 지역사회 구성원으로서 낯선 사회적 환경의 이해와 적응을 돕고 삶의 만족도를 높일 수 있는 사회적 지원의 필요성을 제기했다.

설동운 · 윤동식(2005)은 베트남 여성이 경제적 적응은 우수하지만 사회적 적응은 매우 낮다는 사실을 밝혀내고 이에 대한 이유가 중학교 졸업 수준에 미달하는 낮은 학습능력 때문에 한국어 구사능력 부족에 있다고 했다.

남순현(2010)은 적응 초기에 베트남 여성은 한국의 교통체계와 날씨에서 한국과 베트남의 차이로 가장 큰 어려움을 겪고 있다. 그다음은 심리적응의 문제로 적응 안정기 베트남 여성은 한국인의 체면치레 행위로 인해 사회적 편견을 느끼고 있다. 또 적응 초기 베트남 여성은 한국인의 무시와 냉대로 한국 생활을 하는 데 심한 사회적 편견을 인식한다고 했다.

이은주 · 전미경(2014)은 출신국의 사회 · 문화적 맥락 및 특성에 따른 다양한 적응 경험을 현상학적으로 살펴보았다. 그는 베트남 결혼이주여성의 한국 생활 적응경험을 저소득국가인 출신국에 대한 일상적 편견과 차별, 이주 전 경제적 기대에 대한 실망감, 사회적 관계망 축소, 여성으로서 가족 내 지위 약화 및 가계경제 관리의 주변화, 한국 사회의 적응자원이 될 수 있는 어머니로서의 전략적 정체성 수립 등으로 정리했다.

김태원(2013)은 베트남 출신 결혼이주여성들이 이주국 문화를 새롭게 접하게 되면서 적응과 부적응 간에 어떠한 양상을 보이게 되는가를 분석적으로 연구했다. 그에 따르면 한국 사회로 이주해온 후 베트남 문화와는 매우 이질적인 한국 문화를 접한 베트남 여성들 중 대다수는 베트남과 한국의 사회문화적 차이로 인한 문화적 가치갈등을 경험한다. 특히 결혼이주여성들은 남편보다 전통적인 가치관을 고수하는 시부모와 갈등을 겪는 경우가 많다고 했다.

이용수 · 이용재(2013)는 필리핀과 베트남 결혼이주여성의 한국 문화 수용성과 모국 문화 유지 태도를 다룸으로써 베트남 이주여성은 필리핀 여성들과 달리 한국문화에 대한 수용성이 상당히 높게 나타나는 동시에 본국 문화 유지에 대해서는 다소 상반된 태도를 보인다고 했다. 이러한 사례로 그들의 효에 대한 인식을 들 수 있다.

또한 동남아시아계 결혼이주여성의 임신과 출산, 어머니 되기에 관한 연구에는 정정순(2011), 이선형(2013), 오영훈 · 방현희(2013), 정복례 외(2014), 주연진(2014), 김지원(2014), 김민영(2014), 팜티휀짱 외(2014), 최나연(2019), 차효성(2019) 등의 연구가 있다.

오영훈 · 방현희(2013)는 베트남에서 결혼 이주한 여성들의 효 문화가 개인의 가치문화로서 한국 가족관계에 미치는 영향이 크다고 했으며 이들은 베트남의 문화적 가치를 가지고 있기 때문에 한국 사회생활에 있어서 잦은 충돌을 겪고 있다고 했다.

정복례 외(2014)에 따르면 베트남 출신 결혼이주여성이 결혼 초기에 임신함으로써 경험하는 의사소통의 어려움과 문화적인 이질성이 이들의 적응에 방해 요인이 되지만 이들은 출산 이후에는 한국 사회 정착을 위하여 적극적으로 노력한다고 했다.

주연진(2014)은 베트남 결혼이주여성들은 임신과 출산을 경험하면서 거의 베트남의 문화를 수용하지 못하며, 이로 인한 스트레스를 받고 있다고 했다.

팜티휀짱 외(2014)는 베트남 결혼이주여성들은 자녀를 키워가면서 남편과의 갈등, 시부모와의 갈등, 자녀의 정서적 불안 등으로 많은 어려움에 직면한다고 했다.

최대희(2015)는 베트남 결혼이주여성의 어머니 됨의 의미를 탐색했다. 베트남 결혼이주여성은 한국 아이를 출산하고 한국 아이를 기르는 삶에서 불안과 긴장을 경험하게 된다. 이러한 과정은 결혼이주여성에게 베트남 사람으로서의 새로운 민족정체성을 유발한다고 했다.

그 밖에 동남아시아계 결혼이주여성의 언어로 인한 어려움과 한국어 교육과 관련된 연구로 최운선(2007), 정기선(2008), 차윤정(2015), 이애련(2014) 등의 연구가 있다.

최운선(2007)은 결혼이주여성들은 한국 이주 초기에 언어적인 어려움을 가장 많이 경험하고 있으며, 이러한 이유로 사회문화 적응 관련 프로그램 가운데 한국어교육을 가장 많이 받는다고 했다. 결혼이주여성의 한국 이주 초기 생활에 한국어 능력의 중요성을 강조했다.

차윤정(2015)은 일방적으로 결혼이주여성들에게 한국어를 교육시키는 것이 아니라 가족 내에서 그들의 모어 유지도 중요시되어야 한다고 주장하며, 가족 내의 언어의식을 개선하기 위한 지원과 노력이 필요하다고 강조했다.

이애련(2014)은 베트남 결혼이주여성의 이주 생활을 힘들게 만드는 주요 요인으로 언어와 문화 차이를 꼽는다. 한국인 가정생활문화 차이에 의한 갈등 역시 베트남 출신 결혼이주여성의 한국 사회 적응을 힘들게 하는 요인이라고 했으며, 결혼이주여성들의 문화 적응은 한국 다문화 사회의 지속적인 과제라고 강조했다.

정기선(2008)은 일본, 중국 조선족, 중국 한족, 베트남, 필리핀 결혼이주여성들의 결혼만족도, 한국 생활의 적응 정도가 출신국가별로 각각 다른데, 베트남 결혼이주여성들의 가장 큰 어려움은 언어문제라고 밝혔다.

동남아시아계 결혼이주여성과 관련된 선행연구는 대체적으로 많이 진행되고 있었다. 특히 한국에 가장 많이 체류하고 있는 베트남 여성에 관련된 연구는 결혼이주여성의 문화 적응, 한국어교육, 우울과 같은 심리적인 것과 자녀 양육 등과 관련된 연구가 주를 이루었다. 이들의 연구에서 밝히듯 결혼이주여성은 언어적인 측면이 문화 적응에 얼마나 많은 영향을 미치고 있는지 알 수 있다.

다음으로 동남아시아 이주노동자의 선행연구는 문화 적응에 관하 연구(임명언, 2017; 김정희, 2019)와 한국어교육에 대한 연구(이경민, 2009; 정국희, 2010; 손현화, 2011; 김의수, 2011; 이석란 외, 2012; 주철수, 2013)가 주를 이루었다. 이들의 내용을 구체적으로 살펴보면 다음과 같다.

임명언(2017)은 재한 베트남인 이주노동자를 대상으로 한국에서 문화적응 과정을 살펴본 결과 재한 베트남인은 한국어 수준이 낮고 문화정착의 과도기적 형태인 양가적 정체성을 가진 양국 문화 적응유형이 많은 것으로 나타났다. 그러므로 한국어교육 향상 및 베트남 공동체 형성에 필요한 정책적 대안이 마련되어야 한다고 주장했다.

김정희(2019)는 동남아시아계 이주노동자의 문화 적응 생애담 연구를 통하여 한국에서 살아가고 있는 동남아시아 출신 노동자 집단의 생애 과정을 살폈다. 그는 이 과정에 내포되어 있는 한국 적응 전략을 그들 자신이 경험한 바를 어떻게 의미화하고 있는가를 통해 그들을 한국 사회구성원으로 온전히 받아들일 수 있는 방안이 마련되어야 한다고 했다.

이경민(2009)은 베트남 이주노동자들이 한국에서 생활하고 근무하며 필요한 것은 기본적인 의사소통을 위해 한국어를 보다 쉽게 배울 수 있는 방안을 모색하는 차원에서 베트남 이주노동자를 위한 취업 전 한국어 교재 개발 방안을 제시했다.

손현화(2011)는 한국에 체류 중인 스리랑카와 베트남 이주노동자들이 구사하는 한국어 문장의 양상과 특징을 분석했다. 이를 위하여 스리랑카와 베트남 이주노동자의 대조군으로 한국인 노동자를 설정했다. 그는 한국인 노동자와의 대조를 통해 이주노동자들이 구사하는 문장의 특징과 한계를 제시했다.

저욱희(2010)는 이주노동자의 한국어교육현장의 특성상 교재가 중요함을 강조하고 이주노동자의 한국어교육에 사용되고 있는 교재를 분석했다. 이주노동자 한국어교육을 담당하고 있는 NGO 단체들을 대상으로 전화 면접을 실시하여 한국어교육을 위한 교재 특성을 분석했다. 그 결과 현장에서 사용되는 한국어 교재의 체제와 교육내용이 이주노동자의 요구를 제대로 반영하지 못하고 있음을 지적하고 이주노동자를 대상으로 한국어 교재의 효과적 활용 방안을 제시하고 있다.

주철수(2013)는 베트남 이주노동자을 위한 한국어교육기관 및 한국어 교육실태를 파악했다. 한국에 입국하기 전 선행학습은 한국에 입국한 후에도 매우 긍정적인 요인으로 작용하여 선행학습의 중요성을 제시했다.

이와 같이 선행연구를 살펴본 결과 국내에 거주하는 동남아시아계 이주노동자의 수는 많음에도 불구하고 이들에 대한 연구는 매우 한정적이다. 특히 이주노동자 중 남성이 훨씬 많은데도 불구하고 여성에 대한 연구에 집중되어 있다.

동남아시아계 유학생과 관련된 연구를 살펴보면 산타둔(2011), 김지훈(2013), 리티후짱(2016), 힌터튀(Hinh Thi Thuy, 2017), 이민정(2016), 장안리(2017), 윤영주 · 장소영(2016) 등의 연구가 있다. 이들의 연구를 살펴보면 유학생들의 학업 경험 및 대학생활을 통하여 문화 적응 및 교우관계에 대해 주로 연구했다. 그 내용은 다음과 같다.

산다둔(2011)은 재한 동남아시아 유학생의 대학생활 적응 스트레스에 영향을 미치는 요인에 관해 연구했으며 대학생활 적응 스트레스 중 문화 적응 스트레스가 가장 영향을 많이 미치는 요인이며 자아존중감을 위해 사회적 지지와 지원을 주장했다.

김지훈(2013)은 동남아시아 유학생의 학업 경험을 탐색한 결과 영어권 유학생 출신을 제외하고 대다수의 유학생은 한국 학생으로부터 도움을 받는 것을 어려워했으며, 대부분 모국 출신 학생들과 커뮤니티를 형성하고 소수 유학생은 인터넷 미디어를 활용한다고 했다. 그러므로 학습에 대한 단계적 접근과 한국 학생들의 도움이 필요하다고 했다.

레티후짱(2016)은 동남아시아에 속하는 베트남 유학생들의 한국 대학 생활 적응에 관한 사례를 통해 유학생들의 취업활동을 위한 적극적인 도움이 필요하며 한국어를 체계적으로 배울 수 있도록 시스템을 마련할 필요가 있다고 했다.

힌터튀(2017)는 베트남 유학생의 문화 적응 스트레스와 사회적 지지가 우울에 미치는 영향을 파악했다. 유학생들은 문화 적응 스트레스가 우울에 영향을 미치고 있고 사회적 지지가 적응을 높인다고 했다.

이민정(2016)은 재한 베트남 유학생의 문화 적응에 관하여 내러티브에 베트남 유학생의 문화 적응의 어려움 중 수업방식이나 교재에 대한 불만, 대인관계의 어려움, 의사소통의 문제, 차별과 무시, 편견과 오해 등이 있다고 했다. 이런 상황은 인종차별과 불편을 느끼게 한다고 했다.

장안리(2017)는 국내 동남아시아계 유학생들이 인식하는 문제와 대응기제 방법을 연구한 결과 소극적인 저항으로 대응기제 방법을 사용하고 있으며 이들의 자신감을 위해서는 사회적 지지가 필요하고 배려, 격려가 한국 생활 적응의 동기부여가 된다고 했다.

윤영주 · 장소영(2016)은 재한 베트남 유학생의 교우관계 갈등경험에 대해 현상학적으로 연구했으며 언어를 잘 구사하지 못해 왕따를 당하거나 자신보다 나이가 어린 선배에게 높임말을 써야 하는 등 권위적인 부분에서 갈등을 느낀다고 했다. 이에 베트남인이 서양권이나 일본인, 중국인들에 비해서 한국 문화를 부정적인 시각으로 바라보고 있음을 느끼고 사회적 지지의 필요성을 제기했다.

안진우 · 이채원(2017)은 문화 적응 스트레스가 베트남 유학생의 대학생활에 부정적인 영향을 미치기 때문에 사회적 지지가 필요하고 이는 사회적 적응과 대학 적응에 긍정적인 영향을 미친다고 했다.

유학생들은 일반 이주자와 달리 짧은 유학기간 동안 목표한 학업을 성취하기 때문에 문화 적응 과정에서 더 많은 스트레스를 받을 가능성이 높다(남부현 외, 2014). 특히 동남아시아 유학생들은 학습에 대한 단계적 접근과 한국 학생들의 도움이 필요하며, 한국어를 배울 수 있는 체계적 시스템이 필요함을 알 수 있다. 또한 동남아시아계 유학생들은 한국 사회에서 미국이나 유럽의 선진국 학생들과 다르게 차별과 편견을 받고 있는 것을 알 수 있다. 그러므로 동남아시아 유학생에게 사회적 지지가 필요하며 정서적 지지를 제공해주어 무시와 차별에서 벗어날 수 있도록 지원체계 마련이 필요하다.

마지막으로 난민 연구에 대한 연구는 송효진 외(2018), 노충래 외(2018), 박은민(2016), 이주영(2010), 김양희(2014), 고경민(2015), 이지은(2019), 한영란(2019), 박미숙 · 손영화(2019)가 진행되고 있으나 동남아시아계 난민을 대상으로 한 연구는 매우 미흡하다. 특히 난민법이나 정책에 관한 문헌연구는 조금 있으나 난민들의 문화 적응과 관련된 연구는 많이 이루어지지 않고 있다. 그나마 미얀마 재정착 난민에 관한 연구와 동남아시아계 난민의 인권 경험과 인권교육에 관한 연구가 일부 이루어지고 있다. 이들에 대한 선행연구를 구체적으로 살펴보면 다음과 같다.

송효진 외(2018)는 난민 여성의 삶과 인권상황을 파악하고 그들의 처우를 개선하기 위한 방안을 모색했다. 한국에 체류하는 난민 여성 21명을 대상으로 연구한 결과 난민 인정과정에서 젠더 차별적 양상이 나타났다. 난민 여성들은 한국 사회에서 난민과 여성, 그리고 인종의 다중적인 차별을 경험하고 있어 사회적으로 인식개선이 필요하다고 했다.

노충래 외(2018)는 난민 아동의 문화 적응 스트레스가 우울에 미치는 영향을 살펴본 결과 난민아동의 문화 적응 스트레스는 우울과 정적인 영향을 미치며 자아존중감은 문화 적응 스트레스와 우울의 관계에 조절효과를 보인다고 했다.

박은민(2016)은 국내에 거주하고 있는 난민 대상 사례 연구를 통하여 한국의 난민법, 한국인의 난민에 대한 태도 등에 영향을 받으며 살아가고 있는 난민들의 삶을 탐색한 후, 이들에 대한 한국 사회의 태도 변화를 촉구했다. 그는 막연하게 짐작하고 있었던 난민들이 느끼는 심리적 어려움을 구체적으로 파악했다.

이주영(2010)은 한국 거주 난민의 사회 적응에 영향을 미치는 요소들에 대해 연구했다. 연구자는 사회 적응을 경제적 적응, 사회문화적 적응, 심리적 적응으로 나누고 이에 영향을 미치는 요인을 파악했다. 그 결과 국내 거주 난민이 한국 사회의 구성원으로서 적응하기 위해서는 개인적 관심과 배려뿐만 아니라 사회적 · 정책적 노력이 뒷받침되어야 한다고 주장했다.

김양희(2014)는 국내 거주 난민들의 한국어교육을 위한 기초 자료의 구축, 교육과정 개발의 방향을 모색하기 위해 이에 난민 대상 한국어교육에 대한 연구가 활발해져 이주민으로서의 보편성과 난민으로서의 특수성을 고려한 교육과정과 교재가 마련되어야 함을 제언했다.

이지은(2019)은 재정착 난민 아동의 한국어교육 실태와 교육 방향을 미얀마 카렌족 초등학생을 중심으로 연구했다. 2015년부터 한국에 정착하기 시작한 재정착 난민 아동 중 미얀마 카렌족 초등학생의 한국어 능력 향상을 위해 한국어교육의 실태와 문제점을 분석하고 한국어교육 방향을 제시했다.

한영란(2019)은 재정착 난민 청소년의 한국어 및 학교생활 적응교육

실태와 방향을 교육지원 과정을 중심으로 연구했다. 한국 재정착 난민 청소년의 한국 일반학교 적응을 위한 국어 교육의 시스템 체계화, 학습자 중심의 맞춤형 교육, 기관 간 상호 정보교류, 교사의 역량강화 등의 교육 지원이 필요하다고 했다. 또한 재정착 청소년을 위한 학교생활 적응을 위해 학교 및 상호 문화체험 활성화, 상담 및 인성교육 활성화, 맞춤형 진로 진학 직업교육 활성화 교육지원 방향을 제안했다.

박미숙 · 손영화(2019)는 난민들의 인권에 대한 인식을 인지적 · 정서적 · 행동적으로 나누어 살펴보고 난민은 물론 일반인들에 대한 인권교육의 필요성을 제시했다.

이와 같이 난민에 대한 연구는 지속적으로 확대되어야 할 것이다. 난민은 다른 이주민과 달리 비자발적으로 이주했고 또 모국으로 돌아갈 수 없는 상황이기 때문에 한국에 장기적으로 정착하게 된다. 그러므로 이들이 한국 사회에 안정적으로 정착하고 사회통합을 이룰 수 있도록 하는 지원방안 등이 모색되어야 한다.

4.
연구방법

1) 내러티브 연구

본 연구에서는 연구참여자가 다문화 생활세계를 형성해가기 위해 삶의 여정을 되돌아보고 이들의 경험에 대한 이야기에 귀를 기울이기 위해 질적 연구방법 중 내러티브 탐구(narrative inquiry) 방법을 선택했다.

인간은 자신들의 삶을 내러티브를 통해 기억한다. 우리가 과거의 경험을 기억해내려면 그 경험과 관련된 사람, 시간, 공간, 배경 등의 기억을 통하여 내러티브를 구성한다. 내러티브에는 내러티브를 전달하는 사람의 견해, 내러티브 속 주인공의 다양한 경험, 내러티브가 존재하는 사회의 문화와 역사 등이 담겨 있다. 그러므로 내러티브 속에는 인간 삶의 복합성이 통합적으로 그려져 있다(Webster & Mertova, 2007).

또한 경험은 단독적으로 생겨나는 것이 아니라 다른 경험으로부터 생겨나며, 또 다른 경험을 이끌어낸다. 경험은 스스로 연속성을 가지고, 이러한 특징의 연장선상에서 현재는 과거의 경험을 토대로 하고, 미래의 경험을 이끌어낸다. 이러한 연속성은 경험에 관한 사고에서 핵심이다(Clandinin & Connelly, 2006: 33).

이주민의 다문화 생활세계 형성 경험은 그들의 삶에 내재된 가치와 신념에 관한 것으로 설명하거나 경험에 관한 이야기로부터 인간의 내적 변화까지의 경험에 대해 다루는 내러티브 탐구는 경험을 깊이 있게 탐색하기 위한 가장 적합한 방법이다.

인간은 '이야기를 말하는 존재'이며, 따라서 인간의 삶은 나와 다른 사람들의 이야기가 복잡하게 얽힌 결과이다(Clandinin & Connelly, 2000). 또한 이 이야기는 시간의 흐름에 따라 일어나는 다양한 사건들, 경험들, 그리고 행위들에 대해 한 개인이 의미를 부여함으로써 구성된다(Bruner, 1986; Polkinghorne, 1988). 그러므로 내러티브에는 내러티브를 전달하는 사람의 견해, 내러티브 속의 주인들의 다양한 경험, 내러티브가 존재하는 사회의 문화와 역사 등이 고스란히 담겨있다. 다시 말해 내러티브 연구는 독자에게 연구참여자가 경험한 사건에 대한 시간적 특성, 개인적 · 사회적 의미, 물리적 환경에 대한 보다 생생한 이해를 가능케 하는 방법이다(유기웅 외, 2012).

이주민들은 연구참여자의 내러티브 경험과 유사한 자신의 경험을 내러티브 3차원 공간에 이동시켜 자신의 경험에 대한 새로운 의미를 부여하게 된다. 이처럼 한국으로 이주한 이주민의 내러티브는 자신의 삶의 경험을 이야기하고, 이야기한 것을 토대로 실천적인 삶을 살며, 실천 경험을 또 이야기하고 다시 살아가는 연속적 과정을 통해 형성된다. 따라서 본 연구는 이주민들은 한국 사회에서 생활세계를 형성한 그들의 내러티브 간의 순환적 관계에 주목한다.

내러티브 탐구는 삶의 과거-현재-미래를 연결하는 시간의 연속성, 개인적이고 사회적인 상호작용, 삶의 이야기가 형성되는 구체적인 장소라는 세 가지 공간에 주목해야 한다. 내러티브 탐구는 과거-현재-미래라는 삶의 연속적인 과정으로부터 한 개인의 경험과 삶의 의미를 포착해내고, 그가 형성하는 다양한 인간관계와 상호작용에 의미를 부여하며, 이와 같은 경험이 이루어진 구체적인 삶의 현장에 주목하는 것이다. 따라서 다문화 생활세계 형성 경험을 내러티브 탐구라는 방법을 통해 들여다본다는 것은 이를 경험한 삶의 연속적인 과정에서 생활세계 형성 경험과 그의 의미를 포착하고, 그들이 맺는 다양한 인간관계에 주목하며, 그들이 생활세계를 만들어가는 삶의 행위가 발생한 장소와 맥락의 특수성을 바탕으로 형성된 이야기를 탐구하는 것을 의미한다.

앞서 밝힌 바와 같이, 내러티브 탐구는 개인의 삶과 경험, 그리고 그에 내재된 의미를 탐구하기에 가장 적합한 연구방법들 중 하나이다. 이를 수행하기 위해, 구체적으로 이 연구는 〈표 0-1〉과 같이 크레스웰(Creswell, 2013: 73-75)이 제안한 내러티브 탐구의 여섯 가지 절차에 따라 진행됐다.

1단계 '연구방법에 적합한 주제 정하기' 단계에서 연구자는 이주민들

〈표 0-1〉 내러티브 탐구 절차

단계	내용
① 연구방법에 적합한 주제 정하기	연구문제와 방법이 내러티브 연구에 적합한지 판단
② 연구참여자 선정	연구와 관련하여 상당 기간의 경험과 이야기, 유용한 정보를 가지고 있는 연구참여자를 선정
③ 이야기 맥락에 관한 자료수집	인터뷰, 녹음 등 어떻게 자료를 수집할 것인지 고려, 이야기의 맥락에 관한 정보 수집
④ 해석하기	연구참여자들의 이야기를 분석하고, 재구성하여 의미 있는 프레임워크를 만들어냄
⑤ 이야기로 재구성	연구참여자의 내러티브를 연구참여자의 목소리로 재구성

[출처: Creswell(2013) 재구성]

이 거주하는 지역에서 다문화 생활세계를 만들어 나간 경험을 탐구하기에 내러티브 연구가 적합하다.

2단계 '연구참여자 선정' 단계는 연구에 적합한 이야기 혹은 삶의 경험을 들려줄 수 있는 대상 인물을 선정하는 단계이며 연구에 적합한 동남아시아계 이주민을 선정했다.

3단계인 '이야기 맥락에 관한 자료수집' 단계는 연구참여자와의 심층면담 및 연구참여자들의 생활세계 형성 경험에 대한 문서 자료 조사를 통해 자료를 수집했다. 심층면담 중에는 자료의 체계적인 정리를 위해 현장노트를 작성했다. 또한 이야기를 통해 과거 및 현재, 미래를 시공간적으로 연계하며 이야기를 구성했다.

4단계 '해석하기' 단계는 이주민들이 다문화 생활세계를 형성 해가면서 경험한 그들의 이야기 구조를 구성하기 위해 심층면담을 전사한 자료와 연구자가 제공한 문서 자료를 반복해서 읽으며 연구참여자들의 경험의 의미와 내면의 변화 과정 등에 주목했다.

5단계는 '이야기 재구성' 단계는 이주민의 이야기에 등장한 주요 인물들과의 관계에서 발생한 사건 등을 엮어가는 과정에서 내러티브의 줄거리와 핵심적인 주제 등을 발견하여 이를 내러티브의 주요 골격으로 구성했다.

2) 사례연구

많은 사회과학자들은 연구의 탐색적인 단계에서 사례연구를 사용하고, 연구의 기술적 단계에서는 서베이와 역사연구방법이 적절하며, 설명적 혹은 인과적 관계를 파악하는 단계에서는 실험을 해야 한다는 잘못된 생각을 가지고 있다(김영순 외, 2018). 사례연구는 실제적인 맥락 안에서 이루어지는 동시대의 현상에 대한 실증적인 탐구이며 현상의 경계와 맥락을 명확하게 구분하지 않는 상황에서 이루어지는 탐구이다(Yin, 2003). 사례연구는 하나의 사건, 현상, 혹은 사회학적인 단위에 대한 집중적이고 전체적인 설명과 분석이며, 어느 부분에 초점을 두느냐에 따라 다르게 분석될 수 있다. 또한 일반적으로 하나 또는 복수의 사례가 가지고 있는 복잡성을 이해하고 특정한 사례에 대한 의미를 얻고자 하거나 시간에 따른 변화의 양상을 살펴볼 때 적절한 연구형태이다(Merriam, 1998). 따라서 사례연구는 사례를 정의하면서 제한된 맥락 안에서 일어나는 현상을 설명한다. 여기서 사례는 인물이나 집단일 수도 있고 조직이나 기관일 수 있으며 어떠한 프로그램이나 사회적인 현상일 수도 있다. 즉 사례로 전환될 수 있는 단위들을 더욱 구체적으로 개인, 개인이 지닌 속성, 행위와 상호작용, 행위를 통해 산출된 인공물, 행위가 일어나는 환경, 사건, 집단의 산출물로 나누기도 한다.

특히 사례연구는 다른 사람들이 자신의 경험을 연구의 상황이나 결과에 대입하여 해석한다. 사례연구를 통해 단순히 사례에 국한된 이해나 지식을 얻는 것이 아니라 더욱 일반적인 행태의 지식을 형성할 수 있도록 도와준다는 의미를 지닌다. 이처럼 사례연구는 다양한 속성들을 모두 포함하고 있기 때문에 어느 부분에 초점을 두느냐에 따라 정의가 달라질 수 있으므로 연구자 스스로가 사례연구가 갖는 다양한 특성을 이해하고 이를 통해 사례연구에 대한 정의를 내리는 것이 필요하다. 그러므로 이주민들이 경험한 다양한 사례를 통해 이들의 다문화 생활세계를 탐색하는 것은

〈표 0-2〉 사례연구의 절차

단계	내용
① 사례연구 설계하기	연구문제 설정, 연구목적 설정, 분석의 단위 규명
② 자료수집 준비하기	연구원의 자질 검토, 사전교육, 사례연구 프로토콜 개발
③ 자료 수집하기	자료수집(문서, 기록, 면접, 관찰, 물리적 인공물), 복수사례, 데이터베이스 만들기, 자료와 연결고리 만들기
④ 자료 분석하기	전사작업, 메모작업, 개방코딩, 심층코딩, 주제 발견
⑤ 사례연구 검증하기	구성 타당성, 내적 타당성, 외적 타당성, 신뢰성

[출처: 김영순 외 공저(2018) 재구성]

중요한 의미를 가진다.

사례를 통해 이주민의 다양한 영역의 생활세계를 탐색하기 위해서는 사례연구의 절차를 따라야 한다. 사례연구의 절차는 5단계로 구분하며 그 내용은 다음 〈표 0-2〉와 같다.

1단계 '사례연구 설계하기' 단계에서는 연구목적을 명확히 하고 연구문제를 설정하여 실증적으로 수집한 자료를 연구문제와 연결시켜 연구의 결론과 연결시키는 논리적 과정이다(Yin, 2005). 이주민들이 한국 사회에 거주하면서 다문화 생활세계에 대한 사례를 탐구하기에 적합하다.

2단계 '자료수집 준비하기' 단계는 연구에 적합한 사례와 경험을 수집하기 위해 연구원의 자질 및 사전교육, 사례연구에 대한 프로토콜 개발을 하는 단계이다. 이주민이 경험한 사례를 수집하기에 적합한 대상을 탐색하고 선정하는 단계이며 본 연구에서는 동남아시아계 이주민을 선정했다.

3단계인 '자료 수집하기' 단계는 연구참여자와 관련된 문서, 기록, 면접, 관찰, 물리적 인공물을 수집하고 수집한 자료를 데이터베이스로 만들어 사례의 연결고리를 만드는 작업이다. 연구참여자와의 심층면담을 통한 생활세계 형성 경험에 대해 수집한다.

4단계는 '자료 분석하기' 단계는 심층면담을 통해 수집한 자료를 텍스트화한 후 사례에 따라 범주화 작업을 한다. 범주화하는 단계에서 사례에 대한 주제를 발견하고 주제에 따라 구성한다.

5단계 '사례연구 검증하기' 단계는 이주민들이 다문화 생활세계를 형성해가면서 경험한 사례 분석이 제대로 이루어졌는지 객관적으로 판단하기 위하여 타당성과 신뢰성을 검증한다. 이를 통해 사례연구에 따른 사례를 명확히 확인할 수 있는지 또는 사례가 연구주제에 부합하는지, 사례의 주제가 확인되는지를 통해 연구의 일반화는 물론 질적 가치를 높일 수 있다. 본 연구에서는 사례를 통해 연구자의 삶의 경험이 잘 드러날 수 있도록 구성했다.

이처럼 사례연구를 통한 이주민들의 다문화 생활세계는 다른 이주민들이 한국 사회 생활세계를 이해하고 적응하는 데 많은 도움을 줄 수 있기 때문에 중요하게 작용한다. 그러므로 다양한 이주민의 경험 사례를 살펴보기에 적합하다.

이 책에서는 동남아시아계 이주민들의 다양한 생활세계를 살펴보고 이들이 문화 적응에서 경험한 상황을 구체적으로 분석하고 이를 기술했다. 특히 동남아시아계 이주민들이 자신의 문화와 한국문화에서 나타나는 공통점과 차이점에 어떤 방법으로 적응하고 사회통합을 위해 어떤 노력을 하는지 살펴보고자 한다. 이를 통해 이주민들이 한국 사회에서 살아가는 데 구축하는 생활세계를 이해하고 다른 문화기반에서 살아가는 데 필요한 역량을 이해할 수 있는 기회가 된다.

3) 연구참여자

연구참여자는 한국 내에 거주하는 동남아시아계 이주민으로 결혼이주여성, 외국인 노동자, 외국인 유학생, 난민을 선정했다. 연구자들은 연구 특성에 적합한 대상을 연구참여자로 섭외했다. 이를 위해 다문화 관련기관의 전문가들과 연구 설명회를 가진 후 연구의 특성에 적합한 사람들을 다문화 관련기관 전문가들에게 추천받았다. 추천받은 이주민을 대상으로 연구의 목적과 배경 등의 설명회를 가진 후 연구에 대한 이해와 함께 자발적으로 참여하려는 의사가 있는 사람들로 구성했다. 또한 다양한 국적, 성별, 연령, 이주기간, 학력, 직업 등을 고려하여 연구참여자를 선정했다.

연구참여자는 다문화 관련 분야의 다양한 전문가들의 추천으로 동남아시아계 결혼이주여성 43명, 노동자 9명, 유학생 12명, 난민 9명으로 선정했다. 심층면담은 2018년 9월부터 2019년 2월 사이에 개별적으로 1~2회 진행했다. 심층면담은 연구참여자를 배려하여 이들이 편안하게 생각을 털어놓을 수 있는 장소에서 진행했다. 면담 형식은 연구자들이 생활세계 탐색을 위해 합의한 질문지에 의해 개방적으로 진행했다. 이들의 인적사항을 정리하면 다음 〈표 0-3〉과 같다.

연구에 참여한 동남아시아계 결혼이주여성은 총 43명으로 출신국은 베트남 26명, 필리핀 7명, 태국 3명, 네팔 1명, 캄보디아 1명, 라오스 1명, 인도네시아 1명이다. 이들의 학력은 중졸부터 대졸까지 다양하게 나타났다. 또한 현재 대학을 재학하고 있는 여성은 4명이다. 이들은 모두 한국에서 사이버 대학을 다니고 있다. 또한 이주기간은 모두 3년 이상이었으며 10년 이상 거주한 사람이 11명이었다. 이들은 결혼이주여성으로 대부분 가정을 이루고 있었으며 2명을 제외한 41명 모두 자녀가 1명 이상이었으

〈표 0-3〉 동남아시아계 결혼이주민의 인적사항

구분	출신국가	나이	성별	거주기간	학력	자녀	직업
01	태국	34세	여	9년	대학중퇴	1	생산직
02	태국	31세	여	5년	대졸	2	통역
03	태국	45세	여	14년	대졸	0	이중언어 강사
04	네팔	28세	여	8년	전문대졸	1	단기근무
05	캄보디아	37세	여	9년	고졸	1	단기근무
06	라오스	25세	여	6년	중졸	2	직업교육 중
07	베트남	32세	여	5년	대학재학	1	생산직
08	베트남	27세	여	3년 11개월	고졸	1	직업교육 중
09	베트남	24세	여	4년	대학중퇴	0	식당
10	베트남	25세	여	5년	고졸	2	식당
11	베트남	31세	여	5년	고졸	1	식당
12	베트남	23세	여	10년	고졸	2	무
13	베트남	28세	여	8년	대학재학	1	통역
14	베트남	30세	여	10년	고졸	2	택배
15	베트남	33세	여	4년 3개월	중졸	1	직업교육 중
16	베트남	29세	여	6년	고졸	1	가정주부
17	베트남	28세	여	7년	중졸	3	식당
18	베트남	30세	여	8년	중졸	1	식당
19	베트남	33세	여	8년	중졸	2	무
20	베트남	30세	여	7년	고졸	1	생산직
21	베트남	25세	여	5년	고졸	2	생산직
22	베트남	38세	여	8년	대졸	2	다문화 언어강사
23	베트남	30세	여	9년	고졸	2	생산직

구분	출신국가	나이	성별	거주기간	학력	자녀	직업
24	베트남	33세	여	10년	고졸	2	다문화 강사
25	베트남	34세	여	15년	고졸	2	다문화 강사
26	베트남	36세	여	8년	중졸	2	생산직
27	베트남	30세	여	9년	고졸	1	통번역사
28	베트남	28세	여	3년 6개월	고졸	2	직업교육 중
29	베트남	41세	여	16년	대졸	1	공장 생산직
30	인도네시아	28세	여	6년 8개월	대학재학	1	번역
31	필리핀	31세	여	7년	고졸	2	통번역사
32	필리핀	45세	여	8년	대졸	1	통번역사
33	필리핀	46세	여	8년	대졸	1	통번역사
34	필리핀	41세	여	10년	대학중퇴	2	다문화 강사
35	필리핀	41세	여	12년	대학재학	2	다문화 강사
36	필리핀	35세	여	6년 11개월	대졸	1	다문화 강사
37	베트남	27세	여	7년	고졸	1	통역
38	베트남	41세	여	18년	대졸	3	학원강사
39	필리핀	30세	여	8년	고졸	1	가정주부
40	필리핀	31세	여	8년	전문대졸	1	통번역
41	베트남	32세	여	3년 8개월	대졸	1	강사
42	베트남	37세	여	12년	대학중퇴	2	통번역
43	베트남	30세	여	5년	대학중퇴	1	강사

며 3명의 자녀를 둔 사람도 있다. 이들의 현재 직업은 많은 사람들이 공장의 생산직에서 일하거나 음식점에서 알바를 하는 사람들이 많았다. 또한 이중언어를 할 수 있다는 장점을 살려 다문화 강사나 통 · 번역 일을 하고

〈표 0-4〉 동남아시아계 노동자의 인적사항

구분	출신국가	나이	성별	거주기간	학력	직업
01	인도네시아	30세	남	6년	전문대졸	제조업
02	인도네시아	34세	여	3년	대졸	제조업
03	인도네시아	33세	남	5년	고졸	제조업
04	스리랑카	31세	여	6년	대졸	제조업
05	스리랑카	37세	남	9년	대졸	제조업
06	스리랑카	26세	여	2년	고졸	식품가공업
07	스리랑카	34세	남	7년	대학중퇴	제조업
08	스리랑카	29세	남	6년	고졸	제조업
09	베트남	29세	남	7년	고졸	식품가공업

있는 사람이 많았다.

다음은 연구에 참여한 노동자에 대한 인적사항이다. 그 내용은 다음 〈표 0-4〉와 같다.

연구에 참여한 외국인 노동자의 국적은 인도네시아 3명과 스리랑카 5명, 베트남 1명이다. 이들의 나이는 20대와 30대이다. 성별은 남자 6명과 여자 3명이다. 이들의 거주기간은 짧게는 2년이며 길게는 9년이다. 이들의 학력은 최소한 고졸이며 대학을 졸업한 사람도 3명이다. 대부분 공장에서 제조업을 하거나 식품가공업을 하고 있다.

다음의 연구참여자는 동남아시아계 유학생들로 이들의 인적사항은 〈표 0-5〉와 같다.

동남아시아계 유학생은 총 13명으로 베트남 6명, 캄보디아 3명, 필리핀 3명, 스리랑카 1명이다. 성별은 남자 5명, 여성 8명이었으며 나이는 대

〈표 0-5〉 재한 동남아시아계 유학생의 인적사항

구분	출신국가	나이	성별	거주기간	학력	장학생 여부
01	베트남	28세	여	6년	박사과정	TA
02	베트남	31세	여	3년	박사과정	없음
03	베트남	31세	여	6년	박사과정	없음
04	베트남	26세	여	2년	박사과정	없음
05	베트남	24세	남	1년	석사과정	정부초청 장학생
06	캄보디아	27세	여	1년	석사과정	TA
07	캄보디아	25세	여	1년	대학생	학생
08	필리핀	23세	여	3년 6개월	대학생	없음
09	필리핀	23세	남	3년	대학생	대한항공 장학생
10	필리핀	23세	남	1년	대학생	글로벌 장학생
11	스리랑카	21세	남	2년	대학생	없음
12	캄보디아	24세	남	2년 6개월	대학생	대한항공 장학생
13	베트남	24세	남	4년	대학생	없음

부분 20대와 30대 초반이었다. 이주기간은 1년 이상에서 3년 6개월까지 다양하며 학위과정은 학부 5명, 박사과정 5명, 석사과정 3명으로 대부분 종합대학에서 재학하고 있었으며 정부초청 장학생, 대한항공 장학생, 글로벌 장학생으로 장학지원을 받고 있는 사람도 있다.

다음은 연구에 참여한 재한 동남아시아 난민의 인적사항이다. 그 내용은 〈표 0-6〉와 같다.

연구에 참여한 난민은 총 9명으로 미얀마 카렌족 6명과 방글라데시 줌머족 3명이다. 이들의 성별은 남자가 5명, 여자가 4명이며 나이는 30세

〈표 0-6〉 동남아시아계 난민의 인적사항

구분	출신국가	나이	민족	성별	거주기간	학력
01	미얀마	32세	카렌족	남	2년	고등학교
02	미얀마	32세	카렌족	여	2년	중졸
03	미얀마	30세	카렌족	여	1년 4개월	고등학교
04	미얀마	41세	카렌족	남	2년	초졸
05	미얀마	46세	카렌족	남	3년	무
06	미얀마	35세	카렌족	남	3년	초졸
07	방글라데시	31세	줌머족	여	10년	대학
08	방글라데시	47세	줌머족	남	19년	전문대졸
09	방글라데시	48세	줌머족	여	12년	고등학교

부터 48세까지이다. 이들의 거주기간은 짧게는 1년 4개월이고 길게는 19년이다. 미얀마 카렌족은 재정착 난민이고 방글라데시 줌머족은 한국에서 난민을 신청한 사람들이다. 방글라데시 줌머족은 한국 국적을 취득한 사람이 2명이다. 이들의 학력은 대학을 졸업한 사람부터 학력이 전혀 없는 사람들도 있다.

4) 자료수집과 분석

연구참여자 74명의 심층면담은 2018년 9월부터 2019년 2월 사이에 이루어졌으며 연구참여자의 편의를 고려하여 그들의 일정에 맞추어 진행했다. 면담을 시작하기 전에 연구의 목적과 연구과정을 자세하게 설명했다. 또한 연구참여자가 인터뷰 도중 불편하다는 생각이 되는 질문에 거부권을 행사할 수 있으며 언제든지 인터뷰 의사를 철회할 수 있는 연구참여자의 권리에 대해 안내했다. 그리고 연구참여동의서에 개인의 사생활 보호를 위한 연구윤리와 관련 사항을 설명하고 서명한 후 각자 1부씩 소장했다. 심층면담은 반구조화된 방법으로 미리 준비한 질문지에 따라 개방형으로 진행했다. 면담은 연구참여자가 편안하고 익숙한 공간에서 진행했으며 1회 면담은 1시간에서 1시간 30분 정도 소요됐다. 면담 방식은 개별적으로 만났으며 연구자료가 부족한 경우는 추가 면담을 실시했다.

면담 개요는 각 영역마다 다르게 구성했다. 인지정서적 영역인 문화영역에서는 외국인 노동자들이 노동현장에서 일어나는 갈등의 경험을 개인적, 개인 간, 조직 내에서의 경험에 대해 면담했으며 언어 영역에서는 개인적 · 가족적 · 사회적 관계 등을 살피고 언어문화에 초점을 두어 심층 면담했다. 여가 영역에서는 개인의 여가와 가족의 여가, 여가활동의 어려움, 향후 하고 싶은 여가활동에 대해 면담했고 가족 영역에서는 가족관계의 상호문화성을 탐색하기 위해 과거의 삶과 앞으로 살아가야 하는 삶에 대한 내러티브 형식으로 면담을 진행했다. 그리고 상담 영역에서는 결혼이주여성이 경험하는 심리적인 어려움과 가족관계와 사회적 관계를 위한 상담지원의 필요성에 대해 면담했다.

사회제도적 영역인 복지 영역에서는 사회복지 서비스 이용경험과 이용의 어려움, 지원과 서비스의 필요성에 대해, 미디어 영역에서는 이주민의 미디어 경험과 미디어를 통한 의미에 대해 면담했다. 경제 영역에서는 경제활동 경험이 정체성 형성에 미치는 영향에 대해 면담하고 인권 영역에서는 난민들의 인권의식에 대해 인지적인 측면과 정서적인 측면, 행동적인 측면으로 면담했다. 교육 영역에서는 결혼이주여성의 학습동기와 학습욕구에 대해 면담을 진행했다. 면담내용은 연구참여자에게 동의를 구한 후 녹음했으며 녹음한 자료는 바로 전사하여 음성자료를 문서화했다, 전사한 자료는 총 74개의 파일로 만들어 이주민의 유형별 · 국적별로 구성했다. 면담 직후 전사한 자료는 의미문장에 대해 줄 단위 코딩으로 분석했으며 내용이 모호하거나 부족한 경우에는 추가면담을 통해 자료의 공백을 채워나갔다. 면담 시 연구참여자를 관찰하고 면접자료 및 물리적인 자료분석은 글래이저와 슈트라우스(Glaser & Strauss, 1967)의 반복적 비교분석법을 사용하여 원 자료와 비교하면서 반복적으로 확인하고 수정했다. 또한 인(Yin, 2003)이 제시한 다양한 사례의 범주를 통하여 사례 간 분석을 통해 유사점과 차이점을 찾아내어 사례 간 통합을 이루고자 했다. 이를 통해 연구에 참여한 연구자들은 다문화 생활세계를 탐구하고 심층면담 자료를 바탕으로 생활세계 영역별로 연구주제를 초점화했다.

본 연구는 한국에 거주하는 동남아시아계 이주민을 유형별로 심층면담하여 총 74개의 파일을 생성하고 실제 전사록은 총 1,665페이지로 구성됐으며 이는 아카이브로 구축했다. 다문화 구성원의 생활세계 디지털 아카이브는 우리 사회 다문화 구성원의 다양한 사회적 · 문화적 현상을 이해하고 설명하려는 방법으로 에스노그래피를 활용했다. 다문화 생활세계 아카이브는 에스노그래피의 연구과정에서 수집된 동남아시아 다문화 구성원의 생활세계와 관련한 다양한 사람들의 기억을 디지털 아카이브의 플랫폼을 통해 축적함으로써 그들의 기억을 영구적으로 보존하고자 만들었다. 이를 통해 후속 세대와 연구자들이 디지털 아카이브에 보존된 그들의 기억에 접근할 수 있도록 하여 다문화 구성원의 생활세계를 다양한 관점으로 이해하고, 연구하고, 다시 재생산할 수 있도록 하기 위함이다.

5) 구성

이 책 구성의 특징은 이주목적에 따라 연구참여자를 결혼이주여성, 노동자, 유학생, 난민으로 분류하고 있다. 이민자의 이주목적에 따라 생애사의 특성이 차이가 나타나기 때문에 이주목적은 이들의 한국 사회 적응에 많은 영향을 미친다.

먼저 결혼이주여성의 경우 한국 남성과 결혼해서 입국한 초기 남편과 시댁과의 문화적 갈등을 경험하고 자녀를 낳은 후 자녀를 양육하면서 양육방법과 교육방법에 대해 다양한 경험을 한다. 또 시간이 지나 자녀가 어느 정도 성장하게 되면 본인 스스로 자립을 경험하게 된다. 자립과정에서 구직을 하기도 하고 새로운 취미생활과 여가생활을 하기도 한다. 더 나아가 더 좋은 직업을 갖기 위해 대학을 진학하여 학업을 지속하기도 한다. 이와 같은 일련의 과정을 경험한 것이 이들의 생활세계에 담겨있으며 구체적으로 다양한 영역에서 어떻게 발현되는지 연구를 통해 도출했다.

노동자는 이주목적이 경제활동으로 뚜렷하게 되어 있다. 이들은 한국에 돈을 벌기 위해 이주했기 때문에 열악한 근로환경이나 낮은 임금, 또 사업주와의 관계로 인한 갈등은 모두 감수하고 비자기간 동안 경제활동에 전력을 다한다.

유학생은 학생의 신분으로 학업과 진로에 대해 최선을 다하고 최대한 빨리 학업을 완수하고 본국으로 돌아가는 것을 목표로 한다. 한국의 대학이나 대학원의 학업과정에서 한국어나 학업, 교수와 동료로 인한 갈등이 나타나지만 자신의 목표를 최대한 빨리 달성하기 위해 노력한다. 그럼에도 불구하고 한국에서 생활하면서 다양한 생활세계를 스스로 구축하고 협상하며 살아간다.

난민은 한국에 많은 수를 차지하지 않지만 최근 지속적으로 증가하고 있다. 난민들은 모국의 전쟁이나 박해를 피해 한국으로 이주했지만 난민으로 인정받기가 쉽지 않다. 그러다 보니 체류과정에서 불안한 심리상태를 보이기도 하지만 난민으로 인정받으면 한국에 정착하기 위해 노력한다.

이렇게 다양한 유형의 이주민들은 한국 사회에 적응하기 위해 다양한 생활세계를 경험하며 스스로 협상하며 적응하게 된다. 이러한 과정에서 인지정서적 영역과 사회제도적 영역은 생활세계를 형성하는 데 큰 영향을 미치며 사회통합을 이루는 데 초석이 되기도 한다.

한편 생활세계의 영역은 인지정서적 영역과 사회정서적 영역으로 구체화할 수 있다. 인지정서적 영역은 언어, 문화, 가족, 여가, 상담 등 이중언어 정책과 상호문화주의 정책을 근저에 두고 있다. 초국적 이주의 시대와 함께 다문화 구성원들은 모국과 정주국을 넘나드는 정체성을 형성하고 있다. 이를 위해 정주민과 이주민 모두는 세계시민으로서의 이중 정체성이 요구된다. 따라서 과거의 모국과 단절된 정주국의 주류 사회로 흡수 통합이 강조되던 일방향적 동화주의 사회통합정책을 넘어설 수 있는 언어, 문화, 여가, 상담 등의 능력 향상을 강조하며, 상호문화주의에 기반한 새로운 사회통합정책이 요구된다. 이러한 사회통합정책은 기존의 사회적 포용, 사회적 통합, 사회적 응집으로 이어진다.

또한 사회제도적 영역인 교육, 미디어, 경제, 인권, 복지 등은 생활세계를 구성하는 데 중요한 역할을 한다. 교육과 경제 영역에 있어서 이주민들은 아직까지 시혜적 차원의 사회적 포용 중심 사회통합정책 지원이 필요하다. 따라서 이주민이 안정적으로 한국 사회에 정착할 수 있도록 정부와 지자체, 교육부 등 유관기관의 지속적인 예산 확충과 지원정책이 요구된다.

교육적 측면에서는 다문화가정 학생의 학습권을 보장해줄 수 있어야 한다. 또 경제적 측면에서 이주민의 지속적이고 안정적인 경제활동을 보장할 수 있는 다양한 직업교육 및 직업선택과 경제활동에 있어서의 차별과 편견을 근절해야 한다. 아울러 정주민 대상으로 한 다문화 인식 제고를 위한 상호문화교육이 병행되어야 할 것이다. 인권과 복지 영역에서도 아직까지 한국 사회 내 이주민에 대한 차별과 편견의 시각이 존재하고 있어 정주민의 인식 개선이 요구되는 상황이며, 법제적 측면에서도 이주민 인권 향상을 위한 재한외국인처우기본법, 외국인 근로자의 고용 등에 관한 법률, 다문화가족지원법, 국가인권정책기본계획 등의 법제도의 지속적인 수정과 보완을 통해 이주민 기본권 보장으로서의 안정적인 체류와 다문화 생활세계 형성을 도와야 할 것이다. 그러므로 본 책에서는 동남아시아계 이주민들이 인지정서적 측면과 사회제도적 측면에서 경험한 내용을 바탕으로 영역에 따른 연구를 진행한 결과 다양한 내용들을 분석할 수 있었다.

그러므로 본 책은 다음과 같이 구성됐다. 먼저 연구개요에서는 본 연구의 필요성과 목적을 제시했다. 동남아시아계 이주민들의 한국 사회에서 생활세계의 다양한 영역의 적응을 살펴보고 동남아시아계 이주민들을 이해하기 위해 이들의 현황과 이주민의 유입배경, 그리고 이들의 특성에 대해 살펴보았다. 그리고 동남아시아 연구 경향을 결혼이주민, 노동자, 유학생, 난민 등으로 나누어 살펴보았다. 그다음 본 연구의 연구방법에 대해 소개했다. 내러티브 연구와 사례연구가 본 연구를 이끌어가는 데 적합한 이유를 설명했다. 또한 자료수집 과정으로 연구참여자의 선정조건과 결혼이주민, 노동자, 유학생, 난민 등 연구에 참여한 사람들의 특성에 대해 기술하고 마지막으로 자료 분석과정으로 구성했다.

1부는 인지정서적 영역의 동남아시아계 이주민의 생활세계에 대한 사례로 문화, 언어, 여가, 가족, 상담 영역에 대한 구체적인 경험이다.

1장 문화 영역은 동남아시아 출신 외국인 노동자의 직장 내에서의 문화갈등 사례를 살펴보았다. 외국인 노동자의 직장 내 갈등 요인을 탐색하고 갈등을 극복할 수 있는 방안을 제시했다.

2장 언어 영역은 카렌족 재정착 난민의 언어와 문화 적응에 대한 사례로 미얀마 카렌족인 재정착 난민의 언어와 문화 적응 경험에 대한 구체적인 양상을 살펴보고 재정착 난민의 삶의 독자성과 특이성에 대한 내용으로 구성했다.

3장 여가 영역은 결혼이주여성의 사회통합과 여가활동에 대한 경험 사례이다. 결혼이주여성의 여가 경험은 가족여가가 곧 나의 여가이며 모국 문화 향유를 통한 그림 회복과 여가활동을 통한 재생산 등으로 나타났다.

4장 가족 영역은 베트남 출신 결혼이주여성의 상호문화적 가족관계에 대한 내러티브 사례이다. 베트남 결혼이주여성들이 가족관계에서 나타난 상호문화성 개념을 긍정적인 측면과 부정적인 측면으로 제시했다.

5장 상담 영역은 동남아시아계 결혼이민자의 심리상담 지원에 대한 인식이다. 한국으로 이주한 동남아시아계 결혼이주여성의 실리적 경험은 자신의 어려움을 해결하기 위해 노력과 지원으로 나타났다.

2부는 사회제도적 영역으로 동남아시아계 이주민 생활세계의 복지, 미디어, 경제, 인권, 교육 영역에 대한 구체적인 경험의 사례이다.

6장 복지 영역은 결혼이주여성의 생애주기별 사회복지 서비스 이용 경험에 대한 사례이다. 결혼이주여성의 생애주기는 입국 초기, 자녀양육기, 노동시장 재진입기로 나타났으며 생애주기별 사회복지 서비스 이용경험이 달랐다.

7장 미디어 영역은 동남아시아계 유학생의 미디어 리터러시 경험에 대한 사례이다. 동남아시아계 유학생들은 이주민 소수자 미디어에 나타난 재현방식과 차별문제를 파악하고 소수자의 전형적인 이미지 재생산 방식에 대한 방안을 모색했다.

8장 경제 영역은 동남아시아계 결혼이주여성의 경제 생활세계 자립 과정에 대한 사례이다. 결혼이주여성들이 한국 남성과의 결혼을 결심하고 이주하여 가족을 구성하고 노동시장에 참여하여 직업생활을 영위해가는 과정은 자본주의와 가부장제가 결합된 불평등 구조 속에서 행위자로 나타났다.

9장 인권 영역은 동남아시아계 난민의 인권의식과 인권교육에 관한 사례이다. 난민의 인권의식에 대해 인지적인 측면과 정서적인 측면, 행동적인 측면으로 분석하고 이를 통해 난민에 대한 인권교육의 필요성을 제시했다.

10장 교육 영역은 동남아시아계 결혼이주여성의 학습동기에 관한 사례이다. 결혼이주여성의 학습동기는 자기결정성 이론에 비추어볼 때 자율성과 유능감과 관계성이라는 기본 욕구를 충족하기 위해 학습하는 의지를 가지고 있다.

1부

동남아시아계 이주민의 다문화 생활세계 사례:

인지정서적 영역

1장. 문화 영역: 외국인 노동자의 직장 내에서의 문화갈등

2장. 언어 영역: 카렌족 재정착 난민의 언어문화 적응 양상

3장. 여가 영역: 결혼이주여성의 사회통합과 여가활동

4장. 가족 영역: 결혼이주여성의 상호문화적 가족관계

5장. 상담 영역: 결혼이주자들의 심리상담 지원

1 장

문화 영역

외국인 노동자의 직장 내에서의 문화갈등

1.
들어가기

전 지구적 이민의 확산으로 인해 현대사회는 다인종 · 다문화 현상이 더욱 심화되고 있고, 이질적인 배경을 지닌 구성원들과의 공존은 대부분의 이민 유입국들에게 주어진 공통된 과제이기도 하다. 하지만 외국인의 유입이 증가하고 상이한 배경을 지닌 문화와의 접촉이 늘어날수록 한 사회 내의 사회문화적 갈등이 증폭될 가능성은 높기 때문에 사회통합정책이 요구된다. 이민자집단 또한 자신들의 고유한 정체성에 대한 인정을 요구하게 되어 정주민들과 상호 대립과 갈등으로 이어질 수 있다. 이러한 갈등을 예방하고 이민자와의 사회통합을 이루기 위해 이들의 문화를 이해하는 것이 우선시되어야 할 것이다.

최근 한국 사회는 이민자와 공존하며 살아가는 바람직한 방식이 무엇인가에 대한 관심이 증가하고 있다. 특히, 한국 사회는 고령화 사회로의 진입과 함께 저출산 문제 등으로 인해 노동력 부족 현상이 심화되고 있다. 이러한 상황에서 많은 외국인 노동자와 결혼이민자 등 외국인 노동자들이 노동시장에서 소위 '3D' 업종에 종사하고 있다. 그뿐만 아니라 많은 다문화가정 자녀들이 노동시장에 진입할 경우, 한국의 노동시장은 더욱더 다문화 사회로 촉진될 가능성이 높다.

한국은 1970년대까지 국내인력을 해외로 송출하는 인력 송출국가였지만, 1980년대 후반부터는 중소 제조업을 중심으로 인력부족 현상이 심화되고 있어서 외국 인력을 도입하기 시작했다. 이러한 현상은 한국기업의 산업구조와 노동시장의 구조적 변화에 따라 일시적이라고 생각할 수 있겠지만, 시간이 지날수록 3D 업종이라고 할 수 있는 제조업 분야에서 이러한 현상은 지속적으로 심화될 것이다. 외국인 노동자들이 국내의 인력부족 현상을 보완하면서 경제를 성장시키는 일종의 동력으로서 역할을 담당하고 있기 때문이다. 이와 같이 외국인 노동자들은 한국인 근로자가 담당하지 않는 힘든 분야에서 많은 역할을 담당하고 있을 뿐만 아니라, 저임금과 성실한 태도, 장시간 노동 등의 이유로 이들의 수요는 증가하고 있는 실정이다.

하지만 외국인 노동자들은 본국 문화와 다른 환경에 노출되어 노동현장에서 많은 갈등을 경험하고 있고, 노동현장에 적응하는 데 많은 어려움을 겪고 있는 것으로 알려져 있다(정복성 · 함상우, 2018). 또한 외국인 노동자들은 타국에서의 외로움, 낯선 음식 등 개인적인 차원에서 느끼는 어려움과 낮은 임금과 한국인 동료 및 고용주로부터의 비인간적인 처우 등 조직문화에서의 어려움에 대해 불만을 호소하고 있다(김수재, 2008). 외국인 노동자들이 노동현장에 적응하여 갈등을 해소하는 것은 외국인 노동자 개인뿐만 아니라, 한국의 경제 · 사회적인 측면과 한국의 사회통합의 관점에서 매우 중요한 의미를 가진다.

이러한 배경에서 이 장에서는 동남아시아 출신 외국인 노동자들을 대상으로 이들이 직장 내에서 한국인 동료와의 갈등이 무엇인지, 그리고 이러한 갈등의 저변에는 어떤 사회문화적 맥락이 자리하고 있는지, 이러한 갈등을 해결하기 위해서 어떤 방안을 모색할 것인지에 대해 살펴보고자 한다.

2.
외국인 노동자의 현황과 갈등의 유형

1) 외국인 노동자의 현황

세계화로 인해 국가 간 국경이 점차적으로 사라지는 현대사회에서 민족 간, 인종 간의 이동이 점점 더 증가하고 있다. 자크 아탈리(Jacques Attali)는 그의 저서 『호모 노마드, 유목하는 인간』에서 상업적 · 경제적 노마디즘의 가속화로 50년 내 10억 명 이상의 인구가 원래 자신이 '태어난 나라가 아닌 다른 나라에서 거주'하게 될 것이라고 예견했다(자크 아탈리, 2005). 이러한 예견은 민족과 국가 간의 인구이동으로 인해 지구촌이 '다문화 사회'(multicultural society)의 시대가 되고 있다는 것을 말해주고 있다.

1980년대 말부터 한국 사회는 경제적 고도 성장, 저출산, 고령화, 고학력, 3D업종의 기피 현상으로 인해 인력난을 겪으면서 외국인 노동자의 유입이 급증했다. 초기에는 관광 비자 또는 단기 방문 비자로 한국에 입국하여 일하기 시작하다가, 1988년 이후부터는 저숙련직을 중심으로 개발도상국 출신들이 유입됐다. 특히 최근에는 저출산 · 고령화 등 인구 감소로 인해 아시아 지역 내에서의 노동이주가 활발히 진행되고 있는 실정이다. 이러한 변화에 따라 베트남, 방글라데시, 인도네시아, 우즈베키스탄, 필리핀 등 개발도상국에서는 외화 획득 및 경제 개발을 목적으로 자국의 노동력을 계속해서 외국으로 송출하고 있다. 그래서 2018년 6월 말 기준으로 우리나라 외국인 노동자의 수가 100만 명 시대에 돌입했다.

출입국외국인정책본부에 따르면(2018년 말), 국내 체류 외국인은 230만 명이 넘는다. 체류 자격별로는 재외동포(F-4) 및 기타 체류자격 외국 국적 동포가 약 88만 명이고, 이어서 외국인고용허가제로 입국한 비전문취업자 28만 명, 그 뒤를 전문인력과 선원취업자 등이 차지하고 있다. 그 밖에 미등록체류자 35만 명, 1991년 이후 19만 명에 이르는 누적 귀화자, 16만 명이 넘는 외국인 유학생과 국적을 갖지 않은 결혼이민자와 난민까지 포함한다면, 대한민국에서 취업등록을 하든 안 하든 간에 경제활동을 하는 외국인 노동자로 살고 있는 이주민 인구는 200만 명에 이를 것으로 추정하고 있다. 결국 국내 체류 외국인 대부분은 미성년자가 아닌 이상 외국인 노동자이거나 앞으로 노동현장에 진입할 사람들로 보는 것이 타당할 것이다.

이는 외국인 노동자가 국내 경제활동에서 큰 역할을 담당하고 있으며, 외국인력 정책을 더 이상 단순히 내국인을 대체하는 대체인력의 성격으로 이해해서는 안 된다는 것을 보여주고 있다. 그럼에도 불구하고 한국의 외국인력 정책은 여전히 유치정책으로 시행되고 있고, 국내에서 일상생활을 영위하는 생활인 집단으로서 필요한 적응지원 및 사회문화적 갈등을 최소화하기 위한 사회통합정책은 매우 미흡한 편이다. 또한 외국인 노동자들이 최초 입국 당시 정주 목적의 이민자가 아니었지만, 체류기간이 길어지는 현상이 나타나고 있다. 최근에는 고용허가제 단기순환 원칙의 근간이 무너지면서 10여 년(9년 10개월)의 기간 동안 한국 사회에 체류하는 외국인 노동자가 늘고 있다. 또한 이들 중에는 소수이기는 하지만 다양한 경로를 통해 영주가 가능한 장기 체류자격으로 전환되는 경우도 나타나고 있다.

따라서 외국인 근로자를 어떻게 관리하여 한국 사회 구성원으로 자연스럽게 받아들여 올바른 사회통합을 이룰지가 중요한 국가 과제로 부상했다. 이를 해결하기 위해서는 장 · 단기 이민자를 아우르는 통합적 접근을 위한 기준이 요구되는 상황이다(이혜경, 2017).

2) 갈등의 원인과 유형

한국 사회에서 외국인 노동자들이 처한 노동현장은 내국인 기피업종으로 고령화됐거나 고위험군 산업현장이다. 여전히 대체재를 찾듯이 외국인 노동자를 대하고 있는 것이다(오마이뉴스, 2019년 2월 21일자). 하지만 국내에 유입된 외국인 노동자는 한국 사회에 적응해야 할 뿐만 아니라, 조직문화, 특히 노동현장에서 한국인 동료들과의 생활에서도 적응해야 하는 이중적인 어려움을 경험하고 있다. 따라서 외국인 노동자들과 한국인 동료 간의 상이한 가치체계와 문화적 차이에서 오는 이질감으로 인해 문화적 갈등은 당연히 뒤따라 올 수밖에 없다.

다문화 사회의 갈등은 문화적 차이뿐만 아니라, 외국인에 대한 오해, 편견, 차별 등으로 인해 이주자와 내국인이 서로 불신하면서 이질감을 느끼기 때문에 발생한다. 또한 갈등은 이주자의 욕구와 내국인과의 이해관계가 상충될 때 발생하기도 하고, 가족 내에서의 이해 부족에서 일어나기도 하며, 이주자에 대한 인종차별과 임금차별에서 나타나기도 한다(김판준, 2013).

문화적 갈등은 다수의 문화체계가 직접 충돌하여 발생하는 것이 아니라, 개인 또는 집단들의 접촉 과정에서 발생한다. 따라서 문화적 차이가 있는 당사자들의 현재적 위치인 지배종속 관계와 직업 및 계층 등은 문화적 갈등과 그것을 해결하려는 데 큰 영향을 미치게 된다.

문화적 갈등의 원인으로는 역사적으로 일반화되어 온 다문화주의의 부재와 일종의 외국인 혐오(xenophobia)의 영향으로 여길 수도 있다. 한국의 경우, 외국인 노동자들이 유입되면서 자국민보다 가난하고 약한 사람들에 대해 가하는 공격적이고 억압적이고 무시하는 외국인 혐오증이 조성됐으며, 이를 극복하기 위해서는 다문화에 대한 인식 개선과 지속적인 다문화 교육이 이루어져야 한다는 지적도 있다(김수재, 2008). 하지만 인식 개선과 교육보다 우선되어야 할 사항은 내국인과 외국인 노동자의 사회통합을 위해 외국인 노동자의 삶과 노동현장에서의 갈등이 무엇인지를 그들의 입장에서 밝혀내는 것이다.

구경희 · 송준호(2011)는 갈등의 유형을 다음과 같이 다섯 가지로 구분했다. 첫째, 갈등은 상호작용에 의해 발생한다. 갈등은 어느 개인이나 집단이 다른 개인이나 집단에 의해 어떤 일을 방해받거나 좌절될 때 발생한다. 둘째, 갈등은 적대적인 감정에 의해 발생한다. 갈등은 서로 첨예한 대립적인 행동을 취하게 된다. 셋째, 갈등은 기대나 목표 차이에서 발생한다. 개인이나 집단은 기대하는 목표가 있으며, 이 목표지향적인 행위가 타인에 의해 좌절되거나 좌절시킬 때 갈등은 발생한다. 넷째, 인간의 삶의 한 과정이다. 지구상의 인간이 살아가는 데 갈등이 있을 수밖에 없다. 다섯째, 갈등을 지각할 때 나타나는 현상이다. 갈등은 대립적인 행동이나 겉으로 나타나지 않더라도 어느 한쪽이 갈등을 지각하면 바로 나타나는 것이다.

개인의 갈등은 목표 차이나 주변 생활환경, 친구나 동료직원들의 생활모습, 좌절 등에서 발생할 수 있다. 예를 들어 타국에서 가족을 그리워하는 그리움이나, 홀로 있다는 외로움 등 개인적인 일로 인한 사적인 관점에서 발생할 수 있다. 개인 간 갈등은 노동현장에서 동료들 간 대인관계에서 가장 흔하게 발생할 수 있다. 이는 서로의 편견이나 경쟁, 잘못된 생각, 오해, 욕심 등에 의해서 발생한다.

조직의 갈등은 개인적인 일이나 개인 간에 일어나는 갈등보다는 노동현장이라는 전체 조직문화에서 발생할 수 있다. 따라서 조직의 갈등은 경쟁과 각종 차별, 그리고 불이익 등에 의해서 발생한다. 다시 말하면, 갈등은 각자 자라온 환경이 다르고 추구하고자 하는 목표나 생각이 다르기 때문에 여기에서 오는 이해관계로 인해 발생한다(구경희 · 송준호, 2011).

이러한 개인적, 개인 간, 조직의 갈등을 극복하기 위해서는 우리 문화만을 외국인 노동자에게 강조하고 이해시킬 것이 아니라 외국의 이질적인 문화를 내국인도 이해할 수 있도록 프로그램을 개발해야 하고, 노동현장에서의 동등한 임금을 지급할 수 있도록 제도적 장치도 마련해야 할 것이다. 또한 다문화 갈등의 해소는 국민이 다른 인종과 다른 문화를 인정하고 포용하는 자세에 달려있고, 정부는 사회통합 차원의 인종차별과 국민의 역차별이 없는 다문화정책을 수립해야 할 것이다(김판준, 2013).

그러므로 본고에서는 외국인 노동자라는 특성상 개인적 갈등과 개인 간 갈등 그리고 노동현장에서의 전체적인 조직 내의 갈등 등 세 가지로 구분하여 사례연구를 할 것이다.

3) 선행연구

최근 외국인 노동자를 비롯한 한국 체류 외국인 이주민들로 인해 야기되는 사회적 문제가 관심사로 떠오르고 있다. 외국인 거주자가 226만 명이 넘었다는 통계(2018)에서도 짐작할 수 있듯이, 외국인 이주민들로 인해 발생하는 갈등은 한국 사회의 중요한 문제가 됐다. 특히, 외국인 노동자들에 대한 차별과 그들의 불법체류로 인한 문제 및 노동현장에서의 사회문화적 갈등으로 인한 많은 문제들이 사회적인 화두로 부각되고 있다. 이러한 문제를 예방하고 개선하기 위해서 정부에서는 다문화교육 지원정책 및 대책 마련뿐만 아니라, 내국인의 다문화 인식을 개선하기 위한 다양한 노력이 이루어지고 있다.

외국인 노동자에 대한 선행연구를 살펴보면, 외국인 노동자의 문화 적응과 노동현장에서의 어려움 등 두 가지 범주로 구성될 수 있다.

첫째는 외국인 노동자의 노동현장에서의 문화 적응에 대한 연구이다.

김동회 · 하규수(2011)는 외국인 노동자를 대상으로 문화 적응과 조직 공정성이 조직 몰입에 각각 어떠한 영향을 미치는가를 분석하고, 사회적 지지의 조절효과를 검증했다. 연구결과, 첫째, 문화 적응은 조직 몰입에 유의한 영향을 미치는 것으로 나타났다. 둘째, 조직 공정성은 조직 몰입에 유의한 영향을 미치는 것으로 나타났다. 셋째, 사회적 지지의 조절효과에 대한 검증에서는 지속적 몰입에만 유의미한 영향을 미치는 것으로 분석됐다.

권종욱 · 김학조 외(2012)는 블랙(Black, 1991)의 해외 파견 관리자 적응모형을 활용하여 한국거주 외국인 노동자의 적응에 영향을 미치는 선행변수의 영향력을 검증했다. 일적응, 교류적응, 일반적응에 영향을 미치는 요인을 개인의 역할이 중요한지 조직의 역할이 중요한지 파악하기 위해 개인 요인(사전교육, 경험, 언어능력, 대처전략)과 조직 요인(역할 명확, 경력지원, 보상적절, 상시지원)으로 구분하여 분석했다. 또한 개인의 역할과 조직의 역할이 적응의 유형에 따라 다르게 나타나는지도 살펴보았다.

류지성 · 문종원(2013)은 농축산업 분야 외국인 노동자의 근무 만족도 및 근무 지속성에 영향을 미치는 요인을 규명했으며, 분석 결과를 토대로 농축산업 분야 외국인 노동자의 근무 만족도 및 근무 지속성 제고를 위한 방안을 제시했다. 분석 결과, 첫째, 외국인 노동자에게 지급되는 급여 및 수당 수준의 경제적 요인이 외국인 노동자의 근무 만족도에 유의한 영향을 미치고 있었다. 둘째, 체류기간, 귀국비용보험, 상해보험, 건강보험 인지여부, 휴일 부여 수준 등 외국인 노동자의 고용과 관련된 재도적인 요인이 외국인 노동자의 근무 만족도에 유의적인 영향을 미치는 것으로 나타났다.

전혜정 · 이가언(2015)은 베트남 외국인 노동자 230명을 대상으로 문화 적응 스트레스와 우울의 상관성을 파악하여 외국인 노동자를 위한 건강 증진방안의 근거를 마련하고자 시도했다. 연구결과, 대상자의 문화 적응 스트레스와 우울은 통계적으로 유의한 양의 상관관계를 보였다. 연구자들은 대상자의 우울에 영향을 미치는 변수로서 문화 적응 스트레스와 모국인 친구 수를 제시했으며, 그중 가장 영향력이 큰 변수가 문화 적응 스트레스라고 밝혔다.

조태준 · 박덕현 · 허상구(2015)는 중국인 근로자의 문화지능이 현재의 직무 자체와 직무환경에 어떠한 영향을 미치고 있으며, 조직 몰입에 어떠한 영향을 미치는지를 실증 연구했다. 또한 문화지능이 자기효능감에 어떠한 영향을 미치며, 직무 자체 및 직무환경과 조직 몰입에 어떤 영향을 미치는지 파악했다. 연구결과, 중국인 근로자의 문화지능이 직무환경 만족, 자기효능감, 조직 몰입에 긍정적인 영향을 주고 있었지만, 직무 자체 만족과는 유의한 관계가 성립되지 않았다.

양순미(2016)는 농업 분야 외국인 노동자들의 일상생활 애로와 직무 여건의 개선을 통해 이탈을 방지하고 적응력 향상을 돕는 방안을 모색했다. 이를 위해 농업 분야 외국인 노동자를 대상으로 영역별 생활 애로 수준과 작업량 · 임금 및 보상 영역 등의 직무환경 만족 수준을 분석했다. 또한 영역별 생활 애로수준과 작업량 · 임금 및 보상 영역 등 직무환경 만족도의 상관성을 분석하고, 이에 미치는 효과 등을 파악했다.

임춘희(2016)는 어업에 종사하는 외국인 노동자를 고용한 사업주들을 대상으로 외국인 노동자의 고용 실태와 고용에 관련된 인식, 고용상의 애로사항 및 대처 방법 등을 고찰했다. 연구 결과로서는 외국인 노동자 고용에 따른 사업주의 어려움은 의사소통, 이직 요구에 대한 불안감, 인건비 인상, 퇴직금 부담이 있었지만, 휴가 제공, 본국 귀국조치, 대화 설득, 회식, 음식문제 배려, 외부 상담 의뢰 등 다양했다. 이 연구에서 주목할 점은 외국인 노동자들을 고용한 사업장을 찾아서 사업주나 한국인 관리자 및 외국인 노동자를 대상으로 다문화교육을 활성화하자는 것이었다.

이정환(2016)은 외국인 노동자의 한국 생활 만족도와 한국 생활 만족도에 영향을 미치는 변수들을 파악했다. 분석결과, 외국인 노동자는 한국 생활에 대해 약간 만족하는 수준을 나타내며, 이러한 만족도는 국적별로 태국인과 필리핀인이, 직무 만족과 조직 헌신이 높을수록, 직장동료 · 상사와의 관계가 좋을수록, 차별에 대한 인식이 높을수록 증가하는 경향을 나타냈다.

김지현 · 김보미(2017)는 외국인 노동자의 문화 적응 스트레스와 사회적 지지, 자아존중감과의 관계와 영향 요인을 파악했다. 연구결과, 문화

적응 스트레스 직업에 따라 유의한 차이가 있었으며, 대상자의 문화 적응 스트레스와 사회적 지지, 자아존중감 정도는 유의한 역의 상관관계가 있었다.

강대석 · 김정은(2017)은 상사의 비인격적 감독을 경험한 외국인 노동자들이 그 반응으로서 역량 발휘 가능성에 대해 부정적으로 인식하는지, 이것이 그들의 직업 배태성과 문화 적응에까지 영향을 끼치는지를 검토했다. 이들은 이 연구에서 다음과 같은 시사점을 제시했다. 첫째, 비인격적 감독은 직무에 투입해야 할 자원을 고갈시켜 시민 행동에 관여하는 것조차 어렵게 하듯이 이주노동자들의 적응에도 막대한 지장을 초래한다. 둘째, 사업주들은 외국인 노동자들의 적응을 위해 직업 배태성과 역량 발휘 가능성을 동시에 고려해야 한다. 셋째, 무엇보다도 직업 배태성을 높여주기 위해서는 외국인 노동자들에게 먼저 역량 발휘 가능성부터 인식시켜줘야 한다.

이윤정(2018)은 외국인 노동자의 일과 삶의 균형에 영향을 미치는 요인들 간의 경로를 규명했다. 연구결과, 직무만족, 근로시간, 건강상태는 외국인 노동자의 일과 삶의 균형에 직접적인 영향을 미치는 요인이며, 사회적 지지, 건강상태, 근로시간은 직무만족을 매개로 일과 삶의 균형에 영향을 미치는 것으로 나타났다.

둘째는 외국인 노동자의 일상생활과 조직 내에서의 갈등에 관한 연구이다.

구경회 · 송준호(2011)는 중소기업에서 근무하고 있는 외국인 노동자가 조직 내에서 갈등을 어떻게 해결하고 있는지와 갈등유형이 조직유효성에 어떠한 영향을 미치는지를 연구했다. 연구자들은 외국인 노동자의 한국 생활 적응과 중소기업의 생산성을 향상시키기 위하여 외국인 노동자의 갈등을 해소할 수 있는 전략을 마련했다.

김수재(2012)는 인도네시아 노동자들이 한국에서 생활하는 데 있어서 갈등이 빚어지는 지점에 영향을 미치는 다양한 요소를 밝혔다. 또한 심층적인 현지조사를 통해 인도네시아 노동자의 한국문화에 대한 대응방식을 파악하고, 인도네시아 노동자의 인권문제에 대한 시사점을 제시했다.

허영식(2012)은 다문화 사회의 통합 관점에서 간문화 갈등 및 간문화 중재의 개념과 합의를 바탕으로 다문화 사회에서 사회통합의 문제에 관해서 다루었다. 그는 갈등이론을 기초로 간문화 갈등을 살펴보며, 간문화 갈등을 다루기 위한 방책으로서 갈등문화 및 그 주요수단인 간문화 중재에 대해서 고찰했다.

장인모 · 전순영(2015)은 외국인 노동자의 조직 갈등(외생변수)에 따른 문화 적응(내생변수)이 조직성과(직무만족, 조직 몰입, 이직 의도)에 어떠한 상관관계가 있는지를 분석했다. 연구결과, 문화 적응이 조직 몰입에 영향을 준 반면, 이직 의도에는 별다른 영향을 주지 않았다. 연구자들은 문화 적응을 통한 조직에서의 흡수가 조직에 몰입을 할 수 있도록 유도한 것이며, 이직 의도는 개인적 사유, 건강 또는 법적 문제로 인해 고려됐을 뿐, 문화 적응과의 관계에서는 연관성이 없다고 주장했다.

박신규(2017)는 전라북도 외국인 노동자의 노동실태에 대한 설문조사를 진행하여 외국인 노동자 지원정책 방향을 제시했다. 연구결과, 외국인 노동자의 업종별 근무시간과 임금조건에서 많은 차이가 나타났다. 또한 사업장에서의 차별 경험에 대하여 외국인 노동자의 사례 중 24.5%가 차별을 경험했고, 그 내용으로는 문화적 차이에서 발생하는 차별과 욕설이었다는 것을 지적했다.

정복성 · 함상우(2018)는 중국인 근로자를 연구대상으로 일-가정 갈등이 일으키는 부정적 결과인 직무소진에 어떤 영향을 미치는가, 특히 중국과 다른 초과 근무, 회식 등의 문화 차이가 두 변수들 간의 관계에 있어서 어떻게 영향을 미치는가를 살펴보았다.

연구결과 초과 근무, 회식 등의 문화 차이는 일-가정 갈등과 정의 관계이고, 일-가정 갈등은 직무소진에 정의 영향을 미쳤으며 초과 근무, 회식 등의 문화 차이는 두 변수의 관계를 정적으로 강화하는 영향을 가지는 것으로 나타났다.

이러한 선행연구들은 외국인 노동자의 문화 적응 및 생활만족도에 관한 외국인 노동자의 관점을 적절하게 반영했다는 데에 의의가 있을 것이다.

하지만 대부분의 연구들은 지엽적인 문제, 예를 들어 농축산 분야에서의 외국인 노동자들의 어려움과 지역적인 한계뿐만 아니라, 대부분이 양적 연구들로 진행되어 있어서 이들의 어려움을 형식적으로 제시했을 뿐, 이들의 어려움을 내면적이고 심층적인 부분까지 반영하지 못한 측면이 있다.

따라서 이 장에서는 외국인 노동자들을 대상으로 직장 내에서의 어려움을 심층면담 함으로써 사례연구를 통해 이들의 경험들을 분석하고자 한다. 이렇게 함으로써 외국인 노동자들의 고충을 표면적이 아닌 심층적으로 파악해서 직장 내에서의 갈등을 해결할 수 있는 방안을 모색할 수 있을 것이다.

3.
연구방법

이 장에서는 노동현장에서의 어려움 또는 갈등에 대한 외국인 노동자들의 경험에 대한 구체적이고 심층적인 이해를 위해서 질적 사례 연구방법을 수행했다. 사례연구는 학문적 배경으로 인류학, 사회학, 심리학, 역사학을 포함하며(Creswell, 2013), 제한된 체계 혹은 사례를 시간의 흐름에 따라 집중적으로 묘사하고 분석한다.

이 장에서는 외국인 노동자들이 노동현장에서 개인적, 개인 간, 조직 내에서 발생하고 있는 갈등의 경험을 살펴보고, 이와 함께 이들이 경험한 갈등 상황들을 구체적으로 기술하고 분석했다. 특히 이 장에서는 외국인 노동자의 직장 내에서의 경험을 사회문화적 관점에서 살펴봄으로써 대인관계 또는 조직문화에서 자신의 문화와 공통점과 차이점을 밝히고자 한다. 이렇게 함으로써 외국인 노동자들의 어려움과 갈등관계를 극복할 수 있는 방안을 모색할 것이다.

연구참여자들은 현재 제조업에 종사하면서 전남, 인천, 충남에 거주하는 외국인 노동자 9명을 대상으로 선정했다. 이들은 〈표 1-1〉에 나타난 바

〈표 1-1〉 연구참여자의 일반 사항*

연구참여자	나이	국적	학력	직업	한국어교육	거주지	거주 기간
1	30	인도네시아	고졸	제조업	4급	인천	9년
2	31	인도네시아	대졸	제조업	3급	충남	4년
3	30	인도네시아	고졸	제조업	2급	인천	2년 6개월
4	34	베트남	고졸	제조업	무	인천	6년 8개월
5	34	베트남	고졸	제조업	1급	인천	6년 8개월
6	27	태국	고졸	제조업	2급	전남	3년
7	30	태국	고졸	제조업	2급	전남	2년
8	35	태국	대졸	제조업	2급	전남	2년
9	40	태국	고졸	제조업	4급	전남	11년

* 본 연구참여자는 총서 전체 연구참여자 중에서 연구자가 선정하여 각 장마다 개별번호를 보여함

와 같이 출신국가가 인도네시아 3명, 베트남 2명, 태국 4명으로 구성됐다.

〈표 1-1〉에 나타난 것과 같이 외국인 노동자들의 학력은 9명 중 7명이 고졸, 2명이 대졸이다. 연구참여자들의 직업은 대부분 제조업에 종사하고 있다. 이들의 연령은 7명이 30대, 1명이 20대, 1명이 40대이다. 이들의 한국 거주기간은 2년에서 7년 사이이며, 1명이 9년, 10년 이상의 외국인 노동자도 1명 있다. 10년 이상 거주한 외국인 노동자는 3개월에 한 번씩 외국으로 출국했다가 다시 입국하여 일을 한다고 주장했다. 이러한 연구참여자들은 한국의 노동현장에서 많은 외국인 노동자의 국가로 구성되어 있기 때문에 다양한 나라 출신 외국인 노동자의 어려움과 갈등관계를 파악하는 데 용이할 것으로 판단된다.

연구참여자와의 심층면담은 2018년 9월부터 2018년 12월 사이에 외

국인 노동자의 편의를 고려하여 일정을 정하여 시행했다. 면담은 연구참여자들이 편안하고 익숙한 공간으로 인식하는 곳에서 이루어졌다. 1회 면담 소요시간은 약 1시간부터 1시간 30분 정도이다.

면담의 방식은 직접면담으로 시행했으며, 개별적으로 2회에 걸쳐 진행했다. 직접면담은 2018년 9월부터 12월까지 9명의 참여자에 대해 각각 1회씩, 추가면담은 2018년 12월에 각각 1회씩 진행했다. 인터뷰 내용은 면담 직후 바로 전사하고 줄 단위 코딩을 통하여 분석했으며, 모호하거나 필요한 경우에는 추가면담에서 자료의 공백을 채웠다.

심층면담은 반구조화된 방법으로 진행했다. 개인적인 갈등에 대해서는 구조화된 방법으로 인터뷰를 진행했고, 외국인 노동자의 반응과 대답에 따라서 개방질문을 병행했다. 또한 면담 시작 전에 인터뷰 시간과 내용에 따라 안내했으며 면담거부권, 면담 중단권, 사생활 침해 거부권에 대한 참여자의 권리를 문서화하여 안내했다.

4.
직장 내에서 외국인 노동자의 갈등

직장 내에서 외국인 노동자들의 갈등에 대한 진술은 개인적 갈등, 개인 간 갈등, 조직문화에서의 갈등 등 세 가지 범주를 설정한 후, 7가지의 하위 범주로 구분했다. 이를 정리하면 다음 〈표 1-2〉와 같다.

〈표 1-2〉 외국인 노동자의 주요 갈등 범주

범주	하위 범주
개인적 갈등	(1) 음식 문제
	(2) 주거 문제
	(3) 과중한 업무에 따른 스트레스
개인 간 갈등	(1) 한국어 소통 문제
	(2) 종교 문제
조직문화에서의 갈등	(1) 회식 문제
	(2) 임금 문제

1) 개인적 갈등

외국인 노동자들이 한국에 입국하여 처음에 경험하는 개인적 어려움은 음식과 주거 및 스트레스 문제였다. 인터뷰 결과, 외국인 노동자들의 음식문제는 고국에서 오랫동안 성장하여 낯선 땅에서의 음식을 경험하지 못한 데 따른 가장 큰 고통이었던 것이다. 그다음 문제는 직장생활을 하면서 주거에 어려움을 겪는 것이었다. 외국인 노동자들은 대부분 사계절이 따뜻한 동남아 국가 출신이다. 그렇기 때문에 사계절이 구분되어 계절마다 변화하는 한국에서의 기후에 잘 적응하지 못하는 것과 냉·온방 장치가 설치되어 있지 않은 컨테이너와 같은 주거시설에서 사는 데 따른 불편함을 경험하고 있었다. 그다음 문제는 직장에서의 일에 대한 스트레스였다.

(1) 음식 문제

외국인 노동자들이 한국 생활에서 경험하는 요인 중 갈등의 한가운데에는 음식문제가 자리하고 있다. 외국인 노동자들은 이구동성으로 음식문제를 개인적 갈등에서 가장 큰 요인이라고 주장했다.

외국인 노동자들은 대부분 직장 내의 식당에서 식사를 한다. 일부 회사에서는 외국인 노동자를 배려하여 외국인 노동자의 입맛에 맞는 요리 등을 따로 준비하지만, 대부분은 한국인 노동자와 동일하게 음식을 먹는다. 그렇기 때문에 외국인 노동자들은 음식에 입맛이 맞지 않아 기숙사나 숙소에서 음식을 만들어 먹는 경우가 많다. 따라서 외국인 노동자들은 대부분 한국 음식에 적응하는 데 큰 어려움을 경험한다고 말한다.

"그냥 제가 먹는 것이 우리나라에 있을 때보다는 많이 달라서 힘들었어요." (연구참여자 2)

"저도 음식이 처음에는 입에 맞지 않아서 힘이 들었는데, 점차 좋아지고 있어요. 지금은 매운 음식도 잘 먹고 있어요." (연구참여자 3)

"베트남 음식과 다르게 한국 음식이 강해요. 처음에 정말 힘들어요. 그래서 배가 고플 때가 많아요. 집에 가서 음식을 만들어요. 이제는 괜찮아요. 매운 것 못 먹어요. 다른 것은 먹어요." (연구참여자 5)

"처음에 한국에 오면 한국 음식 못 먹어요. 많이 강해서. 그래도 해먹을 수 있게 부엌 있으면 좋죠. 처음 오는 사람들이 요리해서 먹으면 좋으니까." (연구참여자 6)

"처음엔 한국 음식 냄새가 안 좋아요. 근데 나중에는 괜찮아요. 옛날에는 김치 같은 거 생각도 못 해요. 그런데 지금은 김치랑 밥 있으면 먹을 수 있어요. 한국 음식 많이 이해됐어요." (연구참여자 7)

"처음에 한국 올 땐, 한국 식당도 못 들어가고. 냄새가 너무 세요." (연구참여자 8)

김수재(2008)의 주장처럼, 음식은 한국 사회에 적응하기 원하는 외국인 노동자들에게 문화적 차이를 느끼게 하는 기제로 작용한다. 각 나라마다 음식문화의 차이가 있기 때문에 외국인 노동자들은 초창기 낯선 땅에

왔을 때 더욱더 고국의 음식을 생각나게 할 것이다.

(2) 주거 문제

외국인 노동자들은 한국 직장생활의 문제점으로 날씨 적응에 따른 주거문제를 매우 중요하게 생각하고 있었다. 외국인 노동자들이 대부분 동남아 국가 출신이기 때문에 한국의 사계절 변화, 특히 겨울철 추위는 적응하기가 어려운 생활환경이라고 할 수 있다. 따라서 외국인 노동자들이 사계절 날씨 변화와 음식을 자유자재로 할 수 있는 공간인 주거문제는 직장생활의 만족도에 중요하게 작용하고 있다.

> "처음에는 화장실이 밖에 있는 공동주택에 살아서 불편했어요. 한 1년 지나니까 친구와 같이 원룸을 빌려서 함께 사용해요. 지금은 괜찮아요." (연구참여자 3)

> "한국은 겨울이 추워요. 근데 컨테이너 안도 추웠어요. 아래는 따뜻한데 위쪽은 추워요. 온도 차이가 너무 심해요. 감기에 자주 걸려요." (연구참여자 5)

> "우리나라 요리도 해먹은 싶은데, 컨테이너는 아무것도 없어요. 다 밖에 있어요. 너무 불편해요." (연구참여자 7)

> "컨테이너 말고 빌라 아니면 주택처럼 부엌도 화장실도 있으면 괜찮

아요. 난방도 안 좋아요. 밑에는 따뜻한데 위에는 바람이 통하니까. 컨테이너에 살았는데, 겨울이 병이 많이 걸려요. 감기 같은 거…. 감기가 걸려서 일주일이나 일을 못했어요." (연구참여자 8)

이와 같은 연구결과는 숙박시설 및 세면시설 등 외국인 노동자의 생활 환경적 요인이 외국인 노동자의 근무 만족도에 중요한 영향을 미치지 않는 것을 분석한 류지성 · 문종원(2013)의 연구와는 배치된다. 본 연구는 주거시설이 외국인 노동자들의 갈등에 중요한 요소 중의 하나로 자리 잡고 있다는 것을 보여준다.

(3) 과중한 업무에 따른 스트레스

외국인 노동자들은 한국 내의 직장생활에서 업무에 따른 많은 스트레스를 받고 있는 것으로 나타났다. 왜냐하면 일의 강도를 떠나 그에 따른 정당한 대가를 받지 못하고 있다고 생각하기 때문이다. 연구참여자 6의 말처럼, 모든 한국인 고용주가 그렇지는 않겠지만, 외국인 노동자들은 일부 고용주가 잔업 수당을 주지 않기 위해서 평일에 많은 업무를 시킨다고 생각한다. 하지만 음악이나 친구들과의 산책을 통해 이와 같은 스트레스를 해결한다고 한다.

"저는 일이 힘들었을 때 집에서 음악을 들어요. 특히 한국 트로트를 들어요. 신나잖아요." (연구참여자 1)

"저는 일에 스트레스를 받을 때는 집에 와서 한국 음악을 듣는데, 발라드 음악을 좋아해요. 특히 다비치를 좋아해요." (연구참여자 2)

"저는 스트레스는 그냥 일이 힘들 때 그런 거 있잖아요. 저는 그냥 뭐 친구들 만나고 놀러 가는 것을 되게 좋아하거든요. 주말에는 안산 돌아다니고 그냥 돌아다녀요." (연구참여자 3)

"잔업도 안 주고 주말에 돈을 안 주려고 그냥 평소에 평일에 일을 많이 줬어요. 그래서 스트레스가 심해요." (연구참여자 6)

박신규(2017)의 조사에 따르면, 외국인 노동자들이 평균적으로 일하는 시간을 살펴보면, 8시간에서 10시간 미만이 55.7%, 10시간에서 12시간 미만이 24.1%, 8시간 미만이 11.1%를 차지하고 있다. 이 연구에서는 외국인 노동자들이 초과 수당에 따른 임금을 더 받는 것인지는 나타나지 않았지만, 그만큼 노동의 강도가 높다는 것을 말해주고 있다.

2) 개인 간 갈등

(1) 한국어 소통문제

외국인 노동자들은 한국어 소통문제로 인해 직장생활 내에서 한국인 동료들과 문제를 경험하고 있다고 말했다. 이정환(2016) 역시 외국인 노동자가 한국에서 사는 동안 피부색이나 국적 및 언어 등으로 차별이나 시달림을 받았다고 느낄수록 한국 생활에 만족하지 않고 있다고 보고했다. 본 연구에 참여한 대부분의 연구참여자들도 이와 같이 한국인 동료들과 언어 소통의 애로가 직장 내의 생활에서 갈등을 유발하는 주요 요인으로 생각하고 있었다.

"처음에는 한국어를 잘 알아듣지 못해서 한국 동료가 뭐라 뭐라 해도 그것이 욕인지 몰랐는데, 나중에 생각해보니까 욕이더라구요. 욕 들었을 때는 그냥 참아요. 우리는 스트레스 받아도 저희 부장님께 화가 날 때 그냥 참아요. '네, 알겠습니다' 이렇게." (연구참여자 1)

"회사에서 소통문제로 동료들과 기분이 좋지 않을 때나 아플 때 힘이 들어요. 그때에는 집에 영상통화를 해요. 아니면 혼자 생각한다든지. 한국인 동료가 화를 낼 때에는 그냥 참고 '죄송합니다', '잘하겠습니다' 그렇게 말하고 또 '잘 부탁드립니다', '제가 일을 많이 부족해가지고 잘 못합니다'라고 말해요." (연구참여자 2)

"일할 때 한국인 동료가 아마 개인 문제가 생기고 인도네시아 사람한테 욕하고 너무 심했어요. 욕하고. 그분은 아마 개인적인 감정으로 욕을 했던 것 같아요. 그때는 제가 그냥 가만히 있었어요. 제가 실수가 아니더라도 그냥 가만히 있었어요. 그래서 일이 끝나면 친구들이랑 그냥 전화해요. 이런 일을 당했다고." (연구참여자 3)

"저희 회사가 너무 시끄럽고 그래서 말 잘 안 들리고 큰소리로 소리 질러서 뭐라고 하는 건 있어요. 가끔 오해가 일어날 수 있어요. 화난 줄 알고. 회사 주변이 시끄러워가지고 소리 지르는데 야! 이리와! 이러는데 가끔 오해가." (연구참여자 4)

"네, 한국 사람하고는 의사소통이 안 돼요. 나이 차이 때문에 우리 한국 직원들이 40대고 저희는 30대이기 때문에. 저는 그냥 참고." (연구참여자 6)

언어적인 문제는 단순히 직장 내의 불편에 그치지 않고 여러 측면에서 외국인 노동자와 한국인 동료 간의 관계를 부정적으로 만든다. 언어의 불통으로 인해 동료 간의 상호 이해관계가 형성되지 않기 때문에 외국인 노동자가 조금만 실수를 하더라도 비난과 질책의 대상이 된다. 또한 한국인 동료의 선의적인 태도가 다른 의미로 해석되어 개인 간 갈등의 원인이 되기도 한다.

본 연구에서 도출된 연구결과는 정선영 · 오영림 · 배이진(2013)의 연구와도 일맥상통하고 있다. 본 연구에서도 외국인 노동자들은 첫째, 인격모독을 경험한 경우, 둘째, 의사소통의 어려움이 있는 경우, 셋째, 신체적 · 정신적 어려움이 있는 경우 등에서 갈등을 겪고 있는 것으로 나타났기 때문에 외국인 노동자들은 인격모독과 의사소통의 문제가 갈등을 일으키는 요인으로 작용하고 있었다. 양순미(2016)의 연구에서도 언어소통 문제가 모든 영역의 직무환경 만족도에 작용하지는 않지만, 외국인 노동자가 인지하는 생활애로 수준에서 언어소통 영역이 가장 높았다고 밝히고 있다.

(2) 종교 문제

종교적인 문제는 대부분 인도네시아 출신 노동자에 해당한다. 인도네시아 노동자들이 모두 이슬람교를 믿는 것은 아니지만, 그들의 종교적인 세계관은 일상생활의 행동에 있어서 많은 영향을 미치고 있는 것은 사실이다.

"제가 이슬람교를 믿고 있으니까, 반드시 기도를 해야 해요. 처음에 기도할 때 한국인 동료들이 뭐라고 했는데, 지금은 근무시간 외에 휴식시간이나 잔업시간에 하니까 모두 이해해줘요." (연구참여자 1)

"저도 기도시간에 한국인 동료들이 싫어했어요. 바쁜 시간에 기도한다고. 하지만 제가 쉬는 시간에 가도하니까 욕하지 않더군요. 시간만 잘 조절한다면 한국인 동료들도 뭐라고 하지 않아요." (연구참여자 2)

"저는 만약에 도시에 가면 기도할 장소가 있으면 좋겠습니다." (연구참여자 3)

술과 돼지고기는 모두 금지되어 있지만, 실제 생활에서는 지키지 않는 무슬림도 많은 편이다. 하지만 기도는 철저히 지켜지고 있다. 이러한 기도문화가 한국인에게 낯설게 느껴질 수도 있지만, 직장 내의 업무를 방해하지 않는 한에서 상대방의 종교문화를 인정해야 할 것이다. 전혜정 · 이가연(2015)의 연구에서도 외국인 노동자가 종교가 있는 경우가 없는 경우보다 문화 적응 스트레스가 높은 것으로 나타났다. 왜냐하면 이 연구에서 종교를 가진 외국인 노동자들이 특근이나 휴일 근무로 인해 자신의 종교 활동을 제대로 하지 못하고 모국에서의 종교가 한국 종교와의 차이로 인하여 한국에서 자신의 종교 활동을 할 수 없기 때문으로 추측하고 있다.

한국인 동료뿐만 아니라, 고용주 역시 "외국인 노동자 나라의 문화와 전통을 이해하고 배려"해야 하고, 기업의 효율성 측면에서도 외국인 노동자를 '동반자'로 인정해야 한다는 구경회 · 송준호(2011)의 연구는 우리에게 좋은 시사점을 주고 있다.

3) 조직문화에서의 갈등

(1) 회식 문제

조직의 갈등은 외국인 노동자가 조직에 대한 불만으로서 동료나 고용주가 배려하지 않는 데서 오는 갈등이다. 예를 들어, 조직의 회식문화나 임금문제로 인한 갈등 등이 이에 속한다. 대부분의 연구참여자들은 조직 내의 회식문화에 대해서 문화적 갈등을 경험하고 있는 것으로 나타났지만, 이러한 회식문화에서의 갈등은 대부분 해결되지 못한 채 외국인 노동자들이 수용하고 있는 편이다.

"우리나라와 한국문화와 차이가 있는 것이 술입니다. 사장님이 자꾸 저희들에게 마시라고 합니다. 나는 이슬람이라 술을 마시지 않는데, 사

장님이나 동료들이 자꾸 마시라고 따라줘요. 그것이 힘이 들어요." (연구참여자 1)

"처음에는 회식할 때 한국인 동료들과 같이 했는데, 인도네시아의 문화를 잘 몰라서 동료들이 술을 마시라고 했어요. 그때에는 술을 마시지 않고 음료수를 먹었어요. 한국인 동료가 어리니까 술을 마시지 못하는구나라고 놀렸어요. 기분이 나빴어요. 하지만 점차적으로 한국인 동료들이 이슬람 문화를 알면서 점차적으로 좋아졌어요. 그래서 회식은 한국인 동료와 별도로 하고 있어요." (연구참여자 2)

"사장님 말고 우리 부장님이 술을 좋아하니까 외국인들이 술을 안 마시면 욕도 하고 그냥 호의적으로 '여기는 한국이야, 인도네시아가 아니야'하면서 술을 권했어요. 그때는 안 마시다가 요새에는 혼자 스트레스 풀 때에 술을 한두 잔 마셔요." (연구참여자 3)

"회사도 여기 그만두고, 저기 그만두고. 왜냐하면 사장님과 한국인 동료들이 회식 때 기분이 나쁘게 해서. 그것이 직장에서도 계속 해요. 조금 잘못해도 네, 알겠습니다. 죄송합니다밖에 하는 말이 없어요. 계속 화가 나고, 힘드니까." (연구참여자 6)

이와 같은 연구결과는 이선웅 외(2009)의 연구와도 일맥상통한다. 이선웅 외는 외국인 노동자들의 스트레스와 우울증의 상관성에 대한 연구를 실행했다. 이 연구는 사회문화적인 스트레스 요인으로 외국인 노동자들이 목표언어 숙달과 문화 적응의 어려움을 자주 느낀다고 진술하고 있다. 또한 정복성 · 함상우(2018)의 연구에서도 조직문화에서 구성원인 외국인 노동자의 생활에 부정적 영향을 미치는 회식 등을 제한하여 회식 횟수를 단축할 필요가 있다고 제안하고 있다.

(2) 임금 문제

양순미(2016)의 연구에 따르면, 농업현장에서 근무하는 외국인 노동자들이 사업장 변경 및 이직을 고려하는 가장 주된 이유는 임금문제였다. 그만큼 외국인 노동자들에게는 경제적인 이유가 다른 갈등상황에서도 인내할 수 있는 중요한 요소라는 것이다. 본 연구에서도 연구참여자들은 돈을 벌러 왔기 때문에 직장 내의 한국인 동료들의 차별과 무시에도 참고 지낸다고 했다. 또한 연구참여자들은 미래의 경제적인 풍요를 위해 힘든 일도 기꺼이 감수하고, 더 많은 일을 함으로써 잔업수당도 더 많이 받기를 바라고 있었다.

"요즘은 제가 뭐 사장님이 뭐 내년이랑 월급도 올려주셨으면 해요." (연구참여자 1)

"급여가 올라갔으면 좋겠습니다. 왜냐하면 신입사원하고 제가 오래되고 똑같아요. 급여가. 월급 올라갔으면 좋겠어요. 그리고 인도네시아 근로자를 위한 인도네시아어로 된 안내문이 있었으면 좋겠어요." (연구참여자 2)

“저희 회사 만약에 일을 많이 있으면 좋겠어요. 일을 많이 한다면, 그만큼 돈도 올라가지 않겠어요.” (연구참여자 3)

“돈을 벌러 왔으니까 꾹 참고 일하고 있어요. 돈을 벌어 고향에 가면 집도 사고, 식당도 차릴 수 있으니까요.” (연구참여자 4)

“월급이 해마다 조금씩이라도 올라갔으면 해요. 지금은 새로운 사람이나 늦게 온 사람 모두 월급이 똑같아요.” (연구참여자 5)

“개인적으로 제가 앞으로도 월급 연봉이 올라갔으면 좋겠고, 그다음은 비자를 빨리 변경할 수 있으면 좋겠습니다.” (연구참여자 9)

이와 같은 연구결과는 이정환(2016)의 연구결과와는 배치된다. 이정환은 외국인 노동자의 한국 생활 만족도에 대해서 사회심리적인 변수들이 경제적인 변수들보다 더 중요한 요인으로 작용한다고 주장했다. 더불어 그의 연구에서는 국제이주의 중요한 동인인 임금이 이주민의 현지 생활만족도에 별다른 관계가 없는 것으로 나타났지만, 본 연구는 임금이 외국인 노동자의 갈등을 극복하기 위한 중요한 요인으로 작용하고 있다는 것을 보여주고 있다. 또한 류지성 · 문종원(2013)의 연구에서는 외국인 노동자에게 지급되는 급여 등의 경제적 요인이 외국인 노동자의 근무에 중요한 영향을 미치고 있는 것으로 나타났다.

5.
나가기

외국인 노동자는 직장 내에서 다양한 문화적 차이를 경험한다. 이러한 차이는 갈등과 업무에 상당한 영향을 미치게 된다. 직장 내의 갈등은 문화적 차이뿐만 아니라 외국인 동료에 대한 오해와 편견 및 차별 등으로 인해 동료 간 서로를 불신하고 불쾌한 감정을 느끼면서 발생한다. 또한 외국인 동료의 욕구 불만과 상대적으로 외국인 동료에 대한 임금차별에서 나타나기도 한다.

이를 극복하기 위해서는 우리 문화만을 강조하는 것이 아니라 외국의 이질적인 문화를 한국인 고용주와 동료가 이해할 수 있도록 프로그램을 개발해야 하고, 근로현장에서의 동등한 임금 지불과 제도적 장치가 마련돼야 한다(김판준, 2013).

이 장에서는 외국인 노동자들의 직장 내의 갈등을 세 가지 요인으로 구분하고, 그에 따른 구체적인 문제들을 살펴보았다. 도출된 연구 결과는 다음과 같다.

첫째, 개인적인 갈등으로는 음식 문제, 주거 문제, 과중한 업무에 따른 스트레스로 나타났다. 외국인 노동자들이 한국 생활에서 경험하는 요인 중 갈등의 한가운데에는 음식 문제가 자리하고 있다. 외국인 노동자들은 이구동성으로 음식 문제를 개인적 갈등에서 가장 큰 요인이라고 주장했다. 또한 외국인 노동자들은 한국 직장생활의 문제점으로 날씨 적응에 따른 주거문제를 매우 중요하게 생각하고 있었다. 그 외에 외국인 노동자들은 한국 내의 직장생활에서 업무에 따른 많은 스트레스를 받고 있는 것으로 나타났다.

둘째, 개인 간 갈등으로는 한국어 소통문제와 종교 문제로 나타났다. 본 연구에 참여한 대부분의 연구참여자들은 한국인 동료들과의 언어소통의 문제가 직장 내의 생활에서 갈등을 유발하는 주요 요인으로 생각하고 있었다. 종교 문제는 대부분 인도네시아 출신 노동자에 해당한다. 인도네시아 노동자들이 모두 경건한 이슬람교를 믿는 것은 아니지만, 그들의 종교적인 세계관은 일상생활의 행동에 있어서 많은 영향을 미치고 있기 때문에 한국인 동료들과의 갈등은 피할 수 없을 것이다.

셋째, 조직 내에서의 갈등으로는 회식 문제와 임금 문제로 나타났다. 대부분의 연구참여자들은 조직 내의 회식문화에 대해서 문화적 갈등을 경험하고 있지만, 이러한 회식문화에서의 갈등은 대부분 해결되지 못한 채 외국인 노동자들이 대부분 수용하고 있는 편이다. 또한 대부분의 연구참여자들은 돈을 벌러 왔기 때문에 직장 내의 한국인 동료들의 차별과 무시에도 참고 지낸다고 했다. 이들은 미래의 경제적인 풍요를 위해 힘든 일도 기꺼이 감수하고, 더 많은 일을 함으로써 잔업수당도 더 많이 받기를 바라고 있었다.

이와 같은 연구결과를 바탕으로 외국인 노동자의 직장 내 갈등을 극복할 수 있는 방안을 제언하면 다음과 같다.

첫째, 외국인 노동자들의 개인적 갈등인 음식 문제와 주거 문제 및 과중한 업무에 따른 스트레스를 해결하기 위해서는 한국 음식에 관한 설명과 한국의 계절변화를 이해할 수 있는 안내책자를 각 국가별로 제작하여 이를 모국어로 번역하고 지원할 수 있는 노력이 필요하다. 새로운 환경에 처한 외국인 노동자들에게 적응에 필요한 주거문제와 음식 문제 등에 필요한 지원은 외국인 노동자의 생활안정에 기여할 뿐만 아니라, 이들의 불안감을 감소시켜 적응을 촉진시키기 때문이다(양순미, 2016).

또한 과중한 업무에 따른 외국인 노동자들의 스트레스를 풀어주기 위하여 자조모임이 확대될 수 있도록 지자체의 노력도 필요하다. "회사에서 조금 다쳤을 때 외로워서 집에서 운 적이 있었어요. 같은 나라 온 동료들이 많은 용기를 줘요. 그래서 자조모임에 자주 나가요. 자조모임에서는 같은 언어를 사용하기 때문에 모여서 이야기하면 스트레스가 풀려요"라는 연구참여자 1의 주장은 우리에게 시사하는 바가 크다.

둘째, 외국인 노동자들의 개인 간 갈등인 한국어 소통 문제를 해결하기 위해서는 외국인 노동자의 취업교육 중 한국어교육 시간을 대폭 확대하고, 이들이 의무적으로 일주일에 한 번씩이라도 한국어 수업에 참여할 수 있는 유인책이 필요하다. 그러기 위해서는 한국어 수업에 참여하는 외국인 노동자들에게 비자 연장에 대한 발급을 완화시켜준다든지, 각종 인센티브를 줄 필요가 있다. "비자 조건이 좀 어려워서 그래서 편하게 바뀔 수 있게 E-9 비자 좀 편하게 받을 수 있게요"라고 연구참여자 3이 주장한 것처럼, 외국인 노동자들은 비자를 연장할 수 있는 조건을 대부분 완화시켜주기를 바라고 있기 때문이다. 종교 문제에 있어서는 먼저 외국인 노동자를 고용한 고용주와 한국인 동료들의 상호문화적인 이해가 선결되어야 할 것이다. 이러한 문제를 해결하기 위해서는 외국인 노동자를 고용한 한국인들을 대상으로 외국인 노동자들의 생활문화나 예절 등 이들의 문화 차이를 이해시킬 수 있는 과정이 확대될 필요가 있다.

셋째, 조직의 회식 문제는 대부분 술과 음식으로부터 갈등이 비롯된다. 특히 이슬람교를 믿는 외국인 노동자들은 이 두 가지에 민감하다. 최근에는 한국의 회식문화가 점점 더 변화되고 있는 추세이지만, 일부 회사에서는 아직도 한국의 회식문화에서 일방적으로 강요하는 경우가 연구참여자들에게서 나타나고 있다. 이러한 회식문화를 해결하기 위해서는 종교 문제와 마찬가지로 이들의 문화를 그대로 인정해줄 수 있는 교육이 필요하다. 외국인 노동자 각 나라의 종교문화, 특히 한국인 고용주와 동료들을 대상으로 이슬람문화의 특성과 회식문화를 이해할 수 있는 과정 개설이 시급하다. 임금 문제는 외국인 노동자들이 사업장 변경 및 이직을 생각하는 가장 주된 사유이다. 따라서 고용주들은 외국인 노동자들의 직무연한이라든지, 기술의 노련함을 고려하여 이들의 임금을 책정해줄 수 있는 노력이 필요하다. 이렇게 함으로써 외국인 노동자들은 자신의 성과에도 자부심을 느낄 수 있을 뿐만 아니라, 회사에 애착심을 가지고 공헌하여 효율성 측면에서도 회사에 이익을 가져다주어 노사가 서로 상생할 수 있는 구조가 형성될 것으로 생각한다.

본 연구결과는 외국인 노동자들을 대상으로 직장 내에서의 갈등 원인을 세 가지로 규명함으로써 그에 대한 완화방안을 경험적으로 각각 제시했다는 데에 의의를 지니고 있다. 하지만 후속연구에서는 외국인 노동자들의 입장만이 아닌 한국인 고용주와 동료를 대상으로 하는 연구가 이루어져야 할 것이다.

2장

언어 영역

카렌족 재정착 난민의 언어문화 적응 양상

1. 들어가기

지난 2018년 5월, 예멘인 484명이 제주도로 입국하여 난민 신청을 했다. 이를 두고 무슬림 난민 이민자 문제가 화두에 올라 찬반이 첨예하게 대립했다. 9월 14일에 제주출입국외국인청은 제주도 내 예멘 난민심사 대상자 484명 중 면접이 완료된 443명 가운데 영유아 동반 가족, 임신부, 미성년자, 부상자 등에 대해 '인도적 체류 허가'를 결정했다. 그리고 12월 14일 예멘 난민자 중 난민 인정 2명, 인도적 체류 허가 412명, 단순 불인정 56명, 난민 신청 철회 혹은 직권 종료 14명으로 발표했다(출입국외국인청, 2018.12.14.). 이를 놓고 난민은 테러리스트나 범죄자가 아니라 잠시 머무는 손님이라는 견해와 인도적 체류 결정을 철회하고 예멘인 전원을 추방하라는 견해가 각을 세웠다.

난민이란 인종, 종교, 국적, 특정 사회집단의 구성원인 신분 또는 정치적 견해를 이유로 박해를 받을 수 있다고 인정할 충분한 근거가 있거나 공포로 인하여 국적국의 보호를 받을 수 없거나 보호받기를 원하지 아니하는 외국인을 일컫는다(난민협약 제1조 제A항 제2호 및 난민법 제2조 제1호).

이러한 난민이 우리나라에 유입되기 시작한 것은 1992년 12월 난민협약과 난민의정서의 가입 계기로 1993년에 난민 관련 조항을 출입국관리법에 신설하면서 시작됐다(정금심, 2018). 한국은 협약에 가입하기 전 1975년 월남에 거주하던 교민과 베트남 피난민을 구출한 후 구 부산여고를 난민 수용소로 개조하여 이들을 수용했다(노영순, 2009). 그리고 그해 5월에는 동지나 해상에서 표류하던 보트 피플을 구조하여 부산 난민수용소에 수용했다. 이처럼 난민이 늘어나게 되자 1977년에는 부산의 해운대에 적십자 난민보호소를 설립하여 이들을 보호하다가 1993년까지 재정착을 위해 제3국인 미국, 뉴질랜드, 프랑스 등으로 송출시킨 경험이 있다(노영순, 2013).*

우리나라는 2012년 동아시아에서는 처음으로 난민법을 제정하고, 2013년부터 난민법에 근거하여 시행하고 있다(오승진, 2012). 우리나라의 난민 신청자(북한이탈주민 제외)는 2010년까지 한 해 300~400명이었는데 세계적인 난민 급증의 여파로 2011년 이후 급격히 증가하여 2014년 2,896명, 2015년 5,711명, 2016년 7,541명에 이르게 됐다(출입국외국인정책본부, 2018). 이처럼 난민이 급격히 늘어나게 된 것은 더 이상 한국 사회가 난민 문제에서 벗어난 방관자일 수 없다는 암묵적 압박에 의한 것이라 볼 수 있다. 난민 신청 사유는 종교(24.54%), 정치적 사유(20%), 특정 구성원(10.4%), 인종(6.56%), 국적(0.35%), 기타(38%) 등의 순으로 나타났다(손주희, 2018). 우리나라가 아직

* 동아일보 1977년 6월 17일자에 "월남난민 38명 여수입항", 1977년 7월 20일에 "월남난민 38명은 제3국으로 곧 정착", 1977년 6월 21일에 "월남피난민의 인권문제"가 실렸다. 그리고 경향신문 1978년 2월 14일자에 "표류 월남난민 45명 한국화물선이 구조"된 기사가 실리고, 1978년 2월 23일자에 "월남난민 11명 향미", 1979년 9월 2일자에 "월남난민 43명 부산서 첫 밤"을 보낸 기사가 있다. 그리고 동아일보 1979년 9월 18일자에 "월남민구조 오룡호 20일 부산항 입항"된 기사가, 경향신문 1979년 9월 20일자에는 "월 해상난민 72명 부산 인천에 입항"한 기사가 실렸다.

은 난민을 수용하는 데 있어 소극적임에도 불구하고 늘어나는 난민 추세로 비추어볼 때 앞으로 우리나라에 난민을 신청하는 사람은 계속 증가할 것으로 예상된다.

현재 법무부는 난민 신청자의 주거를 돕기 위해 영종도에 난민 신청자가 거주할 주거시설을 설치 · 운영하고 있다. 그러나 6개월을 넘지 않는 범위 내에서 주거시설 이용이 가능하다. 다만, 이용자의 건강 상태, 부양가족 등을 고려하여 부득이하게 난민지원시설을 계속 이용할 필요가 인정되는 경우에는 이용기간 연장이 가능하다. 그리고 주거시설의 안전과 질서를 해치거나 해칠 우려가 있는 경우에는 이용이 제한된다(손주희, 2018).

특히 재정착 난민의 경우에는 거주할 주거시설을 설치하여 운영하고 생계비를 지원하고 있다. 또한 건강보험 가입, 취업 활동, 초등교육 등을 지원하고 있다. 그러나 난민은 자녀의 출생 등록 어려움, 트라우마, 외부의 편견 등으로 수용국에 온전히 적응하지 못하고 정체성 혼란, 교육 접근 기회 박탈 등을 겪는다(박진숙 · 전혜영, 2009). 난민 아동들 중 대한민국에서 출생한 아이들도 대한민국이 채택하고 있는 혈통주의로 인해 국적을 얻을 수 없는 경우가 다수이며 기본적인 교육을 받는 데에도 어려움을 겪는다(정성애, 2017). 게다가 난민지원금뿐만 아니라 난민 무상의료, 난민 무상교육, 난민 기초수급비 지원, 난민 무료 변호소송 등은 자국민과 차별하는 제도이기 때문에 철회해야 한다는 주장도 있다(고아라뉴스, 2018.09.04. 검색). 특히 난민들이 거주하는 지역에 대한 주변 이웃들의 부정적인 인식으로 어려움을 겪는 것으로 나타났다(안영빈 · 김정원, 2017).

이러한 사회적 이슈를 생산하는 국내 난민에 대한 연구는 난민의 정책 및 제도(김현미 · 이호택 · 최원근 · 박준규 · 류유선, 2010; 오승진, 2012; 옥영혜, 2015), 난민 인정과 신청, 재판 절차(안성경 · 윤이숙, 2013; 이호택, 2016; 이혜영 · 표현덕 · 서용성 · 최유나, 2017), 인권의 관점에서 연구(성정애, 2017; 장복희, 2007), 난민 수용에 관한 연구(오승진, 2018), 국내 체류 난민의 적응(손주희, 2018) 등이 대부분이다. 특히 북한이탈주민을 난민으로 분류한 연구가 대부분이다. 북한이탈주민도 강제송환으로 북한에 넘겨지게 되면 정치범으로 가혹한 처벌을 받게 되는 점을 고려한다면, 이들 또한 난민으로 보아야 한다(최희 · 정상우, 2017). 하지만 본 선행연구를 분석하는 데 있어 북한이탈주민을 난민으로 본 연구는 제외했다.

이와 같은 연구의 시사점은 출입국관리법에 흩어져 있던 난민 관련 내용을 통일적이고 체계적으로 규정함으로써 국제적인 기준에 걸맞은 난민 법제를 갖추어 난민의 인권 보호를 위해 노력하여야 한다. 그뿐만 아니라 난민의 지위를 인정받은 자도 매우 불안정하고 열악한 것은 난민협약에서 규정하는 지위와 처우를 보장하고, 법정 의무를 부담해야 함에도 국가의 의무로 규정하지 않고 있기 때문이다. 이처럼 난민문제가 새로운 차원으로 전개되는 양상을 띠고 있고, 적응 과정에서 다양한 문제점이 도출되는 현 시점에서 난민 문제를 더 이상 간과할 수 없음을 알 수 있다. 특히 재정착 난민에 관한 논의는 극히 드문 것을 알 수 있다.

따라서 본 장에서는 카렌족 재정착 난민의 적응과정에 나타난 언어문화 적응 경험의 구체적인 양상을 살펴볼 것이다. 이는 카렌족 난민에 대한 더 깊은 이해와 더 나아가 재정착 난민을 위한 제도적 기틀 마련에 기초자료로 제공하기 위함이다.

2.
카렌족의 민족운동과 언어문화

재정착 난민이란 외국에서 난민 신청을 하여 일정 기간 그 국가의 난민 수용시설에서 거주하다가 다시 난민 자격으로 제3국으로 이주하여 정착하는 난민이다(난민법 제2조 제1호). 예컨대 특정 국가에서 비호를 요청한 난민 신청자들에 대해 제3국이 그들을 난민으로 인정하고, 영구적인 거주권을 부여하기로 결정하여 이주시키고, 수용국에서 국민과 유사한 시민적 · 문화적 권리를 향유할 뿐만 아니라 귀화 가능성까지 부여받도록 하는 제도이다(옥영혜, 2015). 이러한 제도는 국가로부터의 박해 등을 이유로 생존이라는 자연적 가치를 침해당한 사람을 돕는 제도적 장치로서 인권보장 측면에서 매우 중요하지만, 난민을 수용하는 국가의 상황과 사회 · 문화적 배경에 따라 첨예한 문제를 내포하고 있다.

2019년 현재 I시에는 미얀마에서 정치적 압박과 종족적 갈등으로 태국의 난민촌에 거주하다가 재정착 난민 수용 시범사업에 따라 난민 자격으로 입국한 카렌족 재정착 난민 86명이 거주하고 있다. 이들은 모두 카렌군과 미얀마군의 전쟁을 피해 태국의 난민촌에 갔다가 우리나라 재정착 난민 수용시범사업에 의거하여 2015~2017년에 거쳐 입국했다. 2015년 12월에 태국 난민촌에 있던 카렌족 난민 4가족 22명(성인 11명, 아동 11명)이 처음으로 입국한 데 이어 2016년 7가족(34명), 2017년 5가족(30명)의 미얀마 재정착 난민이 입국했다(법무부 출입국외국인정책본부, 2018). 재정착 난민은 입국과 동시에 출입국·외국인지원센터에서 6개월간 한국어·한국문화 이해, 취업교육 등 초기 적응교육을 체계적으로 받는다. 일정 기간이 지나면 독립하여 지역사회에서 생활 멘토링 지원과 사회통합 프로그램에 참여하며 정착하게 된다(정금심, 2018).

카렌족의 개념은 언어계통상 티베트-버마어파(Tibet-Burman)의 카렌어군(Karenic)을 형성하고 있는 모든 집단을 '카렌'으로 통칭했다. '카렌'(Karen)이란 용어는 인도 팔리(Pali)문자에서 파생된 미얀마어 문자의 표현인 까잉(Kayin)을 라틴문자로 전사(轉寫)한 데서 비롯된다. 그러나 오늘날의 '카렌'은 미얀마 내에 거주하는 꺼인족 외에도 태국에 거주하는 까리앙(Kariang)족, 중국에 거주하는 카이린(凱琳, Kǎi lín)족 등을 포함하는 광의(廣義)의 개념이다.

카렌족은 카인주를 중심으로 미얀마의 에야워디강 델타유역과 싯따웅강, 땅르잉강 유역 및 미얀마와 타이 접경지역인 산지에 걸쳐 사는 민족집단이다(박장식, 1995). 카렌족은 미얀마 전체 인구의 약 14%에 해당하는 약 1,000만 명 정도이다. 많은 카렌족이 태국과 미얀마의 국경에 살고 있다. 이들은 중앙정부에 의해 조장되는 집단폭력에 대항해 스스로 무장했다. 카렌 민족주의자들의 주 목표는 영국 식민정부의 지원 아래 다수인 버마족과 별도의 독립된 자치국가를 수립하는 것이었다. 그들은 미얀마로부터의 독립을 원했다. 1976년 이래로 이들은 카렌주의 독립보다는 미얀마의 연방제를 요구했다(박장식, 1995).

미얀마로부터 독립된 자치국가를 수립하려는 카렌족과 미얀마를 식민지화하려는 영국의 의도로 버마족을 공공의 적으로 만드는 데 뜻을 같이했다. 카렌족은 미국에서 온 선교사를 '어머니'라 부르고, 영국 정부를 '아버지'라 부르며 영국이 미얀마를 식민지화하는 과정에서 충실한 용병이 됐다. 영국은 1824년부터 전쟁을 시작하여 식민지화하는 과정에서 버마족의 무장 반란 세력과 부딪쳤다. 이때 카렌족은 영국군의 가이드가 되거나 무장군대를 조직하여 반란군과의 전쟁을 도왔다(이상국, 2016).

카렌족으로서 정체성을 발전시켜 온 카렌인들은 1881년 '카렌족민족연합'(Karen National Association, KNA)을 창립했다(이상국, 2009). 이 연협회는 카렌족의 언어, 관습, 종교를 불문하고 범(汎)카렌민족의 공통의 정체성을 도모할 목적으로 설립된 것으로 기독교 스고카렌인들이 주도하는 단체이다. 카렌족 내부의 종교, 지역 차이를 뛰어넘어 '범카렌민족'을 구성하고자 한 최초의 시도였다. KNA는 카렌족의 발전을 위해서, 그리고 버마족 약탈자들에게 맞서기 위해 모든 카렌인들이 연합할 것을 호소했다. KNA의 초기 목표는 카렌족 정체성, 리더십, 교육 등을 증진시키고, KNA의 사회적 · 경제적 발전을 추구하는 것이었다.

특히 기독교와 함께 들어온 서구 문명의 유입은 카렌인들의 생활과 의식을 변화시키고 민족주의를 불러일으켰다. 카렌어로 번역된 성경은 구전된 전통이 보존된 기록물로 여겨지고, 카렌 신 유아는 기독교의 신이 되고, 카렌 윤리는 기독교의 윤리가 됐다. 특히 카렌 마을들에 세워진 교회를 통해 연결된 네트워크는 여러 곳에 흩어져 서로 교류가 없었던 카렌족으로 하여금 일개 마을 단위를 넘어 '우리' 카렌족이라는 상상의 공동체 의식을 갖게 하는 기반을 제공했다(이정윤, 2016). 카렌족의 경우 버마어를 능숙하게 구사하고, 일상생활 양식에 있어서도 버마족과 흡사했다(박장식 1995: 262).

선교사 웨이드에 의해 개발된 카렌 문자는 19세기 말 영국의 기독교 선교사들이 스고 카렌어에 미얀마 문자를 변형시켜 보급시킨 것이다. 이는 이미 19세기에 대부분의 카렌인들이 미얀마 문자를 알고 있다는 것을 알 수 있다(박장식 1995: 261). 카렌 문자는 마을 단위로 흩어져 사는 카렌인들 간 의사소통을 가능하게 하며, 카렌어와 카렌 문자로 발간된 각종 출판물은 카렌인들의 의식의 지평을 넓고 깊게 해주었다. 미션 학교를 포함한 서구식 학교의 교과과정은 언어구사 능력, 행정기술, 정치적 동원 능력 등 근대화에 필요한 수단들을 제공하고, 민족의식을 깨우치게 해주었다. 서구식 학교에서 교육을 받은 기독교 카렌인들은 수는 많지 않았지만, 선진적 의식을 가지고 식민정부의 행정에 적극 참여하고, 독립 후에는 카렌족 분리와 독립운동의 선두에서 결정적인 역할을 했다.

식민화가 완성된 후 카렌족의 용병 활동은 '카렌 무력경찰'(Karen Military Police) 조직으로 발전되어 식민정부에 치안 서비스를 제공하기도 했다. 카렌족의 충성은 이후에도 계속됐다. 1914년 제1차 세계대전이 발발하자 수많은 카렌인들이 영국군에 입대를 지원하여 전선에 나가 싸웠다. 식민정부는 국내 치안 유지를 위한 경찰, 군대 조직에 미얀마 대신 기독교를 받아들이고 백인과 영국에 우호적인 소수종족, 그중에서도 카렌족을 식민행정에 적극 기용했다(이상국, 2009).

그러나 1920년대 버마족 민족주의자들이 정치적 활동을 개시하자 이들에 맞서 정치적 주장을 본격적으로 펼쳐나감으로 인해 갈등은 고조됐고 많은 카렌족은 정치적 박해를 피해 다른 나라로 도피했다(이정윤, 2016). 특히 카렌족 주요 군사기지가 함락되자 그곳에 거주하던 카렌족 수만 명이 태국의 난민촌으로 이주했다(이상국, 2009).

3.
연구방법

본 연구는 I시에 거주하는 5명의 카렌족 재정착 난민을 심층면담하여 공통으로 드러난 의미체계를 중심으로 재정착 난민의 이동을 통하여 언어문화 적응 양상을 연구하고자 사례 연구방법을 적용했다. 심층면접은 인간의 행위와 사고를 구성하는 가시적 · 비가시적인 의미성을 탐색하기 위해 카렌족 재정착 난민의 상황과 입장에 따른 차이점에 주목하여 심층 면담했다.

1) 연구참여자

연구참여자들은 공통적으로 미얀마에서 태어나고 자란 카렌족이다. 하지만 미얀마군과 카렌군이 전쟁을 하자 위협을 느끼고 태국의 난민촌으로 입소했다가 한국으로 재이주한 재정착 난민이다. 다음 〈표 2-1〉은 연

〈표 2-1〉 연구참여자 정보

연구 참여자	성별	연령	체류	본국	난민촌	학력	이주 전 직업	가족	거주 기간	한국어 수준
1	남	46세	F2	미얀마	맬라	무	농업	부부/ 자녀 5명	35개월	4단계
2	남	29세	F2	미얀마	누포	초2 학년	농업	부부/ 자녀 2명	35개월	5단계 이수
3	여	26세	F2	태국	맬라	고1 학년	공장	부부/ 자녀 2명	22개월	5단계 이수
4	남	34세	F2	미얀마	누포	고졸	홈 비지트	부부/ 자녀 3명	35개월	5단계
5	여	31세	F2	태국	맬라	고졸	지리 교사	부부/ 자녀 4명	14개월	1단계

구참여자 정보이다.

연구참여자의 공통점은 카렌족으로 미얀마군의 전쟁을 피해 태국 난민촌에서 거주하다가 재정착 난민으로 우리나라에 들어왔다는 점이다. 이들은 사회통합지원센터에서 적응 과정을 거쳐 현재 모두 자립하여 I 도시에 거주하며 지역사회에서 생활 멘토링 지원을 받고 모두 법무부에서 하는 사회통합 프로그램을 이수했거나 과정에 있다.

연구참여자 1은 올해 46살로 2남 3녀를 둔 가장이다. 그는 미얀마에서 5남매 중 둘째로 태어났다. 전쟁으로 위험을 느끼자 미얀마를 떠나 태국의 맬라 난민촌으로 입소했다. 태국 난민촌에서 결혼 후 농사를 짓다가 자녀의 교육을 위해 2015년 12월 한국으로 이주했다.

연구참여자 2는 올해 29세로 5살 된 아들과 4개월 된 딸이 있다. 그는 2남 1녀 중 둘째로 미얀마에서 태어났다. 그가 5살 때 부친이 사망하여

8살 때 절로 들어가 초등학교에 다니다가 14살 때 태국의 난민촌을 들어갔다. 난민촌에서 부인을 만나 결혼하고, 농사일을 하다가 아이의 미래를 위해 한국으로 이주했다.

연구참여자 3은 올해 26세로 초등학교 1학년 딸과 4개월 된 아들이 있다. 그녀가 8살 때 아버지가 돌아가시고, 어머니의 재혼으로 새아버지와 살다가 새아버지의 구타를 피해 10살 때 미얀마의 카렌 군부대에 들어가서 학교에 다녔다. 미얀마 군부대에서 남편을 만나 결혼하고 딸을 낳은 후 태국의 공장에 가서 일하다가 2016년 11월에 재정착 난민 2기로 입국했다.

연구참여자 4는 올해 34세로 3형제를 두었다. 그는 미얀마군과 카렌족의 전쟁을 피해 16살 때 태국의 난민촌로 갔다. 그곳에서 고등학교를 졸업하고 20살에 결혼했다. 결혼 후 유엔 난민촌 안에 있는 병원에서 홈비지트로 일했다. 미래가 불투명하다고 느낀 그는 자녀들은 좀 더 나은 교육을 받게 하고 싶어 난민을 신청했다.

연구참여자 5는 31세로 태국에서 태어나고 자랐다. 그녀는 고등학교를 졸업하고 지리 교사로 일하다가 동창과 결혼하여 아들 넷을 낳았다. 남편이 공사현장에서 일하다가 화학 약품이 눈으로 들어가 왼쪽 눈이 실명위기에 놓이자 남편의 치료와 아이의 미래를 위해 2017년 7월에 한국행 비행기에 올랐다.

2) 자료수집 및 분석

본 연구의 자료수집을 위하여 2018년 9월부터 2018년 12월까지 개별적으로 접촉하여 심층면담을 수행했다. 면담 대상자들이 자유롭게 말하게 함으로써 면담 대상자들의 생각과 감정을 최대한 끌어내도록 한국어가 서툰 연구참여자를 위해 통역의 도움을 받아 면담했다. 연구참여자 모집은 연구참여자 1인이 다음 연구참여자를 소개하는 눈덩이 표집 방법을 활용했다. 연구참여자를 소개받으면 면담 날짜와 시간 등을 카톡 또는 메시지로 소통하며 확인하고 연구참여자의 편의를 위해 연구참여자의 자택에서 면담을 했다. 심층면담을 하기 전에 연구에 대한 개요를 설명하고, 개별 심층면담 시 불편한 감정이 들면 연구를 중단할 수 있음을 설명하여 연구참여자의 권리를 보장했다. 연구참여 동의서를 작성 후 개별 심층면담은 1~2회 진행했으며, 매회 1시간~1시간 30분이 소요됐다. 연구참여자에게는 참여에 대한 감사를 담은 소정의 사례비를 지급했다.

심층면담은 인간의 행위와 사고를 구성하는 가시적 · 비가시적인 의미성을 탐색하기 위해 개인적 · 가족적 · 사회적 관계 등을 살피고 언어문화에 초점을 두어 심층면담했다. 개인적 · 가족적 · 사회적 관계 등은 한국으로 이주할 수밖에 없었던 현실적 지위와 위치, 개인의 행동 방향을 결정하는 주요한 변수일 뿐만 아니라 자신의 행동과 일상생활의 의미를 구성하고 해석하는 데 영향을 미치기 때문이다. 이와 같은 절차로 얻어낸 자료들에 대해 1차 이주와 2차 이주를 기준으로 구분하여 분석하고 경험의 의미를 기술했다.

심층면담한 내용은 모두 녹음하여 전사하고, 내용 확인이 필요한 경우에는 전화, 또는 메시지로 재차 확인하는 작업을 했다. 그리고 내용의 정확성을 위해 전사한 내용은 연구참여자에게 확인했다. 이렇게 수집한 자료를 '이동'과 '경험'에 중점을 두어 분석했다. 분석한 내용에 대한 신뢰성을 확보하기 위해 같은 연구방법을 활용하여 연구한 경험을 가진 동료와 슈퍼바이저 간 삼각검증법을 했다.

4.
재정착 난민 카렌족의 언어문화 적응 경험

본 연구에서는 재정착 난민이 한국으로 이주한 뒤의 언어문화 적응의 현주소를 살피기 위해 카렌족 재정착 난민 5명이 경험한 언어문화 적응에 대한 양상을 세부 주제로 구분하여 기술했다. 드라마를 통한 한국의 언어문화 적응 경험, 난민지원센터를 통한 언어문화 적응 경험, 지역사회를 통한 언어문화 적응 경험, 카렌의 언어문화 유지를 위한 경험을 한 것으로 나타났다. 다음 〈표 2-2〉는 연구참여자들의 언어문화 적응 경험을

〈표 2-2〉 언어문화 적응 경험의 양상

<table>
<tr><td rowspan="4">상호 언어문화
적응 경험</td><td>드라마를 통한 한국의 언어문화 적응 경험</td></tr>
<tr><td>난민지원센터를 통한 언어문화 적응 경험</td></tr>
<tr><td>지역사회를 통한 언어문화 적응 경험</td></tr>
<tr><td>카렌의 언어문화 유지를 위한 경험</td></tr>
</table>

나타낸 것이다.

1) 드라마를 통한 한국의 언어문화 적응 경험

연구참여자들은 드라마를 통해서 한국의 언어문화를 배우고 경험한 것으로 나타났다.

> "한국에 오기 전에 한국어는 '안녕하세요'밖에 몰랐어요. 한국으로 오게 됐지만 한국어도 하나도 모르는데 어떻게 가서 살지 걱정했어요. 그래서 한국어 공부하고 싶었지만 할 수 없었어요. 가르쳐주는 곳도 없어요. 책도 사전도 없어요. 그냥 집에서 드라마만 봤어요. 무슨 의미인지 모르지만 얼굴 보고 무엇을 말하는지 상상했어요. 한국 드라마 재미있어요." (연구참여자 5)

> "한국의 재정착 난민 신청하고 한국에 오기까지 여섯 달 걸려요. 6개월 동안 한국어 선생님한테서 한국어 배워야 해요. 한국어 선생님이 한국어도 가르쳐주고, 한국어 공부할 수 있게 지원 필요해요. 한국어 공부 못 해요. 그냥 드라마 보고 한국 사람 예쁘고 친절하다는 것을 느꼈어요. 한국에 오기 전에 6개월 동안 열심히 한국어 배우면 여기 생활 좀 편할 것 같아요." (연구참여자 1)

> "센터에서 6개월 동안 공부할 때는 잘했어요. 마트에 가면 사람들이

하는 말도 이해할 수 있었어요. 하지만 여기에 살면서 한국어를 잊어버렸어요. 한국어 공부도 매일 하는 거 아니고, 혼자 연속극만 보고, 한국 사람하고 말할 기회가 없어서 다 잊어버렸어요. 발음도 이상해졌어요. 아기 때문에 매일 센터에 갈 수 없어요. 집에 오시는 선생님이 계셨으면 좋겠어요." (연구참여자 3)

연구참여자들은 한국으로 이주를 결정하고 기다리는 동안 한국어를 공부하기를 원했지만 방법을 찾지 못해 아쉬움이 컸음을 이야기한다. 재정착 난민의 한국 생활 조기정착을 위해 이들이 재정착 난민으로 결정이 된 직후부터 한국으로 입국하기 전까지 현지에서 한국어교육과 한국의 사회문화에 대한 교육이 이루어져야 한다. 한국어 지도사를 파견하여 한국으로 입국을 기다리는 동안에도 한국어를 공부할 수 있도록 교재, 콘텐츠 등을 제공해야 한다.

2) 한국어 교실에서 언어문화 적응 경험

재정착 난민의 경우 사회 적응을 위해 언어문화 적응 교육은 난민지원센터의 운영 프로그램에 따라 6개월에서 9개월 동안 체계적으로 진행되고 있다.

"제가 한국에 오기 전날 시부모님들과 친정 부모님들이 모두 집으로 오셔서 밥을 먹었어요. 오는 날까지도 울면서 가지 말라고 했어요. 난민촌의 생활을 이미 경험했기 때문에 쉽지 않다고요. 하지만 한국은 완전 달랐어요. 애기들은 어린이집에서 봐주고, 우리는 공부만 했어요. 저는 공부가 너무 재미있어서 숙소에 들어와서도 유튜브를 보면서 한국어를 공부했어요. 꿈만 같았어요." (연구참여자 5)

연구참여자 5는 2017년 7월에 한국행 비행기에 올랐다. 처음 타보는 비행기라 설렘도 있었지만, 한국으로 가는 도중 비행기에서 죽으면 어쩌나 하는 두려움도 있었다. 그러나 오직 남편의 치료와 자녀들의 교육만을 생각하며 인천 공항에 내렸다. 그녀는 인천 공항의 규모를 보고 너무 놀랐다. 출입국 · 외국인지원센터에서 만난 한국 사람들은 예쁘고 친절했다. 난민센터에서 6개월 정착을 위한 교육을 받을 때 너무 행복했다. 아침에 일어나 밥을 먹고 오전에 한국어를 공부하고, 오후에는 한국 문화와 컴퓨터 등을 배웠다. 센터에서는 한국어 기초실력을 다지기 위해 자모를 집중적으로 가르쳤다. 모르는 것은 숙소에 들어와 유튜브를 보면서 복습했다. 한국으로 오기 전에 가지고 있던 불안은 눈 녹듯이 사라졌고 무엇보다도 자녀들의 웃음소리가 더 커졌기 때문에 행복했다. 시간이 나면 센터 옆에 있는 밭에 야채를 심었다. 야채가 무럭무럭 자라는 것을 보면서 연구참여자 5도 희망을 키웠다. 자녀를 잘 가르치고 남편의 눈이 완치될 거라는 믿음이 생겼다.

"한국어 너무 어려워요. 발음 배울 때요. 하루에 세 시간씩 발음만 배웠어요. 너무 하기 싫었어요. 그리고 단어 배울 때요. 너무 헷갈려요. 이것도 배, 먹는 것도 배, 바다에서 타는 것도 배, 배의 뜻 너무 많아요. 카렌어는 그렇지 않아요. 그래서 한국어 공부 어려워요. 하지만 윷놀이나

제기차기, 한복 입어보기는 재미있었어요." (연구참여자 1)

"센터에서는 한글의 자음, 모음 잘 가르쳐주었어요. 하지만 선생님 말 너무 빠르고, 선생님은 미얀마어나 태국어 몰라서 설명해도 무슨 말인지 이해가 안 돼요. 처음 배우는 사람한테는 태국어나 카렌어를 할 줄 아는 선생님이면 좋겠어요. 그림을 보여주면서 설명하면 쉽게 이해할 것 같아요." (연구참여자 2)

"저는 다문화센터의 한국어 교실에서 이해가 안 되는 것이 많지만 질문할 수 없어요. 질문하려면 쑥스럽고 창피해요. 그래서 집에 와서 복습해요. 복습할 때 카렌 사전이 없어서 사전에서 한국어를 영어로 찾아서 이해해야 돼요." (연구참여자 5)

재정착 난민을 위해 주거시설을 지원해주고 있다. 주거시설 지원에 대한 근거는 난민법 제41조와 동법 시행령 제19조에서 찾을 수 있다. 제41조에는 난민들이 거주할 수 있는 시설을 설치하고 운영할 수 있도록 규정한다. 현재 I시에는 출입국 · 외국인지원센터를 개소하여 재정착 희망 난민과 난민 신청자 중 체류기간이 90일 미만, 지원센터의 이용을 신청한 자에게 6개월을 넘지 않는 범위에서 시설 이용을 제공하고 있다. 난민지원센터는 본관, 생활관, 교육관 등 3개의 동으로 구성되어 있다. 생활관은 2인실 33개, 4인실 4개의 숙소에서 82명을 수용할 수 있다. 그 밖에 교육실, 식당, 종교실 등 다양한 생활 편의시설을 갖추고 한국어교육 등 적응 훈련을 시키고 있다. 한국어 기초반에서는 일상생활에 대해 이야기하기와 수 관형사를 가르치고, 중급반에서는 일상생활에서의 다양한 의사소통이 가능하도록 가르치고 있다. 하지만 한국어가 생소한 재정착 난민을 위해서 다양한 콘텐츠를 활용하여야 한다.

"이제 우리가 집세, 전기세도 내야 하고 애들 학교도 보내야 해요. 저는 월요일부터 토요일까지 일해요. 집에서 7시에 나가서 잔업이 없으면 5시 반까지 일해요. 잔업이 있으면 좋아요. 잔업을 하면 돈도 많아요. 그리고 일요일에 사통 수업이 있는데 정말 피곤해서 졸아요. 공부하는 학생 많아요. 학생들 많아서 우리 얘기할 시간 없어요. 선생님 혼자서 가르치는 거나 마찬가지예요. 하기 싫지만 어쩔 수 없이 들어야 해요." (연구참여자 1)

"저는 지금 사회통합 프로그램 4단계예요. 3단계 시험에서 떨어져서 2번 들었어요. 그리고 4단계도 2번째예요. 왜냐면 아침 9시부터 오후 5시까지 하루 종일 교실에 앉아서 한국어 수업 들어요. 하지만 머리에 하나도 안 들어와요. 앉아있으면 너무 졸려서 졸아요. 평일에는 하루 종일 공장에서 일해서 피곤한데 주말에는 사회통합 들어야 해요. 효과 없어요. 한국어 공부는 하루에 3시간, 4시간 하면 좋겠어요." (연구참여자 4)

재정착 난민의 경우에는 난민법 제34조 및 동법 시행령 제14조, 제15조에 의해 한국어교육이나 한국 문화교육, 그리고 사회 적응을 위해 컴퓨터교육을 제공한다. 재정착 난민은 한국어교육은 대부분 사회통합 프로그램 운영기관이나 NGO단체를 통해 참여하는 경우가 많다. 연구참여자 1은 장애인이기 때문에 일을 찾기도 쉽지 않았다. 그와 아내는 기관에서 소개해준 공장에서 일한다. 그들은 공장에서 힘든 일을 하지만 일을 얻었다는 기쁨과 일한 만큼 돈도 벌 수 있다는 즐거움으로 하루하루를 산다. 그러나 월세에 자녀 다섯 명을 교육해야 하는 부담에 다리를 뻗기 어렵다. 게다가 주말이면 9시부터 5시까지 사회통합 프로그램에 참여하여 온종일 한국어를 배운다. 한국어를 공부하는 것이 아니라 사회통합 프로그램 이수를 위해 앉아 있다고 해야 옳다. 이에 연구참여자들은 사회통합 프로그램의 효과와 연구참여자들의 한국어 유창성을 위해 수강자의 상황을 고려하여 운영할 것을 요구하고 있다.

3) 지역사회를 통한 언어문화 적응 경험

연구참여자들은 자립하여 생활하면서 지역사회와 밀접한 관계에 놓이게 됐다. 난민지원센터와는 또 다른 낯선 환경에서 다시 적응해야 하는 상황에 이르렀을 때 이웃 또는 공장에서 차별이나 편견을 경험한 것으로 나타났다. 차별이나 편견은 재정착 난민의 한국 사회 적응에 영향을 주어 연구참여자들은 더딘 걸음을 걷고 있다.

> "우리가 난민이라고 하면 사람들이 뒤로 이렇게 해요(움찔하면서 한 발 물러서는 모습). 아마 난민이라고 하면 다 안 좋다고 생각하기 때문인 것 같아요. 회사에서는 누님들이 "어이, 거기 카렌"이라고 불러요. 우리는 이름도 있고, 한국 사회의 사람이 되고 싶은데 어려운 것 같아요. 하지만 지금은 누님들이 한국어도 가르쳐주고, 퇴근 후에 회식도 하면서 한국 문화에 대해 배우고 있어요. 이제 회사에서 농담도 하면서 즐겁게 지내

고 있어요." (연구참여자 4)

"우리가 지나가면 아줌마들은 "난민이래, 난민" 하면서 쳐다봐요. 그런데 우리 다 들어요. 한국 사람들하고 얘기도 하고, 우리 집에 오라고 해서 카렌 음식도 해주고 싶어요. 한국 사람과 같이 할 수 있는 교육이 있으면 좋겠어요. 한국 문화로 배우는 한국어 좋아요. 한국어만 배우면 지루한데 한국 사람하고 같이 문화하고 배우면 재미있어요. 노래도 부르고 한국어도 배우고 좋아요." (연구참여자 3)

연구참여자들은 박진숙 · 전혜영(2009)에서 밝힌 바와 같이 적응 과정에서 주위의 편견 등의 이유로 적응하는 데 시간이 걸리는 것으로 나타났다. 연구참여자 2, 3, 4는 주위의 한국 사람들이 그들을 난민으로 인정하는 것이 아니라 한국에 거주하는 평범한 사람으로 인정받고 싶어 한다. 이방인이 아닌 건강한 이웃으로 시민적 · 문화적 권리를 향유하며 살아가고 종국엔 한국 국적을 받고 사회에 기여할 방법도 생각하고 있다. 하지만 난민이라는 이유로 회사 동료들로부터 경계의 대상이 되기도 했다. 회사에서 받는 스트레스는 집으로 이어져 때로는 한국으로 온 것을 다시 생각하기도 했다. 그래서 찢어지게 가난했던 미얀마도 태국도 향수로 자리하게 됐다.

"우리 아들은 말 잘해요. 하지만 읽거나 쓰기 못해요. 제가 카렌어로 얘기하면 아들은 한국어로 대답해요. 그래서 걱정이에요. 선생님하고 상담했는데 국어 시간에 공부하기 싫어서 운대요. 그런데 수학은 괜찮다고 했어요. 아들의 학교에 가서 선생님도 만나고 싶은데 못 가요. 한국말 못해서요. 아들 어떻게 공부하는지 궁금해서 물어보고 싶어도 못 물어봐요. 학교에서도 학부모를 위한 한국어 교실이 있었으면 좋겠어요. 그리고 제가 카렌의 문화에 대해 설명도 해주고요." (연구참여자 4)

"딸이 장애를 가지고 태어났어요. 8개월에 나와서 인큐베이터에 있었어요. 심장도 안 좋고, 입술이 없어서 젖도 못 먹고, 우유병도 못 빨아요. 수술을 해야 하는데 몸무게가 5kg이 되어야 한대요. 그런데 우유를 못 먹으니까 살도 안 찌고 키도 안 커서 수술도 못 해요. 아내는 우울증이 오고, 힘들어요. 그런데 어떻게 한국어 공부를 하러 갈 수 있겠어요. 아기 때문에 공부하러 못 가요. 멘토 선생님 2명이 오는데 1명은 한국어 가르쳐주시고, 한 명은 도와주러 와요. 일주일에 한 번요. 선생님이 자주 왔으면 좋겠어요." (연구참여자 2)

난민의 의료지원에 대한 근거는 난민법 제42조와 동법 시행령 제20조에 명시되어있다. 난민 인정자는 국민과 동일한 수준의 사회보장 대상이기 때문에 국민건강보험의 혜택을 누릴 수 있으나 난민 신청자는 건강검진비, 응급의료비 등을 지원하고 기초건강검진을 제외한 의료지원은 보건복지부에서 시행하고 있는 '외국인 근로자 등 소외계층 지원사업'에 의해 지원된다.

연구참여자 2는 아내가 둘째를 임신하여 행복했다. 그러나 몸무게 1.8kg의 미숙아일 뿐 아니라 중증 구순개열(입술과 입천장 갈림증) 장애를 가진 딸을 출산했다. 딸은 윗입술이 없고, 입천장과 콧구멍이 크게 열려 젖을 빨 힘이 없다. 그래서 일반적인 것보다 3배 정도 긴 특수 젖병 꼭지를 목구멍 안쪽까지 넣어 우유를 먹인다. 앉은 자세로 수유를 해야 하는데, 목이 막혀

우유를 자주 토해낸다. 게다가 이물질이 귀 쪽으로 흘러가 자칫 청각장애로 이어질 수도 있다고 한다. 병원 검진 결과 딸은 심장에도 작은 구멍이 나 있고 항문과 여성 생식기가 거의 붙은 이소항문이 발견됐다. 병원에서는 심장에 이상이 없다면 3개월 이내에 입술, 코에 대한 성형수술을 한 뒤 구강과 비강을 연결하는 2차 외과수술, 잇몸 뼈 이식 등 3차 치과 수술을 해야 한다고 한다. 그 외에도 혀 근육이 발달하지 못해 언어치료도 병행해야 한다. 집에서 양육하는 아내는 치료를 감당하기가 어렵게 되자 우울증에 시달린다. 천진난만한 딸의 미소는 가끔 장애를 잊어버리게 하지만 딸이 자라면서 미소를 잃게 될까 봐 두렵다. 경제적 어려움과 자녀의 양육, 지리적 접근성의 문제로 집합교육에 참석하기 어려운 재장착 난민을 대상으로 전문지도사를 가정으로 파견하여 찾아가는 한국어교육이 이루어져야 한다.

> "혼자 있으면 눈물이 나요. 태국에서 아이들을 가르치던 생각을 하면 태국으로 가고 싶어서요. 일을 하고 싶은데 아이도 어리고 한국어도 서툴러 일도 못 해요. 저는 유튜브 보면서 혼자 공부해요. 유튜브로 공부해서 외우지만 말할 사람이 없어요. 혼자서 보고 외워요. 그래서 제 발음이 맞는지 안 맞는지 몰라요. 그리고 쓰기는 더 못해요. 특히 일기 쓰기 하고 싶은데, 쓰는 방법도 몰라요. 우리가 한국말을 잘해야 한국에 빨리 적응할 수 있어요. 빨리 돈을 벌어 남편 눈도 치료받고, 아들들도 학원에 보내고 싶어요." (연구참여자 5)

남편의 눈은 많이 좋아져 공장에서 일도 할 수 있을 정도가 됐다. 그러나 언제 또 나빠질지 몰라 불안하기만 하다. 연구참여자 5는 일주일에 두 번 다문화가족지원센터에서 한국어를 배우고, 주말이면 사회통합 프로그램에 참여하여 공부한다. 모르는 단어가 있으면 영어사전을 이용한다. 카렌어 사전이 없기 때문이다. 그래서 그녀는 카렌어 사전이 있으면 좋겠다고 한다. 재정착 난민의 자녀에 대한 체계적이고 전문적인 지원을 통해 이들이 건강한 사회구성원, 나아가 글로벌 인재로 성장할 수 있도록 지원해야 한다. 그녀는 외롭고 힘들 때면 태국의 난민촌이, 그리고 어머니가 만들어주신 카렌 음식이 그리워 눈물을 자주 훔친다. 그녀의 꿈은 남편의 눈이 완치되고, 자녀들이 즐겁게 학교에 다니는 것이다. 그리고 한국으로 이주한 난민들에게 지리를 가르치는 선생님이 되는 것이다. 재정착 난민의 적응을 위해 기초생활 지원과 보건, 취업, 교육 및 기타 서비스 등에 대한 컨설팅을 지원해야 한다.

4) 카렌의 언어문화 유지를 위한 경험

연구참여자들은 한국 사회에 적응하면서 무조건 동화되기보다는 카렌족의 정체성을 지키고자 노력한다. 카렌 사람들은 자신들의 삶을 주체적으로 꾸려 나가기 위해 한국어도 배우지만 카렌족의 언어와 문화를 지키고 계승하기 위해 노력한다.

> "저는 카렌족의 대표예요. 한 달에 한 번은 카렌 사람들이 모두 모여 회의해요. 내 딸은 일요일이면 카렌어를 가르치러 가요. 우리 카렌에서 온 애들한테요. 카렌어만 가르치는 것이 아니라 카렌 문화도 가르치고

있어요. 이것은 우리가 카렌 사람이라는 것을 잊지 않기 위한 것이에요. 여기에 뿌리를 내려야지요." (연구참여자 1)

연구참여자 1은 카렌족의 족장이다. 나이가 많고 카렌에서도 카렌군을 도와 전쟁에도 참여한 경험이 있어 같은 지역에 거주하는 카렌 재정착 난민 80여 명의 지도자가 됐다. 카렌 센터는 재정 문제로 어려움을 겪고 있어 운영할 수 없는 상황에 이르러 지역 사회의 비영리단체에서 모임을 갖곤 한다. 모임이 있는 날에는 명절을 맞은 양 즐겁다. 그들은 회의를 통해 문제를 논의하고 상부상조하며, 그들 스스로가 해결할 수 없는 상황이 발생하면 주의의 NGO단체와 연결하여 해결한다. 그리고 자녀들에게 카렌어와 카렌 문화를 가르친다. 카렌어와 카렌 음식은 카렌 사람들을 한데 모이게 하는 원동력이 되고 있다. 특히 의식은 개인 간의 전통적인 사회적 유대를 강화시켰다. 한 집단의 사회구조가 의례나 전통에 의해서 상징적으로 표현되는 것뿐만 아니라 사회적 가치관을 통해서 강화 및 유지된다. 카렌족의 경우에도 이러한 의식적 행위를 강조함을 통해 종족적 실체를 형성하고 종족적 유대가 강화되고 있다.

"어제가 추석이었어요. 카렌 스님이 오셔서 기도하고 밥 먹고 축원도 하고 좋았어요. 저는 딸이 건강하게 자라는 것을 빌어요. 저도 세공사가 되게 해달라고 기도했어요. 내일은 카렌 사람들하고 스님하고 같이 여행을 가요. 그래서 지금 요리하고 있어요. 카렌 음식이에요." (연구참여자 2)

연구참여자 2의 종교는 불교이다. 한국의 절에 가서 스님에게 축원도 듣고 가족을 위해 기도도 하고 싶지만 스님의 말씀을 알아들을 수 없어 공감할 수 없다. 그래서 카렌의 스님이 오실 때는 꼭 빠지지 않고 카렌 절에 간다. 절에 가서 스님의 축원을 듣고 각자의 소원을 빌고 오면 마음이 편하다. 그의 기도 속에는 딸이 장애를 딛고 건강하게 자라 한국 사회에서 쓸모 있는 사람이 되길 바라는 마음이 담겨 있다. 지금 그의 딸은 장애인으로 등록이 되지 않아 치료비가 많이 들어 힘에 겹다. 하지만 머지않아 미얀마와 태국에 있는 가족과 친척들이 만나 서로 의지하면서 사는 꿈과 연구참여자 2는 자신이 보석 세공사가 되어 사장님이 되는 꿈도 꾼다.

> "아침 8시에 예배가 있어요. 카렌 목사님과 성경을 읽고 찬송가를 부르고 오면 마음이 편해요. 그런데 남편은 절에 가요. 카렌에서 오신 스님하고 기도해요(웃음). 아들들은 절에 가서 기도도 하고, 일요일이면 카렌어를 배워요. 카렌어는 잊어버리면 안 돼요." (연구참여자 5)

연구참여자 5의 남편과 아들은 절에 가고, 연구참여자 5는 일요일 아침 8시에 카렌 목사님과 같이 예배를 드린다. 비록 카렌 사람 약 10여 명이 예배를 드리지만 어느 때보다도 진지하다. 한국의 교회에 가고 싶지만 한국어를 모르기 때문에 갈 수 없다. 그녀는 남편의 눈이 완전히 치료되고, 자녀들이 즐겁게 학교에 다니게 해달라고 간절한 기도를 드린다. 아들은 카렌어도 알지만 태국어도 할 줄 안다. 태국에서 태어났기 때문이다. 두 가지 언어 모두 소중하기 때문에 일요일이면 카렌어를 가르친다. 아들이 한국에서 대학을 졸업하고, 카렌의 자유를 위해 일하는 것이 그녀의 바람이다. 그리고 그녀는 한국으로 이주한 카렌 자녀들에게 지리를 가르치는 선생님이 되는 상상을 한다.

5. 나가기

우리 사회에 체류하는 난민을 위해 난민법을 마련하여 난민 등의 처우에 대해 보다 구체적으로 명시하여 난민지원시설을 운영하는 등의 변화가 시도됐다는 점에서 매우 의미 있다. 난민 문제를 단순히 출입국관리 차원이 아닌 인권보호의 관점에서 접근할 수 있는 단초를 제공한다는 점도 나타났다.

본 장은 한국에 거주하는 카렌족 재정착 난민들이 한국으로 재정착하기까지의 과정을 살펴 연구 결과를 바탕으로 재정착 난민이 건강하게 우리 사회에 정착할 수 있도록 제도적 · 비제도적 지원의 틀을 만드는 데 기초 자료로 제공하기 위함이다.

재정착기관에서는 경제적 자립을 목표로 성인 난민들에게 취업을 위한 영어교육을 지원한다. 담당자가 일대일 상담을 통해 개개인의 적성이나 능력, 영어 구사능력을 판단한 후 적합한 일자리로 연계한다. 취업준비교육은 취업 시에 필요한 인터뷰 연습, 이력서 작성법, 직장에서 필요한 용어 구사에 초점을 둔 언어교육 등으로 이루어진다. 또한 대부분의 난민들은 센터 자체 혹은 지역사회 어학당에서 진행되는 영어클래스를 무상으로 지원받을 수 있다. 취학 연령의 아이들은 학교교육을 받을 수 있고 학교 등록을 포함한 전반적인 도움을 받을 수 있다.

학교교육은 난민아동 및 청소년에게도 적용된다. 초등교육부터 고등교육까지 무상으로 제공되며 6~16세의 아동 및 청소년은 반드시 학교에 다니도록 법으로 규정되어 있다. 주 정부의 교육기관에 재학 중인 학령기 아동 및 청소년에게 학교 입학 지원금 제공뿐만 아니라 학용품, 체육복 등 학교생활에서 소비된 제반 비용은 환급해 주고 있다.

난민의 경제적 자립에 중점을 둔 체계적인 지원이 필요하다. 취업과 연계한 교육과 개인의 능력을 파악한 일자리 연계 등은 난민의 경제활동을 지속시키는 데 도움을 준다. 그러나 한국에 체류하고 있는 난민들 대부분이 본인의 자격이나 적성이 전혀 고려되지 않은 곳에 취업하고 있다. 언어소통 능력의 부족으로 개인의 능력에 맞는 일자리를 구할 수 없는 실정이다. 경제적 자립은 난민들의 정착에 가장 중요하고 절실한 사안이며 한국 사회에도 지대한 영향을 초래하는 중요한 일이다. 난민의 경제적 자립을 목표로 집중식 언어교육과 체계적이고 세부적인 취업준비교육을 지원하고 있는 미국의 사례는 참고할 필요가 있다. 사업장과 연계한 취업교육생제도를 시행하고 있는 일본의 사례 또한 보완하여 활용하면 난민의 취업에 도움이 될 수 있을 것이다.

본 장에서는 카렌족 재정착 난민의 한국 사회의 언어문화 적응양상을 살폈다. 그러나 연구참여자가 카렌족 재정착 난민 5명에 한정되어 우리나라에 정착한 난민을 대표하기에는 무리가 있다. 그러나 우리 사회는 종교, 인종, 민족 등에서 지속해서 다양성이 증대될 것이며, 다양성에 비례해서 갈등 또한 높아질 것을 예측할 수 있다. 사회통합은 미래 지속 가능한 다양성에 대한 대비와 그로 인해 발생 가능한 갈등을 어떻게 진단하고 해결하느냐가 관건이 될 것이다. 따라서 본 연구의 결과를 토대로 다수의 다양한 난민 연구참여자를 선정하여 보다 촘촘한 난민들의 의미 체계를 밝히는 작업을 추후 과제로 남긴다.

3장

여가 영역

결혼이주여성의 사회통합과 여가활동

1. 들어가기

한국은 이제 '단일민족'이라는 말이 무색할 만큼 주변 곳곳에서 외국인들을 흔히 볼 수 있다. 2017년 기준으로 전체 20,167,922가구 수 대비 한국에 뿌리를 내린 다문화가구 수는 318,917가구로 전체 가구 수 대비 1.6%의 비중을 차지하고 있다(통계청, 2017). 다문화 혼인 건수는 2015년 22,462건, 2016년 21,709건, 2017년 21,917건으로 2017년도에는 전체 혼인 264,455건에 비해 다문화 혼인이 차지하는 비중은 8.3%로 전년보다 0.6% 증가한 수치를 보인다(통계청, 2017). 통계청에 따르면, 1990년대 이후부터 한국인 남성과 외국인 여성과의 결혼이 급격히 증가하고 있는 것으로 나타났다. 외국인 여성과의 혼인이 2015년도 14,051건, 2016년도 14,255건, 2017년도 14,245건으로 외국인 여성과의 혼인이 65.0%로 가장 많았고, 외국인 남편은 19.6% 으로 조사됐다(통계청, 2017). 2019년 2월 기준 한국에 거주 중인 결혼이주여성은 총 102,937명으로 그들의 출신 국적은 결혼이주여성 전체 체류 대비 베트남(36.9%), 중국(18.9%), 한국계 중국(10.3%), 필리핀(10.3%) 등의 순으로 조사됐다(법무부, 2019).

이와 같은 통계 자료에 입각하면, 한국 사회는 '이주의 여성화(feminization of migration)'라는 현상이 전개되고 있다고 해도 과언이 아니다. 과거에는 남성 노동자 중심의 이주가 대부분이었으나 현대사회에서는 여성들의 노동 이주뿐만 아니라 결혼이주 중심의 패턴이 나타나고 있는 것이다. 그러나 결혼이주여성들은 결혼이라는 매개를 통해 자발적인 이주 형태를 보이고 있지만, 실제로는 생계나 모국의 가족부양을 위해 결혼이라는 이주 경로를 선택하는 경우를 흔히 볼 수 있다(김민정, 2012). 이처럼 한국에 거주하고 있는 결혼이주여성들은 대개 모국에서의 삶보다 더 나은 윤택한 미래를 꿈꾸며 국제결혼을 선택하는 것이다. 그러나 정작 한국 사회에 발을 디딘 결혼이주여성은 주류 구성원들이 타 문화에 대한 낯선 시선을 보내고, 그들을 배타적으로 바라보고, 비우호적인 태도를 보여 한국 사회의 적응에 어려움을 경험하고 있다(오세경 · 김미순, 2016; 이현옥, 2016). 이러한 주류사회의 다문화에 대한 인식뿐만 아니라 결혼이주여성들의 의사소통 문제, 자녀 양육의 어려움, 문화 차이에 따른 갈등 등이 주요 문제로 나타나며(이혜경 · 전혜인, 2013), 그들의 어려움을 해결하고 지원하기 위해 정부와 지자체, 종교 단체 등이 다각도로 노력하고 있다.

정부는 2008년 다문화가족지원법을 제정하여 다문화가족지원센터, 이주여성인권센터 등과 같은 공공기관에서 결혼이주여성의 적응, 인권 등에 관한 다양한 지원 정책을 추진하고 있다. 또한 2016년 3월 2일자로 다문화가족지원법 개정을 시행하여 과거 다문화에 대한 동화주의 접근을 벗어나 다문화주의 · 초국가주의 접근으로서 결혼이주여성의 적응 문제뿐만 아니라 다양한 문제들을 사회통합으로 바라보기 시작했다.

따라서 결혼이주여성이 단순히 한국에 동화되길 원하는 관점보다 그들을 초국적인 장에서 다중적인 정체성을 형성하고, 초국가적 행위자로서의 이민자로 바라보며, 초국적 유대관계로서 그들의 삶을 이해하고(김영순 외, 2014), 사회통합적 접근으로서의 논의가 요구되는 것이다. 이에 본 장에서는 사회통합을 위한 결혼이주여성의 생활세계를 살펴보았다. 다문화 생활세계는 "주류 문화에 편입되는 생활세계가 아닌 정주민과 이주민이 함께 만들어나가는 공동의 생활세계"이며, "상호문화적 관계를 형성하여 다름 이상의 공존의 사회통합을 추구"하는 것을 의미한다(김영순 외, 2019).

이처럼 결혼이주여성의 생활세계를 파악하기 위해서는 여러 분야에서 논의될 수 있지만, 이 글에서는 김영순 외(2019) 연구에서 밝힌 인지정서적 영역 중의 하나인 '여가' 분야에 중점을 두고자 한다. 삶의 일부분으로 인식되고 있는 '여가'는 이제 더 이상 우리에게는 낯설지 않다. 한국인의 여가인식은 패러다임이 변화하면서 환경, 구조, 개인 심리 등 다양한 영역에서 개선과 발전이 이루어지고 있다. 그렇다면 우리는 여가활동을 잘 즐기고 있는 것일까?

일상생활 속에 깊이 관여하고 있는 여가는 스트레스 해소뿐만 아니라 삶의 질 향상에까지 영향을 미친다는 연구결과가 밝혀진 바 있다(오세경, 2014). 국내 · 외 수많은 연구결과에서 드러나듯이 여가 경험은 인간의 생활세계를 살펴보기 위한 기제로서 다각적인 측면에서 논의되고 있다. 따라서 이 글은 '여가라는 기제가 과연 한국에 체류하고 있는 결혼이주여성에게 어떻게 나타나고 있을까?'라는 궁금증에서부터 시작됐다.

지금까지 결혼이주여성의 여가에 관한 연구들은 그들의 여가와 가족여가의 실태를 파악한 연구(차성란, 2011), 문화복지 관점에서 그들의 한국 생활 적응을 위한 여가가 무엇인지, 여가를 어떻게 활용할 수 있는가에 대한 전략을 제시한 연구(김영미 외, 2014), 그들이 신체적 여가활동 참여를 통해 심리적 · 사회적 차원에서 의미를 탐색한 연구(김종호 · 권순용, 2013), 그들의 여가활동과 관련된 특성들을 고찰하고 문제점들을 비판적으로 모색한 연구(민웅기 · 김상학, 2018) 등이 주를 이룬다. 또한 결혼이주여성의 거주지역에 따라 도서지역 결혼이주여성의 여가참여 실태를 분석한 연구(박수정 외, 2011), 농촌 결혼이주여성의 여가참여가 여가만족과 생활만족에 미치는 영향을 다룬 연구(이혜린 · 권유홍, 2014) 등이 있다. 이와 같이 기존 연구들은 결혼이주여성의 여가 경험과 실태를 고찰하여 여가활동을 통해 한국 생활 적응 향상에 기여할 수 있다는 근거 마련과 그들의 여가 실태 파악에만 중점을 두고 있다는 점에서 한계가 있다.

앞서 밝힌 바와 같이 다양한 출신국의 결혼이주여성에 비해 동남아시아계 결혼이주여성의 경우, 모국의 가족 부양을 위해 결혼이라는 매개로 한국에 이주해오는 경우가 많기 때문에 그들이 한국에서 어떠한 여가경험을 하는지, 그들이 느끼는 여가경험의 의미가 무엇인지를 사회통합 측면에서 탐색해야 한다.

2.
결혼이주여성의 사회통합

"이주민과 정주민 간의 분열과 갈등을 미연에 방지하기 위한 방법"으로서 사회통합이 중요하다(오세경 · 김영순, 2018). 사회통합의 개념은 다양한 관점 및 분야에서 논의되고 있다. 록우드(Lockwood, 1964)는 사회통합(social integration)과 체계통합(system integration)으로 구분하여 관계 맺는 원칙과 관계 양상으로 개념화를 시도한 연구가 있으며(고영복, 2010 재인용), 하이트메이어(Heitmeyer, 1997)는 사회통합의 문제를 규제적 위와 응집의 위기로 구분하여 사회통합을 저해하는 요소로 사회 갈등을 야기한다고 밝혔다. 키언스와 포레스트(Kearns & Forrest, 2000) 역시 사회통합을 위해서는 사회적 응집의 중요성에 관해 밝히고 있으며, 그 요소로는 사회적 관계망, 사회자본, 정체성과 소속감 등을 언급했다. 또한 김영순 외(2019) 연구에서는 "사회적 포용, 사회적 융합, 사회적 응집이라는 세 가지 층위를 포괄하여 모든 사회구성원을 한 공동체의 틀에 맞게 조정하려는 노력이 아니라, 한 공동체가 다양한 개인을 수용하려는 노력을 의미"하는 것으로 사회통합을 정의하고 있다. 이처럼 사회통합에 관한 연구들은 주류 사회와 비주류 사회 간의 질서와 체계를 안정화하고, 조화와 유대라는 응집과 포용 측면에서 논의되고 있다. 즉, 사회통합은 동화주의에 입각한 단일화 사회가 아닌, 다원화된 사회구성원들이 상호존중을 통해 결속을 유지하고 결합해나가는 과정을 의미한다.

사회통합을 실현하기 위한 방법은 무엇이 있을까? 사회통합은 '어떤 개념으로 정의하는가'에 따라 실태 파악이나 방향이 달라지기 때문에 준거틀로 인식해야 한다(오세경 · 김영순, 2018 재인용). 이에 이 글에서는 사회통합을 개념화하고 필요한 요소가 무엇인지 도출하기 위해 '사회적 지속 가능성'과 '초국적 사회 관계망(transnational social relation network)'의 원리를 활용했다. '사회적 지속 가능성'의 개념은 사회적 시스템 내에서 적극적인 인간교류를 통한 사회 공동체 활성화를 꾀하는 것을 뜻하는 것으로(송은아, 2013), 이는 "개인의 사회적 상호작용이 친밀한 유대감을 형성할 수 있는 공간으로 기능하며, 개인 주체의 정체성과 공동의 정체성 형성으로 사회적 결속을 유지할 수 있는 사회적 장으로서 의미"를 가진다(이병준 · 장소은, 2013).

사회적 지속 가능성은 세 가지 층위에서 설명될 수 있다. 첫 번째 층위는 개개인이 당면한 문제를 진단하고 스스로 해결하는 수준에서의 개별성(individuality)이고, 두 번째는 사회문화적 차원에서 참여자들 간의 상호작용을 통해 동질감과 소속감을 유도하는 수준에서의 공동체성(communality)이며, 세 번째는 사회구성원들의 커뮤니티 능력과 개인의 사회적인 역량이 강화되면서 지속적이고 긍정적인 관계를 발전시켜 나가도록 하는 수준에서의 사회적 유기체성(social organism)으로 볼 수 있다. 그리고 초국적 사회관계망은 이주민이 한국과 모국 간의 경계를 넘어 초국적 유대관계를 맺고 상호 연결하면서 '초국적인 사회의 장(transnational social field)'이 형성된다는 관점으로 '초국적인 커뮤니티'를 의미한다(김영순 외, 2014). 이와 같은 맥락에

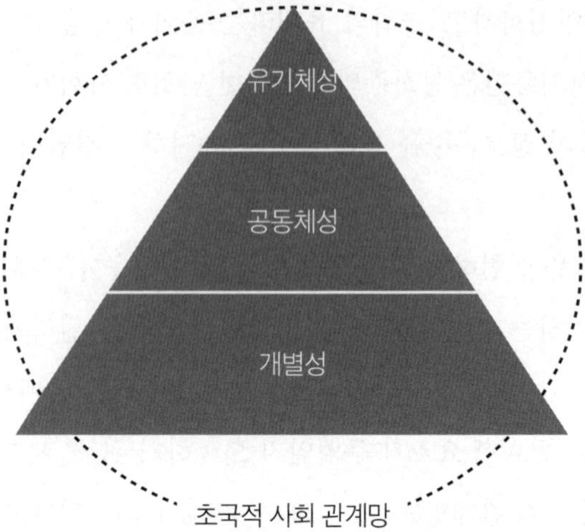

[그림 3-1] 결혼이주여성의 사회통합 관점(사회적 지속 가능성과 초국적 사회 관계망)

서 본 장에서 지향하는 '사회적 지속 가능성'과 '초국적 사회 관계망'의 개념을 토대로 한 이주민들의 사회통합은 이주민-정주민 사이의 인간적인 유대관계를 바탕으로 이주민들의 모국과 정주국을 가로지르는 긍정적인 정체성 협상과정을 통해 초국적인 유기체성을 형성해나가는 과정이다.

특히, 이 글에서 주목하는 한국 내 결혼이주여성의 사회통합은 모국과 정주국 사이의 초국적 유대관계를 맺고 한국 사회에서의 '사회적 위치'와 '정체성을 재형성'하기 위한(김영순 외, 2014) 초국적 행위자로서 그들을 바라보아야 할 것이다.

3.
결혼이주여성의 여가활동

결혼이주여성의 여가에 대한 논의는 최근 10여 년 동안 지속적으로 논의되고 있다. 이주민들의 여가 활동 실태를 파악하기 위해 한국문화관광연구원(2008; 2010)에서는 이주민 문화 향수 실태조사를 실시했다. 한국문화관광연구원(2010)에 따르면 주말과 휴일의 여가 활동은 TV · 비디오 시청(65.1%)이 가장 많았으며, 휴식(38.5%), 사교 관련 일(35.0%), 가사(33.3%), 컴퓨터 게임 · 인터넷 검색(26.2%), 종교 활동(17.0%), 여행(11.5%) 등의 순서로 나타났다. 희망하는 여가 활동은 여행(55.4%)으로 가장 많았으며, 취미활동(27.2%), 사교 관련 일(26.5%), 문화예술관람(25.9%), 자기계발(22.4%) 등의 순으로 나타났다. 이 같은 결과는 현 시점보다 9년 전에 조사된 여가 양상이지만, 그 의미가 주는 시사점은 크다.

첫째, 이주민들의 여가 활동은 주로 거주지역 근방에서 이루어지는 활동들이 대부분을 차지하고 있으며, 정작 그들은 여가 활동은 일상을 떠나 여행하는 것을 선호하고 있다. 이처럼 이주민들의 여가 향유 기회는 제한적이며, 여가 행태는 소극적인 여가 활동이라는 점이다. 둘째, TV · 비디오 시청, 휴식 이외에 그다음으로 높은 수치를 보인 사교 관련 일은 우리가 흔히 말하는 커뮤니티 활동으로 이해된다. 커뮤니티 활동은 이주민이라는 국한된 대상 이외에도 다양한 커뮤니티가 형성되어 있다. 미디어가 발달함에 따라 국가 간의 경계가 모호해져 온라인상에서도 상호 교류할 수 있는 커뮤니티가 활성화되고 있어 다양한 정보 교환이나 초국적 교류가 용이하다. 특히 커뮤니티 활동은 이주민들의 문화 적응 스트레스를 완화시키는 데 긍정적인 영향을 미치고 있다(오세경 · 김영순, 2018). 셋째, 이주민들이 희망하는 여가 활동으로 자기계발이 22.4%를 차지하고 있다. 이는 미래 발전을 위한 계발을 위해 노력하기를 원하고 있으며, 여가 활동이 '놀이'와 '쓸데없는 일'로 국한되지 않은 확장된 개념으로 이주민들에게도 인식되고 있다는 점에서 그 시사점을 엿볼 수 있다.

지금까지 이주민들의 여가 활동 실태를 살펴봤다면, 이제 본 연구의 대상인 결혼이주여성의 여가 활동에 초점을 둔다. 결혼이주여성의 여가 활동은 대개 음악 감상, 음식 만들기, 노래 부르기, 놀이터 등 일반 한국인 여성과 유사하다고 보고된 바 있다(차성란, 2011). 또한 결혼이주여성들의 여가 제약은 시간적 · 사회적 · 경제적 · 정보적 측면에서 다양하게 나타나고 있으며, 여가에 대한 개념조차 제대로 인지하지 못한다고 보고했다(박수정 외, 2011). 한편, 민웅기 · 김상학(2014)의 연구에서는 거주기간이 오래될수록 한국 사회에 적응하고 경제활동에 참여하게 되면서 시간적으로 부족하여 여가 활동에 참여하는 정도가 줄어들었다는 결과를 도출했다. 이러한 여가 참여 제약을 해결하기 위해 결혼이주여성들은 다양한 협상 전략들을 마련하기도 한다.

전윤주 외(2012) 연구에서는 여가 제약을 극복하기 위한 방안으로 여가 활동 동반자를 탐색하려는 노력과 여가 비용을 구축하거나 절감하려는 노력, 여가기술을 습득하려는 노력 등의 '행동적 협상전략'과 여가 활동 열망 및 변화에 대한 노력 등의 인지적 협상전략을 행하고 있다고 보고했다. 이와 같이 결혼이주여성들은 여가 경험을 통해 긍정적인 영향을 받는 것을 인지하고 있으며, 다양한 구조적 · 개인적 · 환경적인 여가 제약들을 극복하기 위한 대처 방안을 스스로 모색하는 등의 전략을 취하고 있는 것이다.

4.
연구방법

이 글에서는 초국적 행위자로서 동남아시아계 결혼이주여성을 바라보고 그들의 여가 경험과 그 의미를 심층적으로 탐색했다.

1) 연구참여자 특성 및 분석 방법

동남아시아계 결혼이주여성의 여가 경험은 어떠한 의미를 내포하고 있을까? 이 글에서는 수도권 다문화가족지원센터 임직원의 추천을 받아 7명의 동남아시아계 결혼이주여성을 심층 면담했다.

연구참여자의 선정 기준은 다문화가족지원센터 내에서 자발적인 인터뷰 신청 대상자들을 중심으로 인터뷰를 진행하는 데 의사소통의 문제가 없다고 판단되는 연구참여자로 구성했다. 또한 활동력이 가장 왕성한 연령대인 30대 중후반부터 40대 중반까지로 제한했고, 한국 거주기간 5년

〈표 3-1〉 동남아시아계 결혼이주여성 연구참여자의 인적사항*

연구 참여자	출신 국적	출생 연도	이주 연도	가족 관계	주 경제 활동	모국 여가	한국 여가
1	네팔	1984	2009	남편, 자녀1	생산직	낚시, 제기차기	낚시, 쇼핑, 봉사활동
2	필리핀	1981	2006	남편, 자녀2	통번역	요리	요리, 등산, 영화관람
3	베트남	1986	2013	남편, 자녀1	생산직	친구들과 함께 놀기	TV 시청
4	베트남	1990	2010	남편, 자녀1	다문화강사	음악청취	베트남 음악청취, 봉사활동
5	팔라핀	1977	2006	남편, 자녀2	다문화강사	요리	요리, 쇼핑
6	필리핀	1978	2006	남편, 자녀2	다문화강사	클럽 가기	SNS활동, 인형 의상 만들기
7	베트남	1984	2003	남편, 자녀2	다문화강사	배드민턴, 제기차기	야구관람, 봉사활동

* 본 연구참여자는 총서 전체 연구참여자 중에서 연구자가 선정하여 개별 번호를 부여함

이상, 수도권에 거주하고 있는 자녀를 1명 이상 둔 결혼이주여성으로 한정했다. 수도권 거주에 한정하여 연구참여자를 선정한 이유는 농촌 및 도서지역에 거주하고 있는 결혼이주여성의 여가 경험과는 다른 특징을 보이기 때문이다(박수정 외, 2011; 이혜린 · 권유홍, 2014). 수도권에 비해 농촌 및 도서지역은 다양한 여가 환경이 제대로 구축되어 있지 못하고, 농촌 및 도서지역의 결혼이주여성들의 경우, 남편 혹은 시부모를 도와 농업, 어업 등에 함께 종사하는 경우가 대부분이므로 여가경험을 통해 또 다른 활동으로 나아가는 데 한계가 있을 수 있다. 이러한 관점에서 본 연구는 수도권 거주자에 한해 연구참여자를 선정하게 됐다.

2) 자료수집 및 방법

동남아시아계 결혼이주여성의 여가 경험과 그 의미를 심도 있게 탐색하기 위해 심층면담을 통해 자료를 수집했다. 심층면담 기간은 2018년 11월부터 2019년 1월까지 1~2회로 나누어 진행됐다. 면담 내용은 개인여가, 가족여가, 여가 활동에의 어려움, 여가 만족 여부, 향후 하고 싶은 여가 활동 등에 관한 것을 주로 질문했다. 다음 〈표 3-2〉의 면담 내용의 범주를 토대로 질문 내용을 상황에 맞게 적절히 변형하여 그들의 성찰적 해석을 유도하는 반구조화된 개인별 면담 방식을 사용했다.

면담은 연구참여자의 거주지역의 조용한 커피숍이나 연구참여자의 가정에서 약 2시간 정도 진행됐다. 면담을 진행하기 전에 연구윤리에 따

〈표 3-2〉 면담 내용의 범주

범주	내용
개인여가	- 모국에서는 어떤 여가활동을 했는가 - 한국에서는 어떤 여가활동을 하는가 - 개인 여가활동을 왜 하는가(동기) - 개인 여가활동에 만족하는가 - 개인 여가활동 후 변화된 점이 있다면 무엇인가
가족여가	- 어떤 가족여가활동을 하는가 - 가족여가활동 후 변화된 점이 있다면 무엇인가 - 내가 원하는 여가활동과 가족들이 원하는 여가활동이 다를 경우 어떻게 노력하는가
여가 활동에 어려움	- 개인 여가활동 시 어려운 점은 무엇인가 - 가족여가활동 시 어려운 점은 무엇인가
향후 하고 싶은 여가 활동	- 향후에 바라는 개인 여가활동은 무엇인가 - 향후에 바라는 가족여가활동은 무엇인가 - 여가 만족을 위해서는 무엇이 필요하다고 생각되는가

라 연구참여자들에게 연구 목적 및 내용을 개략적으로 설명했고, 연구참여자로서 불이익 등에 관한 내용을 상세히 안내한 뒤 서면으로 연구참여 동의서를 받았다. 또한 그들의 허락하에 모든 면담 내용을 녹취했고, 추가적으로 필요한 내용은 SNS나 전화통화 면담 내용을 활용했다.

수집된 면담 녹취 자료를 텍스트로 모두 전사하여 그 양은 A4용지 기준으로 총 145장이다. 본 연구에서는 그 전사 자료를 원자료로 사용했다. 자료 분석은 원자료를 바탕으로 비교분석 방법과 주제적 분석을 활용하여 분석했다.

첫 단계로 '전체적 맥락 파악하기'이다. 각 연구참여자의 전사된 원자료를 2회 이상씩 반복해서 정독하고 내용이 애매하거나 부족한 부분은 현장메모일지를 살펴보고 녹취한 내용을 재청취하면서 전체 맥락을 이해하고 파악했다. 두 번째 단계로 '의미 단위로 나누기'는 주제 현상에 초점을 맞춰 의미별로 코딩하여 의미단위를 도출했다. 세 번째 단계는 '학문적 용어로 변형하기'이다. 연구참여자들로부터 얻은 의미단위들을 서로 지속적으로 비교하는 방법을 통해 주제에 관련이 없거나 불필요하다고 판단되는 의미단위들은 삭제했고, 동일하거나 유사한 의미들끼리 묶어 학문적인 용어로 변형하여 요약했다. 마지막 단계에서는 정리된 의미단위들에 대해 연구참여자들 간에 비교 · 통합 · 재분석 과정을 거쳐 일반적인 의미와 본질적인 주제를 구성하여 도출했다.

연구참여자들의 여가 경험은 '가족여가가 곧 나의 여가', '모국 문화 향유를 통한 그리움 회복', '초국적 연계를 통한 일상의 전환'으로 분석됐다. 구체적으로 연구참여자들의 여가 경험 양상을 살펴보면 다음과 같다.

5. 동남아시아계 결혼이주여성의 여가 경험

이 글에서는 동남아시아계 결혼이주여성의 여가 경험의 양상을 살펴보았다. 그 결과, 범주는 크게 가족여가가 곧 나의 여가, 모국 문화 향유를 통한 그리움 회복, 초국적 연계를 통한 일상의 전환으로 나타났다. 이와 관련된 구체적인 내용은 아래 글에서 살펴보자.

1) 가족여가가 곧 나의 여가

(1) 모방하는 가족여가

연구참여자의 여가 경험 중 하나는 '가족여가가 곧 나의 여가'로 나타났다. 다시 말해 '가족여가=나의 여가'라는 의미를 지니고 있으며, 배우자와 자녀가 원하는 여가 활동을 주로 행하는 것을 의미한다. 연구참여자들은 배우자의 여가 활동을 따라하는 모방적 여가 행태를 보였다. 연구참여자 1은 어렸을 때에는 모국에서 동생들과 함께 주로 물고기 잡기 놀이를 행하여 즐거웠지만, 배우자와 자녀가 함께 자주 낚시 여행을 떠나는 것에 대해 '지겨움, 귀찮음'을 느끼고 있다고 언급했다. 그녀는 다양한 가족여가 활동을 원하고 있지만, 남편의 의견에 전적으로 따르며 본인의 가족여가 욕구를 드러내지 않고 있었다.

"고기, 물고기 잡는 것 좋아해요. 바닷가 가가지고 그냥 자기는, 저도 어릴 때 동생들이랑 많이 하는 것 생각하고 저도. 근데 계속하면은 그 1박 2일 가는 것은 귀찮아요. 지겨워요. 그래서 가서 가만히 앉아있어 어쩔 때는 제가 낚시 돈 주고 그랬는데 그런 거 신랑이랑 그런, 그 신랑이랑 놀이 가는 거는 그거밖에 없어요. (중략) 만족 그거 제가 놀고 싶었는데. 어, 막 그렇게 만족은 없어요." (연구참여자 1)

"옛날에 우리 남편이 (텔레비전) 틀어주는 거만 봤어요. 무한도전이나 그냥 웃기는 프로그램 그 개그맨 그런 거 잘 못 들어도 애기도 좋아서 같

이 봤어요. 드라마도 그냥 꾸준히 다 끝까지 못 봤지만 볼 수 있으면 그냥" (연구참여자 3)

또한 연구참여자 1과 유사한 양상을 보인 연구참여자 7이 있다. 연구참여자 7 역시 배우자가 원하는 야구 경기를 관람하는 것이 주 여가활동이라고 말했다. 베트남에는 야구가 활성화되어있지 않아, 경기 방식이나 야구에 대한 관심이 전혀 없었을 뿐더러 처음에는 배우자를 그냥 따라다니는 것뿐, 본인에게는 그 이상의 활동도 아니라고 했다. 다만, 연구참여자 1과는 다른 특이점을 보였다. 연구참여자 7은 남편이 야구 경기에 대한 방식을 자세히 알려주어 경기에 대한 흐름을 이해하기 시작했고, 자식 역시 야구를 좋아하게 되면서 그녀는 야구 경기 관람에 대한 흥미와 재미를 느끼게 됐다고 했다.

"그냥 처음에는 아무것도 몰라요. 그냥 따라가는 것뿐이죠. (중략) 여러 번 따라가보면 이제 알게 됐어요. (중략) 스포츠는 이렇게 어떻게 게임하는지, 그리고 어떻게 이거 한 대? 여기 이쪽으로 시작하면서 어떻게 한 점을 받아야 하는지. 그건 한참 있다가 이제 알게 됐어요. 점수가 어떻게 따는지. (중략) 뛰어다가 가운데에 서는지, 이렇게 왜 걸어가는지 그런 건 궁금해하면서 신랑 보니까 이거를 왜 가냐고 이거를 왜 날아가냐고 왜 안 들어가냐고 그때그때 물어보고 신랑은 잘 가르쳐줘요. (중략) 아들도 야구 좋아해요." (연구참여자 7)

한편, 연구참여자 2의 경우에는 결혼 초기에 배우자와 주로 등산을 했으며, 그녀는 그런 여가 활동이 좋다고 밝혔다. 그녀는 모국에서는 도시에서 살았기 때문에 산이 없어 등산을 하지 못했다고 했다. 그러나 한국에 이주한 후에는 배우자가 좋아하는 등산을 함께 하다 보니, 자연이 좋아지고 자연을 느끼고 싶다고 했다. 그러나 자녀들은 등산을 싫어하다 보니, 자녀들을 위한 여가 활동을 행한다고 했다.

"남편 항상 산 올라가는 거 좋아하고. (중략) 거긴 도시라 산이 없어가지고. 시골 있을 때는 산 있는데, 산 올라가는 거 좋아하고. 그리고 조용한 거, 바람 시원하고 그런 자연. 자연 좋아해요. 그러니까 여기 한국에 있으면, 항상 애 안 볼 때도 산에 가요. (중략) 안 바쁘면… 항상 매일 가고 싶어요. 그런데 바빠가지고. 가끔씩. 한 달에 두 번? 세 번? (중략) 애들 싫어해요. 왜냐하면, 힘들다고. (중략) 항상 영화나, 애들 위해서 시간 보내고 싶은 거예요. 그리고 막 어디서나 놀러갈 수 있는 거. 월미도 이런 가까운 데라도 애들 위해서." (연구참여자 3)

"재밌었어요. 애기도 좋아하고 여행 가는 것은 애기 위해서 해요."(연구참여자 3)

연구참여자들이 밝힌 바처럼, '내 자신'이 원하는 여가 활동 유형이 아닌, '가족' 중심의 여가 활동을 행하고 있었다. 이는 자신을 표현하는 여가 활동보다는 가족 중심의 여가 행태를 보이고 있는 것이다. 연구참여자 1의 경우에는 배우자의 여가활동을 따라 하기는 하지만 그 활동에 대한 만족감을 느끼지 못하고 있었으며, 연구참여자 7은 초기 야구 경기 관람에 관심이 없었으나, 경기 방식에 대해 이해하게 되고 자녀도 야구를 좋아하게 되면서 그녀 역시 야구에 대한 흥미를 느끼기 시작한 것으로 나타났다. 또 다른 양상이 나타난 연구참여자 2는 배우자와 본인이 원하는 여가 활동이 같으나 자녀가 원하지 않기 때문에 등산을 갈 수 없다고 했다.

이런 관점에서 연구참여자들은 '가족'이라는 테두리 안에서 여가 활동의 범위가 한정되고 있었으며, 일반적인 한국의 기혼 여성들이 보이는 '가족 중심'의 여가 특성과 유사하게 나타나고 있음을 확인했다.

(2) 배우자와 함께 행하길 바람

연구참여자들은 배우자와 자녀가 함께 즐길 수 있는 여가 활동을 행하길 원하고 있었다. 그러나 배우자들은 본인이 즐겨하는 여가 활동 이외에는 여가 활동 범위를 늘리려고도 행하려고도 하지 않는다고 했다. 연구참여자들은 배우자가 자녀에게 "자상한 아빠, 함께 놀아주는 아빠"가 되길 원하지만, 정작 배우자들은 그렇게 하지 못해 안타까움을 토로했다.

연구참여자 6은 자녀들과 함께 나들이를 갔을 때, 주변 곳곳에서 보이는 한국 남성과 배우자를 비교하면서, 한국 남성들이 자녀랑 함께 놀아주는 행동에 대한 부러움이 있다고 언급했다.

> "특히 신랑 있을 때. 신랑 없을 때마다 다른 가족들 자꾸 비교하게 돼. 자꾸 부러워요. 특히 남편들이 잘 놀아주는 가족들 보면 진짜 너무 부러운 거예요. 그래서 항상 신랑한테 자꾸 이야기해요. '한국 사람 똑같아'라고 그렇게 저한테 그렇게 이야기해요. 아니거든? 제가 밖에 나가면은 한국 남자들은 얼마나 잘 놀아주잖아. 애들하고. 그런데 우리 신랑은 옛날 사람이라…." (연구참여자 6)

"남편이랑 아이는 혼자 어디 안 가요, 거의는. 아마 딱 한 번인가? 그리고 나머지는 거의 다 저하고 아이만 같이 가는 거예요. 뭐 공원 산책하거나 아니면 교회는 어디는 놀러가자고 하면 같이 가고 그렇게만 해요." (연구참여자 4)

또한 연구참여자 2 역시 자녀들이 커갈수록 배우자가 자녀와 함께하는 시간이 줄어들고, 함께 여가 활동을 행하는 것을 싫어한다는 표현을 할 때면 자녀에 대한 정이 없는 것 같다고 했다.

"지난번에 한 번, 한 번 (영화) 봤어요. 남편은 싫어해요. 싫어해, 남편. 남편이 싫어해가지고 그거 걱정되는 거예요. 남편이 그렇게 활동할 때 같이 안 하고 하면, 애들한테, 남은 정 없는 거 같아. 남편이. 항상 친구들 같이 있는 거 좋아하고. 모르겠어요. 저는 애들 같이 있어도 힘들다고 느끼지 않아요. 애들 원하는 거 따라 하면 되고, 항상 나쁜 활동만 안 하면, 저는 그 생각해요." (연구참여자 2)

연구참여자 4는 배우자가 혼자만의 시간을 보내기를 원한다고 했다. 배우자가 보고 있는 TV 프로그램을 자녀가 함께 시청하려고 했으나, 배우자는 연구참여자 4에게 자녀와 함께 밖으로 나가거나 데리고 가라는 식이 의사표현을 한 것에 대해 안타깝다고 했다.

"오늘 같은 경우는 아침에 아이는 정리 청소 다 하고 나서 밥 먹여주고 그다음에 옷 입혀주고 잠깐 컴퓨터 해서 중간고사 한번 보라고 했는데, 한 시간 반이나 봤나 봐요. 근데 남편이 조금 앞에서 아이랑 텔레비전 보는 거 아이 좋아하는 프로그램 자기도 보고 싶다고 해서 근데 아이는 완전 우리 남편은 아이는 다 좋아요. 근데 어디 안 가? 빨리 가. 그런 건 아이를 빨리 같이 데려가라는 뜻이죠. 같이 못 놀아줘요. (중략) 안타까워요." (연구참여자 4)

한편, 자주는 아니만 가족이 함께 여행을 갔었던 시간들이 연구참여자 3에게는 큰 의미로 다가왔다고 했다. 집 주변을 떠나 새로운 장소를 가족이 함께 가는 것만으로도 그녀는 배우자에게 사랑을 받고 있다고 느끼게 됐고, 열심히 살아가야겠다는 다짐이 생긴다고 했다.

"요즘엔 두 명이서 다니는 건 많아요. (남편과 함께) (중략) 산, 우리는 멀리 있는 산은 가지 않아요. 여기 가까운 산만 가요. 그냥 운동 삼아서. (중략) 가을에 등산하면서 이것저것 뭐 이야기 나누고." (연구참여자 7)

"지난번 최근에 우리 남편이 좀 시간도 있고 좀 시간 있으니까 강원도 몇 시간 동안 저녁에 같이 갔어요. 저 남편 좀 더 잘해줘서 좀 고맙다고 생각하고 또 사랑해주고 기념도 있고 그랬어요. 좀 열심히 살아야 되겠다고." (연구참여자 3)

이와 같이 연구참여자들은 배우자가 자녀와 함께 놀아주길 원하는 마음이 간절하나, 정작 배우자는 '혼자만의 시간, 본인 위주의 여가 활동' 만을 요구하고 있었다. 연구참여자들은 본인이 원하는 여가 활동을 포기하더라도 가족이 함께 시간을 보내거나 온 가족 위주의 여가 활동을 행하기를 바라는 마음이 있는 것으로 나타났다. 특히, 연구참여자 7과 연구참여자 3이 언급한 바처럼, 가족이 함께 즐기는 여가 활동을 하면, 특별한 사건이나 상황이 아니더라도 일상의 활력을 불어넣어줄 뿐만 아니라 삶의 질과 만족에까지 영향을 미치고 있는 것으로 해석 가능하다.

2) 모국 문화 향유를 통한 그리움 회복

(1) 모국에 거주하는 가족들과의 소통

연구참여자들은 결혼 초기부터 현재까지도 모국에 대한 그리움이 남아있다고 했다. 하지만, 연구참여자 6은 그 그리움이 줄어들기도 전에 시댁에서는 모국과의 관계를 끊고, 한국 사회에 적응하라는 식으로 말해 마음이 아프다고 했다. 그녀는 필리핀에 거주하고 있는 가족들을 보고 싶기도 하고, 도와주고 싶은 마음이 많지만, 시댁에서의 필리핀 가족들에게 더 이상의 금전적 지원을 하지 말라는 말이 슬프게 다가오고, 눈치가 보이는 것으로 확인했다.

"아직 익숙하지 않은 문화라서, 우리 신랑하고 형님들이 이해 안 해주고 자꾸…. 저는 혼자이잖아요. 그 필리핀에 있는 가족 만나고 싶지만 바로바로 갈 수 없잖아요. 그리고 3개월 전에 우리 형님 연락 와가지고. 이제는 자기 가족 있으니까 자기 가족만 신경 쓰고 필리핀에 있는 가족 신경 쓰지 말라고 했어요. 그때 진짜 너무 마음이 아픈 거예요. 제가 일하면서 조금씩 보내는 건데, 근데 우리 신랑 돈은 어떨 때 신랑이 조금 보내줘 라고 할 때만 조금 보내는 거예요. 근데 억지로 자기 돈이 없어서, (제가) 필리핀에 조금 보내면 안 될까요 이러면 그런 말은 없었기 때문에, 우리 형님 그렇게 이야기했으니까 또 마음 아픈 거예요." (연구참여자 6)

한편, 연구참여자들은 모국에 거주하고 있는 가족들과 끊임없이 연락하며, 매체를 이용한 다양한 방법으로 모국에 거주하고 있는 가족들과 소통하고 있는 것으로 확인됐다. 연구참여자 2는 비록 직접 모국에 방문하여 가족들을 만나기는 현실적으로 어렵지만, 전화를 이용해 소통하는 것 자체만으로도 함께 같은 공간에 있다고 생각이 들어 그리움과 외로움을 해소하고 있는 것으로 파악됐다.

"가족들… 가끔씩 보고 싶은데, 보고 싶으면 저기… 국제카드 있잖아요. 항상 남편이 사줘요. 남편이 사주면 그거 카드 1시간짜리, 그거 다 써버려요. 그럼 또 사주고. 조금 조금씩 해야지 한꺼번에 다 쓰면…. (중략) 언니, 오빠, 엄마… 이렇게. 전화하고 나서 그렇게 외롭지 않아요. 막 이렇게. 아니야, 다 쓸 거야. (중략) 자주자주, 오빠들 목소리 듣고 그러니까, 이제. 그냥 안 가도. 자주 있는 거 같아요. 그런 느낌이어가지구." (연구참여자 2)

또한 연구참여자 6은 그녀의 일상들을 사진 찍어 SNS 매체를 통해 필리핀 가족들과 소통하고 있는 것으로 나타났다. 필리핀에 거주하고 있는 가족들 역시, 주기적으로 자녀들의 사진과 일상생활을 공유하며 필리핀 가족애(愛)를 느끼고 있었다. 그녀들은 전화나 SNS를 통해 모국과의 소통을 끊임없이 행하고 있었다.

> "필리핀에 있는 가족 그 페이스북 이용해서 얼굴 볼 수 있잖아요. 사진도. 어떻게 지내는지, 사진 볼 수 있기 때문에. 옛날엔 없었잖아요. 그냥 대화만 하니까. 전화만 하니까, 너무 외로웠어요, 그땐. 지금은 조금, 페이스북 때문에 조금 안 외로워요. 그다음에 그 조카들이 얼마나 큰지 사진으로 계속 볼 수 있으니까 괜찮았어요. 페이스북 자꾸 열어요. 메시지 올까 봐. (중략) 좋아요, 보고. 그다음에 항상 보는 거예요. 왜냐하면 필리핀에 있는 가족들이 자꾸 기다리는 거예요. 사진 올리는 거. 그래서 계속 해요." (연구참여자 6)

연구참여자들은 모국에 대한 정과 마음은 한국 거주기간이 오래됐다고 해도 지속적으로 남아 있었다. 또한 그녀들이 외로움과 그리움을 해결하기 위해 주로 활용하는 전화 통화나 SNS 활동이 주는 시사점은 크다. 한상영(2012)의 연구에서도 밝혔듯이, 결혼이주여성들이 한국 사회에서 모국어를 사용할 기회가 많지 않아 답답함과 서러움을 느끼게 되면서 모국에 대한 그리움을 통화나 매체를 통해 해소한다고 했다.

(2) 모국의 문화 즐기기

또한 모국의 음식을 만들며, 모국에 대한 그리움을 해소하기도 한다고 했다. 연구참여자 3은 초기에는 한국 음식이 입맛에 맞지 않아 음식 적응에 어려움이 있었으나, 거주기간이 오래되어 한국 음식에 적응했다고 한다. 그러나 가끔 모국 음식이 먹고 싶을 때나, 모국이 그리울 때면 모국 음식을 만들어 가족들에게 주었으나, 별로 좋아하지 않아 마음이 좋지 않다고 했다.

"우리 남편은 베트남에 4년 살았는데 그 베트남에서 그냥 쌀국수나 뭐 특별한 음식 안 먹고 밥반찬 같은 거 많이 먹어요. 그래가지고 저희 지금 한국에 가끔씩 해주는데 안 먹어요. 뭐 다 다른 사람은 맛있다고 해도 안 먹어요. 좀 그래서 (마음이) 안 좋아요." (연구참여자 3)

"우리나라는 그런, 그런 것 많아가지고 뭐 뭐 넣으면 맛있다고 생각 들고 그 향신료 같은 것 넣고 먹어야 되는데. 예전에, 지금은 제가 변해요. 왜냐하면 지금은 혼자 살잖아요. 예전에는 제가 먹고 싶을 때 그런 것 하지 말라고 어머니 계시는데 그런 것 하지 말라고. 그런 것. (웃음) (중략) 안 먹어요. 아예 안 먹어요. 냄새 난다고 그거 고추예요. 내가 냉장고 넣는데 자기 꺼내달라고 그거. (웃음) 안 먹어요. 아주 그거 보면 기절해요. 자기. 그래서 냄새 나는 거는 제가는 조금, 조금 먹어보고 싶었는데 안 먹어요. 근데 처음에는 집에 뭐 만들면 그냥 친구들 오면 만들고 아니면 못 먹어요." (연구참여자 1)

연구참여자들은 앞서 언급한 모국에 거주하고 있는 가족들과의 소통 이외에도 모국 문화를 한국에서 즐긴다고 밝혔다. 연구참여자 5는 필리핀 언어로 된 방송들을 들으며, 모국에 대한 그리움을 해소하고 지식 함양과 종교 활동을 행하고 있었다. 또한 연구참여자 4도 베트남 노래를 부르고 들으며, 모국에서의 옛 추억을 떠올리며, 모국의 문화를 즐기는 것으로 나타났다.

"우리 필리핀에서 예수님 방송 있잖아요. 그냥 항상 들어요. 아니면 유투브랑 목사님 이렇게 이야기 들어요. 드라마도 안 봐요. 관심이…" (연구참여자 5)

"(노래방) 베트남 노래 부르고 싶을 때. 옛날 생각나죠. 어떤 때에는 옛날 생각나요." (연구참여자 4)

한편, 연구참여자 2는 모국의 음식을 가끔 만들어 직장 내의 한국인 동료들과 함께 나누어 먹었다고 했다. 그녀는 필리핀 음식을 먹고 싶을 때가 가끔 있으나, 가족들은 필리핀 음식을 좋아하지 않기 때문에 직장동료들과 함께 필리핀 음식을 먹는다고 했다. 또한 그녀는 다양한 필리핀 음식들을 만들어 갈 때면, 동료들의 반응을 통해 문화 차이를 경험하고 있었다.

"지난번에, 간? 돼지? 소간? 소간인가. 소간 간장조림처럼 해주는 거를 해줬는데, 너무 까매가지고 안 먹는 거예요. 한 분도 안 먹었어. 냄새 나가지고. 아, 기분 나쁘다기보다는 이런 음식은 안 먹는구나, 알게 되는 거예요. 그런데 다른 음식 가져가면, 필리핀 만두나 필리핀 닭도리탕처럼. 잘 먹어요! 그것만 안 먹어요. 너무 심한가 봐, 냄새가. 그래가지고 그때부터는 간 안 가져가요. 그런데 지난번에는… 잡채. 필리핀 잡채. 가져갔더니, 잘 먹어요. 근데 추워가지구요. 필리핀 음식은 따뜻할 때." (연구참여자 2)

이처럼 연구참여자들은 한국에서도 모국의 문화를 즐기며 생활하는 것으로 나타났다. 한국 가족과 함께 그녀들의 모국 문화를 공유하고 있지는 않지만, 모국 방송을 통해서나 주변 한국인 동료들과 함께 모국 문화를 즐기는 것으로 확인했다. 이와 같은 결과는 결혼이주여성이 한국 사회에 동화되어야만 한다는 관점은 맞지 않으며, 그녀들의 모국 문화를 향유할 수 있도록 여건과 환경이 마련되어야 한다는 사회통합적인 관점이 필요한 때임을 시사하고 있다.

3) 초국적 연계를 통한 일상의 전환

(1) 여가 활동을 통한 재생산

연구참여자들은 여가 활동을 단순히 행하고 만족감을 느끼는 것에만 한정하지 않고, 또 다른 생산적인 활동을 하는 것으로 나타났다. 연구참여자 6은 평소 여가 활동으로 만들기를 했다고 한다. 그녀는 자신이 잘하고, 즐기면서 할 수 있는 인형 옷 만들기를 활용해 필리핀 전통의상을 입은 인형들을 판매하고 있다고 이야기했다. 주요 판매 대상은 다문화 강사들이며, 그들은 연구참여자 6을 통해 구매한 인형들을 교육 자료로 활용하고 있다고 언급했다.

"지금 그 전통의상 인형이랑 같이 하는 거 하고 있어요. 그 뭐지? 이렇게 하면은, 제가 만들었던 필리핀 전통의상, 인형을 사가지고 이렇게 만 들어요. (중략) 그 다문화, 필리핀 다문화 강사들한테도 판매하고 있어요. (중략) 필리핀 강사들. 필리핀 다문화 강사들한테. 지금은 세 명? 저한테 주문을 해가지고. 이렇게, 판매해요. 근데 받고, 만약에 그, 이런 전통의 상 다 있기 때문에 그러면은 다음엔 안 사죠. 그래서 다른 물건도 하고. 필리핀 있는 친구는 내일 와요. 그 물건 들어와서, 그다음에 그, 친구들 한테 필리핀 다문화 강사들한테 줘요." (연구참여자 6)

또한 연구참여자 5 역시 모국에서 부모님이 음식점을 운영했었던 경험을 바탕으로 요리에 대한 재미를 느껴 한국에서 주변 친구들에게 소정의 금액을 받고 필리핀 음식을 직접 만들어주고 있다고 했다. 어떤 때에는 많은 필리핀 요리를 해야 한다는 버거움을 느끼고 몸이 힘들지만, 경제적으로 도움이 되어 요리를 할 때면 기분이 더욱 좋다고 했다.

"어렸을 때. 우리 가족 요리 좋아해요. 우리 할머니 식당 있어요. 그때 음식 팔아요. 그래서 어렸을 때부터 매일 이렇게 도와줘요. 꼬마 때부터. 그래서 관심 많아요. (중략) 요리요. 요리. 필리핀식 만들어요. 그리고 팔아요. 배달 오면, 주문 오면 배달해요. 필리핀 음식이요. 만들어요. (중략) 그런데 저 혼자 만들어요. 힘들어요. 시장도 가요. 무거워요. 그런데 재미있어요. 왜냐하면 그냥 집에만… 아무리 집에 있어도 조그만 돈벌이 할 수 있어요. 기분 좋아요." (연구참여자 5)

이와 같이 연구참여자들은 인형 옷 만들기나 요리하기 등 개인의 여가 활동으로만 국한시키지 않고, 이를 또 다른 경제 수단으로 활용하고 있었다. 이러한 보조적인 경제 활동을 통해 그녀들은 여가 활동에 대한 만족감이 높아졌으며, 개인 여가에서 또 다른 활동으로 확장됐다는 측면에서 소극적인 여가에서 적극적인 여가로 변화된 것으로 해석 가능하다. 또한 국내에서 쉽게 구매 및 사용하기 어려운 콘텐츠와 모국 문화 자원을 연결하여 활용했다는 점에 주목할 필요가 있다.

(2) 내면의 만족도 증대

연구참여자들은 다문화 가정들이 도움을 필요로 할 경우, 독거노인 돌봄 등 다양한 곳에서 봉사활동을 즐기는 것으로 나타났다. 그녀들 역시 다양한 지원과 도움을 필요로 하지만, 자신들의 도움을 필요로 하는 곳은 상황이 되는 한 기꺼이 봉사를 적극적으로 한다고 했다.

> "뭐, 동사무소에서… 어르신들 목욕하는 거? 도와줄 수 있는 거? 그런, 봉사활동도 하고. 내가 활동 많이 하는 건 출입국사무소 번역, 통역, 뭐 그리고, 음… 모든 다문화인들이 내가 할 수 있는 거. 집에서도 뭐, 집에서도 같이 청소하려 하면 같이 청소하고. 그런 봉사활동. 그리고 우리 교회. 모든 다문화인들이 제가 도와줄 수 있는 거 있으면 항상 연락하라고." (연구참여자 4)

한편, 연구참여자들은 앞서 밝힌 내용과 같이 개인의 여가 활동이 경제적 수단으로 이어지고 있으며, 더 나아가 그러한 생산적인 활동을 통해 가족들과 주변 지인들로부터 신임과 격려를 받아 자신감이 생긴다고 말했다. 연구참여자 6은 자녀와 함께 인형 옷을 만들면서 자녀와의 유대감 형성에 도움이 되고, 본인 스스로도 자랑스럽게 느끼는 것을 확인했다.

> "'오, 잘하시네요' 말 들었을 때 진짜 너무 기분이 좋고, 더 열심히 더 노력하고 싶은 마음이 생겨요. 만들기 이런 거랑도 같이 만들어서 뭔가 자랑스럽잖아요. 딸도 좋아하고 그래서 더 만들고 싶어져요." (연구참여자 6)

이처럼 연구참여자들은 주변 사람들에게 도움을 주거나 인정을 받음으로써 여가 활동에 대한 만족도가 더욱 높아지고, 다른 일에도 효능감 형성에 영향을 미치는 것으로 해석 가능하다.

(3) 커뮤니티는 일상의 조력자

기존의 연구들에서 결혼이주여성의 커뮤니티에 관한 논의들이 많았다. 본 연구참여자들 역시 커뮤니티를 적극적으로 활용하고 있었으며, 일상적인 나눔과 정보를 상호 교환하면서 일상생활에 많은 영향을 미치고 있었다. 연구참여자 3은 커뮤니티 친구들과 배우자에 대한 험담을 나누면서 공감과 유대감 등을 통해 스스로 치유하는 것으로 나타났다. 또한 연구참여자 1 역시 한국 사회에서 출신국의 언어를 사용하며 친구들을 만나는 것만으로도 '친정'에 다녀온 것으로 여기며, 결혼이주여성들만의 커뮤니티를 형성하고 있음을 확인했다.

> "남편 얘기하는거요. (중략) 다 풀었어. 남편 그 화나는 것도 다 풀었

어.” (연구참여자 3)

“우리나라 말도 자기들이 만나면 우리들이 말하잖아요? 자기들이 만나면 그렇게 많이 우리 친정 쪽으로 생각을 하는 것 거의 없어지는 거예요. 그래서 뭐 친구들 만나고 오고 나서 그냥 친정에 갔다가, 친정에 있었다고. 자기 그렇게 친구들 만나면 모여가지고 이야기하면 아 진짜 나는 내 나라 있구나 싶고 그런 것도 많이 하고요. 그렇게 생각 많이 해요.” (연구참여자 1)

또한 연구참여자 6은 필리핀 커뮤니티를 직접 만들어 주기적으로 한 달에 한 번 이상 소통하는 장을 마련한다고 했다. 박미숙과 김영순(2015)에 의하면 결혼이주여성들은 스마트폰을 사용하여 언어적 문제해결뿐만 아니라 모국에 대한 외로움과 그리움을 해소하고 있다고 언급했다.

“제가 만든 가족 모임인데요, 이제는 78명 있어요. 한 달에 한 번 만나요. 필리핀 음식 만들어서, 안 맵게 만들어서 크리스마스 파티도 하고. 단체 카톡 만들어가지고. 그리고 제가 작년에 6개월 다문화센터 통번역 활동을 시작했거든요. 그래서 그때 시작했어요. 가족 모임으로. 그리고 어떨 때는 새로운 분들이 다문화센터 찾아오잖아요? 공부도 하고 그렇게 소개하는 거예요. 이런 모임이 있어요 이렇게 이야기해요. 그리고 또 아는 사람이 초대해가지고. 그래서 크리스마스 파티는 50명이 참석했어요.” (연구참여자 6)

“친구들이랑 가가지고 우리나라 사람들이 동대문에 많아요. 동대문

서울 쪽에… 이따가도 거기 가요. 우리. 애들 데리러. 또, 거기 만나가지고 맥주도 마시면서 우리나라 음식 마시면서 밤에 12시 1시까지 있어요. 새벽 1시까지. (중략) 네팔 친구들 근데 가끔씩 어떤 베트남 친구나 캄보디아 친구는 그런 것 같아서 또 주변에서 사는 친구들이 있잖아요? 친한 엄마들이? 그분들이 같이 만나서, 만나가지고 나라에 대해서 이야기도 하고 애들. 엄마들이 만나면 애들 때문에 다 이야기해요." (연구참여자 1)

이처럼 연구참여자들은 한국 내 결혼이주여성 커뮤니티를 자발적으로 형성하고 있었으며, 커뮤니티를 통해 정보교환, 친목 도모 등 사회적 활동을 지속적으로 행하고 있었다. 이와 같은 결과는 기존 연구들에서 주로 사회적 지지 차원에서 논의되곤 한다. 사회적 지지체계 형성은 한 사회에 살아가는 사람에게는 더없이 중요한 한 부분이다. 가족, 주변 지인 등의 사회적 지지는 결혼이주여성의 문화 적응 스트레스를 줄여주고, 결혼 만족도를 높여준다는 결과(이혜경 · 전혜인, 2013)가 있듯이 삶의 질을 높이는 데 유의미한 영향을 주는 요인 중의 하나다.

6.
나가기

이 글에서는 동남아시아계 결혼이주여성의 여가 경험의 양상을 살펴보았다. 그 결과, 범주는 크게 가족여가가 곧 나의 여가, 모국 문화 향유를 통한 그리움 회복, 여가 활동을 통한 재생산으로 도출됐다. 동남아시아계 결혼이주여성의 여가 경험 양상을 토대로 사회통합적 관점에서 이들의 여가 경험을 의미화하면, '초국적 문화 자원과 여가 활동을 연계한 생산적인 활동 전략'으로 정리될 수 있다. 앞서 논의됐던 사회통합을 '사회적 지속가능성과 초국적 사회관계망'의 관점에서 동남아시아계 결혼이주여성의 여가 경험의 양상을 적용하면 다음 [그림 3-2]와 같다.

이 같은 결과로 도출된 결론은 다음과 같다. 첫째, 동남아시아계 결혼이주여성들은 개인 여가 활동보다는 가족여가 활동을 통해 여가 만족도를 높여 일상생활에까지 이어지길 원하고 있었다. 그러나 결혼이주여성의 배우자들은 본인이 원하는 여가 활동을 그들에게 일방적으로 요구하거나 자녀들의 생애주기에 따라 자녀들이 원하는 활동이 주된 여가활동이었다. 이러한 양상은 결혼이주여성들이 자발적으로 본인이 원해서 행하는 '순

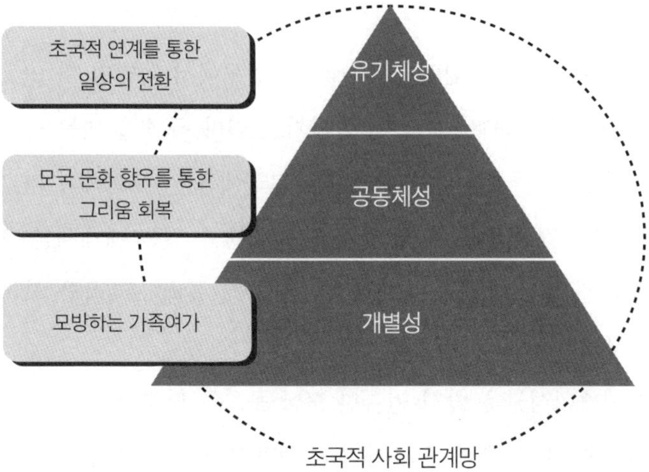

[그림 3-2] 동남아시아계 사회통합 관점에서 여가 경험 양상

수 여가 활동'보다는 '목적형 여가 활동'이 주를 이룬다고 할 수 있다. 가족 구성원 내에서 '아내'와 '어머니' 역할을 동시에 수행하고 있는 결혼이주 여성들은 가족의 화합 애(愛)를 경험하고자 하는 갈망이 크며, 본인 이외의 가족들이 원하는 여가 활동을 행하려는 마음이 강하기 때문에 목적형 여가 활동이라고 할 수 있는 것이다.

이처럼 결혼이주여성들의 여가 활동 행태는 '가족'에게 초점이 맞춰져 있지만, 정부나 지자체 등에서 운영되는 프로그램들은 주로 개인 여가 활동 프로그램들이다. 한편, 이들의 가족여가 활동 프로그램은 현저히 부족하다(조한범 외, 2005). 따라서 부부 여가 활동이 결혼 생활 만족도를 높여준다는 서광봉과 이철원(2011)의 연구 결과와 같이 부부가 함께 할 수 있는 다양한 여가 활동 탐색 및 프로그램이 요구된다. 또한 자녀의 생애주기에 따라 여가 패턴이 달라질 수 있기 때문에(장윤정, 2015) 가족구성원의 생애주기에 적합한 활동으로 가족 화합 애(愛)를 경험할 수 있는 여가콘텐츠 개발이 필요하다.

둘째, 결혼이주여성들은 김영순 외(2016)의 연구에서 논의된 바 있듯이 '초국적 가족'이라는 유대관계 속에 살아가고 있다. 국경을 넘는 공간에 '부모님'과 '형제', '자매'가 살고 있으므로 모국에 대한 그리움과 외로움은 더할 나위 없이 깊다. 그들은 모국 문화를 접할 수 있는 매개체를 활용하여 간접 경험을 하고 있었으며, 모국과의 교류를 통해 그리움을 회복하는 것으로 나타났다.

셋째, 결혼이주여성들은 앞서 언급한 모국 문화를 단순히 접하는 것으로 끝나는 것이 아닌 '초국적 문화 자원'을 활용하여 또 다른 생산적 활동, 즉, 결혼이주여성의 순수 여가 활동이 준여가 행태의 특징으로 나타나며, 여가와 노동 간의 경계가 불분명하게 드러나는 양상을 보이기도 했다. 이러한 결혼이주여성들의 준여가 활동을 통해 효능감과 자기표현 등의 효과를 보이며, 만족감에 영향을 미치고 있는 것으로 파악됐다. 이 같은 결과는 김영미 외(2014)의 연구에서 도출된 바 있듯이 '모국에서와 동일한 여가 활동으로 인한 심리적 안정 확보'뿐만 아니라 더 나아가 '삶에 대한 적극적인 태도 형성'에 효과가 나타났다는 결과와 일맥상통한다.

또한 결혼이주여성들은 커뮤니티를 통해 문화정체감, 소속감, 유대감을 형성하고 있었으며, 상호 교류를 통해 동일 문화집단의 언어 사용, 정보 등을 주고받으며 일상생활에 활력을 불어넣어줄 수 있는 요인 중의 하나로 나타났다. 다만, 아쉬운 점은 결혼이주여성들만의 커뮤니티라는 점이다. 결혼이주여성의 커뮤니티는 그녀들에게 소속감을 높여주고 한국 생활에서의 어려움에 관한 공감을 함께한다는 점에서는 긍정적이지만, 그녀들은 한국 사회의 소수 여성이므로 다변화하는 시대에 다양한 정보와 교류를 하고 있지 못하다는 측면에서 거리감을 좁히기 위한 사회적 관계의 확장이 필요할 것으로 판단된다.

이처럼 결혼이주여성의 여가 경험은 한국 문화 습득, 한국 사회에서의 정체성 형성 등 한국 적응에 영향을 주고, 행복감, 만족감 등 긍정적인 심리 변화에 영향을 미치기 때문에 지속적인 연구가 필요하다.

4장

가족 영역

결혼이주여성의 상호문화적 가족관계

1. 들어가기

한국 사회가 경험하고 있는 다문화 사회로의 변화는 결혼이주에 따른 가족 구성의 변화가 주를 이루고 있다. 정부의 '다문화가족지원법'에도 나타나듯이 다문화 가족이라는 새로운 가족의 탄생을 의미한다.* 결혼이주여성**은 체류조건상 필연적으로 기존 한국 사회의 가족구성원들과 함께 사적 가족을 이루게 되기 때문에 한국 사회에서 거의 유일한 정착형 이주자로서 수용된다. 국내에 체류하는 전체 외국인 중에 결혼이주여성이 차지하는 비율은 사실상 그리 크지 않음에도 불구하고 다문화 사회로의 전환에서 이들의 기여가 가장 크다고 보기 때문에 이러한 정책도 추진될

---

* 법무부 출입국외국인정책본부(2018년 12월 31일 기준)에 따르면 한국 국민의 외국인 배우자는 모두 157,418명으로 집계됐다. 국적별로는 중국 동포를 포함한 중국인이 58,513명으로 가장 많았고 베트남인이 41,688명으로 두 번째였다. 중국과 베트남 출신 외국인 배우자를 합치면 전체의 65.2%를 차지했다. 일본(13,713명)과 필리핀(11,447명) 출신 배우자도 1만 명을 넘었다. 캄보디아(4,417명), 태국(4,372명), 미국(3,647명), 몽골(2,384명), 우즈베키스탄(2,377명)이 뒤를 이었다. 성별로는 여성이 130,742명, 남성이 26,676명이었다. 이러한 상황은 가족단위의 이민자들이나 개인 노동자들로 인해 다문화 사회가 된 나라들과 구별된다.

** 국제결혼을 한 외국 여성의 상당수는 결혼을 조건으로 거주권을 보장받는 F-6비자의 결혼이주여성(marriage migrant women)들이라고 할 수 있다(법무부 출입국. 외국인정책본부, 2016).

수 있었다.

그러나 현재 한국에서 '다문화'라는 단어는 다문화 가족들조차 이렇게 불리는 것을 강하게 거부할 만큼 차별적이고 부정적인 의미가 짙게 배어있다. 이처럼 다문화 담론에 대한 피로감과 반감이 발생하게 된 데에는 용어의 무분별한 오남용(한건수, 2012)과 더불어, 이들에 대한 정부의 시혜적 지원이 기여한 바가 크다고 할 수 있다. 정부는 결혼이주여성이 한국 가족 내에서 재생산과 돌봄의 역할을 담당하기를 기대하면서 개별 결혼이주여성들의 민족적 정체성을 지우고 어머니와 며느리라는 한국 가족구성원으로서의 정체성을 강조하고자 노력했다. 동화주의를 중심으로 정책적 서비스를 제공하는 데에 많은 예산을 편성(김정선, 2011)한 것은 이와 같은 맥락에서 이루어진 것이라 볼 수 있다.

다문화주의(multiculturalism)는 "차이의 정치(Taylor, 1994)"라고 불리는 일종의 정치적 사상으로, 주변화되고 존중받지 못했던 특정 집단의 존재와 정체성을 재평가하고, 대표성을 지녔다고 여겨왔던 주류의 흐름을 바꾸려는 노력을 대변하는 정치 · 철학적인 표현이다. 그러나 한국 사회의 다문화 담론에서 다문화주의는 이처럼 동화주의를 외피처럼 사용되고 있어서 이른바 '한국식 다문화주의'에 대한 우려와 비판의 목소리가 제기되기도 한다(김혜순, 2014; 양현아, 2013; 김정선, 2011; 윤인진, 2008).

한편, 결혼이주여성의 문화적 배경이 그들과 그들의 자녀를 글로벌 인재***로 키울 수 있는 자원임을 강조하는 방식으로만 실현된다. 이처럼 결혼이주여성의 이주 배경으로 인해 그들의 자녀가 외국어에 대한 접근성

*** "결혼이주여성, 글로벌 무역 인재로 육성한다", 중앙일보 2019.01.28.
https://news.joins.com/article/23326975
"진선미 여가부 장관 "다문화 자녀, 글로벌 인재 성장 지원"", 해럴드경제 2019.01.10.
http://news.heraldcorp.com/view.php?ud=20190110000009

이 높아진다거나 해외 유학과 이주가 용이하다는 점만을 부각하는 접근방식은 위험할 수 있다. 이와 같은 접근은 '다문화의 상품화'를 조장할 위험이 있어서 다문화주의에 대한 또 다른 방향의 오해와 왜곡을 초래할 수 있기 때문이다(한건수, 2012).

국내의 결혼이주여성 증가 추이를 살펴보면, 특히 베트남 출신의 결혼이주여성은 매해 급증하고 있다. 여성가족부(2019)의 조사에 따르면, 결혼이주여성 중에서 베트남 출신은 전년 대비 5.4%p 상승하여 현재 가장 높은 증가율을 나타내고 있으며, 약 4만2천 명이 거주하고 있다. 초기 한국에서 결혼이주여성과 관련된 국가적 측면의 연구를 살펴보면, 2000년대 초반까지 조선족 결혼이주여성들과 관련된 연구들이 주를 이루고 있었던 것을 알 수 있다.

2005년도 이후에는 좀 더 다양한 국가 출신의 여성들의 결혼이주가 증가하기 시작했으며 특히 중국 다음으로 급격하게 증가하게 된 베트남 출신 여성들이 많아지면서 이들의 이주 원인을 파악하려는 시도와 실태조사(최호림, 2015; 위선주, 2013; 박순호, 2012; 송유진, 2008; 김현재, 2007), 부부갈등(박형식 2006; 최미화 2006), 자녀 양육 및 자녀교육(레황바오쩜, 2018; 부티짱, 2017; 이경숙, 2015) 등 점차 다방면의 연구들이 등장하게 됐다.

그러나 이러한 연구들은 대부분 베트남 여성들의 고유한 문화나 사회적 관습에 대한 이해나 존중에 초점을 맞추기보다는 이들을 한국 사회에 빠르게 적응시키기 위하여 진행됐다. 한편 최근 들어 베트남 여성들의 자주적 실천과 적극적인 행위성에 초점을 맞추고 이들이 목적국의 사회적 담론과 차별, 부정적인 시각과 권위주의적 태도에 대항 또는 경합하는 양상이나 해당 지역사회를 변화시키는 양상을 드러내고자 하는 연구들도 증가하고 있는 추세이다(최미경, 2014; 최종렬, 2009).

이처럼 결혼이주여성과 다문화 가족에 대한 연구는 이들이 가진 어려움에 대한 논의를 반복적으로 생산해내고 있으며, 정작 이들 가족이 다문화 가족 내에서 겪게 되는 개별적인 경험들을 다각적으로 바라보는 시도는 연구참여자 2하다고 할 수 있다. 이에 어느 한쪽이 동화가 되는 것이 아니라 함께 공존하는 가능성을 위해 상호문화성 개념을 중심으로 결혼이주여성을 탐구하게 됐다. 이 장에서는 상호문화적 관점으로 결혼을 통해 이주하고 새로운 가족관계를 맺는 결혼이주여성의 경험을 살펴보고 이를 해석하고자 한다. 특히 국내 이주민 중 빠른 증가세를 보이는 베트남 출신 결혼이주여성들에 주목했다. 우리의 생활세계*에서 소수자인 결혼이주여성의 목소리에 귀를 기울이는 것은 윤리적 실천의 시작이라고 생각된다.

---

* 생활세계는 직관적 경험의 세계이고, 행위하는 주체의 주관이 개입되어 형성된 의미의 형설물이다. 즉, 생활세계는 보편적이고 객관적인 세계가 아닌 주체의 주관적 타당성에 의해 형성된 것이며, 역사적 삶 속에서 이루어진 정신적 형설물인 것이다. 그럼에도 생활세계는 보편적인 구조를 가지는데, 개인적 행위가 보편적인 행위의 규범 양식을 가지고 있어서 이에 따라 개인들 간의 소통을 가능하게 하기 때문이다(Husserl, 2008).

2. 결혼이주여성과 상호문화성

1) 결혼이주여성

결혼이주는 이주의 여성화(feminization of migration) 현상의 한 갈래로, 이주의 규모와 양적인 측면에서 여성이 남성을 추월하고 있는 현상이며(Castle & Miller, 2003), 질적인 측면에서 여성이 남편을 따라 이동하는 동반이주자로서가 아니라 여성 스스로가 주체적 기획을 통해 생계부양자로 이주하는 행위를 의미한다(이혜경 외, 2006).

특히 아시아의 선진국 내에서 발견되는 이주의 여성화 현상은 선진국 여성의 지위향상과 사회진출로 인해 생겨난 사회적 재생산 영역의 공백을 채워주는 '이주노동자'와 국내 결혼시장의 수급 불균형으로 부족해진 '신부'의 자리를 대체하기 위한 '결혼이주여성'의 두 가지 유형으로 크게 나눌 수 있다(이혜경, 2005). 과거에는 주로 국가의 입장에서 이 둘을 서로 분리된 현상으로 보는 경향이 많았지만 현재는 이 둘의 관계를 상호 연관된 것으로 간주하는 연구가 증가하고 있다.

노동이주와 결혼이주의 경계가 분명하지 않음에도 불구하고, 국민국가의 입장에서 결혼이주여성은 노동이주여성과 법제도적으로 차별된 영역으로 편입된다는 점에서 특수한 존재들로 여겨진다. 결혼이주여성은 더 이상 제한된 사회 서비스를 제공받는 단기 노동자가 아니라 한국인의 아내이자 엄마의 신분으로 한국에 장기간 거주하게 될 존재이기 때문이다. 또한 이주여성 본인 역시 한국인으로서 마땅한 의무와 혜택을 국가에서 부여받는다는 점에서 결혼이주는 법제도적 · 사회문화적으로 '민족'과 '국민'의 범주와 밀접한 연관을 맺고 있다.

이렇게 결혼이주가 결혼이주여성 자신과 그 자녀를 포함하여 새로운 '국민'의 생산과 직결되어있다는 점에서 결혼이주여성은 국가의 규제와 관리가 필요한 대상으로 인식됐고 국가는 '양질의 국민'을 책임진다는 명목으로 직접적인 규제와 관리의 당위성을 옹호하게 됐다(김지은, 2007: 58). 이러한 결혼이주여성에 대한 국가의 법제도적 간섭과 대상화 작업은 두 문화와 가족의 경계, 생산 · 재생산, 공적 · 사적 영역을 넘나들며 형성되는 이주여성의 다양한 정체성을 지워버리는 역할을 하고 있다(황정미, 2009).

이주여성의 법적 지위는 독립적으로 주어지는 것이 아니라 한국인 남편의 아내와 한국 국적인 아이의 엄마의 자격으로서만 주어지는 의존적인 성격을 지닌다(김민정 외, 2006). 이렇게 이주여성은 정부가 자신에게 기대하는 종속적인 성 역할을 얼마나 잘 수행했는지에 따라 법적 시민권을 취득할 수 있는 자격을 부여받게 된다(김현미 외, 2008).

그뿐만 아니라 노동이주와는 달리, 결혼이주여성이 일하는 '집' 또는 '가정'이라는 사적인 영역은 일터로 간주되지 않을뿐더러 아내나 며느리의 신분으로 수행하는 돌봄이나 육아 등의 재생산 노동은 '일' 또는 '노동'으로 간주되지 않으며(Piper, 2006), 무엇보다 이러한 노동을 '무급'으로 담당하고 있다는 점에서 그들은 더욱 주변적이고 비가시적인 위치에 놓이게 된다(황정미, 2009).

실제 결혼이주여성이 경험하는 현실은 해당 국가의 정치 경제 및 사회문화적 맥락에 따라 매우 복잡하고 다양한 양상으로 나타나며, 제3세계 여성과 선진국 남성의 이미지를 단순히 이분법적으로 나눠 이들의 권력관계를 분석하는 것은 옳지 않다(Constable, 2005). 결혼이주여성에게 이주라는 선택은 불평등과 착취, 차별의 경험보다는 가부장적인 사회와 전통적인 관습에서 벗어나 자발적 선택을 통해 자신의 삶에 대한 통제권을 획득하고, 경제적으로 더 나은 삶을 살거나 사회적 위치의 향상을 약속하는 유일한 기회로 다가올 수도 있다(King & Christou, 2011; Pessar & Mahler, 2003). 또한 국경을 넘어 이동하는 이주라는 행위 자체가 본국의 가부장적 결혼체계에 대한 거부이자 반항적 실천이 되기도 한다.

이렇듯 결혼이주여성을 둘러싼 권력관계의 역설적인 양태와 그 속에서 발휘되는 주체성의 문제를 구체적으로 살펴보기 위해서는 이주의 주체를 둘러싸고 있는 젠더관계, 국내외 정치경제적 환경과 특정 국가와 지역의 사회문화적 상황과 맥락의 역동성을 다각적으로 검토할 필요가 있다.

특히 베트남의 경우, 1986년에 베트남의 개혁개방정책인 '도이모이'*가 실시된 이후 시작된 경제 · 사회 · 문화 분야에서의 변화는 베트남인들의 보수적이고 배타적인 성향을 외부세계에 대한 우호적이면서 개방적인 성향으로 변하게 했다. 또한 1992년 베트남과 한국 간 국교가 재개되면서 한국의 베트남에 대한 경제적 투자가 증가했고, 베트남인 사이에

---

* 베트남 공산당은 1986년 제6차 대회에서 개혁과 개방을 정책의 슬로건으로 앞세운 '도이모이'를 제시했다. 베트남어로 '변경한다'는 뜻의 도이(doi)와 '새롭게'라는 의미의 모이(moi)가 합쳐진 용어로 공산당 일당 비재체제를 유지하면서 사회주의적 경제발전을 지향하는 정책이다.

서 한국에 대한 긍정적 인식이 확산됐다. 더욱이 한국 기업의 베트남 진출과 함께 한국 드라마의 영향으로 인한 한국 남성과 한국에 대한 긍정적인 인식의 확산은 베트남 여성들에게 과대하게 포장된 한국 남성에 대한 이미지를 부여하고 부유한 생활에 대한 동경으로 이끄는 요인으로서 작용했다.

이렇듯 베트남에서는 도이모이 이후 경제가 급속히 발전했지만, 도시와 농촌지역 간의 경제격차와 교육수준의 격차는 더욱 확대되어 갔다. 특히 베트남 최대의 농촌지역인 남부의 메콩델타는 실업률이 가장 높고 교육수준도 낮다. 앞서도 언급한 바와 같이 2005년부터 강화된 대만 남성과의 혼인규제에 대한 새로운 대안으로 한국 남성과의 결혼이 급증했는데, 외국인과 결혼하는 베트남 여성들의 70%가 남부의 메콩델타 출신이다(조현미, 2013).

베트남 여성은 여러 가지 동기와 기대를 안고 한국 남성과의 결혼을 선택하는데, 일시적인 체류가 아닌 영구적인 거주 보장과 취업의 기회가 폭넓게 주어진다는 점에서 특별한 기술을 가지고 있지 않는 여성에게 있어서 국제결혼은 노동이주보다 훨씬 접근이 가능한 이주방식 중 하나라고 할 수 있다(김민경, 2012). 결혼이라는 방식의 이주형태는 가족과 친지, 지역 공동체 등을 확대하고, 필연적으로 사회적 변화를 야기한다. 또한 여성의 인권문제와 함께 국제결혼에 대한 법적 제재가 강화되면서 결혼의 경로도 달라지고 있다. 한국 남성과의 결혼이 점차 사회적 연계망을 통한 연쇄적 이주로 변화하고 있는 것이다. 이러한 맥락에서 최근 베트남에서는 결혼 중개소의 알선보다 친척이나 지인이 개인적으로 한국인을 소개해주는 방식으로의 결혼이주 형태가 증가하고 있다.

2) 상호문화성

상호문화성(Interkulturalität)이라는 개념은 20세기 초, 타자 · 이방인 · 이주민의 긍정성과 사회적 필연성을 설파한 독일의 유대계 사회학자 짐멜(G. Simmel)에 의해 철학적으로 대두됐다. 그에 의하면 이방인이란 "오늘 와서 내일 떠나는 방랑자가 아닌, 오늘 와서 내일 머무는 자"이다(Simmel, 1992: 764). 그는 19세기 말에서 20세기 초 유럽과 아메리카의 이주흐름을 직시하면서, 이방인의 유입은 일시적 · 우연적 사건이 아니라 필연적 상황이기에 이들에 대한 철학적 · 인식론적 접근의 필요성을 주장*했다.

상호문화성은 단순한 접촉이나 교류의 차원을 넘어, 문화 속에 내재하는 보편적 특성과 문화 사이에 존재하는 내적 연관성을 드러내는 개념이라고 할 수 있다(김태원, 2012: 199). 상호문화성에서 주목해야 할 현상은 하나의 문화가 다른 문화와 관계를 맺고, 각자가 또 다른 문화와 관계함으로써 상이한 문화 간 수평적 관계의 형성이다(최재식, 2006: 4). 상호문화성의 '상호(inter-)'라는 라틴어 inter는 '사이에'를 뜻하며 사회구성원들이 함께 살아가는 역동성과 연관된다.

반면 다문화에서 '다(multi-)'에 해당하는 라틴어 multus는 '다수의, 수많은'의 의미를 지니며 다양한 문화의 사람들이 함께하는 생활세계를 나타낸다. 다문화가 하나의 사회 내에서 다양한 문화들이 공존하고 있는 현상으로서의 사회적 구조를 서술하는 것이라면, 상호문화는 다문화적인 사

* Simmel은 지속적으로 함께 살아가야 하는 타자에 대한 인정을 제시했지만, 당시 독일에서는 크게 주목받지 못했다. 그의 타자이론이 재조명된 것은 1920년대 미국의 유대계 사회학자들에 의해 수용되면서부터이다. Simmel로부터 제기된 상호문화적 철학의 기초가 독일에서 출발했지만, 이론의 수용은 1920년대 미국에서 이루어졌다. 20세기 초 나치의 박해를 피해 미국으로 이주한 독일출신 유대계 학자들이 Simmel의 철학을 들여온 것이다(박영자, 2012: 306). 미국에서 촉발된 상호문화 연구는 다시 1970년대에 독일학계가 재수용하면서 발전했다.

회에서 문화적 배경이 다른 사람들이 함께 살아가는 과정에서의 역동적인 상호작용에 의해 생겨나는 문화를 의미한다(정기섭, 2011: 138). 즉, '다'는 다양한 문화집단들의 공존을 강조하고, '상호'는 다른 문화를 가진 개인들 간의 상호작용을 강조하는 것이다.

상호문화는 현대사회의 특징인 다문화주의에 대한 실용적인 선택이라고 정의할 수 있다. 'inter'라는 접두사적 의미를 고려하면, 'intercultural'이라는 단어의 사용은 필연적으로 상호작용, 교환, 장벽 제거, 상호성, 진정한 연대성을 의미한다. 그리고 'culture'라는 단어가 가진 모든 가치를 인정한다면, 상호문화는 사람들이 개인 차원에서뿐 아니라 사회 차원에서 타인과 맺는 관계 속에서, 그리고 세계라는 개념 속에서 참조하는 상징적 표상, 생활방식, 가치 등이 내포됨을 의미한다(Carlo, 1998: 50).

개별적 인간들 사이에 그리고 민족과 문화들 사이에 차이가 존재하지만 그와 동시에 공통점과 보편성 또한 함께한다는 점에서 문제의 본질을 확인하려는 자세가 필요하다. 우리가 사는 세계에는 보편성과 개별성, 그리고 상이성과 동질성이 혼재한다. 그러므로 다양한 문화 안의 개인들의 차이점과 공통점을 항상 균형 있게 바라보는 시각이 중요하다. 즉, 상호문화성은 특정한 문화를 흡수하거나 다른 문화를 지배하여 획일화시키려는 것이 아니라, 서로 간의 관용적 태도와 다원적 세계관을 바탕으로 상호간에 동시에 문화적으로 인정하는 것이다.

그러므로 문화 안에 존재하는 각 개인들의 '만남'과 '관계'가 역동적으로 이루어지는 것이 상호문화성이라 할 수 있다. 이러한 역동성은 '자신의 것'과 '낯선 것'을 동시에 표현하며, '낯선 것'과의 접촉은 언제나 자신의 지각모델에 따라 성찰한다는 것을 보여준다. 이것은 타인과 낯선 것을 이해하고자 하는 시도이자 자신을 이해하는 기회가 될 수 있다(Holzbrecher,

2004: 18). 즉, 상호문화성은 타 문화의 이해라는 이론적, 인식론적인 측면뿐만 아니라 타 문화의 포용이라는 윤리적 · 정치적인 측면까지 포괄하는 광범위한 주제 영역을 담고 있다(박인철, 2015: 17). 상호문화적인 입장으로 타자를 바라본다는 것은 나와 다른 존재라는 것을 인정하면서 동시에 타자가 나와 같은 주체임을 존중할 수 있는 성찰적인 자아로 성장해나갈 수 있는 바탕이다. 따라서 타인의 완전한 특수성과 그의 완전한 보편성 사이에서 균형을 찾는 것이 중요하다.

다문화 사회에서 타자와의 연대는 단순히 여러 문화의 공존을 통한 외적인 연대가 아니라 윤리성과 타자에 대한 절대적 책임의식을 바탕으로 한 내적 소통으로서의 연대이어야 함을 의미한다(이화도, 2011: 185). 다양한 문화에 존재하는 개별 존재들이 서로의 차이를 인정하는 것을 넘어 함께 연대해나갈 때 역동적인 공존이 가능하기 때문이다.

우리 사회에서 인간의 문제는 결국 '사이'의 문제이다. 인간은 홀로 존재하는 것이 아니라 언제나 더불어 존재한다. "인간의 다른 이름은 관계"이며(Buber, 1962: 281), 인간은 서로가 "연결되어 있다"(Buber, 1964: 22). 나와 타자는 대화적 관계*를 통해서 '나'와 '너'가 만나는 것이다. 즉, 모든 대화는 포용의 요소들과 관련될 때에만 그 진정성을 획득하게 된다. 그것이 추상적 현상으로든, 대화 상대의 '그렇게 있음'의 '인정(Anerkennung)'으로서든, 이것은 상대편의 경험에서 나올 때에만 실제적이고 효과가 있게 되는 것이다(Buber, 1964: 32).

또한 인간의 자기 상실과 원자화는 인간과 인간 사이의 관계가 깨진

* 대화적 관계란 중립성이 아니라 연대성이고, 서로를 위해서 있음이며, 살아있는 상호성이자 생생한 상호작용이다. 그리고 연결체들 사이의 경계를 지워버리는 것이 아닌, 공동의 실재에 대한 공동의 인식과 공동의 책임에 대한 공동의 과제이다(Buber, 1964: 45-46).

데서 기인한 것이다. 인간은 객체화될 수 없는 주체이며, 인격으로서 공존하는 '나'와 '너'가 되어야 한다고 했다. "모든 참된 삶은 만남이다." 참된 공동체는 사람들이 서로를 위하는 감정을 가지는 것으로만 이루어지는 것이 아니라 모든 사람이 살아있는 상호관계에 들어서는 일에서 시작된다(Buber, 1979: 61). 즉, 우리가 발견 또는 재발견하게 되는 것은 바로 관계의 영역이다. 문화와 문화, 교사와 학생, 그리고 모든 인간은 인격적으로 만나야 한다. 오늘날의 위기 상황은 인간성의 상실, 즉 인격의 상실에서 온다. 인격의 만남 속에 존재해야 하는 삶이 비인격화로 전락하는 것에 경계를 두어야 한다.

상호문화성에 대한 개념 정의의 공통적인 맥락은 소수이건 다수이건 간에 사회에 존재하는 모든 문화는 그 권리를 동등하게 존중받아야 할 평등한 관계라는 것이다. 우리가 사는 세계에는 보편성과 개별성, 그리고 상이성과 동질성이 혼재한다. 그러므로 다양한 문화 안의 개인들의 차이점과 공통점을 항상 균형 있게 바라보는 시각이 중요하다. 즉, 상호문화성은 특정한 문화를 흡수하거나 다른 문화를 지배하여 획일화시키려는 것이 아니라, 서로 간의 관용적 태도와 다원적 세계관을 바탕으로 상호 간에 동시에 문화적으로 인정하는 것이다(최승은, 2015: 14). 그러므로 상호문화성은 문화 간 경계를 허물고, '다문화'에 대한 왜곡을 극복할 수 있는 타자들 간의 상호작용을 이끌어내는 대안으로 가능하다.

문화 안에 존재하는 각 개인들의 '만남'과 '관계'가 역동적으로 이루어지는 것이 바로 상호문화성이다. 이러한 역동성은 '나의 것'과 '낯선 것'을 동시에 표현하며, '낯선 것'과의 접촉은 언제나 나 자신에 대한 지각모델에 따라 성찰이 이루어진다는 것을 보여준다. 성찰한다는 것은 타인과 낯선 것을 이해하고자 하는 시도이자 자기 자신을 이해하는 기회가 될 수 있다(Holzbrecher, 2004: 18). 상호문화적 관점으로 타자를 바라보는 것은 다문화 사회를 살아가는 우리에게 필요한 관점의 전환이다. 자아와 타자 사이의 개인의 문제뿐 아니라 문화와 문화 간에서 이루어지는 역동적 관계에서 성찰의 과정이 이루어지기 때문이다.

이렇듯 "상호문화성은 상이한 문화들의 현존과 이들 사이의 평등한 상호작용, 그리고 대화와 상호존중을 통해 공유 가능한 문화적인 표현의 형식들을 창출할 가능성과 연관된다"(UNESCO, 2007). 상호문화성에 대한 철학적 개념을 한마디로 규정하는 것은 어렵지만, 연구자는 지금까지의 이론적 논의를 바탕으로 유네스코의 상호문화성에 관한 규정을 해석하여 상호문화성에 대한 핵심을 세 가지로 압축하고자 한다. 상호문화성의 핵심은 문화 다양성을 인정하고, 모든 문화에 대한 평등한 관계를 추구하며, 문화적 공감대로 상호작용하는 사이(inter)의 문화를 형성하는 것이다. 따라서 상호문화성은 타자를 향한 윤리적 실천이라 할 수 있다.

3.
연구방법

1) 내러티브 연구

이 연구는 연구참여자의 이주 경험과 가족에 관한 내러티브에 초점을 둔다. 결혼을 통해 베트남에서 한국으로 오기까지의 여정과 새로운 가족을 만난 경험의 이야기에 귀 기울인다. 연구자는 연구참여자의 목소리와 경험에 귀를 기울일 수 있는 적절한 방법으로 이러한 질적 연구방법 중 내러티브 연구방법을 선택했다. 결혼이주여성들의 경험을 바탕으로 하는 내러티브는 본 연구를 해석하는 중요한 자료가 되기 때문이다.

사전적 정의에 따르면 내러티브(narrative)*란 이야기를 뜻한다. 하지만 내러티브는 짧은 형태의 이야기(story)가 아닌 비교적 긴 개인의 경험이나 역사성이 담긴 이야기의 형태로 나타난다. 내러티브에는 내러티브를 전달하는 사람의 견해, 내러티브 속 주인공의 다양한 경험, 내러티브가 존재

* 내러티브란 용어는 '말하다', '서술하다'라는 뜻의 라틴어 '*narro*'와 '알다', '친숙하다'라는 뜻의 '*gnaruis*'에서 유래됐다.

하는 사회의 문화와 역사 등이 담겨 있다. 그러므로 내러티브 속에는 인간 삶의 복합성이 통합적으로 그려져 있다(Webster & Mertova, 2007). 즉, 내러티브 연구는 경험을 이해하는 하나의 방법이다. 그것은 한 장소 혹은 일련의 장소들에서, 그리고 환경과의 사회적 상호작용 안에서 시간에 따라 연구자와 참여자 간에 이루어지는 협력이다. 삶(living)과 말하기(telling)의 한 가운데서 내러티브를 정리하여, 사람들의 개인적 삶과 사회적 삶 모두를 구성하는 경험을 이야기로서 재현한다. 즉, 내러티브 연구는 살아왔고 말해진 이야기들이다(Clandinin & Connelly, 2000).

이 연구에서는 베트남에서 한국으로 이주해온 여성들의 결혼과 가족과 관련한 삶의 이야기를 직접 듣고, 이를 해석하여 다시 이야기가 된다. 내러티브 탐구의 절차는 클랜디닌과 코넬리(Clandinin & Connelly, 2000)의 5단계 연구과정*을 토대로 진행했다. 먼저 '현장에 들어가기' 위해 연구를 위한 사전조사와 연구의 이론적 토대를 마련하여 연구참여자들을 만나기 전에 연구에 대한 준비를 했다. 2단계 '현장에서 현장 텍스트로'의 과정에서는 선정한 연구참여자들에게 연구를 설명하고 연구참여동의서를 받는 등 연구 계획을 체계적으로 수립했다. 이후 3단계 '현장 텍스트 구성'을 위하여 자료를 수집했다. 내러티브 탐구의 방향성을 고려하여 연구참여자들에 대한 심층면담을 진행했다. 다음으로 4단계 '현장 텍스트에서 연구 텍스트'로 작성하기 위해 자료를 분석했다. 이 과정에서 연구자료들을 텍스트화했으며, 이러한 자료를 분석하고 도출한 의미를 해석했다. 마지막으로 5단계 '연구 텍스트를 구성하기' 위해 연구의 결과를 기술하고 이에 대한 검토와 재검토를 거쳐 텍스트를 작성했다.

---

* 1단계: 현장에 들어가기, 2단계: 현장에서 현장 텍스트로, 3단계: 현장 텍스트 구성하기, 4단계: 현장 텍스트에서 연구 텍스트로, 5단계: 연구 텍스트 구성하기.

2) 연구참여자

연구참여자는 베트남 출신 결혼이주여성 5명으로, 자신의 이야기를 한국어로 충분히 전달할 수 있는 여성들이다. 다문화가족지원센터를 통해 첫 연구참여자를 소개받고, 이어서 지인을 소개받는 눈덩이 표집 방식으로 연구참여자들을 섭외했다. 연구참여자들의 기본정보는 다음의 표와 같다.

〈표 4-1〉 연구참여자 기본정보

연구참여자	나이	결혼 경로	이주 연도	한국의 가족	모국의 가족	직업
1	36	친척 (고모) 소개	2010	남편(46), 아들(8), 딸(7), 시아버지	부모님, 언니 1명, 오빠 3명	미싱 공장에서 근무/ 현재 가정주부
2	25	이웃 소개	2013	남편(47), 아들(5), 딸(2)	부모님, 남동생 1명	공장에서 부업
3	30	친척 (사촌언니) 소개	2009	남편(39), 딸(9), 아들(7)	부모님, 언니 2명, 남동생 2명	공장에서 부업
4	30	친구 소개	2011	남편(55), 아들(7)	부모님, 남동생 2명	공장에서 부업
5	29	친구 소개	2012	남편(40), 딸(4)	부모님, 오빠 3명	가정주부

위의 연구참여자들에 대하여 간략하게 소개하면 다음과 같다.

(1) 연구참여자 1

현재 검정고시 준비 중으로 다문화지원센터에서 수업을 듣고 있는 연구참여자 1은 요즘 공부하는 것에 흥미를 느끼고 있다. 한국인과 결혼한 고모의 소개로 지금의 남편을 만나 한국으로 오게 됐다. 남편은 10살 연상으로 둘의 사이는 좋다고 했다. 성실하고 자상한 남편에 대해 고마운 마음을 가지고 있다. 그러나 시어머니가 자신에게 폭언을 자주 하여 갈등이 많아 힘든 시기를 지냈다. 특히 제사나 명절에 스트레스를 많이 받았다. 아이들이 생긴 이후에는 자신에게 가장 소중한 것은 '가족'이라고 여기며, 아이들과 함께 시간을 보내려고 노력하고 있다. 아이들에게 한국어로만 이야기를 하다가 1년 전부터 베트남어를 가르치기 시작하여 지금은 아이들과 자주 베트남어로 대화한다.

(2) 연구참여자 2

남편이 22년 연상인데 언어 문제로 답답할 때가 많다고 한 연구참여자 2는 자신은 한국어를 공부하는데 남편은 베트남어를 공부하지 않아 속상하다고 한다. 아기를 낳고 친정에서 어머니는 못 오셨지만, 시누이가 와서 많이 도와주었다. 시아버지와 시어머니는 멀리 사시면서 음식들을 잘 챙겨서 보내주시고 아껴주셔서 시부모와 시누이에게 고마운 마음을 가지고 있다. 두 아이의 교육이 가장 큰 관심사라는 그녀는 요즘도 한국어 공부를 열심히 하고 있고 이에 대해서는 남편이 지원을 해주고 있다. 그러나 아이들에게 베트남어를 가르치려고 하면 남편이 반대를 하여 고민이 많은 상황이다.

(3) 연구참여자 3

베트남에 있을 때 한국 드라마를 굉장히 많이 봤다는 연구참여자 3은 한국과 한국 남자에 대한 환상이 많았다. 시아버지와는 사이가 좋지만, 재혼한 새시어머니와는 사이가 좋지 않다고 하는데, 시누이와 남편이 새시어머니를 좋아하지 않기 때문이라고 한다. 아이를 낳은 후에는 베트남에서 친정어머니가 찾아와서 아이를 돌봐주었다. 9살 아들이 베트남어를 할 수 있음에도 베트남어로 말하는 것을 싫다고 하여 안타까운 마음이 든다고 한다. 반면 딸은 함께 베트남어로 이야기하는 것을 좋아하여 다행으로 생각한다.

(4) 연구참여자 4

베트남에서 한국으로 결혼 가는 것이 유행이어서 친구의 소개로 한국 남자를 만나 일주일만 에 결혼을 하게 됐다는 연구참여자 4는 한국에 오자마자 임신을 하여 처음 적응을 할 때 어려움을 겪었다. 25살 연상인 남편은 그녀를 '아기'처럼 잘 챙겨주며, 태어난 아들도 잘 돌봐주어 만족한 삶을 살고 있다고 한다. 하지만 남편이 베트남어를 전혀 모르는 점이 많이 아쉽고, 그녀 자신도 아직은 한국어를 배우고 있는 과정이기에 언어 문제가 가장 큰 고민이다. 베트남에 비해 병원이나 복지시설이 잘 되어있어 한국 생활에 만족하고 있다.

(5) 연구참여자 5

최근 운전면허 필기시험에 합격했다는 연구참여자 5는 한국에서 자신의 힘으로 무언가 해냈다는 자긍심이 생겼다. 그녀는 베트남에서 한국 드라마 애청자였다. 가장 기억에 남는 드라마는 〈풀하우스〉였으며, 한국 드라마는 모두 베트남어 더빙으로 시청했다. 친구가 소개해주어 만난 남편과는 약 2개월 후 결혼했다. 한국으로 오기 전에 베트남에서 한국어 개인교습을 받았다. 아이를 출산한 후 친정에서 어머니가 찾아와서 양육을 도와주고 있다. 4살인 딸을 키우면서 그녀 스스로 일부러 베트남어를 사용하지 않고 있다. 친정어머니가 딸과 대화할 때만 통역을 해주는 정도이다. 자녀의 언어교육에 있어 베트남어는 어머니인 자신이 아닌 전문적인 베트남어 교사에게 배우기를 희망한다고 한다.

3) 자료수집 및 분석

연구에 필요한 자료는 심층면담을 통해 수집했다. 2018년 10~12월에 걸쳐 진행된 심층면담은 연구참여자의 주거지 근처에 위치한 카페, 근무지 휴게실, 혹은 다문화가족지원센터 상담실에서 진행했다.

내러티브 연구에서 자료 분석의 특징은 자료를 세분화하여 이해하기보다 자료를 전체 이야기의 맥락 안에서 이해하고, 각각의 이야기의 의미를 분석한다는 것이다. 연구자는 연구참여자가 전해 준 그들의 삶에 대한 내러티브를 이해할 때 그들이 현재 보이고 있는 행동과 발언에 대해서 그 진정한 의미를 이해하게 된다(Clandinin & Connelly, 2004). 따라서 내러티브 연구는 단순히 인터뷰를 통해서 연구참여자의 이야기를 수집하는 것 이상의 연구과정이다. 내러티브를 분석함으로써 결혼이주여성이 과거에 어떠한 삶을 살았으며, 앞으로 어떠한 삶을 살 것인가를 파악할 수 있기 때문이다.

연구자는 심층면담 과정에서 녹음한 내용들을 모두 전사(transcription)하여 자료를 분석했다. 자료를 분석하는 과정에서는 녹음 파일들을 반복해서 듣고 재(再)읽기 작업을 한 후, 의미별로 분류하는 과정을 거쳤다. 이에 연구자는 전사 자료로부터 경험의 시기별 분류와 주제별 분류를 통해 의미단위를 생성할 수 있는 단어와 어구를 추출하고, 의미를 파악했다. 그리고 이러한 내러티브의 의미를 상호문화적 측면에서 재구성하고 해석했다.

특히 결혼이주여성의 가족관계에 대한 내용을 상호문화성을 중심으로 해석하기 위해 연구자는 결혼이주여성의 내러티브를 이론적 논의에서 밝힌 '문화 다양성', '평등한 관계', 그리고 '공감의 상호작용'이라는 주요 핵심주제로 분석했다.

4) 연구 윤리

심층면담의 첫 단계는 라포를 형성하는 단계로, 연구의 주제와 목적을 연구참여자의 입장에서 이해하기 쉽도록 설명해주는 것이 중요하다. 이에 연구의 윤리적 차원에서 IRB 승인을 마친 연구동의서를 연구참여자에게 받고 인터뷰를 시작했다. 특히 연구참여자의 내러티브에서 이주의 경험과 가족의 관계를 해석할 수 있는 내러티브에 주안을 두었다. 이 장에서는 내러티브를 통해 연구참여자가 새로운 삶의 터전인 한국, 특히 가족 내에서 어떠한 경험을 했는지를 살펴보았다.

4.
결혼이주여성의 가족관계에 나타난 상호문화성

연구에 참여한 결혼이주여성들의 가족관계는 개인별로 다양한 양상으로 나타난다. 연구참여자의 내러티브에서 가장 많이 언급된 가족구성원인 남편, 자녀, 시어머니를 중심으로 가족관계에 나타난 상호문화성을 분석했다. 가족관계에서 긍정적 혹은 부정적으로 나타난 상호문화성은 다음과 같다.

1) 다양성의 인정 vs. 다름에 대한 거부

(1) 외국인 며느리를 바라보는 시선: 시어머니

낯선 것에 대한 두려움은 인간의 본성이다. 결혼이주여성은 결혼과 이주라는 이중의 낯선 세계에 들어가게 된다. 마찬가지로 한국의 가족구성원도 낯선 세계에 함께 동참하는 경험을 한다. 다양성에 대한 열린 태도에 따라 정주민인 한국 가족은 결혼이주여성을 가족구성원으로 인정하기도 하고 거부하기도 한다.

> "예전에 신랑이 베트남 여자랑 결혼한다고 했을 때 시어머님하고 기억이 안 좋아요. 그때 울었어요. 왜 베트남 여자하고 결혼하냐고. 베트남 여자와 결혼하면 말 안 통하니까. (중략) 시어머님 예전에 저 안 좋아했어요. 그런데 다음에 사람 착하고 시어머님이 저한테 예뻤어요. 결혼하고 나니까 잘해주시고. 애기도 나오고 그러니까 난리 났어. 시어머님 너무 좋았어요." (연구참여자 4)

결혼이주여성들의 시어머니 중에는 결혼을 반대하는 경우가 많다. 연구참여자 4의 경우, 결혼 초기에 시어머니와의 사이가 좋지 않았지만 시간이 경과하면서 서로를 인정하고 관계가 회복됐다. 그러나 연구참여자 1처럼 다름에 대한 지속된 거부로 시어머니와 긍정적인 관계가 형성되지 않기도 한다.

"시어머니는 자주 막말해요. 제사나 명절 때는 너무 스트레스 받아요. 제가 무언가 하면 마구 뭐라고 하세요. 저한테 베트남에서 온 주제에 그런다고…. 솔직히 자기 아들도 한국 여자 못 만나서 저하고 결혼한 거잖아요. 이해할 수 없어요. 지금은 같이 안 살아서 괜찮아졌는데 예전에는 어머니 때문에 많이 울었어요." (연구참여자 1)

연구참여자 중에서 시어머니와의 관계가 가장 부정적이었던 연구참여자 1은 고부갈등으로 인한 스트레스가 심했다. 남편과 시아버지를 비롯한 다른 시가족들과의 관계는 좋다고 이야기했던 그녀는 시어머니에 대한 이야기를 할 때는 많이 울기도 하여 인터뷰를 여러 차례 중단하기도 했다. 며느리를 거부하는 시어머니로 인해서 다른 가족들과 긍정적이었던 관계도 멀어지게 될 수밖에 없다. 며느리가 베트남에서 왔다고 비하하는 시어머니의 발언은 연구참여자 1이 자신의 남편을 '한국 여자 못 만난', 능력 없는 남편으로 비하하게 되고, 그러한 남편이 자신과 결혼했다는 결론으로 인하여 그녀 자신도 비하하게 되는 악순환을 만든다.

(2) 베트남어에 대한 이중적 태도: 남편과 자녀

문화의 다양성에서 언어의 다양성은 가장 중요한 역할을 한다. 결혼이주여성의 남편들 중에는 아내의 언어인 베트남어를 배우고자 노력하는 남편도 있다. 언어는 문화를 이해하는 첫걸음이다. 결혼이주여성은 남편이 베트남어를 배우는 모습을 자신과 자신의 문화를 이해하는 것으로 받아들이고, 인정받는 느낌을 받을 수 있다.

"제가 임신했을 때 저희 남편이 베트남어 공부 많이 했는데, 애기 나온 후에는 바빠서 못 했어요. 근데 지금 다시 공부 베트남 공부 하고 있어요. 베트남어 공부하는 저희 남편 너무 좋아요! 공부 열심히 해서. CD도 사고, 여기 책도 있어요." (연구참여자 2)

연구참여자 2의 남편은 베트남어를 배우기 위해 공부하여 다양성을 인정하는 모습을 보였지만, 그들의 자녀들이 베트남어를 사용하는 것에는 반대하는 입장이다. 한국어를 우선적으로 가르쳐야 한다고 남편은 주장하지만, 연구참여자 2는 자녀들과 베트남어로 대화하기를 원하고 있다.

"저희 남편은 제가 아이들한테 베트남어로 말하는 거 반대해요. 근데 전 아이들에게 베트남어 조금씩 해요. 아이들이 베트남어랑 한국어 하면 좋아요." (연구참여자 2)

남편이 베트남어 사용을 반대한다면, 결혼이주여성들의 어린 자녀들은 아버지의 영향으로 베트남어에 대하여 긍정적으로 받아들이기 힘들게 되거나 이를 거부할 수도 있다. 자녀들의 어머니인 결혼이주여성 스스로가 베트남어를 자신의 자녀에게 가르치는 것에 부정적인 경우도 있다. 자녀가 한국어를 배우는 것을 우선순위로 생각하여 베트남어에 일부러 노출시키지 않으려 하는 것이다.

"아이를 초등학교 보내기 전에 걱정 많죠. 다른 또래보다는 말을 조금 늦게 트였어요. 지금은 한국말도 제대로 못 읽어서 그게 조금 걱정이에요. (중략) 제가 아이한테 베트남어는 아예 안 했어요. 근데 요즘에 한국어 하다가 그냥 간단하게 밥 먹을 때에는 베트남어로 어떻게 얘기하나 그 정도 가르쳐줬어요. 아주 간단하게만. 제가 베트남어 너무 많이 하면 아들이 한국말을 그냥 안 하는 것 같고. 그래서 나는 아이에게 베트남어 안 가르쳐요. 베트남어랑 한국말 계속 하면 또 혹시 헷갈릴까 봐요." (연구참여자 4)

"우리 둘째인 아들은 베트남 말 싫어해요. 첫째인 딸은 베트남 말 좋아해요. 그래서 딸이 동생한테 '혼날래? 너 베트남 말 배워야지 나중에 베트남 여행 가서 할머니하고 베트남어로 이야기할 수 있어야 해'라고 했어요." (연구참여자 3)

연구참여자 3의 아들은 어머니의 언어인 베트남어를 싫어한다고 한다. 딸이 베트남어에 대해 애정이 있어서 아들에게 베트남어를 독려하고 있지만, 아들이 베트남어에 대하여 개방적인 태도를 갖는 것이 중요하다. 아이들은 언어적 감각을 타고나기도 하지만, 부모와 환경의 영향을 많이 받는다. 특히 결혼이주여성의 아이들이 이중언어를 성공적으로 습득하기 위해서는 해당 언어와 문화에 대한 부모의 긍정적인 태도와 균형 잡힌 언어 환경에 대한 노출이 필요하다(고은, 2006). 언어 형성기의 아동은 이러한 환경이 주어지면 이중언어 구사자로 자랄 수 있기 때문에 다양한 언어 환경의 조성이 뒷받침되어야 한다.

(3) 아직은 낯선 베트남 음식: 남편

음식 문화에서도 다양성을 인정하지 못하는 경우가 많다. 대부분의 남편들은 결혼이주여성들이 한국 음식에 적응하기를 바라고, 한국 음식을 잘 요리하기를 원한다. 하지만 베트남 음식에 대해서는 열린 마음으로 받아들이지 못하거나 익숙하지 않다는 이유로 시도조차 하지 않는 경우도 있다.

> "집에서 가끔 베트남 음식도 하는데, 베트남 음식은 제 남편 잘 안 먹어요." (연구참여자 5)

문화 내에서 음식은 중요한 위치를 차지한다. 레비-스트로스(Levi-Strauss, 1969)는 음식과 요리의 구조주의적 분석을 통해 날것과 익힌 것의 대립을 자연과 문화의 대립으로까지 파악했으며, 왓슨(Watson, 1987)은 "같이 먹음(commensality)"의 행위를 사람과 사람 사이를 연결하고 공동체성을 만들고 유지하는 중요한 기제라 했다. 이처럼 음식은 문화와 개인의 정체성을 형성하는 중요한 요인이 되며, 어떤 음식을 누구와 함께 먹는가 하는 것이 가족 내에서 의미 있는 의식(ritual)이 된다. 남편이 한국 음식만을 요구하는 것은 남편뿐만 아니라 다른 가족구성원들의 다양성에 대한 경험의 기회를 박탈하는 것과 같다.

2) 평등한 관계 vs. 기울어진 관계

(1) 한국어와 베트남어: 남편

연구참여자들의 남편들은 처음에 베트남어를 공부했다 하더라도 현재까지 공부를 꾸준히 하고 있는 남편은 드물었다. 문화의 접촉으로 인한 새로운 문화에서 살아남기 위해서는 정주민보다 이주민의 문화 적응이 더욱 활발하게 일어난다(Berry, 1990). 이를 반영하듯 문화 적응을 위하여 결혼이주여성들이 한국어에 적극적인 반면, 남편들은 베트남어에 대한 관심이 저조한 편이다.

> "우리 남편도 베트남어 책도 사고 CD도 사고 공부했어요. 근데 한두 개만 공부하다가 '어, 머리 너무 아파, 나 못 해' 그러고 포기해." (연구참여자 3)

결혼이주여성은 한국어 능력을 향상시키기 위하여 자신이 노력할 뿐만 아니라 정부 차원에서도 한국어 수업에 대하여 많은 지원이 있다. 남편들의 현실적인 어려움을 감안하더라도 베트남어에 대한 지속적인 관심과 지원이 필요하다.

(2) 살림과 직장생활: 남편

연구참여자들 중에는 간단한 부업을 하고 있는 경우도 있었지만, 대부분은 가정주부로 집에서 많은 시간을 보내고 있다. 직장생활로 바쁜 남편이 살림을 도와주지 못하는 현실에서 상황을 받아들이고 이해하는 연구참여자도 있었지만, 이로 인해 남편과 갈등을 겪는 연구참여자도 있었다.

> "남편은 회사에서 일 바빠서… 집에 와서 피곤해서 못 도와줘요. 매일 열 시 정도에 집에 와요. (중략) 집안일하는 거는 어렵지 않아요. (웃음) 보통 여자들은 집안일 다 하잖아요." (연구참여자 5)

> "문제는 남편이에요. 예전에 애기 낳았을 때 (중략) 애기 키우는 거 때문에 조금 의견이 안 맞아요. 애기 안고 떨어트릴까봐 무서워서 애기 잘 안지도 않아요. 집안일 안 해. 왜냐하면 우리 신랑이 일을 많이 해요. 3교대 일 하느라 힘들어요. 제가 다 해요." (연구참여자 2)

대부분 직장생활을 하는 남편들은 아내인 연구참여자들이 집에서 모든 살림살이를 책임지길 바라고 있다. 연구참여자 4의 경우, 직장에서 일을 하고 싶었지만 남편의 반대로 기회를 가질 수 없었다.

> "저는 '오빠(남편) 나 이거 공부하고 싶다, 나 이런 사람 되고 싶다'고 했었는데 남편은 그럼 '기다려. 애들 크면 해, 애들 크면 해. 나중에' 그럼 나중에 돼서 나이 많아지면 어떻게 해요. (중략) 저는 무역 일을 하고 싶어요." (연구참여자 4)

"저는요, 선생님 되고 싶어요. 선생님! 베트남도 가르치고 한국말도 가르치고." (연구참여자 2)

결혼이주여성들에게도 하고 싶은 일이 많이 있다. 회사원이나 교사 등 자신의 꿈이 있지만, 현실적인 어려움으로 자신들의 능력을 발휘하지 못하고 있다. 결혼이주여성을 단지 살림과 육아를 담당하는 역할로서 한정시키는 것은 바람직하지 않다. 결혼이주여성을 '글로벌 인재'라는 프레임 하에 개인을 수단으로 소모하는 것이 아니라, 꿈을 실현시키고자 하는 한 개인에게 최소한의 다양한 기회를 제공해주는 것이 필요하다.

3) 공감의 상호작용 vs. 일방통행

(1) 사랑과 전쟁: 남편

남편과의 관계에 있어서 결혼이주여성들에게도 일반적 결혼 생활에서 나타나는 보편적 양상이 드러났다. 애틋한 '사랑'도, 참혹한 '전쟁'도 모두 결혼 생활의 일부이다. 심층면담에서 보이듯 한국의 일반적인 가정에서도 흔히 볼 수 있는 모습들이 많았지만 베트남 출신 아내를 둔 남편들의 독특한 점도 나타났다. 베트남 출신의 아내를 둔 남편들은 아내들과의 문화적 차이에서 올 수 있는 어려움을 이해하고, 특히 나이 차이가 많은 경우에는 더욱 배려하는 모습을 보이기도 했다.

“남편이 참 자상해요. 예쁜 말을 많이 하는 것은 아니지만 저한테 잘 해요. 착한 사람이에요. 자기 일도 성실하게 하고. 저는 만족해요.” (연구참여자 1)

“힘든 기억이 있어요. 한국에 오자마자 애기 가졌어요. 한국 음식 못 먹었어요. 3개월은 계속 죽만 먹었어요. 그때 많이 힘들었어요. 한국에 있으면 죽을 거 같아서 남편이 베트남으로 보내줬어요. (중략) 우리 남편 칭찬해요. 모든 거 다 잘해줘요. 나이 차이가 너무 많아서. 스물다섯? 그래서 신랑 항상 저를 애기처럼 너무 잘 챙겨줘서. 남편 좋아요. (중략) 남편이 술만 조금 줄이면 다른 건 다 괜찮아요. 지금 나이도 많이 있으니까. 건강 걱정되니까.” (연구참여자 4)

남편이 자신에게 공감할 때 결혼이주여성들은 남편과의 긍정적인 관계를 형성할 수 있었지만, 그렇지 않을 경우에는 남편과의 관계도 안 좋아지지만 이것이 자녀와의 관계에까지 영향을 준다.

“그냥 남편 이 정도도 좋아요 마음에 들어요. 근데 딱 한 가지, 제 말 잘 들었으면 좋겠어요. 우리 신랑이 말 안 들어요. 애기도 아빠 따라 해요. 애들도 제 말을 안 들으려고 해요.” (연구참여자 3)

“남자는 여자 안 도와주잖아요. 또 도와줘도 마음 안 들어요. 애들한테 어떻게 해줘야 하는지 그런 거 잘 몰라요. (중략) 원래 남자는 거의 답답하고. 앞으로 남편한테 애기할 거 더 없을 거 같아요. 애기를 많이 안 해요.” (연구참여자 2)

연구참여자 2의 경우, 부부 간에 서로 이야기를 하지 않기 시작하면서 서로를 답답하게 생각하게 됐다. 서로를 존중하는 부부관계를 위해서는 공감대를 형성하는 대화가 무엇보다 중요하다.

(2) 언어를 통한 행복과 좌절: 자녀

베트남 출신 결혼이주여성들은 자녀 양육과 교육을 매우 중요하게 여긴다. 언어교육에 대한 입장은 각기 다르게 나타나는데, 베트남어 교육에 대한 경험은 결혼이주여성의 모국어와 관련이 있기 때문에 주목할 만하다. 언어는 개인과 문화의 정체성에서 가장 중요한 요인이기 때문이다.

> "아이가 어렸을 때 집에서 저하고 있을 때도 한국말만 했어요. 일부러요. 제가 베트남어 하면 아이가 한국말이 못할까 봐요. 한국말 모르면 친구들한테 놀림받을 거 같고…. 그래서 그땐 베트남어 한 번도 안 가르쳤어요. 그런데 작년부터 제가 다문화센터 다니는데 거기 선생님이 베트남어 해도 괜찮다고 해서 이제는 가르쳐요. 첫째 아이도 둘째 아이도…. 아이들이 베트남어를 배우고 같이 하니까 제일 좋아요. 친정 엄마랑 통화할 때 아이들도 할머니한테 베트남어로 인사해요. (웃음). 애들이 베트남어 말하기 시작하고… 베트남어 할 때 저도 진짜 행복해요." (연구참여자 1)

한국어를 우선순위로 여겼던 연구참여자 1은 베트남어 사용에 있어서 엄격하게 스스로를 규제했었다. 그러나 다문화센터 선생님의 베트남어에 대한 긍정적 조언으로 자녀와 베트남어로 대화를 하기 시작하면서 '행복'을 느끼게 됐다.

> "한국말을 생각하면 마음이 아파요. 왜냐하면 애기들이 계속 '엄마, 이게 뭐야, 이게 뭐야?' 그러는데 저는 어떻게 설명할 줄 모르겠는 거예요. 아들이 '엄마, 이게 뭐예요? 다시 말해줘요.' 내가 '모르겠는데'라고 하면 '엄마 때문에 나 답답해' 이러면 나 마음 아파요. 많이 마음이 아팠어요." (연구참여자 3)

> "저는 외국 사람이라 아이가 무언가 물어봤을 때 잘 설명을 해줄 수 없을 때 속상해요. 한국 엄마들은 애가 물어보면 다 설명해줄 수 있을 텐데…." (연구참여자 1)

그러나 베트남어와 한국어, 이 2개의 이중언어를 균형 있게 아이에게 노출시켜주는 것은 쉽지 않다. 결혼이주여성들은 자신들의 부족한 한국어 능력으로 인해 아이에게 안 좋은 영향을 주지 않을까 하는 걱정에 좌절하는 경우도 많다. 자녀와 원활한 소통이 되지 못할 때 자녀와의 관계 형성에 어려움이 있을 수 있다. 모국어(mother tongue)는 말 그대로 어머니의 언어이다. 어머니의 언어에 대한 거부감, 두려움을 지우고, 긍정적으로 받아들인다면 자녀와 어머니인 결혼이주여성이 더욱 역동적인 상호작용을 할 수 있을 것이다.

(3) 환대: 시어머니를 비롯한 시가족

앞서 고부갈등의 사례도 소개했지만, 연구참여자들 중에는 시어머니와 관계가 좋고 다른 시가족들과도 친밀하게 지내는 경우가 많았다. 베트남에서 온 새로운 가족구성원을 맞이한 정주민 가족의 '환대'는 결혼이주여성들의 관계 형성에 매우 긍정적으로 작용한다.

"처음 한국 왔을 때 옷이 없었어요. 옷을 가지고 왔는데, 베트남 옷은 한국에서 추워서 못 입잖아요. 그때 남편 누나하고, 시어머니가 가게 가서 옷을 많이 사줬어요. 너무 잘해줬어요. (눈물)." (연구참여자 2)

"고부갈등 같은 거 없어요. 우리 따로 사니까. (웃음). 시어머니가 잘해줘요. 시누이들이 여섯 명인데 저한테 이쁘게 해줬어요. 다 친절해요. (중략) 명절 때 다 같이 모이는데 재밌어요. 맛있는 것도 많이 먹고… 같이 놀러도 가고…." (연구참여자 5)

"임신했을 때 형님이 음식 많이 해줬어요. 그래서 임신했을 때 잘 먹었어요. 먹고 싶은 거 형님이 해주고 음식 주고. 건강하고 애기도. (중략) 저희 시어머니가 종일 계속 기도하고. 그래서 임신 빨리하고 애기도 잘 낳고 이런 거예요. (중략) 저는 시어머니한테 많이 얘기해요. 친정 엄마처럼. 얘기하고… 계속 얘기를 했는데 저희 시어머니도 얘기 많아요. (중략) 애기 두 명 나와서 어머니가 저희한테 고마워해요." (연구참여자 2)

"시아버지 시어머니 처음 봤는데 막 안아주고…. '고생했어, 고생했어, 여기까지 오느라 고생했어, 고마워!'라고 저한테 말했어요. 잘해줬어요. 정말 잘 챙겨줬어요." (연구참여자 4)

타자와 더불어 세계 안에 살아가는 인간 존재의 의미를 새롭게 규정한 레비나스(Levinas, 1979)는 타자를 내 집으로 받아들이는 것, 즉 그를 환대함으로써 구체적인 윤리성이 시작된다고 하면서, 타자를 조건 없이 받아들이고 환대하는 것이 윤리적 자아로 나아갈 수 있는 길이자 신을 만날 수 있는 길이라고 했다. 가족구성원뿐만 아니라 나 자신도 타자인 이 세계에서 이러한 환대는 타자를 향한 윤리적 실천이라 할 수 있다.

5.
나가기

베트남 출신 결혼이주여성들의 내러티브를 분석한 이 장은 결혼이주여성들이 가장 가까이에서 겪는 생활세계인 가정에서의 가족관계를 상호문화성의 개념을 중심으로 해석했다. 내러티브에 나타난 상호문화성은 긍정적 혹은 부정적으로 다양하게 나타났다.

첫째, 문화 다양성의 인정에 대한 가족관계에서는 다름에 대하여 열린 마음으로 다양성을 받아들이기도 하고, 다름에 대하여 거부하기도 했다. 관계의 만남에서 시어머니와 대립하다가 시간이 지남에 따라 마음을 열고 인정한 경우도 있고, 시어머니의 폭언으로 결혼이주여성이 상처를 입은 경우도 있다. 문화 다양성에서 언어는 중요한 위치를 차지하는데, 베트남어에 대한 부모의 태도는 자녀의 언어교육에도 영향을 미친다. 중국계 결혼이주여성들의 가족들이 중국어교육에 적극적인 것에 비하여 베트남어에 대한 교육적 지원은 아직 부족한 실정이다.

언어뿐만 아니라 음식도 문화 다양성에서 중요한 의미를 지닌다. 한국인 남편들은 대부분 결혼이주여성들이 한국 음식을 요리해주길 바란다.

베트남 음식을 비롯한 다양한 음식을 경험하는 것은 문화 다양성을 위한 좋은 기회이다. 이주민인 결혼이주여성들에게 한국 음식만을 강요하는 것이 아니라 한국인 남편부터 베트남 음식에 관심을 가질 필요가 있다.

둘째, 평등한 가족관계에 대해서는 한쪽으로 기울어진 양상이 대부분이었다. 이주민인 결혼이주여성들이 한국 생활에 신속히 적응하기 위하여 한국어와 한국문화교육에 집중하고 있다. 대부분의 연구참여자들이 한국에 이주해서 가장 큰 고민이 한국어라고 꼽을 만큼 한국어 구사는 생활에 있어 중요한 문제이다. 실제로 문화 적응을 위하여 언어 습득은 가장 시급하다. 하지만 결혼이주여성에게만 한국어교육을 강요하는 것은 문제가 있다. 다른 가족구성원, 특히 남편은 베트남어에 관심을 가지고 간단한 의사소통을 위한 베트남어 정도는 구사할 수 있어야 한다. 한국어와 베트남어에 긍정적인 언어 환경이 만들어지면 자녀들은 자연스럽게 이중언어를 구사할 수 있게 될 것이다.

또한 살림과 자녀 양육은 대부분 결혼이주여성이 떠맡고 있는 현실을 보이고 있다. 살림과 양육을 부부가 함께 해나간다면 가족의 관계가 더욱 동등해질 수 있다. 남편들이 직장생활로 가족의 경제적 수입을 책임지고 있다고 하지만, 살림과 양육도 그에 못지않은 노동임금을 요하는 일이기 때문이다.

셋째, 공감의 상호작용에 대한 가족관계는 결혼이주여성을 향한 가족의 환대로 나타났다. 지리적인 이동뿐만 아니라 결혼이주여성은 문화적 · 심리적으로도 많은 길을 돌아 왔다. 이러한 결혼이주여성들에게 '여기까지 오느라 고생했어. 고마워'라고 말하며 받아들여주는 것은 우리의 윤리성에 대한 문제이다. 다문화 사회에서 소수자인 이주민들에 대하여 공감대를 형성하여 타자들이 더불어 공존하는 사회를 만드는 것이 상호문화성의 윤리적 실천일 것이다.

결혼이주여성은 결혼과 이주라는 어려움을 겪고 있는 여성이며, 가족 내에서 결혼이주여성은 모든 영역과 관계에서 소수자이다. 가족구성원 모두는 서로의 문화 다양성을 인정하고, 존중과 배려를 통해 가족 공동체를 만들어야 한다. 앞으로 다문화 사회에서 타자에 대한 논의는 지속적으로 이어져야 할 것이다. 타자는 이질성도 갖고 있지만, 동질성도 갖고 있다.

"진짜… 우리 애들 한국 애들이랑 똑같게 잘 키우고 싶어요." (연구참여자 2)

"애기 키우면서 힘든 점은… 보통 엄마들하고 다 똑같아요." (연구참여자 5)

결혼이주여성은 우리와 다른 문화에서 왔다. 그러나 그녀들도 우리와 다르지 않다. 연구참여자로 만난 결혼이주여성들은 그녀들과 그녀의 자녀들을 '다문화'라고 부르지 말아달라고 했다. 자녀들이 '다문화'로 불리면서 차별을 받지 않을까 걱정이 많다고 한다. 우리가 '다문화'라고 부르는 순간, 우리 안에서 '구별 짓기'가 시작되는 것인지도 모른다.

5장

상담 영역

결혼이주자들의 심리상담 지원

1. 들어가기

국경을 초월하는 국제이주의 시대에 한국의 발전과 국제적인 정치경제적 지위 상승은 비교적 낙후된 주변국으로부터 한국으로의 결혼이주를 증가시켰다. 경제적 · 종교적 이유로 시작된 결혼이주자들의 유입은 국내 상황의 변화에 따라 2000년 이후 급격히 증가했다. 이와 연관하여 근래에는 학령기에 다다른 다문화 가족 자녀 수가 급증했고 중 · 고등학교에도 다문화 학생이 증가하기 시작했으며 군대에 입대하는 다문화 장병의 현상까지 나타나고 있다.

한국의 다문화 사회 현상이 심화되기 시작한 시기로 볼 수 있는 1980년대 말에는 재중동포(중국 조선족) 여성들이 결혼이주의 주를 이루었다. 1992년 한중 수교를 기점으로 입국자수가 급증한 이들은 중하층 한국 남성과 결혼한 경우가 많았다. 그 뒤를 이어 1990년 전후부터 특정 종교단체의 주선에 의해 한국 남성과 결혼한 일본 여성들과 경제적 이유로 나은 삶을 찾아 나선 필리핀 등의 동남아시아계와 중국계 여성들의 입국이 있었다. 2000년대에 들어 결혼중개업체를 통한 국제결혼이 증가하면서 한국 남성과 결혼한 베트남, 캄보디아 등 동남아시아에서 가난을 피하고자 한 여성들의 유입이 급격히 증가했다.

이와 같은 결혼이주 현상에 대한 문제가 불거지면서 2010년 이후 결혼중개업체에 대한 제재가 가해지고 국제결혼을 원하는 여성들에게도 한국 입국조건이 강화되기 시작했다. 이러한 정책의 여파로 2013년 이후 결혼이주자의 증가가 다소 감소했으나, 여전히 친구 또는 친지 소개로 결혼하여 입국하거나 연애를 하여 결혼하는 경우가 많아지는 추세이다.

특히 결혼중개업체를 통해 결혼한 동남아시아계 여성들은 빈곤으로부터 벗어나기 위해 한국으로의 국제결혼을 택한 경우가 많으며, 이들은 교육수준이 낮고 한국인 남편과의 연령차가 크다. 이는 가난한 국가의 여성들이 경제력의 향상을 목적으로 보다 잘사는 나라로 결혼 · 이주하는 글로벌 상향혼(global hypergamy)으로 볼 수 있다(강동관 외, 2010). 이러한 현상은 한국 농촌의 미혼 남성 증가 문제를 해결하기 위한 정부의 '농촌 총각 장가보내기' 정책과 맞물려, 한국 농촌 남자와 동남아시아 여자 간의 혼인으로 한국의 다문화 가족을 양산했다.

이러한 이유로 동남아시아계의 결혼이주자들에 대한 사회적 경시는 서구 유럽 출신에 비하여 상대적으로 심한 경향으로 나타나고 있다. 특히 초기 이주자들은 문화 접변의 혼란을 겪는 와중에, 이들을 열등하게 바라보는 한국 사회 분위기 속에서 심리적 위축감을 느끼고 자기 효능감이 저하될 수 있다. 이들의 원활한 한국 사회 적응을 위한 다각적인 지원이 있어야 할 것이며, 이러한 지원이 한국어 또는 한국 생활문화 적응 차원에 국한되어서는 안 된다. 심리 · 정서적 차원의 지원으로 그들의 행복 추구와 사회 적응을 이끌어낼 수 있는 정책적 대응이 있어야 할 것이다.

송미경(2008)은 결혼이주여성의 적응에 상담적 개입이 필요하며, 결혼이주여성의 상담적 개입은 개인적 차원이 아닌 구조적 차원의 접근이 고려되어야 한다고 했다. 그러나 강진아(2013)의 연구에서는 다문화 상담에서의 결혼이주여성의 이해를 위해서는 개인적으로 변증법적인 새로운 상호관계의 성립이 필요함을 강조했다. 장명선 · 이옥경(2008)은 결혼이민자들은 사회구성원으로서 사회 발전에 참여하는 주체로서 이들의 사회적 역할을 수행할 필요가 있으며, 따라서 이들의 한국 생활 적응은 이들의 개인적 차원만의 문제가 아니라 사회적 차원에서도 중요한 과제이며, 정책적 대응이 필요하다고 했다.

건강한 생활방식의 발전과 유지에는 참여자의 협력적 자기관리가 중요하다(Bandura, 1977). 그러므로 결혼이주여성들은 그들의 생활세계에서 스스로가 주체적 존재임을 인식하고 사회구성원으로서의 자기효능감을 지닐 수 있어야 한다. 결혼이주여성들의 자기효능감을 고취시킬 수 있는 한 가지 방편으로 이들을 위한 심리상담의 지원이 요구되며, 이를 위한 상담 프로그램 개발이 마련될 필요가 있다.

다문화 가족의 전체 이혼 건 중에 결혼 5년 이내에 이혼하는 비율이 34.1%, 5~10년 내가 36.6%로 나타나 있다(통계청, 2017년 다문화 인구동태 통계). 이처럼 높은 이혼율은 결혼이주여성들이 자신의 생활세계를 유지 · 발전시키고자 하는 스스로의 욕구와 의지가 부족한 것이 한 요인으로 작용한 것으로 볼 수 있다. 그러나 다문화 가족을 위한 상담에 대한 선행연구를 분석한 결과에 의하면 학계의 관심은 부부관계 또는 고부관계 등 가족관계나 가정폭력, 청소년의 학교 적응 등에 치우쳐 있으며, 결혼이주 당사자의 자아탄력성이나 자기효능감에 대해서는 상대적으로 관심이 적다.

다문화 가족을 위한 상담에 대한 학계의 동향을 살펴보면, 부부관계 또는 고부관계 등 가족관계에 대한 관심(김오남, 2006; 조윤주 · 최연실, 2013; 곽정임 ·

서미아, 2015; 공은숙, 2011 등)이 높다. 그리고 가정폭력(강경미, 2011; 문정화, 2017 등)과 청소년의 학교 적응(권순희, 2007; 김광수 · 정태희, 2010 등), 다문화 가족의 문화 적응 스트레스(서영석 · 안창일, 2003; 이아진 · 최연실, 2011 등)에 대한 연구들이 있다. 그 외에 이 다문화 상담전문가들의 효능감이나 역량(박한울 · 김선아, 2017; 김현아, 2013; 선국진, 2013 등)에 대하여 연구하고 있으나, 결혼이주 당사자들의 심리 또는 효능감에 대해서는 연구자들의 관심이 낮은 것으로 나타났다.

이에 따라 저자는 동남아시아계의 결혼이주여성들이 한국 남성과의 결혼이주 후 경험한 심리적 어려움을 파악하고, 이와 같은 어려움을 해결하기 위하여 기울인 그들의 노력 및 주위의 지원을 확인했다. 이러한 연구가 동남아시아계의 결혼이주여성들을 위한 실질적인 상담지원에 대한 방안 마련의 기초가 될 수 있을 것이다.

연구자는 위와 같은 의문에 답을 찾기 위하여 첫째, '이주 후 심리적으로 어떠한 어려움을 겪었는가?', 둘째, '심리적 어려움 해결을 위하여 어떠한 노력을 했는가?'라는 두 가지 개방형 질문을 마련하여 심층면담을 진행했다.

2.
글로벌 상향혼과 이주여성의 특성

이주의 증가는 현대사회의 세계적인 현상이며, 그중 여성의 이주가 상대적으로 증가하는 추세에 있다. 2015년 국제노동기구(International Labour Organization, ILO)에서는 국제이주자의 수를 약 2억3천2백만 명으로 추정하고 있으며, 이는 전 세계 인구의 3%가 넘는 수치로 나타났다. 한국의 경우에는 2013년에 이미 3%대를 넘었다. 이후 지속적인 이주민 수의 증가로 2015년의 한국체류 외국인이 약 190만 명, 한국 전체인구 대비 3.69%로 전 세계의 이주민 비율인 3%를 훌쩍 넘어서고 있으며, 2018년에는 약 237만 명, 4.59%로 나타나고 있다. 다음의 표에서 한국 체류 외국인 수의 변화 추이를 확인할 수 있다.

〈표 5-1〉에 의하면, 한국의 체류 외국인은 수적인 면뿐만 아니라 전체 인구대비 비율에 있어서도 지속적으로 증가하고 있음을 알 수 있다.

현대 이주민의 특징으로 양적인 증가뿐만이 아니라 '이주의 여성화'라는 점을 들 수 있다. '이주의 여성화'란 국가 간 인구이동에 있어 여성의 이주 비율이 50%를 넘어서, 수적인 면에서 남성보다 여성이 더 많이 이

<표 5-1> 한국 체류 외국인 현황

(단위: 1,000명)

연도	2011	2012	2013	2014	2015	2016	2017	2018
체류외국인	1,395	1,445	1,576	1,798	1,900	2,049	2,180	2,368
전체인구	50,734	50,948	51,141	51,328	51,529	51,696	51,778	51,607
비율	2.75%	2.84%	3.08%	3.50%	3,69%	3.96%	4.21%	4.59%

출처: KOSIS 주민등록인구통계

동했다는 것을 뜻하며, 여성의 이주가 남성에 의한 동반이주가 아닌 주체적인 이주가 많아졌다는 것을 말한다. 일반적으로 여성의 이주는 가난한 나라에서 상대적으로 부유한 나라로 이동하는 현상을 보이고 있다(이지영, 2013).

이혜경 외(2006)는 이주의 여성화의 질적 원인을 여성 취업이주의 증가에서 찾고 있다. 이주의 여성화 현상을 심화시키는 여러 가지 요인 중 하나인 여성의 노동이주의 증가는 세계적 현상인 성별 분업에 의한 것으로 나타났다. 세계적으로 가사노동과 돌봄노동을 위한 인력의 수요가 증가하고 있으며, 이러한 일들이 '여성의 일'이라는 인식이 크게 작용하고 있기 때문이다(허선미, 2017). 그뿐만 아니라, 유흥 또는 성매매 등 성노동자의 국제이주가 급증하는 현상도 배제할 수 없다(김현미, 2010).

또한 이주자들의 성별에 따른 이주 요인을 살펴보았을 때 남성은 주로 취업을 통한 이주가 많았으나 여성이주자는 취업과 함께 결혼이주도 늘어나, 성별에 따른 이주 원인의 차이가 뚜렷하게 나타난다(황정미, 2009). 특히 한국의 경우에도 2018년 12월 기준 취업 목적의 체류 외국인의 약

92%가 단순기능인력으로 나타나고 있으며,* 이들의 유입은 3D업종의 인력 수급을 위한 한국정부의 정책에 의한 것으로 남성의 비율이 높다.

결혼이주자의 대부분은 여성인 것으로 나타났다. 2018년 국민의 외국인 배우자수 159,206명 중에 남성이 26,815명(16.8%)이고 여성이 132,391명(83.2%)으로 여성의 비율이 압도적으로 높다. 한국은 2000년대 초반부터 여성들의 결혼이주가 급격하게 증가하기 시작했으며, 이 또한 '농촌 총각 장가보내기'라는 한국정부의 정책지원에 의한 것이다(방현희, 2013). 이들 결혼이주여성의 대부분이 동남아지역 국가 출신으로 초기 이주자의 이주 요인으로는 경제적 측면이 가장 많은 것으로 나타나고 있다.

이와 같은 현상을 볼 때, 대체적으로 이주자의 송출국은 빈곤한 저개발국이고 유입국은 부유한 선진국으로, 여성들의 결혼이주는 '글로벌 상향혼'(hypergamy)의 형태를 나타내고 있다. '글로벌 상향혼'이란 국제결혼을 통해 사회 · 경제적 지위상승을 목적으로 배우자를 선택하여 이주하는 것을 말한다. 한국의 많은 결혼이주여성들의 결혼이 여기에 속한다고 할 수 있다. '글로벌 상향혼'은 대체적으로 세계국가의 발전 수준에 따라 동아시아에서 서아시아로, 아시아에서 미주 · 유럽으로, 남반구에서 북반구로 이동하는 패턴을 보인다(허선미, 2017). 그러나 '글로벌 상향혼'은 국가 간 지위 격차에 따른 상향의 표현으로, 오히려 개인의 차원에서는 자신과 나이 차이도 많고, 자신보다 낮은 학력이나 거주국가 내에서 상대적으로 낮은 지위의 배우자를 선택하게 되는 경우도 있다.

사회 · 경제적 지위 상승을 위한 이주가 거주국에서 직면하는 경제적

---

* 취업자격 체류외국인 업무 유형별 현황에 따르면 2019년 12월 총 체류자 594,991명 중에 전문인력의 수가 46,851명(8%)이고, 단순기능인력의 수는 548,140명(92%)으로 나타나 있다(출처: 법무부 출입국 외국인 정책 통계월보 2019년 12월호).

어려움 또는 사회적 편견과 차별 등으로 '상향'의 의미는 퇴색되고 심리·정서적 어려움을 겪게 되는 것이다. 따라서 이들의 심리적 무게를 덜어줄 수 있는 방안을 마련할 필요가 있다.

3.
상담을 통한 이주자의 심리 지원

상담은 내담자와 상담자가 대면하여 이들 사이의 상호작용에 의해 이루어지는 개인적이며, 정신적인 교류이다. 이 과정에서 내담자는 문제해결을 통해 행복한 삶을 영위할 수 있게 된다. 여기에서 중요한 부분은 상담자와 내담자의 상호작용 과정에서 일어나는 내담자의 심리변화라 할 수 있다(천성문 외, 2008). 따라서 효율적인 상담을 위해서는 상담자의 내담자에 대한 다각적인 이해가 선행되어야만 한다. 특히 이주자의 상담을 위해서는 내담자와의 문화 차이에 대한 이해가 요구된다. 그러나 정신분석 상담, 행동주의 상담, 인지주의 상담 등 기존의 대표적인 상담이론들은 서구의 문화, 관습, 철학 등을 기반으로 성립됐으므로, 다문화 사회의 소수 이민자들에게 적용하기에는 어려움이 따른다(Ivey & Ivey, 1999). 따라서 한국의 결혼이민자들의 특성에 맞춰 적용하기에 적합한 상담이론으로 개인심리 상담과 현실 상담에 대하여 간략하게 알아보았다.

1) 개인심리 상담

개인심리 상담은 알프레드 아들러(Alfred Adler)에 의해 창시된 성격이론으로, 정신병리학, 심리치료학 및 상담과 심리치료 방법이다. 이 이론에서는 부적응 행동의 근원을 병적 열등감으로 보고 있다. 인간의 행동은 사회적 맥락에서 일어난다는 점에 초점을 두고 있다. 인간을 총체적 존재로 보며, 인간에게는 독특한 인지적 조직체가 있다고 한다. 이는 곧 생활양식을 말한다. 따라서 인간은 끊임없이 변화하고 발전하는 존재이다. 인간을 의식의 지배를 받아 스스로 창조해나가는 존재이며, 끊임없이 완성을 추구하는 존재로 본다(강갑원, 2006). 이주자들, 특히 상향혼이 다수인 동남아시아 출신의 결혼이주자의 경우에 그 심저에 사회적 맥락의 열등감이 자리하기 쉽다. 이러한 상황에 놓여있는 이주자를 위한 상담에서 자신이 변화할 수 있고 발전 가능한 존재라는 자각은 내담자의 정체감과 효능감에 긍정적 영향을 미칠 수 있을 것이다.

2) 현실 상담

현실 상담은 1950년대 윌리엄 글래서(William Glasser)로부터 시작된 정신치료 기법으로 정신분석과는 반대되는 접근법이다. 프로이드(Sigmund Freud)의 정신분석은 인간의 행동이 어린 시절의 경험에 의해 결정되며, 인간의 무의식적인 행동을 이해하는 방법인 데 반하여, 현실 상담에서는 현실에 초점을 두고 있다. 인간은 자신의 욕구만족을 위하여 행동하며, 이러한 행동은 스스로 결정하고 선택한 것으로 이에 대한 책임은 자신에게 있다는 것이다(천성문 외, 2008).

또한 생물학적 존재로서의 인간관, 이성적 존재로서의 인간관, 합리적 존재로서의 인간관을 중심으로 하는 이론이다. 인간은 스스로 성장하려는 힘이 있으며, 인간은 환경을 극복하고 통제할 수 있는 존재로 보고 있다. 따라서 인간은 자신의 행동에 책임을 질 수 있는 존재이며, 발생적으로 정해진 생리적 · 심리적 욕구가 충족되지 못할 때 문제행동을 겪는다는 것이다(강갑원, 2006).

그러나 인간이 항상 합리적으로 선택 · 결정하지는 못한다. 인간의 행동은 뇌 작용의 결과로, 인간은 사물을 객관적으로 지각하는 것이 아니라 지식체계나 가치체계에 따라 주관적으로 자각한다. 현실 상담에서는 내담자가 자신의 행동에 책임감을 갖도록 하는 것을 목표로 하며 내담자가 자신의 정체감을 획득하도록 한다(천성문 외, 2008). 이주자의 상담에서는 현실이 자신의 욕구만족을 위한 결정의 결과임을 인지하고, 자신의 현재를 극복하고 통제할 수 있도록 함으로써 내담자의 정체성을 강화시킬 필요가 있다.

4. 연구방법

1) 자료수집과정

본 장에서는 동남아시아계의 결혼이주여성들이 주체성을 가지고 그들의 생활세계를 구축하고 한국 사회의 구성원으로서 자리매김하는 데 도움을 줄 수 있는, 이들을 위한 심리상담 지원에 대하여 알아보았다. 먼저, 한국 거주 동남아시아계 결혼이주여성들의 심리적 경험과 그에 대한 대처 또는 노력 등을 확인하기 위하여 1:1 심층면담을 실행했다. 심층면담에 의해 자료를 수집하고 분석하는 방법은 통상적으로 일반화가 어려운 소수집단의 현상이나 개인의 경험을 분석하고 기술하는 데에 유용하다.

면담을 위하여 먼저, 동남아시아계 결혼이주자의 특성 및 현황을 조사하고, 결혼이주자의 상담에 적용하기 적합한 심리상담 이론에 대하여 연구했다. 그리고 문헌조사 결과에 따라 반구조화된 개방형 질문지를 작성하여 심층면담에 활용했다. 질문지는 '이주 후 겪은 심리적 경험은 어떠한가?', '심리적 어려움을 해결하기 위하여 어떠한 노력을 했는가?'라는 두 가지 질문을 중심으로 작성했다. 심층면담에 의한 자료수집에서 개방형 질문지를 활용한 면담 기법은 스토리 전개에 따라 변화된 질문이 가능하여 개인의 내면 이야기를 이끌어내기에 유용하다.

심층면담은 인터뷰 결과에 따라 1~2회 진행했으며, 그 내용은 분석하여 도출된 주제별로 사례를 모아 정리했다. 사례연구는 연구참여자 개인에 따른 결과의 통상적인 일반화가 쉽지 않으나 '어떻게' 또는 '왜'라는 질문의 답을 구하고자 하는 경우에 효과적이다.

면담을 위하여 경기도 내의 다문화가족지원센터를 통하여 동남아시아계 결혼이주여성 중에서 자의적으로 참여를 허락한 7인을 선정했다. 인터뷰는 연구참여자의 요청에 따라 다문화가족지원센터, 또는 연구참여자의 가정이나 근처의 카페에서 진행했다. 반구조화된 개방형 질문지의 구성은 다음의 〈표 5-2〉와 같다.

〈표 5-2〉 질문지

주제	내용
자신에 대한 자각	스스로 어떤 사람이라고 생각하는가? - 정체성, 자아효능감, 자아존중, 행복, 외로움, 상실 등
이주 후 심리적 경험	가장 행복하거나 즐거웠던 사건 또는 경험(한국, 또는 본국의)
	가장 우울하게, 혹은 힘들게 했던 사건 또는 경험(한국, 또는 본국의)
어려움 해결을 위한 노력	개인적 상담 또는 위로 - 힘들 때, 누구와 이야기를 하는가? (당신의 이야기를 들어주고 위로 · 격려해주는 사람)
상담 프로그램 이용에 관하여	상담 경험이 있다면: 왜?, 어떤 경로로?, 어떤 변화?
	상담이 필요하다고 생각했지만 상담 경험이 없다면: 왜? 어떤 도움이 필요한지, 어떻게 도움을 주면 좋을지

2) 연구참여자의 일반적 특성

연구참여자는 총 7명 중에서 5인이 베트남 출신이고, 나머지 2인이 필리핀 출신이었고, 이들의 한국 거주기간은 최소 4년부터 11년으로 대부분이 한국어로 의사소통이 가능한 수준이었다. 한국어 수준은 거주기간보다는 사용 빈도에 영향을 받는 것으로 여겨진다. 대부분의 베트남 출신 연구참여자들은 의사소통에 문제가 없는 반면에 일상에서 영어를 사용할 수도 있는 필리핀 출신들은 상대적으로 의사소통에 약간의 어려움이 있었다.

〈표 5-3〉 연구참여자의 일반적 특성

연구참여자	출신국	출생연도 (현재 나이)	결혼연도 (당시 나이)	한국 거주 기간	남편과의 나이 차이	결혼 과정	종교	한국 가족 관계	인터뷰 일자	비고
1	베트남	1985 (33)	2009 (24)	10년	11년	이모 (한국 결혼이주) 소개	불교	남편, 딸(5), 아들(3)	2018.10.04 2018.10.31	
2	베트남	1991 (27)	2012 (21)	7년	19년	언니(한국 결혼이주) 소개	불교 ⇒ 없음	남편, 딸(6), 아들(5), 딸(3)	2018.10.10 2018.11.07	
3	베트남	1995 (23)	2013 (18)	6년	19년	중개업체 (친정 부모와 친척 한국 거주)	없음	남편, 아들(5), 딸(3)	2018.11.09	
4	베트남	1994 (24)	2014 (20)	5년	23년	베트남에서 지인 소개	불교 ⇒ 없음	남편, 아들(5), 임신 중	2018.11.09	2015년 입국 (9개월 모국 거주)

연구 참여자	출신국	출생 연도 (현재 나이)	결혼 연도 (당시 나이)	한국 거주 기간	남편과의 나이 차이	결혼 과정	종교	한국 가족 관계	인터뷰 일자	비고
5	베트남	1989 (29)	2008 (19)	11년	15년	동네 친구 (한국 결혼이주) 소개	없음	남편, 아들(9), 아들(6)	2018.10.04 2018.11.14	
6	필리핀	1989 (29)	2015 (26)	4년	9년	동생 (한국 결혼이주) 소개	가톨릭 ⇒ 개신교	남편, 아들(1)	2018.11.16	
7	필리핀	1991 (27)	2012 (21)	7년	22년	이모 (필리핀 거주) 소개	가톨릭	남편, 아들(5)	2018.11.16	자조모임 회장

위의 〈표 5-3〉을 살펴보면, 중개업체를 통해 결혼한 연구참여자 3을 제외한 다른 6명이 모두 지인의 소개로 남편을 만났다. 그리고 종교의 경우, 베트남 출신자들의 종교는 6명 중 4명이 불교였으나 현재 한국에서는 종교 생활을 하고 있지 않은 것으로 나타났다. 반면에 2명의 필리핀 출신 연구참여자는 모두 가톨릭이었는데, 연구참여자 7은 남편과 같이 여전히 성당에 다니고 있었고, 연구참여자 6은 개신교회에 다닌다고 했다. 그렇지만 한국어 소통이 어려운 연구참여자 6은 교회에서 영어로 예배를 진행하기 때문에 편의상 교회에는 다니고 있으나 자신은 개신교도라고 생각하지 않는다. 연구참여자 6과 연구참여자 7은 자매 사이로 동생이 먼저 이주 후 동생의 소개로 언니가 이주했다.

5. 결혼이주여성의 심리적 경험에 의한 상담욕구

동남아시아계 결혼이주여성들의 심리적 경험을 파악하기 위하여 1:1 심층면담을 진행했다. 그들이 이주 후 겪은 심리적 어려움은 크게 개인적 측면의 심리적 어려움, 가족관계 소통의 어려움, 사회적 관계의 어려움으로 구분됐고, 어려움 해결을 위한 노력은 가족과 친지와의 대화, 활동하기, 전문가의 상담으로 나타났다. 그러나 해결되지 못하는 어려움이 많았으며, 혼자 이해하고 넘어가고자 노력하거나, 체념하고 마음속에 묻어두는 경우가 많았다. 이들은 자신이 겪는 심리적 어려움에 대해 누군가의 도움이 필요하다고 생각하지만 방법을 찾으려 시도하지 않거나, 도움이 필요하다는 인식조차도 없는 경우가 많았다. 다음의 〈표 5-4〉에 인터뷰 결과에서 나타난 결혼이주여성들의 심리적 경험 및 어려움에 대한 그들의 대처와 그들이 드러내지 못하고 있는 상담욕구에 대하여 정리했다.

〈표 5-4〉 결혼이주여성들의 심리적 경험

구분	주제	내용	대처 · 상담욕구
심리적 어려움	외로움	낯섦, 혼자만의 시간	친정가족과의 통화, 친구와의 대화, 외부 활동(아르바이트, 요리학원 등)
	서운함	남편 또는 시가족에 대한 서운함	친정가족과의 통화, 친구와의 대화, 시가족 또는 남편과의 대화
	한국 생활 적응의 어려움	혼자 준비하는 신혼살림, 처음 하는 육아	남편 지인의 도움, 다문화센터 교사의 도움
	잃어버린 아기	유산의 경험	혼자 삭이기
가족관계 소통을 위한 상담지원의 필요성	이해해주지 않는 남편	임신한 아내에 대한 배려 부족 자녀의 유치원 문제	부부상담 스스로 방법을 모색-조언이 필요했지만 미안해서 도움 요청 포기
	이해할 수 없는 남편	남편의 직업 남편의 거짓말 가정 경제	남편과의 동행으로 이해 시가족과의 대화 해결되지 않는 문제, 체념
	이해하기 어려운 시가족	시어머니의 요구 가족모임	문제에 대한 외면 또는 방치 해결되지 않는 남편과의 대화
	발달장애가 있는 아이	세 자녀 중 두 아이가 발달장애, 본인의 우울	부족한 지원, 경제적 문제,
사회적 관계를 위한 상담의 필요성	친구가 필요해	외로움, 우울	남편의 지원(외출 기회 제공) 적극적인 친구 찾기(다문화센터 등)
	편견의 경험	주변인들의 쑥덕거림, 편견에 대한 인식	해결할 수 없는 문제 다문화강사의 꿈: 편견 개선을 위하여
	차별받는 우리 아이	유치원교사에 대한 오해 자녀의 눈물(친구관계)	다문화센터 교사와 대화: 직접 대화 남편을 통한 항의

1) 결혼이주여성들의 심리적 어려움

결혼이주여성들이 경험한 심리적 어려움으로는 외로움, 서운함, 새로운 환경에서의 적응, 잃어버린 아기 등이 나타났으며, 특히 이주 초기에 겪는 '외로움'은 대부분의 연구참여자들이 공통적으로 호소하고 있었다. 그러나 '잃어버린 아기'의 경우는 유산 경험에 대한 연구참여자 1의 이야기이다.

(1) 외로움

대부분의 연구참여자들이 처음에는 모국에 있는 친정어머니와 통화했었으나, 어머니가 속상해하시는 것을 염려하게 되어 나중에는 일상의 이야기만 하고 어렵다는 푸념은 하기가 어렵다고 한다.

연구참여자 1은 자신에게 남편을 소개해준 한국에서 가까이 지내고 있는 이모와 자주 통화하고 있으며 이모가 별말 없이 들어만 주어도 마음이 다소 풀어진다고 한다.

> "근데 저는 친구 없으니까 항상 (남편이) 집에 나가면 (아기와) 둘이만 있어요. 너무 그때는 외로웠어요." (중략) "이모요. 항상 이모. 이모는… 뭐라고 안 해요. 그냥 듣기만 해요. 음…. 편 들어주는 건 아니고 그냥 들어주는 스타일이에요." (연구참여자 1)

연구참여자 3도 고향에 있는 친정엄마와 자주 통화하고 한국에 와 있는 베트남 친구들을 만나서 대화하며 마음을 달랜다고 한다.

"회사 바빠가지고. 야근을 하고. 안 올 때도 있지. 그때는 친구도 없었으니까 너무 심심한데 친구도 없는데 남편도 늦게 오고. 나는 막 혼자 있고. 집에 혼자이고. 말도 못하니까 밖에도 못 나가고…." (중략) "(베트남 친구들 만나도) 친구도 막 힘들다고 하지. (엄마한테도) 전화하고…." (연구참여자 3)

연구참여자 5 역시 처음에는 고향의 엄마와 자주 통화했으나, 엄마가 걱정하시는 것이 싫어서 언젠가부터 통화를 하지 않고 있다고 한다. 다수의 연구참여자들이 보인 현상이다. 연구참여자의 남편은 외로워하는 그녀를 위해 요리학원에 등록해 친구를 사귈 수 있는 기회를 만들어 주었다.

"아무 생각 안 했어요, 저는. 그냥. 가는구나? 그런 생각…. 근데 이제 딱 공항에 내리자마자 그때 아, 내가 진짜 한국에 왔어. 진짜이구나. 그때는 불안하고, 그때는 무서웠어요. 가족도 없고. 갈 데도 없으니까. 진짜 가족이 없는구나. 나 혼자 있구나. 그런 생각하니까…. 비행기 내리자마자 갑자기…. 여기는 베트남 아니구나. 그거 깨달으니까, 그거 생각이 나니까 무서웠어요. 또 여기 와서 남편이 맨날 늦게 들어오니까, 그때도 무섭, 무서워서… 맨날 울었어요." (중략) "그냥 비행기에 내리자마자 울고, 나올 때는 안 울었어요…. 그리고 못 먹고, 울기도 하고…. 맨날 엄마랑 통화하면서 얘기도 하고, 매일매일 너무 힘들고, 혼자니까 너무 슬픈 거예요. (중략) 근데 또, 어느 순간부터 엄마하고 안 하게 되고, 엄마가 걱정이 되니까. 그냥 엄마랑 안 하고. 그냥 혼자… 아니면, 친구들… 또 만나서… 한 여기 한두, 달 석 달 남편이 그 요리학원에 신청해줬어요. 또 거기서 베트남 친구들 몇 명 만나고….” (연구참여자 5)

연구참여자 2는 자녀 셋 중에 2명에게 발달장애가 있다. 레미콘 사업을 하는 남편은 바빠서 얼굴 보기도 어렵고, 아이는 자주 아파서 혼자 하는 자녀 양육에 지치고 우울증이 걸릴 지경이었다. 이 연구참여자는 아르바이트를 하면서 어려움을 조금이라도 잊고 싶어 했다. 경제적으로도 도움이 되지만, 몸을 바쁘게 움직임으로써 우울감에 빠지는 시간을 피하고자 하는 노력으로 이해된다.

“감옥 가두는 것처럼 좀 안 좋거든요. 그때에도 막 우울증도 좀 있고. 어, 작년에 좀 그랬었어요. 애들도 그때 저희 막내도 거의 맨날 아팠었거든요. 폐렴도 자주 걸리고 거의 맨날 병원 다니고…. 또 뭐 신랑도 거의 집에 없으니까 얘기할 사람도 없고 막 되게 재미없더라고요, 살기가.” (중략) “여기 와서 일 하는데 되게 재미있어요. 밖에 나가서 다른 사람도 만나고 얘기도 하고 또 몸을 막 움직이니까 힘이 나더라고요. 집에 와서도 바빠요. 그 시간은. 보통 집에만 있으면 되게 한가하거든요. 막 하는 일도 없고 그래서 너무 심심한 거예요. 근데 나가서는 일하고 오면 계속 몸을 또 움직이고 애한테 막 이것저것 씻겨주고 공부 시키고 하는 건 다 하니까 몸도 좀 더 좋아지는 것 같고 힘도 나고 되게 재미있어요.” (연구참여자 2)

많은 연구참여자들이 처음에는 친정가족과 전화통화로 마음을 달랬지만, 부모님께 걱정드리는 것이 싫어서 힘든 이야기는 하지 않게 된다. 해결방법도 없이 서로 마음이 무거워지기 때문이기도 하고, 발생하는 문제들이 점차 시간이 지나면서 친정 부모와 연결되지 않는 '내 가족'의 이야기이기 때문일 수도 있겠다. 그리고 '외로움'의 감정은 한국 생활을 하며 익숙해지고, 가족이 늘어나면서 가정에 대한 책임감은 커지고 그 외로움에 무뎌지기도 했을 것이다. 그리고 연구참여자 2와 같이 자신에게 닥친 문제에 대해 회피하는 경향을 보이기도 한다. 그러나 연구참여자 5의 경우처럼 새로운 친구를 만나고 요리를 하며 외로운 시간을 줄이는 것이 좋은 해결방법이 될 수 있을 것이다.

(2) 서운함

연구참여자 1은 자신의 아들만 생각하는 시어머니에 대한 서운함이 있지만, 자신의 친정엄마를 생각하고 시어머니를 이해하면서 스스로 해결하고자 노력하고 있었다.

> "어머님이 맛있는 음식 해줬는데 자기 아들한테, 저한테 아무…. 제가 약간 그런 자… 뭐… 소심한 그런 것들은 생각 안, 신경 쓰지 않는데, 자꾸 그런 거 반복하니까 좀 속상했어요. 어머님이 말 그대로, '며늘아 먹어, 뭐… 맛있는 거 해줄게' 했는데, 막상 식사하니까 그냥 아들 챙겨주고 막 아들 완전히 이뻐하세요. 음, 뭐 나한테 엄마 있잖아요. 엄마 해주면 뭐… 그런 거 생각해서 그렇게 풀었어요." (중략) "음, 뭐 나한테 엄마 있잖아요. 엄마 해주면 뭐… 그런 거 생각해서 그렇게 풀었어요." (연구참여자 1)

연구참여자 2는 남편에게 느끼는 서운함을 텃밭 가꾸기나 아르바이트를 하면서 바쁘게 몸을 움직여서 잊으려는 모습을 보였다.

"제가 그전에는 그런 생각을, 뭐 다른 사람이 뭐 그런 생각을 했지만 저는 그렇게까지 생각을 안 했거든요. 집에서만 애만 키우는 거 아니라고 한 거예요. 뭐 조금이라도 내가 내 힘으로 돈 버는 거는 최고라고. 남편도 무시하잖아요. 그런 걸로. 그때는 진짜 자존심 좀 상했거든요. 또 뭐 애들 때문에도 피곤하니까 좀 도망가고 싶어요. 나만의 공간에 갖고 싶고." (중략) "뭐 여름이면 그나마 뭐 몸이 안 좋거나 우울증 있을 때 몸이 좀 힘들 때에는 텃밭 있으니까 가서 농사도 좀 짓고 풀 뽑고 뭐 하면 좀 나아지거든요. 근데 겨울이니까 아무것도 못 하고 집에만 있으니까 너무 재미가 없는 거예요." (중략) "근데 지금은 알바 다니니까 그나마 그거는 힘이 좀 돼주더라고요. 몸에는 막 아무 생각 없이 움직이니까 그거는 막 편해지는 거예요." (연구참여자 2)

연구참여자 3은 입국 초기에 임신한 아내를 위해 산부인과에 동행해주지 않는 남편에게 서운했었다. 다른 사람들은 남편이 같이 오는데, 한국어도 어려운 자신을 돌봐주지 않는 것 같은 생각에 더 많이 서운함을 느꼈을 것이다.

"저는 와서 바로 임신했어요. 5개월 동안은 아직 한국말을 모르는데 병원도 혼자 가야 되고 어디 가든지 다 혼자 가야 되는 거예요. 남편이 진짜 바쁘니까. 그때는 이해하지 않고 남편이 저를 위해서 저를 생각해서 하루를 빠져도 되는데. 그리고 병원에 가서 초음파 받잖아요. 애도 같이 볼 수 있는데 왜 이렇게 못 가고 왜 이렇게 회사만 다니는 거지. 막 섭섭했지. 다른 언니 다 남편이 같이 가는데." (중략) "속상할 때. 만약 남편 때문에 속상하면 거의 친구랑 얘기하고 그다음에 엄마랑 얘기하고. 가끔 또 엄마랑 이야기 못 할 때도 있지. 만약 엄마는 그냥 얘기하면 엄마도 슬픈 거 같아서. 자기 딸이 또 힘든 거. 친구랑은 또 편하니까 친구랑 얘기하고." (연구참여자 3)

연구참여자 5는 일 때문에 바빠서 자신을 돌봐주지 않고 한국 생활에 빨리 적응할 것을 다그치는 남편에게 서운함을 느꼈다. 이로 인한 불화를 해결하기 위해 남편이 부부 상담을 신청했다. 전문가의 상담을 통해 남편을 이해할 수 있었고 슬기롭게 문제를 해결한 사례이다.

"처음에는 올 때는, 남편한테는 되게 서운했었어요. 아니 베트남 친구들은 그냥 계속 사귀지 말라. 한국 사람이 많이 사귀어라. 막 그렇게 말 이야기하고 막 나는 베트남 사람인데 자꾸 그렇게 하냐고 싫다고 그랬거든요. 교회 가는 것도 싫고 그 언니들 만나는 것도 싫고 그랬었어요. 지금은 생각해보니깐 고마운 거예요. 예. 안 그랬으면 내가 지금까지 여태까지는… 모르는 것도 많고 막, 그런 생각이 들더라고요." (연구참여자 5)

연구참여자 2는 문제에 대한 회피와 해결되지 않는 문제로 우울감을 호소하고 있었다. 그러면서도 상담의 필요성이나 심리치료와 같은 부분은 생각지 못하고 있었다. 연구참여자 5는 드물게 전문상담사와의 상담 경험이 있었다. 사소하게 치부하고 지나갈 수 있겠지만 전문가 상담은 심리적 문제를 축소시킬 수 있는 가장 효과적인 방법이 된다. 그러나 대부분의 연구참여자들이 문제를 그저 외면하거나 혼자 힘들어하고 있었다. 전문가 상담에 좀 더 쉽게 접근할 수 있는 방안을 찾을 필요가 있다.

(3) 새로운 환경에 적응해야 하는 어려움

연구참여자 5는 가까이에 도움을 받을 수 있는 시가족이나 아는 사람이 아무도 없는 상황에서 혼자 남겨졌던 신혼의 이야기를 웃으면서 전해주었다. 플라스틱 그릇 두 개를 아직도 기념으로 간직하고 있단다. 그래도 남편이 다니는 교회 사람들의 도움을 받을 수 있었던 일은 정말 다행이다.

> "밥은 어떻게 하는지도 모르고…. 왜냐면 남편은 혼자 사니까, 밥솥을 그냥 아예 그냥, 아예 그냥 창고에 있고. 저는 그 밥솥을 어떻게 하는지도 모르고, 알려주지도 않고, 근데 남편은 다음 날에 그날은 또 아침 일찍 나가서 새벽에 들어오니까, 밥은 어떻게 하는지 모르고, 밥솥은 어딨는지도 모르고, 쌀은 어딨는지도 모르고…. 다 모르는 거예요. 그릇도, 그냥 플라스틱 그릇 있잖아요. 그거 한두 개 있고, 그냥 혼자이니까 없어요. 아무것도 없어요. (웃음). 어떡하지? 이거 어떡하지? 근데 다행히 저희 그냥 라면, 베트남 라면 혹시 몰라서, 혹시 몰라서 그냥 많이 가져왔어요. 그냥 그거 그냥 거의 일주일은 그것만…." (연구참여자 5)

연구참여자 3은 소극적인 성격에 혼자 한국 생활에 적응해야 했던 어려움을 이야기했다. 엄마가 속상해할까 봐 그 어려움을 다 말하지 못하고 친구와 수다로 풀고는 했다고 한다.

"마음이 그때는 많이 속상했지. 어디 가도 막 빨리 배워야 되고, 빨리 해야 되고, 너무 부담스러웠어요. 생각하니까 남편 때문에 뭐 이것저것 많이 알게 됐지. 혼자 해야 돼서. 솔직히 저는 베트남에서도 소극적이에요. 사회 경험이 이런저런 많아 보지 않았으니까. 항상 어디 가도 엄마가 같이 가고, 언니 같이 가고 혼자 어디 가거나 해본 적이 없으니까. 남편이 여기 와서 혼자 해야 된다고 하고 시키니까." (연구참여자 3)

연구참여자 2는 다문화센터의 한국어 선생님의 도움을 많이 받았다고 한다. 특히 육아에 있어서도 남편과 19년이나 나이 차이가 있어서 남편 친구들에게서도 정보를 얻을 수 없어서 어려웠다고 한다.

"다른 신랑 친구들도 애 다 컸잖아요? 고학생이고 대학생이고 다 컸는데, 저는 지금 갓난애는 지금 다 어린이집에 다니고, 또 뭐는 누구한테 물어야 하는지 그것도 아직 어렵더라구요. 그때 그 친구들 분들의 애 키우는 거랑 지금 키우는 거랑 조금 틀리고 저도 뭐 모르는 거 많으니까 누구한테 물어봐야 하는지는…." (중략) (한국어 선생님과) "저번에도 가끔 얘기하고, 문자하고, 전화하고. 센터에서 행사 같은 거 있으면 선생님이 알려주시고. (센터가) 옮겼다고 그랬어요. 그때부터 거의 센터는 안 가고, 뭐 있으면 선생님 연락받고, 아니면 전화해서 물어보고." (연구참여자 2)

연구참여자 5의 이야기는 참으로 막막했을 것이라는 생각을 하게 한다. 혹시 몰라서 많이 가지고 온 라면만 일주일 동안 먹었다는 것이다. 연구참여자 3의 이야기에서는 혼자 이국 생활에 적응해야 하는 아내를 걱정하는 남편의 마음이 엿보인다. 연구참여자 2와 같이 다문화센터에 대해서 알고 한국어 선생님과 지속적으로 소통하는 것은 중요하다. 모국에서 이주 준비를 하는 시기에 이와 같은 정보를 제공하고 지역 다문화센터를 연계할 수 있다면 입국 초기 결혼이주여성들의 심리적 적응에 도움이 될 것이다.

(4) 잃어버린 아기

이 사례는 유산을 경험한 연구참여자 1의 이야기이다. 이 연구참여자는 두 번째 임신을 실패하고 곧바로 세 번째 임신을 해서 출산한 경험이 있다. 그녀는 유산했을 때 남편이나 친정 부모에게 말도 못 하고 많이 슬퍼했지만, 바로 다시 임신하게 됐을 때 새로운 아이가 아니라 떠나간 아기가 다시 돌아온 것으로 생각하기 때문에 이제는 슬프지도 않고 미안한 마음도 없다고 한다. 곧, 출산한 둘째와 떠나 보낸 둘째가 같은 아기라고 생각하고 있다.

> "많이 힘들어서 날마다 울고 그랬는데, 첫 딸한테는 미안하고, 둘째한테도 미안하고…. 다 미안한데 저녁마다 울고불고 그러는데, 남편은 제 마음 몰라요. 저만 아는 거…. 저만…. (중략) 그러니까 셋째는 제 생각에, 그때 제가 버린 애는 다시 저한테 들어와서 이게 둘째 그렇게 생각하고 있어요. 그때 엄마는 나 필요 없으니까 나 떼어낸다고 해가지고 다시 돌아와서 애는 둘째…. 준비 안 돼 있어서 엄마 이해해주고 떠났다가 다

시…." (연구참여자 1)

위의 연구참여자 1은 자신이 버린 아기가 '엄마가 준비가 안 되어 처음에 자신을 받아들이지 않았다'고 자신을 이해할 것이라며 자신의 마음에서 슬픔과 미안함을 덜어내고 있었다. 지금은 아이에 대한 더 많은 사랑으로 처음에 떠나 보냈던 미안함을 갚고 있었다. 어쩌면 회피처럼 보일 수도 있으나, 현실 상담의 면에서 본다면 이는 전문가의 도움 없이도 자신의 현재를 극복하고 통제하기 위해 노력하고 있는 것으로 해석할 수도 있다.

2) 가족관계 소통을 위한 상담지원의 필요

결혼이주여성들은 가족관계에서 이해해주지 않는 남편, 이해할 수 없는 남편, 이해하기 어려운 시가족 등의 어려움을 겪고 있었으며, 발달장애가 있는 아이 때문에 힘들어하는 연구참여자도 있었다. 남편이나 시가족과의 관계에서는 서운함과 자신의 힘으로는 해결할 수 없는 속상함이 함께 존재하고 있었다.

(1) 이해해주지 않는 남편

연구참여자 2는 장애가 있는 아이들을 두고도 자신이 아르바이트를 하는 것을 이해해주지 않는 남편이 서운하다. 그녀는 주위의 시가족들이 자신의 행동을 이해하지 않는 것보다 그들과 같은 말을 하며 자신을 어렵게 하는 남편이 더 힘들다.

"저는 힘들지 않은데. 주변에는 막 아니 그냥 그렇게 하면 좋겠다. 그렇게 되면 그렇게 ○○이(아들)한테 힘 돼주면 그러면 좀 다르다고. 좀 위로해줘야 하는데, 막 나도 힘들고 지치는데 알바는 조금씩 하는 것뿐인데, 자꾸 하지 말라고 하지 말라고 그러니까 신랑도 그렇고 식구들도 그러니까 가끔은 힘 빠질 때 있어요." (중략) "그때(힘들 때)마다 친구들한테 보통 문자를 하거나 아니면 선생님한테 얘기를 하거든요, 한국어 선생님. 알바하는 데 이모들한테…. 중요한 거는 거의 안 해요…. 엄마랑 아니면 언니한테 얘기를 하고 그래도 얘기를 하면 좀 뭐 풀리거나…." (연구참여자 2)

연구참여자 7은 남편이 임신한 자신의 상황을 이해하려고 하지 않았다. 다행히 상담사의 도움으로 남편의 이해를 얻을 수 있었다.

"제 남편 맨날 상담 가자, 우리. 음식 같은 거는 그거 먹고 싶다. 이렇게 사주고. 근데 임신이니까 그냥 보다가 안 먹어 이렇게 했잖아요. 남편은 이상하게 생각해요. 이거 그냥 샀는데 왜 안 먹어. 이렇게." (중략) "처음에는 임신… 저는 임신하잖아요. 그니까 많이…. 제 남편 많이 있고…. 상담 분 많이 이야기했고. 임신할 때 그런 상황에서 이해해야지~ 이렇게 막…." (연구참여자 7)

연구참여자 1은 자녀의 유치원 문제로 남편과 다툼이 있었을 때, 방문교육지도사의 도움을 받고 싶었지만 차마 도움을 요청하지 못하고 스스로 해결방법을 찾아보았다.

"저는 그 맞벌이 부부 아니라서 거기 종일반 못 다녀요. 그러고 거기 다 딸은 친구들이랑 어울릴 시간이 없으니까 자기 너무 외로워 보이는 거예요. 그러니까 너무 속상해서 다른 유치원에 보내려고 했는데, 남편이 그거 하지 말라고 하니까 속상했어요." (중략) "그런 때는 아까 얘기 했잖아요. 그런 때는 전에 부모… 부모교육 받았던 그 선생님한테 전화하고 싶었어요. (웃음). 그런데 전화할까 말까해서 안 했어요. 그 딸에 대해서… 그 유치원에 대해서 제가 고민했던 거…. 그 선생님한테 전화하려고 했는데 그… 귀찮아하게 할 거 같으니까 안 했어요. 그래서 스스로 해결했어요. 네…, 스스로… 음, 그래요…. 마음먹고 집에서 얘 하나한테 뭐… 어디서 학원에 두거나 거기 문화센터에 데려 두거나 잘 놀아주면 우리 딸이 조금 밝아지겠다. 그래서…. (웃음)." (연구참여자 1)

연구참여자 2는 한국어 선생님의 도움으로, 연구참여자 7은 상담사의 도움으로 남편을 이해시킬 수 있었다. 그러나 연구참여자 1은 상담받을 생각은 했지만 괜히 선생님에게 미안해서 연락하지 못하고 스스로 해결했다. 여기에서 스스로 해결했다고 함은 문제를 해결하지 못했거나 그냥 두었는데 해결됐거나일 것이며, 남편에 대한 감정은 마음속에 앙금으로 남겨졌을 것이다. 이처럼 인지하지 못하는 상태에서 심리적 문제가 축적되고 있다는 점이 이들을 위한 상담 프로그램의 마련이 필요한 이유이다.

(2) 이해할 수 없는 남편

연구참여자 4는 결혼 전과 다른 남편의 행동을 이해할 수 없다고 한다. 부모님이 걱정하실까 봐 전화도 못 하고 아르바이트하면서 만난 사람에게 푸념을 하면서 엄마처럼 의지하며 지내고 있었다.

> "아… 이해 못 하는 거. 왜냐면 한국 남자는 술 많이 먹잖아요. 베트남 내가 안 먹는다? 그냥 안 먹는다. 한국에 와서 거의 다 아니고, 그때 거의 다 술 마시고, 담배도 피고 당구 치잖아요. 그때는 조금 서운하죠. 처음에는 싸웠죠. 왜냐면 이해도 못 하니까. 왜냐면 여기 혼자만 와서 말도 못 하고 밖에도 못 나가고, 친구도 없고 늦게 오니까 왜 그러냐고…. 그런 생각 했어요." (연구참여자 4)

연구참여자 6은 인터뷰 당일이 아들의 돌이었지만 돌잔치가 취소되어 바쁘지 않다고 했다. 아들의 돌잔치 뷔페를 취소해버린 남편에게 화가 나 있었다. 복잡한 시가족의 관계에 생각이 미치기는 하지만 그래도 남편이 이해되지 않는다. 결혼식도 올리지 못한 것까지 겹쳐서 서운함이 가시지 않는다.

> "아니요. 왜냐면 남편이 좀 이상하니까. (웃음). 아니 착하긴 한데 넘 착할 것 같아서. 그래서 어린이집에서 하는… 아들 돌잔치 있잖아요. 나… 어떤 결혼… 그거 신청했는데 남편은 예약 취소했어요. 예약… 뷔페 신청했는데… 무슨 생각 하는지. 가족 없어요? 왜 가족 없어요. 좀 속상해요." (중략) "착하… 착한데. 생각만 좀… 똑같이 안 하니까. 이해해야 하

죠. 그리고 부를 생각 있었거든요. 왜냐면 남편이 누나한테 말하시면은 누나는 할머니한테 전화할 거고. 할머니한테 삼촌한테 오라고 말했을 텐데. 또 싸울 것 같아서. 진짜 하고 싶어요. (중략) 그냥 돌잔치 그렇게 하시면 좋겠… 말했는데 결혼식도 안 하고 내 남편도 그렇게만 해주면은…." (연구참여자 6)

연구참여자 5는 남편의 택배 배달이라는 직업에 대해 자세히 알지 못하는 바람에 남편을 오해하고 마음이 힘들었다. 그러나 우연한 기회에 남편과 동행하면서 남편을 이해할 수 있었다.

"저는 그냥, 그냥, 그냥 티비에서 드라마에서 나오는 그런 것만 봐서 이 남자는 도대체 뭐하는 거지? 저는 택배도, 베트남에서 택배라는 것도 없었어요. 그냥 우체국만 있었거든요. 우체국은 일 일찍 끝나잖아요. 한 6시면 끝나는데, 남편은 뭐 하고 있지? 그냥 뭐, 택배 그냥 트럭 운전이라고만 알고 있었거든요. 택배 얘기해도, 저희는 그런 개념을 몰랐고…." (중략) "근데 새벽인데도 들어도 오지 않고 월요일부터 토요일까지 계속 그렇게 하니깐 막 싸우기도 하고 울기도 하고 무서워서 아니 내가 이 바람둥이랑 같이 사는 거 아닌가 싶었어요. 근데 나중에 알고 보니깐 한, 애기 낳고 나서 한 돌도 안 되고 나서 어린이집 맡기고 제가 남편이랑 같이 한동안 같이 일했었거든요. 근데 같이 일을 하다 보니깐 어우 장난 아니에요." (연구참여자 5)

연구참여자 7은 남편이 수입의 많은 부분을 형수와 조카에게 보내고 있었던 사실은 결혼 후 4년 동안 모르고 있었다. 자세한 이야기를 해주지 않는 남편을 이해할 수 없지만 그냥 체념하고 지낸다.

> "처음부터는 얘기 안 했어요. 그냥 왜냐면 한국말 아직 못… 하니까. 얘기 안 했어요. 아마… 한국에서… 한국에서 4년 살고 그때만 얘기했어요. 이렇게 형님 다… 뭐지… 임대 그거 모든 돈 다 주는 걸. 제 남편은 나한테 그거 이야기했어요. 뭐지… 너는… 뭐지… 외국인이니까." (중략) "생각했는데. 그냥… 생각해보니까 알았어. 제 아들만 뭐지… 다 해주면 다른 건 다 뭐지… 상관없어요. 저는 돈이 별로 그런 거… 생각 없어서… 뭐지… 제 아들만 다 해주면 다른 거는 괜찮아요." (연구참여자 7)

연구참여자 4는 남편에게 속았다는 생각을 하고 있는 듯하다. 그렇지만 엄마처럼 여기는 분이 곁에 있어 다행이다. 연구참여자 6은 잔치를 하지 않으려고 하는 남편의 속을 도대체 알 수가 없다. 남편은 자신과의 결혼식도 아들의 돌잔치도 모두 취소했다. 이해되는 부분이 없지는 않지만, 딱히 문제 해결방법도 없고 혼자 속으로 삭이고 있다. 연구참여자 7도 시가족들의 관계가 복잡하다. 그렇지만 가정경제 문제에서 자신을 배제하는 남편이 이해되지 않는다. 그래서 자신은 아들만 바라보고 그저 참고 있다. 연구참여자 5의 경우는 문제를 해결하고자 의도된 일은 아니었지만 남편과의 동행과 대화로 남편에 대한 오해를 풀 수 있었다. 연구참여자 6과 연구참여자 7처럼 혼자 속으로 앓고 있는 결혼이주여성이 많이 있을 것이다. 외국인이니까 언어적 소통이 어렵다는 이유로 갈등을 야기할 수 있는 문제에 대해 대화가 이루어지지 못하는 것이 안타깝다. 이러한 상황에서는 부부상담이 요구된다.

(3) 이해하기 어려운 시가족

연구참여자 1은 육아에 지쳐있는 자신에게 이른 아침 밥상을 차려 달라는 시어머니를 이해할 수 없다. 그래서 연구참여자는 밥상을 차려 드리지 않고, 시어머니의 잔소리는 한 귀로 듣고 한 귀로 흘려버린다. 이 연구참여자는 문제해결을 위한 노력 없이 갈등을 키워가고 있었다.

> "한 가지는 진짜 불편한 거 하나 있어요. 어머님 밥 차리는 거요. 아침에. 낮에는 괜찮은데 아침에 제가 애… 어리잖아요. 밤에… 또 일어나서 뭐 하고 수유하거나 오줌 뭐 그런 거 있어요…. 피곤했는데 아침에 밥 차려달라고 하는 거예요. 저는 그 부분이 이해가 안 가서…. 근데 제가 밥 안 차려줬어요…. 안 차려드렸어요. 왜냐면 어머님이 나이 드셨으니까… 아침에 일찍 일어나잖아요. 저는 밤 또 새우고 아침 늦게 일어나서…." (중략) "며느리니까 며느리 역할 잘 해야 한다…. 뭐 그런 거? 저는 처음에 좀 속상했는데, 요즘 한 귀로 듣고 한 귀로 흘렸어요. (웃음)." (연구참여자 1)

연구참여자 2의 시가족은 오랫동안 한 동네에서 모여 살고 있었다. 시가족과의 잦은 모임이 즐겁고 좋기도 하지만, 항상 연구참여자의 집에서 모인다는 것이 문제다. 어린 자녀가 3명인데, 혼자 음식 준비하고 끝에 치우기까지 하는 것이 버겁다. 남편과 대화하기도 하지만, 여전히 해결되지 못하고 있다. 연구참여자는 계속 참기만 해야 하니 자존감이 떨어질 수밖에 없다.

"저희 신랑은 가족 모여서 사는 거는 좋아해요. 막 가져오고. 맛있는 거 있으면 갖고 와서 같이 술 한잔 먹고 그런 재미는 되게 좋더라고요…. 처음에 와서 그것 때문에 되게 기분 나빴거든요. 너무 자주 모여서 먹고 또 막 치우는 것도 힘들고. 왜 그렇게까지 해야 되는지 이해가 못 한 거예요…. 먹지도 않는데 치우는 거는 다 치워야 돼서…." (연구참여자 2)

위의 연구참여자 2와는 반대로 연구참여자 6의 시가족은 관계가 복잡하고 이해하기 어렵다. 삼촌이 두 명이나 있는데 할머니를 전적으로 남편이 책임지고 있다. 연구참여자는 남편만 고생하는 것이 속상하지만 해결방안이 없다.

"시어머니 없고요. 시아버지는 잘 안 만나요. 1년 동안도 안 만났…. 내 아들도 아직 못 봤어요. 근데 서울에서는 사시는… 남편 가족은 좀 이상해요. (웃음). 내 남편은 어릴부터 엄마가 없었으니까. 어딨는지 몰라요. 그래서 지금 할머니 잘… 매일… 월요일부터 금요일까지 저녁 때마다 할머니 집에 가요. 지금은… 4개월 동안 똑같은 아파트 살고 있는데. 할머니가 저기… 우리 같은 아파트 사는 거 몰라요. (중략) 세 명이니까 삼촌… 두 명이니까 하루, 하루, 하루 이렇게 하면은 편했잖아요. 근데 삼촌들 잘 안 하니까. 그래서…." (중략) "남편이니까. 사랑하니까. 사랑 없으면은 나 도망갔어요. 네. 근데 사랑하니까. 난 아들 생각도 해야 하고. 그리고 아들한테 잘 해주니까. 잘 주고…. 그래서 괜찮아요." (연구참여자 6)

연구참여자 1의 경우는 서로 간의 불편함이 쌓일 수박에 없는 상황이다. 연구참여자는 이러한 상황이 문제가 될 수 있다는 것을 인지하지 못하고 있다. 고부간이 서로 이해할 수 있도록 누군가의 도움이 필요하다. 연구참여자 2의 친척은 사이가 좋기는 하지만 연구참여자에 대한 배려가 없다. 시누이는 집이 지저분하기도 하고 치우기도 싫어서 자신의 집에서는 모일 수 없다고 한단다. 남편은 이에 대해 전혀 문제로 인식하지 못하고 있는 듯하다. 사이에서 중재할 수 있는 남편의 역할이 중요하다는 것을 상담을 통해 이해시킬 필요가 있다.

(4) 발달장애가 있는 아이

연구참여자 2의 자녀는 둘째와 셋째가 발달장애를 앓고 있다. 둘째보다 셋째가 더 심하다. 좀 더 병이 가벼운 둘째는 이미 치료 중이었고, 셋째는 이제 치료를 시작했다. 가정경제가 어려워 일을 해야 하는데, 어린이집 원장님은 집에서 아이를 돌보라고 하신단다. 경제적인 이유도 있지만 연구참여자에게는 일을 하는 시간이 마음을 다스리는 시간이다.

> "그래서 앞으로는 길면은 1년 넘게, 짧으면 6개월이면 좋아진다고 그랬는데, 아직은 모르겠어요. 근데도 어제, 그저께 셋째가 상담받는데도 계속 말 안 듣고, 떼쓰고, 마음에 안 들면 또 막 뒤에 넘어지고 떼쓰고 그러니까. 한 번 두 번 넘어지면 아프면 안 하는 건데, 근데 애는 계속해요. 빙글빙글 돌고. (어린이집) 원장님도 저보고 알바 좀 그만 다니시고 애만 좀 보라고 어린이집에 보내는 건 중요한 건 아니다. 다니면서 애랑 같이 노는 시간 많이 하는 게 좋다고, 근데 저희 집이 상황이 알바 안 되면 신

랑이 보통 고생 많이 해두거든요. (중략) 뭐 지나면 좋아진다고 그랬었긴 한데. 지금은 빨리 안 고쳐주면 나중에도 엄마도 힘들고 애도 고생하니까 지금은 좀 빨리 고쳐주라고, 그러고 저보고 그 발달센터 그런 데 좀 다녀서 진료 좀 받아보라고." (연구참여자 2)

잠시라도 집을 벗어나 문제로부터 떨어져서 몸을 움직여 일하고 다른 사람들과 대화하는 시간은 연구참여자에게 긴장을 풀 수 있는 유일한 시간이 될 것이다. 문제가 해결되지는 않아도 연구참여자의 정신건강에는 큰 도움이 되는 시간일 것이다. 전문적인 상담사를 만나서 엄마의 심리를 돌볼 필요가 있지만 여의치 못해 안타깝다.

3) 사회적 관계를 위한 상담의 필요성

결혼이주여성들은 가정 밖의 사회적 관계에서도 크고 작은 다양한 어려움을 겪고 있음을 알 수 있었다. 면담에서 나타난 어려움은 친구가 필요해, 편견의 경험, 차별받는 우리 아이 등으로 정리할 수 있다.

(1) 친구가 필요해

갑자기 문득 외로움을 느껴서 친구가 필요해진 연구참여자 1은 적극적인 방법으로 친구를 찾아 나섰다. 다문화센터에 나가기 시작하고 그곳에서 낯선 사람들에게 다가가서 친구가 되려고 노력했다.

"베트남에서 친구 엄청 많아요. 어디 가거나 친구 다 있어요. 근데 여기 와서 그렇게 갑자기 제 생각이 바뀌어서 친구랑 노는 것보다는 집에서 공부하는 게 더 좋다 해서 그때 친구 안 사귀었어요. 그리고 애 낳고 나서는 친구 너무 필요해서 친구 너무 만들고 싶은데, 막상 친구 필요하다고 하니까 친구 없더라고요. (웃음)." (중략) "너무 외로웠는데, 다문화(센터) 다니다가 뭐 아는 사람 아니면 연락처 달라고, 언젠가는 친해지고 싶다고 그러면서…." (연구참여자 1)

연구참여자 5는 이주 초기에 친구도 없이 집에서만 지내면서 우울증을 겪었다. 이러한 아내를 위해 남편은 요리교실과 한국어교실 등을 신청해서 아내가 외출할 기회를 만들어주었다.

"근데 또 처음에는 친구가 있어야 돼요. 또 대화하는 사람이 있어야 돼요. 내가 막 덜 심심하고 덜… 우울하는데 없으니깐 조금 우울하기도 하고 있었어요." (중략) "저희 남편도 저 맨날 집에 있으니까, 제발 좀 나가라고. 근데 알아야…. 그래서 그 한국어 교실도 신청해주고, 요리교실도 했는데. 요리교실은 다행히 버스정류장 내리자마자 센터가 있어요. 그래서 거기를 다녔는데, 한국어교실은 또 내려서 한참 더 걸어가야 되니까. 그거는 안 하게 되고…." (연구참여자 5)

위의 연구참여자들은 외부 활동을 하지 않고 생활하면서 우울 증세를 경험했다. 이들은 친구의 필요성을 느꼈고 적극적으로 행동했다. 연구참여자 1은 다문화센터에서 친구를 찾았고, 연구참여자 2는 식당에서 아르바이트를 시작했다. 연구참여자 5에게는 외출할 기회가 만들어졌다. 낯선 사람과의 대화는 신선함을 주기도 하고, 점차 친해져서 친구가 되면 정신의 긴장을 늦출 수 있는 시간이 생긴다. 친구는 남편이나 가족과 나눌 수 없는 이야기를 같이 할 수 있는 대상이 되기도 한다. 누구에게나 친구가 필요한 이유이다.

(2) 편견의 경험

연구참여자 5는 편견을 경험하고도 자신이 편견이나 차별을 받았다는 인식을 하지 못했었다고 한다. 다문화센터에서 다문화에 대해 교육을 받은 이후 자신의 경험이 동네 할머니들의 편견에서 비롯된 것임을 알게 됐고, 자신도 다문화강사가 되어 사람들의 편견을 깨는 일을 하고 싶다는 꿈을 키우고 있었다.

> "병원 가도 제가 애기 안고, 아니 그냥 애기, 애기띠 해가지고… 어디 가든 사람들이 되게 이상하게 쳐다보는 거예요. 너무 어린, 그냥 20살인데 애가, 애가 낳으니깐 막 이상해가지고 막 째려보고 막 속닥속닥 거리고, 특히 할머니들은 길에다가 막 만나면 막… 그냥 애는 애 낳네. 막 그냥 이상하게 애는 어디서 왔다 뭐 이런 애들은 그냥 돈 보면서 여기 왔다 막 그런 말 되게 많이…. (중략) 다문화는 그냥 외국 사람이다. 가난한 나라에서 온 사람이라고 막 생각을 하더라고요. 그 사람들이." (연구참여자 5)

(3) 차별받는 우리 아이

연구참여자 1은 유치원 교사의 행동에 대하여 의문을 갖고 자신의 자녀가 차별을 당하고 있다고 생각했다. 다문화가족지원센터의 선생님으로부터 조언을 듣고서야 유치원 선생님과의 오해를 풀었다고 한다.

> "어려울 때도 있어요.. 애들은 뭐… (유치원에) 안 가거나 하나도 있잖아요. 뭐… 문제 뭐 있나…. 왜 가기 싫은 건가, 아니면 선생님 그… 담임 선생님이 외국 엄마한테 대하는 거 뭐… 한국 엄마랑 대하는 거랑 다르냐 그런 부분도 있어요. 좀 느낀 적 있어요. 그런데 이제는 그거 풀었어요…. 학원에 애는 두 명 있어요. 한 명은 한국 엄마인데, 한 명은 유치원이에요. 근데 어느 날 한국 엄마한테는 뭐 어느 애는 밥 잘 먹는다, 어느 애는 잘 논다 했는데, 저한테는 아무 얘기 안 했어요. 그때 얼마나 속상했는데." (연구참여자 1)

연구참여자 5는 아이가 친구로부터 차별적인 말을 듣고 속상해하는 것을 경험했다. 그 친구가 다문화가정은 한국 사람이 아니라고 해서 아이가 울었다고 한다. 연구참여자는 아무 말도 못 하고, 남편이 담임선생님께 사실을 알리는 것으로 문제를 해결했다.

> "다문화 가정이나 뭐 다문화 그런 단어는 안 썼으면 좋겠어요. 우리는 그냥 똑같이 살고 있는데 그저 그렇게 다문화, 다문화 가정이나 그런 말을 하니깐. 학교에 가면 또 너는 다문화 가정이다, 뭐 다문화 애야, 그렇게 하니깐…. 저번에는 학교 친구가 얘는 베트남 사람이라고 한국 사람

아니라고 얘는 다문화 가정, 다문화 가정이라서 한국 사람 아니라, 아니라고 그렇게 이야기하니깐 애가 되게 속상해가지고 많이 울었어요." (연구참여자 5)

연구참여자 1의 사례를 보면 자신이 이주여성이기 때문에 위축되어 어린이집 선생님에게 먼저 다가가지 못하는 모습을 보이고 있다. 다문화센터 선생님과의 대화는 연구참여자에게 큰 힘을 주어 행동하고 문제를 해결하는 결과를 가져왔다. 연구참여자 5 역시 소극적이고 자기효능감이 떨어져 있는 모습이다. 이와 같은 어려움을 겪고 있는 결혼이주여성들의 자존감을 회복시키고 자기효능감을 높여줄 수 있는 방안이 마련되어야만 하겠다.

6. 나가기

이 글에서는 한국으로 이주한 동남아시아계의 결혼이주여성들의 심리적 경험을 파악하고, 이들이 자신의 어려움을 해결하기 위해 기울인 노력 및 주위 지원에 대한 욕구를 알아보았다. 이 글을 통하여 동남아시아 출신 결혼이주여성의 심리적 어려움에 대한 이해를 도모하고, 접근 가능한 심리상담 지원으로 그들의 자존감을 회복시키고 자기효능감을 높일 수 있는 기회가 제공될 수 있기를 바란다. 저자는 한국 거주 동남아시아계 결혼이주여성들이 경험한 심리적 어려움과 극복 과정을 알아보기 위하여 그들과의 1:1 심층면담을 통하여 자료를 수집했고, 수집된 자료는 경험한 심리적 어려움에 따라 어려움의 해결 노력을 각 연구참여자의 사례별로 정리했다.

연구참여자들의 심리적 경험은 크게 심리적 어려움, 가족관계 소통을 위한 상담지원의 필요성, 사회적 관계를 위한 상담의 필요성으로 구분됐다. 결혼이주여성들의 심리적 어려움으로는 외로움, 서운함, 한국 생활 적응의 어려움 등과 아기를 잃어버린 경험 등이 있었다. 가족관계에 있어서는 이해해주지 않는 남편, 이해할 수 없는 남편, 이해하기 어려운 시가족, 발달장애가 있는 아이 등 가족관계 소통에 대해 어려움을 이야기하고 있으며, 이러한 문제에 대한 심리상담 지원의 필요성이 절실해보였다. 그리고 사회적 관계에서는 친구의 필요에 대한 인식, 편견의 경험에 대한 분노, 차별받는 자녀를 위한 상담의 필요성 등이 나타났다.

그리고 연구참여자들은 자신의 심리적 어려움을 해결하기 위해서 가족과 친지와 대화를 하거나, 새로운 것을 배우거나, 아르바이트 등의 활동으로 바쁘게 지내면서 심리적 어려움으로 인한 우울감을 줄이고자 노력하고 있었다. 그 외에 많지는 않으나, 부부 상담, 자녀 상담 등 전문가 상담을 한 경우도 있었다. 대화를 하는 가족 · 친지는 친정가족, 남편, 시가족, 친구, 다문화센터 선생님, 도움을 주는 한국인, 직장동료 등으로 나타났다. 다수의 연구참여자들이 처음에는 친정가족과 전화통화를 했지만, 부모님이 마음 아파하는 것이 걱정되어 점차 어려움을 말하지 않게 된다고 한다. 대신에 한국에 거주하는 동향의 친구들을 만나 외로움이나 속상함을 덜기도 하지만, 대부분이 다양한 사유로 깊은 속마음을 털어놓기가 어렵다.

연구참여자들은 누군가와 대화하면서 하소연을 하고, 새로운 친구를 만나기도 하고, 바쁘게 일하면서 외로움을 달래기도 하지만, 반면에 자신에게 닥친 문제에 대해 회피하거나 또는 그냥 참아 넘기는 경우가 많았다. 그들은 해결하지 못하는 어려움을 혼자 이해하고자 노력하거나, 체념하고 마음속에 묻고 있었다. 이들은 자신이 겪는 심리적 어려움에 대해 누군가의 도움이 필요하다는 인식조차도 없는 경우가 많았으며, 도움이 필요하지만 도움 받을 방법이 마련되어있음을 알지 못한다.

연구자는 연구참여자들의 실질적 예를 참고하여 결혼이주여성들의 자기효능감 향상을 위한 심리상담 지원을 위하여 다음과 같은 세 가지의 방안을 제시한다. 첫째, 가족에 대한 다문화센터를 통한 교육지원 과정에서 결혼이주여성 및 가족들이 심리적 상태에 대하여 인식할 수 있도록 할 필요가 있다. 물론 전문상담사와의 상담을 경험한 사례도 있었지만, 대부분의 연구참여자들이 상담이 필요하다거나 상담을 받을 수 있다는 사실을 알지 못하고 있었다. 둘째, 좀 더 용이하게 전문가 상담에 접근할 수 있는 방안을 마련하여야 한다. 전문가 상담의 기회가 있음에 대한 적극 홍보가 필요하다. 문제에 대한 회피 또는 인내는 결혼이주여성들의 우울감을 증가시킬 확률이 높다. 셋째, 결혼이주여성들의 전문상담을 위한 다문화센터 상담사의 인력을 확충할 필요가 있다. 상담의 필요성을 느끼고 다문화센터에 상담 신청을 했으나 상담사가 부족하여 상담을 받지 못했다는 사례가 있었다. 넷째 모국에서 이주 준비를 하는 시기에 이와 같은 정보를 제공하고 지역 다문화센터와의 연계 방안을 마련해야 한다. 이주와 동시에 다문화센터의 심리지원 연계가 가능하다면 입국 초기 결혼이주여성들의 심리적 적응에 도움이 될 것이다.

동남아시아 출신 결혼이주여성들은 자신이 가난한 나라에서 이주한 여성이며 한국어와 한국 문화에 익숙하지 못하다는 사실 때문에 위축되고 자존감과 효능감이 낮아져 있었다. 문제해결에 있어서 스스로 나서기보다는 남편을 통해 해결방안을 찾거나 혼자 속앓이를 한다. 이들을 위한 다문화센터 선생님이나 전문가들의 적극적인 지원이 필요할뿐더러, 이들의 자존감을 회복시키고 자기효능감을 높여줄 수 있는 상담 프로그램의 마련도 요구된다.

결혼이주여성이나 다문화 가족의 문제를 단순히 그들만의 문제로 치부할 수 없는 시대가 됐다. 심화되는 다문화 사회에서 그 누구도 이주민들과 선을 긋고 살 수는 없는 노릇이다. 사회구성원 개인의 문제는 그 사회의 전체 구성원에게 영향을 미치게 된다. 이주민들의 사회 적응 및 통합, 그리고 개인적 안정은 한국 사회의 안녕과 발전에 관계되는 문제이며, 그들이 아닌 나를 위하여 사회구성원 모두가 같이 관심을 주어야 하는 문제이다.

2부

동남아시아계 이주민의 다문화 생활세계 사례: 사회제도적 영역

6장

복지 영역

결혼이주여성의 생애주기별 사회복지 서비스 이용

1.
들어가며

2000년대 들어 한국 남성과 결혼하여 이주한 외국출신 여성들의 수가 급속히 증가했고, 그에 따라 이들에 대한 사회복지제도에 많은 변화가 있었다. 특히 여성 결혼이민자들과 다문화가정에 대한 관심이 커지면서 다문화가족지원법의 제정은 물론 사회복지 서비스에 대한 정책적 지원도 확대되고 있다. 2008년 9월 다문화가족지원법이 제정된 후에 다문화가족지원센터는 수적으로 급격하게 증가했다. 2019년 4월 현재 전국에 217개의 센터가 운영되고 있다(여성가족부, 2019).

2005년 보건복지부의 조사에 따르면 2005년에 여성 결혼이민자들이 사회복지 서비스를 제공하거나 서비스를 연결해줄 수 있는 기관을 방문한 정도가 9~20%로 나타났다(보건복지부, 2005). 이강숙(2007) 역시 여성 결혼이민자들이 사회복지 서비스를 이용한 경험이 최저 4.9%에서 최고 24.4%인 것을 조사를 통해 확인했다. 보건복지부(2005)와 이강숙(2007)의 연구결과를 통해 여성 결혼이민자들이 사회복지 서비스를 이용하는 정도는 낮다고 볼 수 있다. 따라서 여성 결혼이민자가 사회복지 서비스를 이용하는 데 장애나 문제가 없는지를 주의 깊게 살펴볼 필요가 있다.

여성 결혼이민자의 한국 사회 적응과 가족들의 복지를 지원하기 위한 다양한 사회복지 서비스들이 시행되고 있다. 현재 여성 결혼이민자들에게 제공되는 사회복지 서비스는 한국 적응을 돕기 위한 언어교육을 비롯하여 안정적인 가정생활에 필요한 교육, 상담, 자녀지원, 직업교육 등의 프로그램이 있다. 여성 결혼이민자에 대한 사회복지 서비스들은 그들의 한국 사회 일원으로서의 통합이라는 목적을 가진다. 그러나 여성 결혼이민자를 위한 사회복지 서비스가 그들이 이용하지 않는다면, 서비스 본래의 기능과 목적은 그 의미를 상실하게 된다. 따라서 이들의 사회복지 서비스 이용 과정을 살펴볼 필요가 있다.

여성 결혼이민자들에 대한 사회복지 서비스의 다양화와 수적 증가에 따라 관련 연구도 꾸준히 늘어가고 있다. 여성 결혼이민자의 사회복지 서비스 이용의 영향 요인에 관한 연구가 이주재 외(2010)에 의해 이루어졌다. 이들은 앤더슨과 뉴먼의 의료 서비스 행동모델을 이용하여 여성 결혼이민자의 사회복지 서비스 이용의 영향 요인에 대해 조사했다.

여성 결혼이민자에 대한 사회복지 서비스가 양적인 면에서 빠른 속도로 증가하고 있는 시점에서 서비스 프로그램들이 실제로 어느 정도 이용되는지, 드러나지 않는 욕구나 방해 요인은 없는지 등을 알아보는 것은 향후 보다 효과적인 서비스 전달방안 개발을 위해서 반드시 이루어져야 할 과제이다. 지금까지 여성 결혼이민자를 위한 사회복지 서비스 전달 과정을 보면 서비스 공급자의 입장에서 정책이 수립되고 서비스가 전달되고 있는 양상을 볼 수 있다. 사회복지 서비스 공급에 있어서 새로운 관심사로 인식되는 것은 수요자의 관점에서 이러한 서비스들이 얼마나 이용되느냐의 문제이다.

서비스 제공자에 대한 관심보다 수요자들이 서비스를 얼마나 받았는가 혹은 얼마나 서비스의 효과를 누리는가에 대한 관심이 필요하다. 특히 환경이 바뀌거나 낯선 곳으로 이주한 사람들은 환경에 적응하기 위한 새로운 욕구를 가지게 되고, 이것을 충족시키는 데 필요한 자원이나 서비스, 혹은 기회를 찾게 된다. 이런 상황에 처해 있는 사회복지 대상자들을 위한 서비스나 프로그램은 욕구나 일반적인 서비스 이용의 유형과 다른 요인이 작용할 가능성이 있다(Laffer, 2004). 그러므로 여성 결혼이민자에게 제공되는 서비스 정책과 전달방법은 전통적인 사회복지 서비스 대상자들을 위한 서비스의 성격과는 달리 이용 양상이 다양할 수 있다.

따라서 여성 결혼이민자에 대한 사회복지 서비스 프로그램을 대상자들이 실제로 어느 정도 이용하는지, 숨겨진 욕구나 방해 요인 등을 확인할 필요가 있다. 따라서 본 장에서는 여성 결혼이민자의 사회복지 서비스 이용에 영향을 미치는 요인들을 파악하는 데 있다. 생애주기별로 여성 결혼이민자이 자신들을 위한 사회복지 서비스를 실제로 얼마나 이용하는지, 이용하는 데 어려움이 없는지, 이용을 촉진시키는 요인은 무엇인지 등을 확인하고자 한다. 구체적인 연구문제는 다음과 같다.

연구문제 1. 여성 결혼이민자의 입국 초기 단계에서의 사회복지 서비스 이용 경험은 어떠한가?

연구문제 2. 여성 결혼이민자의 자녀양육기 단계에서의 사회복지 서비스 이용 경험은 어떠한가?

연구문제 3. 여성 결혼이민자의 노동시장 재진입기 단계에서의 사회복지 서비스 이용 경험은 어떠한가?

2.
결혼이주여성의 사회복지 서비스

일반적으로 사회복지 서비스란 현대인의 상호관계 및 역할에 대한 욕구를 충족시키려는 사회적 대안으로서 가족생활의 보호나 회복, 개인의 내 · 외적 문제에 대한 대처와 개인의 성장발달, 정보제공 및 안내 · 옹호 · 구체적 도움을 통한 사회 차원에서의 접근을 촉진시키는 기능으로 보고 있다(Kadushin, 1973). 우리나라 여성 결혼이민자들에 대한 사회복지 서비스는 다문화가족정책 중 결혼이민자의 안정적 정착이라는 목표달성을 위한 프로그램을 포함한다. 프로그램은 주로 의사소통 지원, 생활정보 제공, 가족관계 증진 및 가족 위기 예방 등을 세부 목표로 정하고 있다. 이러한 세부 목표들은 다양한 정부기관들에서부터 각기 다른 형태의 프로그램으로 실행되고 있다.

사회복지 서비스의 요소와 영역은 나라에 따라 조금씩 다르다. 영국의 경우에 사회적 서비스란 전 국민의 물질적 · 정신적 · 사회적 최저생활의 확보를 위한 공 · 사의 사회적 제반 서비스의 총칭이라고 정의하여 사회복지를 광의의 개념으로 사용하며 한정된 사회복지를 말할 때에는 대인적 서비스라는 용어를 사용하고 있다(장인협, 1987). 스웨덴의 사회복지 서비스는 사회보험과 더불어 사회복지제도의 근간을 이룬다. 사회보험이 경제적인 측면에서 국민의 기본적인 생활이 유지되도록 일정한 소득을 보장해주는 데 비해, 사회복지 서비스는 사회적인 측면에서 불우한 환경에 놓인 어린이나 노인, 심신장애자, 알콜중독자, 마약중독자 등이 정상적으로 사회생활을 할 수 있도록 지원해주는 것을 목적으로 한다(고양곤, 1990). 미국은 휴먼 서비스 또는 사회 서비스가 소득 보장, 교육, 보건 의료, 문화 관련 분야가 제외된 사회복지 부분의 서비스로 통용된다(강혜규 외 2007). 일본의 경우 사회복지 서비스를 복지 수요의 충족 내지 해결방법으로 보고 있다(송정부, 1990). 우리나라에서의 사회복지 서비스란 국민기초생활수급자로서 받는 공공부조, 다문화가족지원센터나 사회복지관 등에서 제공하는 서비스나 프로그램을 의미한다.

한국에서 국제결혼과 관련하여 한국 남성과 결혼한 여성이주자들의 연구는 2000년대에 들어서면서 결혼이주여성들의 사회통합 측면, 사회문화 갈등 측면, 인권 측면, 복지 측면 등에서 활발하게 진행됐다. 특히 사회복지 영역에서 다루어진 여성 결혼이민자들에 대한 연구 중 많은 내용이 문화 적응 스트레스, 심리적 갈등, 생활 만족도, 부부 갈등 요인 등이다(손은록, 2004; 김오남, 2006).

우리나라에 살고 있는 여성 결혼이민자 중 지역사회에서 성공적으로 정착해 안정된 생활을 하는 경우도 있지만, 가정과 이웃으로부터 소외되어 생활하는 여성들이 상당히 많다는 연구도 있다. 한국에 정착하지 못하는 원인으로는 의사소통의 어려움을 비롯한 사회 부적응 문제, 가정 내 폭력, 사고방식과 가치관의 차이, 국적 취득의 어려움 등으로 밝혀졌다(이오복, 2011).

여성 결혼이민자들의 한국 생활 적응이나 정착에 관한 연구도 있다. 서지명(2008)은 결혼형성단계에서 불안정한 출발을 한 농촌지역 여성 결혼이민자들의 실태를 밝히고 이의 개선을 위해 한국어 및 문화교육, 가족대상 교육, 소득지원사업의 필요성을 정책적으로 제안했다. 최금해(2006)는 근거이론으로 한국 남성과 결혼한 중국 조선족 여성들의 한국 생활 적응 유형을 밝혔다. 구차순(2007)도 다양한 국적의 여성 결혼이민자들로 구성된 참여자들의 적응과 관련된 연구를 다루었다. 특히 그는 이들이 한국 사회에 뿌리를 내리는 데 문화정체감과 이들에 대한 가족과 사회의 태도 등이 영향을 미친다는 것을 확인했다.

여성 결혼이민자들의 사회 서비스 이용과 관련된 연구로는 한국여성정책연구원(2007)과 이주재 · 김순규(2010)의 연구가 있다. 특히, 한국여성정책연구원의 "여성 결혼이민자를 위한 사회 서비스 현황과 정책과제" 연구에서는 여성 결혼이민자들의 한국 생활을 생애주기별 영역으로 구분하여 입국 초기-가족형성기-자녀양육기-노동시장 (재)진입기의 사회 서비스 이용과 욕구를 조사했다. 이 연구는 여성 결혼이민자들이 한국 생활 적응 과정에서 경험했거나 필요하다고 생각하는 사회 서비스를 생애주기별 단계로 조사했다.

3.
사회복지 서비스의 이용 요인

앤드슨(Andersen)과 뉴먼(Newman)은 서비스를 이용하는 요인을 파악하기 위해 서비스 이용 모형을 개발했다(Andersen & Newman, 1973). 이 모형은 노인의 건강 서비스 이용 요인을 분석하기 위해 개발됐지만, 여러 연구자들이 확장하여 다양한 서비스 이용 경험을 확인하는 데 적용되고 있다. 특히 건강과 사회복지 서비스 분야에서 이루어진 연구들은 소인 요인(predisposing factors), 촉진 요인(enabling factors), 욕구 요인(need factors) 등으로 분류했다(Wan and Odell, 1981). 세 요인에 대해 살펴보면 아래와 같다.

첫째, 소인 요인은 다른 사람들보다 더 많이 서비스를 이용하게 되는 개인적 · 사회구조적 · 인구학적 특성을 포함한다. 소인 요인에는 성, 연령, 인종, 지역 등 서비스를 이용하기 쉽게 만드는 개인의 사회인구학적 특성 등이 해당된다. 구체적으로 성별과 관련하여 여성이 지역사회 중심 서비스 시설을 더 많이 이용한다는 결과도 있지만(Bass, Looman & Ehrlich, 1992), 성에 따른 서비스 이용 횟수 등에 차이가 없다는 결과도 있다(Mui & Burnnett, 1994). 인종도 사회 서비스 이용에 영향을 주는 변수로 고려되는데, 미국의 아시아 이민자에 대한 연구에서 정서적 문제나 알코올 등의 문제로 지난 12개월 동안 사회복지시설과 접촉한 경험이 있는가를 묻는 질문에 중국인 7.34%, 필리핀인 8.36%, 베트남인 9.96%, 기타 아시아인 9.15%로 인종 간에 복지 서비스 이용에 차이가 있는 것으로 나타났다(Nicdao & Alegria, 2007).

둘째, 촉진 요인은 서비스 이용을 촉진하거나 저해하는 가족 및 지역사회의 자원을 의미한다. 조건으로 서비스에 대해 지불할 수 있는 능력, 소득과 같은 가족 자원, 보험이나 서비스 가격, 서비스가 제공하는 장소에 도달하는 능력, 지역사회 서비스 네트워크에 대한 지식과 같은 요인 등이 포함된다. 비공식적 지지가 높을수록 의료 서비스의 이용이 더 높고(Slivinske et al., 1994), 사회적 지지가 더 낮을수록 사회 서비스 이용을 더 많이 한다는(Chappell, 1985; Wolinsky & Johnson, 1991) 연구결과도 있다.

셋째, 욕구 요인은 서비스 이용의 필요성을 불러일으키는 건강이나 심리사회적인 문제와 관련된다. 욕구 요인은 클라이언트의 상태를 사정하는 것과 연결되는 것으로, 진단받은 질병의 보고 같은 욕구에 대한 객관적이고 전문적인 평가와 자가진단 같은 주관적인 평가가 여기에 해당된다(Wolinsky & Johnson, 1991). 건강과 사회심리적인 문제가 있다고 생각하는 사람이 사회 서비스를 더 많이 이용하는 것으로 보고된다. 질병이나 장애 등에 의해 확인되는 서비스에 대한 욕구는 개인이 지각하는 질병의 증상, 장애 진단, 와병 일수, 건강 상태 등을 의미한다.

위에서 살펴본 사회복지 서비스 이용 요인을 파악함으로써, 향후 여성 결혼이민자의 사회복지 서비스 이용을 저해하는 요인과 이용을 촉진시키기 위한 방안을 모색할 수 있을 것이다.

4. 연구방법

1) 연구참여자

본 연구의 참여자는 한국 남성과 국제결혼을 한 동남아 국가 출신의 결혼이주여성 6명으로, 베트남인 3명, 필리핀인 2명, 그리고 미얀마인 1명

〈표 6-1〉 연구참여자의 일반적인 특성*

연구 참여자	나이	출신국	학력	입국연도	국적취득 여부	자녀	종교
1	31세	베트남	전문대졸	2011	취득	여 1명	무교
2	37세	베트남	고졸	2010	취득	남 1명	기독교
3	28세	베트남	전문대졸	2013	취득	남 1명	무교
4	45세	미얀마	대졸	2005	난민	여 1명, 남 1명	기독교
5	35세	필리핀	대졸	2012	취득	여 1명	천주교
6	32세	필리핀	대졸	2015	미취득	여 1명	기독교

* 본 장의 연구참여자는 총서 전체 연구참여자 중에서 연구자가 선정하여 개별 번호를 부여함

이다. 이들의 일반적 특성을 정리하면 〈표 6-1〉과 같다.

〈표 6-1〉을 보면 연구참여자들의 연령은 20대에서 40대로 다양하다. 학력은 결혼이주여성 6명 중 4명이 전문대학교 졸업 이상의 고학력 출신임을 알 수 있다. 아울러 국적취득 비율을 보면 6명 중에서 5명이 국적을 취득한 것으로 나타났다. 마지막으로 종교는 기독교, 천주교, 무교 등 다양한 형태를 보여주고 있다.

2) 자료수집 및 분석

본 연구는 심층면담을 통해 자료를 수집했다. 심층면담은 2018년 10월부터 12월 사이에 연구자와 이주여성 간에 서로의 상황에 맞는 날 미리 일정을 정하여 만났다. 면담은 연구참여자들의 결정에 따라 결혼이주여성이 주로 이용하고 있는 사회복지 서비스 기관 주변에서 이루어졌다. 면접에 소요된 시간은 회당 2시간 정도로 진행했다. 면담 내용은 반구조화된 개방형 질문으로 참여자 스스로 이야기를 풀어내도록 했다.

질문 내용은 다문화가족지원센터, 복지관, 주민자치센터 등 도움을 받고 있는 사회복지 및 사회복지 서비스를 제공하는 기관으로부터 사회복지 관련 서비스를 받은 경험과 그에 따른 여러 가지 과정과 필요성, 혜택, 어려움, 장애, 한국에서의 일상생활과 서비스의 도움 정도 등에 관한 것이다. 구체적인 질문 내용을 보면 '사회복지 서비스를 이용한 경험이 있는가?', '경험이 있다면 어떻게 이용하게 됐으며, 서비스를 이용하기 전이나 이용하는 도중에 어떤 문제나 장애가 있었는가?', '남편과 가족의 지원과 도움은 어떠했는가?', '가장 도움이 된 서비스나 프로그램은 어떤 것이 있나?', '한국에서의 생활은 어떠한가?', '필요한 서비스가 있다면 무엇인가?' 등이었다.

5.
생애주기별 사회복지 서비스 이용 경험

연구결과 결혼이주여성의 사회복지 서비스 이용경험을 생애주기별로 크게 세 가지 단계로 나누어 살펴보았다. 먼저 '입국 초기 단계'에서는 '한국어', '가족의 지지', 그리고 '방문교육 서비스에 참여' 등의 주제로 나타났다. 그리고 자녀양육기에는 '임신과 출산 지원 복지 서비스 활용', '양육방식의 차이', '자녀교육에 대한 관심 증가', '사회적 지지망'이라는 주제가 도출됐다. 마지막 단계인 '노동시장 재진입기 단계'에서는 '기존 경력 활용', '재취업 가능성에 도전', '자격증 취득', '학업에 도전' 등의 주제가 도출됐다. 〈표 6-2〉는 단계별 결혼이주여성의 사회복지 서비스 이용 경험을 제시하고 있다.

<표 6-2> 단계별 사회복지 서비스 이용 경험

단계	주제	핵심개념
입국 초기	한국어	• 한국어교육 지원을 위한 다양한 프로그램 운영 • 한국어 능력 향상을 위한 적극적 참여
	가족의 지지	• 남편의 중추적인 역할 • 시댁 식구들과의 관계
	방문교육 서비스에 참여	• 한국어교육 서비스 • 임신과 출산 준비과정 지원 • 자녀 양육에 도움
자녀 양육기	양육방식의 다양성	• 문화 차이로 인한 차이 • 다양한 양육방식에 대한 이해
	자녀교육에 관심 증가	• 자녀의 한국어에 대한 관심 • 자녀의 학업 성취도에 대한 관심
	사회적 지지망	• 자조모임 • 한국 친구(지인)
노동시장 재진입기	기존 경력 활용	• 다문화 이해강사로 활동 • 다문화가족지원센터 통번역사로 활동
	재취업 가능성에 도전	• 새로운 직종을 위한 끝없는 노력
	자격증과 학업에 도전	• 자격증 취득에 도전 • 학교 진학을 원함

1) 입국 초기 단계

국제결혼과 동시에 한국 사회로의 이주는 낯설고 도전의 연속이다. 이들은 새로운 환경과 더불어 새로운 언어인 한국어를 사용해야 한다. 한국어의 능력 정도에 따라 초기 한국 생활 적응에 영향을 많이 미치는 것으로 보인다. 아울러 초기 한국 사회 적응에서 무엇보다 중요한 것은 가족관계를 어떻게 형성하느냐이다. 특히 남편의 역할이 중요하다. 남편은 결혼이주여성이 제2의 삶의 터전으로 한국이라는 나라를 선택하게 된 결정적인 이유이다. 그뿐만 아니라 입국 초기에 대부분의 결혼이주여성이 임신을 하게 됨으로 센터 등에서 집합교육 형태의 한국어교육 서비스를 받기가 어려운 상황에 놓이게 된다. 이런 경우에 많은 여성들이 사회복지 서비스의 한 유형인 방문교육 서비스를 받고 있다. 위와 같이 입국 초기 단계에서 나타나는 다양한 사회복지 서비스 이용 경험들에 대해 자세히 살펴보면 다음과 같다.

(1) 한국어

"아, 그래도 어쨌든 오자마자 적응하려고 한국어를 배우려고 다녔어요. 내가 1년 만에, 애기 낳기 전에 한국어 애기 한 두 살, 세 살이면 말 배울 때잖아요. 그래서, 그전에 빨리 한국어 배워야 되겠다 생각했어요. 애기를 위해서라도, 애기 말도 가르쳐줘야 하고…." (연구참여자 2)

"처음에, 저, 한국 와서 제가 계속 여기 이 땅에서 살아야 되니까, 그래서 말도 안 통하고, 처음에 와서 안녕하세요. 이런 발음도 제대로 못, 안 하고, 안 되고… 아, 여기서 어떻게 살아야 되지? 말도 안 되고. 뭐 물어보고 싶어도, 말이 안 통하니까 어떻게 하지. 고민 많이 했어요. 그래서 되게 많이 한국, 한국어 배우고 싶었어요, 그때는. 그래서 다문화 가족에도 다니고 어디든 한국어 배우는 대학교도 다니고…." (연구참여자 5)

대부분의 연구참여자들은 한국에 오면서 한국어를 빨리 습득하려고 노력하는 모습을 보이고 있다. 특히 연구참여자 5의 경우에는 한국어를 배우기 위해 집 주변의 다문화가족지원센터를 이용할 뿐만 아니라, 더 체계적으로 배울 수 있는 대학의 어학당에서도 한국어를 배우고 있었다. 그리고 연구참여자 2의 경우는 자신이 한국어를 배워야지 태어나게 될 아이에게 엄마가 직접 한국어를 가르쳐줄 수 있다고 생각을 하며 적극적인 학습 태도를 보였다.

(2) 가족의 지지

"네, 한국 와서도… 아버지와 어머니는 같이 모시고 살아야 되고, 왠지는 제가 아까 얘기했던 어렸을 때 부모님과 떨어져 사니까… 부모님과 같이 사는 그런 가정에서 살고 싶었어요. (중략)." (연구참여자 2)

"남편과 서로 맞춰주는 것 같기도 하고…. 왜냐면 제가 항상 처음부터 여기 와서 지금까지도 생각 갖고 있지만… 음…, 저한테 좀 (웃음) 생각 안 하고요. 그냥 나만 참고 있으면 그 과정에서 깨지지 않게." (연구참여자 1)

"남편도, 남편이지만 친구처럼. 오빠처럼. (웃음). 다들 저희가 이제 다문화 선생님들하고 얘기 나눠보면 남편과의 관계가 힘들어서 고민을 많이 하시던데, 남편 믿고 왔으니까, 그러면 남편이 그 역할을 정확하게 알려줘야 하잖아요. 내가 관심이 있고, 내가 당신을 따라 의지…할 수 있게끔 잘 해줘야죠. 오빠처럼. 가족처럼. 다 남편한테 그 역할을 맡겨야죠.

제가… 힘든 거… 안… 좋은 일이 있으면 남편한테 얘기하고….” (연구참여자 3)

연구참여자 2는 결혼과 동시에 시부모님과 같이 생활을 하고 있었다. 연구참여자 2의 경우 어릴 때부터 아버지의 부재를 경험하고 자랐기에 결혼과 동시에 시부모님과 함께 사는 것에 대해서 자연스럽게 생각하고 있었다. 시부모님과의 원만한 관계가 초기 한국 사회 정착에 도움을 주고 있는 것으로 보인다. 그리고 연구참여자 1의 경우 남편에 대해 의지하는 마음과 신뢰도가 상당히 높아보였다. 입국 초기 단계에서 누구보다 중요한 사회적 관계 역할을 하는 대상이 남편과 시댁 식구임을 알 수가 있었다.

(3) 방문교육 서비스에 참여

“저는 한국어 하는 거로 방문하기는 너무 힘들었고, 아기 낳고 나서는 그 교육…. 부모교육 그거 신청해서 수업 들었어요. 아기한테는 어떻게 하는지 가르쳐줬었어요. 도움이 많이 됐어요.” (연구참여자 1)

“전 집에서, 왜냐하면 다문화에 전화했어요. 제가 임신했어요. 방문 다문화 선생님 집에. 남편 전화했어요. 한국어만 가르쳐주는 게 아니라 임신했을 때 어떻게 조심해야 하는지….” (연구참여자 5)

결혼이주여성들의 대부분은 결혼과 동시에 임신과 출산의 과정으로 이어진다. 이들은 제대로 한국 사회에 적응을 하기도 전에 임신과 출산이라는 어려운 과정에 직면하게 된다. 이들을 돕기 위해서 여성가족부에서는 방문교육 서비스 사업을 진행하고 있다. 방문교육 서비스란 다문화가족지원센터, 복지관 등에서 한국어 집합교육이 어려운 결혼이주여성을 대상으로 직접 방문을 해서 한국어교육 지원과 아울러 임신, 출산, 그리고 육아를 위한 생활지원을 해주는 사회복지 서비스이다. 특히 연구참여자 1과 5의 경우 모두 한국어만 배우는 것이 아니라 임신과 출산 과정에서 필요한 내용들, 자녀 양육을 위해 필요한 사항들에 대해 도움을 받고 있는 것으로 보인다.

2) 자녀양육기

(1) 양육방식의 다양화

"아기 양육하는 방법 이런 거 처음에는 아기 울 때 왜 우는지 몰랐어요. 그런데 선생님 오니까 '아~ 배고픈가 보다' 해서 먹을 거 주니까 진짜 배고픈 거였던 거예요. 그래서 선생님은 우는 소리가 다르대요. 배고프고 틀리고 화장실 가고 싶은 것도 울음소리가 다르다고 말씀하셨는데 도대체 어떻게 구별하지? 생각을 했는데 키우다 보니까 알게 되더라고요…." (연구참여자 1)

"처음에 저도, 베트남… 베트남에서 온 거니까 사람한테 아마 우리 애기 베트남 다문화 가정이라서 조금 나쁜 점도, 색깔도, 다문화 가정 애라서 왕따 당하는 거 아니면, 선생님 안 예뻐해줄까 봐 걱정도 많이 했고, 다행히 우리 애기도… 깔끔하게 나와 가지고. 피부도 하얗고…. (웃음)." (중략) "근데 제가, 우리 애기 그냥 한국 사람처럼 살았으면 좋겠다. 그냥… 엄마 나라처럼 살지 말고 뭐…. 자기 그런 게 나 한국 사람이다. 그렇게 생각하면서 살았으면 좋겠어요. 왜냐, 음…. 제가, 음…. 베트남에서 온 다문화 여성이라서, 우리 애기한테 무슨… 음…, 뭐지? 사회생활 하는 데서 뭐 그런 말을 안 들었으면 좋겠어요…." (연구참여자 2)

문화의 차이는 양육방식의 다양한 모습을 보여주고 있다. 한국 사회의 사회문화 적응을 아직 경험하지 못한 초보 엄마의 경우에 아이의 신체적 · 정서적 발달 상황을 잘 파악하기가 어렵다. 그리고 결혼이주여성들은 자신의 아이가 한국의 아이와 다르다고 인식되고 차별받지 않을까 걱정을 많이 하고 있는 것을 알 수 있다. 그래서 연구참여자 2의 경우는 엄마 나라의 국적이 알려져서 자녀가 친구들에게 왕따를 당하거나 교사가 자신의 아이를 덜 이뻐하지 않을까 염려하고 있었다.

(2) 자녀교육에 대한 관심 증가

"애가 지금 초등학교 들어가긴 하는데요. 엄마라서 좀… 같이… 숙제 있잖아요. 학교에서 선생님 내주는 숙제들 같이 좀… 해주고 공부하는 것도 좀 가르쳐주고 해주면 좋겠는데. 제가 아직… 그거 못 도와줘서 그거 미안해요." (연구참여자 2)

"경찰서에서 손님이 와서 어떤 일 당했을 때는 어떻게 해야 하고, 당하지 않으려면 어떻게 해야 하는지 그런 상황들이 어떻게 좀 가르쳐주고 그랬어요. 그래가지고 그것만 배웠어요. 강의 한두 번 들었어요." (연구참여자 1)

자녀양육기에 진입하면서 결혼이주여성들은 자녀교육에 관심을 보이기 시작한다. 자녀들의 또래관계뿐만 아니라, 학업 성취에 관심을 많이 보이게 된다. 연구참여자 2는 자녀의 과제를 직접 확인하고 도와줄 수 없음에 안타까워했다. 그리고 연구참여자 1은 자녀의 안전을 위해서 경찰서에서 진행하는 프로그램에도 참여하는 열의를 보이고 있다. 임신과 출산의 과정을 지난 자녀양육기에는 연구참여자들이 자녀 양육 방법과 교육 방법에 대해 많은 고민을 하고 있는 것을 확인할 수 있었다.

(3) 사회적 지지망

"필리핀 친구들은 한 달에 한 번 정도 만나요. 지난달에도 크리스마스 파티에서 봤어요…." (연구참여자 5)

"한국 친구? 네, 갖고 싶어. 근데 없어요. 가톨릭 성당 나가면 친하게 지내는 한국 사람 많아요. 성당 끝나면 바로 집에…. (웃음). 아, 옛날에 친구 있어. 그런데 너무 바빠요." (연구참여자 5)

"옆집하고 윗집 같은 거는 가끔 만나서 뭐도 만들어 먹고 그러고 지내요. 나이가 비슷한 거는 아니고, 그 사람들은 할머니하고 이래가지고. 조금 시간 나고 이러면 우리 집 와서 커피 마실래? 하고 그래요. 할머니 또 두 분 계셔가지고 맛있는 거 많이 얻어먹어요." (연구참여자 1)

결혼이주여성들은 사회적 지지망 구축을 위해서 노력하고 있는 것으로 보인다. 특히 이들은 자신의 문화정체성을 찾기 위해 자국 출신의 자조모임을 만들기도 하고, 종교활동을 통해 공동체를 형성하는 양상을 보이고 있다. 연구참여자 5의 경우 성당에서 한국 사람들뿐만 아니라 베트남 친구들을 만나고 있다. 이들은 종교활동을 통해서 한국 지인들과도 소통하고 있었다. 연구참여자 1처럼 종교시설이 아니라, 일상생활 속에서 이웃으로 만나 친분을 쌓아가는 경우도 있다. 이와 같이 다양한 방법을 통해서 사회적 관계망을 넓혀가고 있음을 알 수 있다.

3) 노동시장 재진입기

(1) 기존 경력 활용

"다문화 이해 강사로요. 지금은 간단히 어린이집 가서 문화 알려주는 것 정도만 하고, 베트남어 조금만 알려주고요. 강의 요청이 센터에, 들어오면 한 달에 몇 번 정도 강의해요." (중략) "저번에 10개월 동안 센터에서 통역사로 활동했어요. 그냥 작년에 거기 센터에서 10개월 일하고 나서는 아는 사람이 부부싸움이나 이런 거 하면 전화상담하고 통역해주는 그런 거예요. 근데 돈은 안 받고요." (연구참여자 1)

연구참여자들은 이미 다문화 이해강사와 센터의 통번역사로 활동하고 있었다. 그런데 다문화 이해강사의 경우 고정적인 수입이 발생하는 것이 아니라, 일선 유치원이나 초등학교에서 강의 요청이 있는 경우에만 강사로 활동을 하고 있는 실정이다. 그리고 센터의 통번역사로 활동하는 경우도 짧게는 6개월, 길면 10개월 정도 단기간 일을 하고 있다. 이로 인해서 일정 기간이 지나면 다시 직장을 구해야 하는 상황이 반복되게 되는 것이다.

(2) 재취업 가능성에 도전

"지금 가장 큰 고민은 일하는 거예요. 사무실에서 컴퓨터로…. (웃음). 내년에 컴퓨터를 배울 거예요. 그래서 사무실에서 행정일 같은 거 하고 싶어요…." (연구참여자 5)

"그래도 올해는 직장은 못 잡으면 내년에 신청하려고요. 대신 신청해서 다 되는 거는 아니잖아요. 많은 사람이 잘하고 하니까. 경쟁도 많지만 그래도 신청해보려고 생각하고 있어요…." (연구참여자 1)

"우리 다문화 가족에도 음…, 엄마들이 좀 일자리 좀 많이… 주면, 좋겠어요. 왜냐면 하다 보면 어떤 때 어른들 일 구하는 사이트에 보니까 외

국인 이민자 지원 불가 그런 거 나오면 너무 속상하고….” (연구참여자 2)

연구참여자들은 자녀양육기가 어느 정도 끝나거나, 아니면 자녀 양육과 병행하면서 노동시장에 재진입할 준비를 하게 된다. 자신의 경력을 활용하여 직업을 구하는 경우도 있지만 새로운 직종을 구하고자 하는 결혼이주여성들이 많은 것을 알 수 있다. 그들은 다문화 이해강사나 통번역사, 서비스업보다는 컴퓨터 자격증 등을 취득해서 행정업무 등 새로운 직종으로 재취업하기를 바라고 있었다.

(3) 자격증과 학업에 도전

“제가… 음…, 자격증을 따서 전문적으로 일하고 싶어요. 고민 많이 했는데요. 저희 다문화 가족한테 좀 막상 맞는 거 별로 없는 것 같아서. 제가… 선택한 자격증은 한식 자격증인데, 요리…사. 집에서도 맛있게 해줄 수 있고. 근데, 이거 자격증 따는 과정에서 너~무 힘들고. 필기시험… 우리말도 잘 안 되는데. 필기시험 얼마나 어려운지 그거 생각 못 해서 그냥…. (중략) (연구참여자, 연구자 웃음). 그래서, 그 자격증 땄어요.” (연구참여자 2)

“베트남에서 중학교를 졸업하고, 2013년에 방통고등학교에 입학해서 2016년에 졸업을 했어요. 3년 동안 되게 재밌어요. 이것도 많이 배웠고, 계속 하고 싶은데요. 근데 어렵기도 하고, 배울 수 있으니까… 한국에 이런 데도 있구나. 너무 좋아서. 대학까지 가고 싶은 생각 있는데, 대

학 가면 우리 1학기에 한 100만 원… 그래서… 포기했어요….” (연구참여자 3)

결혼이주여성은 초기 단계와 자녀양육기를 거치고 나면 노동시장으로 재진입을 하고자 한다. 노동시장으로 재진입하는 단계에서 기존의 경력을 활용하는 경우도 있지만, 자격증을 취득해 새로운 직종에서 일하고 싶어 하는 경우도 많다. 그리고 연구참여자 3의 경우를 보면 대학교에 진학을 희망하는 경우도 있었다. 위와 같이 자격증 취득뿐만 아니라 학업에도 새롭게 도전하려고 하는 결혼이주여성도 있다는 것을 알 수 있다.

6. 나가며

이 장에서는 동남아시아계 결혼이주여성들이 한국 사회 구성원으로 살아가는 과정을 사회복지 서비스 이용 경험을 통해 살펴보고자 했다. 결혼이주여성의 생애주기를 크게 '입국 초기', '자녀양육기', '노동시장 재진입기' 단계로 나누어 살펴보았다. 글에서 나타난 생애주기별 사회복지 서비스 이용 경험을 보면 다음과 같다.

먼저, 입국 초기 단계에서 이들은 한국어교육을 지원받기 위한 사회복지 서비스를 많이 이용하는 것으로 보인다. 결혼이주여성은 접근성이 수월한 다문화가족지원센터에서나 지역 대학의 어학당을 활용해 한국어 집합교육을 받고 있었다. 간혹 온라인을 통해서 한국어를 배우는 사례도 있었지만 대부분 센터 등에서 집합교육에 참여하는 것을 알 수 있다. 이들은 단순히 한국어만 배우는 것이 아니라, 함께 모여서 정보도 공유하고, 정서적 지지도 얻는 기회를 마련하고 있었다.

그리고 입국 초기 단계에서는 누구보다 남편의 역할이 중요함을 확인했다. 낯선 한국이라는 곳에 오롯이 의지할 곳은 남편밖에 없는 상황에서, 남편이 보여주는 세상이 전부인 생활을 하게 된다. 초기에 한국 사회에 적응을 잘한 대부분의 여성은 남편과 시댁 식구들과의 관계가 좋았다.

초기 입국한 후에 많은 여성들이 임신과 출산의 과정을 경험하게 된다. 이들은 낯선 환경에서의 적응도 어려울 뿐만 아니라, 임신과 출산이라는 과정을 또 이겨내야 하는 상황에 직면하게 된다. 이런 상황에서 결혼이주여성들이 선택할 수 있는 사회복지 서비스는 방문교육지원사업이 있었다. 방문교육사가 집을 직접 방문해 1:1 멘토링 시스템으로 운영된다. 한국어를 배울 뿐만 아니라 임신과 출산 준비, 자녀를 양육하는 경우에는 자녀 양육 방법 등에 대해 서비스를 지원받게 된다. 이와 같이 가정 내 지지체계와 사회복지 정책으로 인해 여성들이 초기 한국 사회에 잘 적응할 수 있도록 도움을 주고 있다.

둘째, '자녀양육기' 단계에서는 무엇보다 자녀 양육과 교육에 관심을 많이 두는 시기라고 볼 수 있다. 이 시기에는 문화 차이로 인해 양육방식에 대한 차이가 있음을 확인하게 되고, 경험과 학습을 통해 다양한 양육방식을 이해하게 된다. 아울러, 자녀가 유치원이나, 초등학교에 취학을 하게 되는 시기이므로 자녀의 학업성취도에 관심이 높아지게 된다. 이들은 자신의 부족한 한국어 실력이 자녀의 언어발달과 인지발달에 부정적인 영향을 미칠까 염려하고 있었다. 이러한 고민과 불안한 심리를 해결하기 위해 사회적 지지망을 활용하고 있는 것으로 보인다. 사회적 지지망에서는 자신의 문화정체성을 유지하기 위해서 자국민과의 모임을 유지하기도 하지만, 종교기관이나 이웃과의 교류를 통해 한국 지인들과 소통하는 경우도 있었다.

마지막 단계인 '노동시장 재진입기'에서는 결혼이주여성들이 새로운 삶의 모습을 추구하는 것을 확인할 수 있었다. 이들은 기존의 경력을 활용해서 계속 직업을 구하려고 하거나 컴퓨터활용능력, 자격증 취득 등을 통해서 새로운 직종을 계속해서 찾고자 했다. 삶을 꾸준히 개척하려고 하는 여성들의 적극적인 삶의 태도를 볼 수가 있었다. 이러한 여성들을 위한 다양한 직업의 기회를 제공할 필요가 있어 보인다.

7 장

미디어 영역

유학생의 미디어 리터러시

1. 들어가기

한국은 2019년 4월 말 현재 체류외국인의 수 2,430,589명을 기록하며 빠르게 다문화 사회로 진입하고 있음에도 불구하고 한국 사회 내 선주민 다수자들은 이주민과의 접촉 기회 및 교육이 부재한 상태에서 국가와 언론 등 탑다운(top-down) 방식의 계몽에 의하여(정의철, 2011) 다문화에 대한 인식을 형성하고 있다.

이로 인해 한국 사회 내의 이주민들은 소수자로서의 정체성과 권리를 보장받지 못하고 있으며, 심지어 영화, TV, 인터넷 등 대중매체에서 다루어지는 사건과 사고를 통해 소수자들의 이미지가 과도하게 부각되면서 점점 더 부정적인 집단으로 고착화되고 주변화되는 경향이 있다. 특히 한국 사회의 이주민 소수자에 대한 부정적인 이미지 재현들은 미디어의 다양한 분야에서 일어나고 있다.

미디어에 의한 타자의 재현방식은 기존의 지식체계에 대한 선입견이나 차별적 인식 등에 의해 재생산된다. 주류 미디어의 재현방식은 다수자의 관념에 의해 정형화된 시선을 그대로 드러내는 것이다. 즉 이주민 소수자에 대한 미디어 재현은 이주민의 시각과는 별개이며 다수자의 측면에서 주류사회의 지배적 담론이 반영된 결과라 할 수 있다.

이주민 소수자에 대한 재현방식은 미디어가 다수자-소수자 간의 사회적 관계를 중점으로 접근하기보다는 소수자의 삶 자체에 대한 묘사에 중점을 둠으로써 이들을 시혜적 · 동정적 시각으로 왜곡하는 결과로 나타난다(엄한진, 2011). 특히 저출산 대책 및 고용정책의 일환으로 유입된 결혼이주여성이나 이주근로자가 차별적이고 부정적인 이미지 재현의 대상이 되는 이유도 이와 같은 맥락으로 볼 수 있다.

소수자는 수의 적음을 의미하는 것이 아니라 사회적 권력 또는 사회적 영향력의 크기나 집합적 정체성의 유무로 규정된다(설동훈, 2009). 소수자 미디어(minority media)는 주변화된 그룹의 대변자로 다양성을 촉진하며 소수자의 시각으로 이슈를 묘사한다(Georgiou, 2005). 소수자에 대한 미디어는 미디어의 배치를 소수자의 코드로 재배치하는 과정으로 미디어의 공간에 소수자의 이미지, 소수자의 언어, 소수자의 문화 등을 적극적으로 표현함으로써 소수자의 세계를 실현하고자 하는 보다 진화된 사회를 구성하는 방식이다(한국언론정보학회, 2006).

소수자 미디어는 이주민들의 생활세계를 드러내고, 이주민 간 혹은 다수자와 소수자 간의 소통을 통하여 지식과 정보를 교류할 수 있게 하고, 이들이 주류사회에 적응해나가는 과정을 경험할 수 있는 가교 역할을 한다. 즉 소수자 미디어는 이주민들의 소통과 적응, 통합, 연대의 기제가 되며 이를 통해 자신들의 커뮤니케이션 권리도 획득할 수 있게 한다(강진숙, 2018).

따라서 이주민 소수자 미디어는 이주민이 주체가 되어 자신들의 시각과 목소리로 다수자-소수자 간의 이슈나 생활세계의 다양성을 전파함으로써 지속 가능한 사회통합의 실천적 역할을 수행할 수 있다. 그럼에도 한국 사회의 이주민 소수자 미디어는 이러한 실천적 역할에 대한 한계에 직면하고 있다.

이주민 소수자 미디어가 실천적 역할을 다하기 위해서는 다수자 중심의 주류 미디어가 소수자를 대상화하지 않아야 하며, 다수자와 소수자 모두가 서로 달라지기를 배우고, 함께 변해가고 조율하며 같이 어울려가는 과정에 소수자 되기를 지원하는 사회적 실천을 아끼지 않아야 한다.

소수자 되기를 지원하는 일은 이주민 소수자 미디어가 소수자들로 하여금 주류사회 속에서 주체적인 참여자가 되어 자신의 인식과 정체성을 새롭게 형성하도록 하는 것이다. 나아가 이주민 소수자 미디어가 다수자적 시선을 교정함으로써 소수자들이 다수자들과 소통과 공감을 통해 새로운 관계를 만들 수 있는 사회적 역할을 할 수 있도록 하는 것이다.

본 장에서 이주민 소수자의 미디어 재현과 차별문제에 주목하는 이유는 한국 사회의 이주민 소수자 미디어가 다수자와 이주민 간의 소통과 공감, 그리고 이주민의 소수자 되기를 저해하고 다양성을 전파하는 본래의 역할에 미흡하기 때문이다.

따라서 본 장에서는 주류 미디어가 생산하는 이주민 소수자의 미디어 재현방식에 대하여 한국 사회 내 소수자인 동남아시아계 유학생들의 미디어 리터러시 경험을 통해, 이주민 소수자의 미디어 재현방식을 파악하고 소수자의 미디어 재현과 차별에 대한 문제를 해결하기 위한 대안적 방향을 모색하고자 한다.

이러한 연구 목적을 달성하기 위해 두 가지 연구문제를 설정했다. 첫째, 연구참여자는 미디어(TV, 영화, 인터넷 등)의 이주민 소수자의 미디어 재현방식을 어떻게 인식하고 있는가? 둘째, 연구참여자는 이주민 소수자의 미디어 재현에 나타난 문제점을 해결하기 위하여 어떠한 개선방안이 있다고 생각하는가?

2.
소수자 미디어와 비판적 리터러시

1) 소수자 미디어 재현

우리 사회는 사회적 규범, 생산, 소비, 재현 등과 끊임없이 상호작용하고 순환하면서 담론을 형성하고 이데올로기와 권력을 생산한다. 특히 재현(representation)은 사회적 현실을 반영하고 사회적 의미를 새롭게 구성하는 것이므로 다문화 사회에서 다수자에 의해 생산되는 재현은 특정 이데올로기와 권력에 의해 작동될 수 있다.

다문화 사회 내 다수자들은 미디어를 매개로 사회 내 다양한 영역에서 담론을 점유하여 선주민과 이주민 소수자 간에 순환하면서 경계 만들기와 경계 허물기를 반복한다. 이 과정에서 새로운 담론과 텍스트를 생산하면서 타자를 조정하고 이주민 소수자들의 생활세계를 형성한다(전봉철, 2003). 다문화 사회에서의 미디어 재현은 인종, 민족, 국가, 집단 등과 같은 공동체의 정체성과 역동성에 영향을 주기도 한다. 하지만 다양성을 내포하고 있는 다문화 사회에서 차별과 불평등 및 배제와 주변화를 규정하는 인식의 틀을 제공할 수 있다(Silverstone & Georgiou, 2005).

다문화 사회에서의 주류 미디어는 소수자가 지닌 다양성이나 관점을 배제하고 주류사회의 지배적인 구조 안에서 획일적인 담론을 생산하는 집단 인식과 해석의 틀(a collective frame of interpretation)로 작용될 수 있다(Bourdieu, 1998; Williams, 1982). 그뿐만 아니라 미디어 수용자들로 하여금 특정 관점을 가지게 하거나 특정한 가치관을 유도할 수도 있다(Sturken & Cartwright, 2001; 2006).

실제 한국의 주류 미디어에 대한 선행연구에서는 이주노동자가 범죄를 양산하는 집단 혹은 불법이라는 이미지로 재현하고 있고, 결혼이주여성은 저출산 대책 및 남성 중심의 가부장적 관점으로 재현하고 있는 것으로 나타났다(엄한진, 2011). 또한 이주민을 타자화(othering)하고 주변화하는 등 외국인 혐오주의, 인종차별주의의 내용을 재생산함으로써 반(反)이민 정서를 확산시키고 있는 것을 확인할 수 있다.

주류 미디어가 생산하는 이주민 소수자 미디어 재현에 관한 선행연구를 자세히 고찰해보면, 주류 미디어에 이주민 소수자가 어떻게 재현되고 있는지를 분석한 연구(김경희, 2009; 원숙경, 2014; 박미경 · 이헌율, 2017), 주류 미디어에 이주민 소수자가 어떻게 재현되어야 하는지에 대한 새로운 이미지 재현방식을 제시한 연구(김경희, 2011; 정의철, 2011; 허찬행 · 심영섭, 2015; 주재원, 2016), 그리고 이주민 소수자를 대상별로 나누어 재현되는 이미지를 분석한 연구(류찬열, 2010; 박명진, 2011; 이명현, 2010; 권금상, 2013) 등으로 정리해볼 수 있다.

첫째, 영화, TV, 드라마, 다큐, 뉴스 등 다양한 미디어에서 다루어지는 이주민 소수자 재현방식을 진단한 연구는 2000~2008년까지 KBS · MBC · SBS · YTN 등 텔레비전에서 소수자를 중심으로 다루고 있는 뉴스 내러티브를 분석하여 소수자에 대한 재현방식이 이분법적 인식과 온정주의적 시선으로 정형화되어 나타나고 있음을 확인한 연구(김경희, 2009), 우리 사회에 편입되는 새로운 사회적 현상을 관찰한 영화 〈방가? 방가!〉와 〈완득이〉를 중심으로 미디어에 의한 소수자 재현 사례를 분석하여 미디어가 다문화 사회를 어떻게 이데올로기화하는지를 조명한 연구(원숙경, 2014), 이주민과 관련한 사회적 변화를 조명하기 위하여 KBS 〈이웃집 찰스〉를 통하여 새로운 이주민의 미디어 재현방식의 변화를 분석한 연구(박미경 · 이헌율, 2017), 2003년부터 2016년까지 국내 텔레비전의 다문화 프로그램의 내용을 종합적으로 분석하여 이주민 및 외국인의 인종과 이주 유형별 재현율, 장르에 따른 집단별 재현 정도의 차이, 그리고 시기별 변화를 분석함으로써 다문화 프로그램 연구의 범위를 확장하고자 한 연구(김초희 · 김도연, 2018) 등이 진행됐다.

둘째, 미디어에서 이주민 소수자가 어떻게 재현되어야 하는지에 대한 새로운 이미지 재현방식을 제시한 연구(김경희, 2011; 정의철, 2011; 허찬행 · 심영섭, 2015; 주재원, 2016)는 휴먼 다큐멘터리 이주민 소수자 재현 프로그램에 대한 시청자 게시글의 텍스트를 분석한 결과, 다문화 사회와 배치되는 수용자의 인식을 발견하고 시사점을 통하여 한국인과 다른 이방인으로 분리되어 재현되고 있는 혈통주의 및 동화주의 인식을 지적하고 시사점을 제시한 연구(김경희, 2011), 다문화 사회와 다문화주의에 대한 비판적 관점을 바탕으로 〈이주민방송: MWTV〉의 등장 배경과 제작과정에서의 상호작용 및 문제점을 파악한 후, 이주민방송에 대한 참여적 대안미디어로서의 시각을 진단하고 이주민 소수자 미디어의 역할을 통해 주체적인 소수자 재현의 가능성을 제시한 연구(정의철, 2011), 다문화 사회와 다문화정책에 대한 텔레비전의 재현방식이 동화주의적이며 다름을 문화적 열등감으로 표현하거나 편견을 양산한다는 FGI 분석을 통해 다문화 사회에서 방송의 사회통합적 기능에 대한 시사점을 제시한 연구(허찬행 · 심영섭, 2015), 지상파 방송사들의 뉴스 콘텐츠에 나타난 영상담론을 분석하여 담론화하고 이들의 이주민 재현 양식이 한국인들과 이항대립을 이루어 스테레오 타입을 확대 재생산하는 메커니즘으로 작용한다는 것을 밝힘으로써 이주민 소수자 미디어 재현 양식에 대한 시사점을 제안한 연구(주재원, 2016) 등이 이루어졌다.

셋째, 이주민 소수자를 대상별로 나누어 진행한 연구에는 이주노동자의 재현 연구(류찬열, 2010; 박명진, 2011)와 결혼이주여성의 재현 연구(이명현, 2010; 권금상, 2013) 등이 있었다. 류찬열(2010)과 박명진(2011)은 영화 분석을 통하여 한국 사회가 주로 공장이나 소외된 장소에서 노동을 담당하고 있는 이주노동자들을 사회적 약자의 시선에서 바라보며 이미지를 재현하고 있다는 관점에서 출발하여 이들에 대한 타자성의 존중이라는 실천의 문제를 제기했다. 그리고 이명현(2010)은 농촌드라마 분석을 통해 결혼이주여성이 한국 사회에서 타자성을 획득하기보다 오히려 가부정적 기족 이데올로기에 의해 남성으로부터 정의되는 여성으로서 이미지화되고 있음을 지적했다. 권금상(2013)은 소수자 미디어가 결혼이주여성을 시혜의 대상이자 타자화된 집단으로 조명하는 차별적 제작기법을 사용하고, 감동을 이끌어내기 위한 수단으로 사용하기 위하여 이들에게 위계적이고 불리한 위치를 공고히 하여 주변인물로 고정화시키고 사회적 거리를 부각시킴으로써 다수자와 소수자 간의 이항대립적인 관계를 강조하여 사회적 의미를 생성하고 있음을 지적했다.

지금까지 주류 미디어가 생산하는 이주민 소수자의 미디어 재현방식 및 시사점을 제시한 다양한 연구들이 진행됐다. 그럼에도 불구하고 한국 사회 내 이주민 소수자의 경험을 살펴본 연구가 미흡한 것으로 나타났다.

그러므로 본 장에서는 미디어에 재현되는 소수자 이주민들이 어떤 방식으로 표현되고 있는가를 탐색하고자 미디어 소수자 중에서 동남아시아계 유학생들의 미디어 경험에 집중하여 그 의미를 분석하고자 한다.

다문화 사회에서 선주민과 이주민 소수자 간의 새로운 소통의 도구로서 미디어에 주목했다. 미디어는 이주민 소수자를 재현하고 이주민에 대한 사회적 담론을 매개하면서 사람들로 하여금 세상에 대한 이해 방식을 생산할 뿐만 아니라 변화시키는 역할을 할 수 있다. 따라서 우리 사회가 미디어가 미치는 사회적 영향력에 관심을 가진다면 이주민 소수자 미디어에 대한 기존의 불평등과 차별을 감소시키는 대안이 될 수 있을 것이다.

2) 소수자 되기와 비판적 미디어 리터러시

프랑스의 후기 구조주의 철학자 들뢰즈와 가타리는 다수성과 소수성은 양적 차이가 아니라 상태나 표준의 규정과 같은 질적 차이를 지닌 존재의 개념으로 설명한 바 있다(Deleuze & Guattari, 1980/2001). 예를 들면 다수성은 지배 권력의 상태나 사회적 통념의 표준으로 작동하는 '-이다'라는 권력이 이미 주어진 '고정된/자명한 존재'이다. 반면 소수성은 지배 권력의 상태나 표준에서 배제되어있으며 다양한 '-되기'를 통해 차이를 생성하는 '과정 위의 존재'이다. 이러한 소수성은 기존의 고정관념과 관습, 그리고 다수성의 동일성에서 벗어나 지속적으로 '되기'의 과정을 행하는 주체가 될 때 형성되며(강진숙, 2012; 2018), 이러한 과정이 '소수자 되기'이다(Deleuze & Guattari, 1980/2001).

본 장은 소수성을 지닌 이주민들이 차별과 고정관념에서 벗어나 자신의 권한을 주체적으로 강화하고 실천하는 '소수자 되기'에 주목했다. 그 이유는 이주민이 참여하는 소수자 미디어는 자신들이 주변화된 그룹의 대변자로서 다양성과 다문화주의, 인권 및 커뮤니케이션의 자유를 지지하고(Georgiou, 2005), 시혜의 대상에서 연대에 참여하는 주체가 되어 자기표현(speaking in one's own voice)과 담론 형성 및 자기강화(self-empowerment)의 장을 제공할 수 있기 때문이다(Silva, 2009).

이주민이 참여하는 소수자 미디어는 소수자의 권한을 강화하고(Sreberny, 2005), 인정 투쟁하고 정체성을 형성하는 사회활동의 장이 될 수 있다(장미경, 2005). 이들은 주류사회의 헤게모니에 도전하여 세상을 바라보는 대항적 방법(counter hegemonic ways of seeing)을 통해 주류사회가 재현하는 고정관념에 도전할 수 있기 때문이다(Sreberny, 2005). 이러한 기회를 제공받은 이주민 소수자는 소수자 미디어를 통한 실천적 차원에서 '소수자 되기'를 실현하는 계기가 마련될 수 있다.

소수자 되기는 어떤 대상을 모방하거나 동일시하여 그 목표지점에 도착하는 목적으로서의 의미가 아니라, 자신을 긍정적으로 인식하고 스스로 변화시켜 소수자가 되어가는 과정으로서의 의미를 지닌다. 이주민의 '소수자 되기'는 소수자를 배제하고 특수한 존재로 규정하고 있는 주류 미디어의 소수자 재현방식을 비판하고 문제점을 개선하는 것이다. 즉 '소수자 되기'는 이주민 소수자 미디어의 재현방식을 변화시키기 위하여 소수자들로 하여금 자신들의 생활세계의 목소리를 진정성 있게 드러내도록 할 수 있는 미디어 생산 기회 등의 실천적 방안을 제공할 수 있다.

이주민의 '소수자 되기'는 일방적이고 획일적으로 지식을 주입하는 교육체제 속에서는 이루어질 수 없다. 이주민의 '소수자 되기'의 과정은 소수자가 지닌 특성을 상호 인정하고 잠재적인 역량을 주체적으로 발산할 수 있는 기회를 제공할 때 가능해진다. 이는 이주민 소수자가 주류 미디어에 대한 비판적 미디어 리터러시를 통하여 다수자가 만든 자신들에 대한 통념과 상식, 그리고 다수자의 권력이 만든 부정적인 담론으로부터 벗어날 수 있는 과정을 실천할 때 비로소 가능하다. 특히 리터러시를 통해 실천이 가능하다.

리터러시(literacy)는 언어체계를 기반으로 읽고 쓸 수 있는 능력에서 더 나아가 이제는 변화하는 사회에 적응하고 대처하는 능력으로 그 개념이 확대됐다. 이는 21세기의 소통의 도구가 더 이상 언어만이 유일한 수단이 아님을 의미하는 것이며(Kern, 2006; Kress, 2000), 말과 글을 담아내는 다양한 매체들이 소통의 도구로 등장하면서 전 지구를 하나의 세상으로 연결시키는 이미지와 영상 등과 같은 다양한 도구들과 소통하는 능력으로 의미가 확장되어 사용되고 있다(Broderick, 2014).

미디어 리터러시(Media Literacy)는 미디어 콘텐츠를 비판적으로 평가하고 제작하며 이를 통해 설득적 커뮤니케이션을 수행할 수 있는 능력이다(Hobbs & Moore, 2013). 또한 미디어 리터러시는 미디어 지식과 비평, 그리고 해독하는 능력을 의미하며 미디어의 본질과 특성에 대한 이해 능력, 미디어의 주체적 이용 능력, 미디어 내용에 대한 비판적 해독과 분석 능력, 미디어의 창조적 활용과 표현 능력, 미디어를 통한 소통 능력을 포함한다(전경란, 2009).

오늘날 디지털 미디어 시대에 새로운 소통의 도구로 대두하고 있는 다양한 형태의 미디어를 비판적으로 해독할 수 있는 미디어 리터러시 능력은 어느 때보다 중요하게 됐다(장은영, 2017). 이제 소수자는 단순한 미디어 수용자의 역할을 넘어 창조와 변혁의 주체로 변모해야 한다. 즉 이들은 주류사회의 이데올로기에 의해 차별 기제로 작동하는 미디어 기능을 비판적 사고를 통해 의미를 재구성할 수 있는 창조적이며 주체적인 역량인 비판적 미디어 리터러시를 강화해야 한다.

비판적 미디어 리터러시(Critical Media Literacy)는 미디어 텍스트를 사회적 산물로 인식하고 이를 비판적으로 읽고 쓸 수 있는 능력이다(Kellner & Share, 2007). 즉 비판적 미디어 리터러시는 소수자 미디어에 대한 비판적 차원에서 미디어 텍스트에 재현되거나 담론 뒤에 숨겨진 이데올로기와 역학관계를 비판적으로 분석하여 읽어낼 수 있는 능력을 의미한다.

비판적 미디어 리터러시는 이주민 소수자들로 하여금 다양한 갈등이 혼재하고 있는 주류사회를 이해하고 편견과 고정관념 그리고 자문화 우월주의에 대한 문제를 비판적 성찰과 능동적 참여를 통하여 해결방안을 모색할 수 있도록 할 수 있을 것이다. 또한 비판적 미디어 리터러시를 통해 이들을 미디어 약자를 넘어 다문화적 지식 · 기능 · 가치를 획득한 능동적인 사회구성원으로 성장시킬 수 있을 것이며, 궁극적으로는 바람직한 사회통합의 가능성을 제시할 수 있을 것이다.

본 장은 동남아시아계 유학생의 미디어 리터러시 경험을 통하여 소수자 미디어에 대한 비판적 차원에서 이주민 소수자 미디어에 나타난 재

〈표 7-1〉 자료 분석의 틀

분류	분석대상	본질적 주제	하위 주제
소수자 미디어에 대한 비판적 차원	이주민 소수자의 미디어 재현 및 차별 문제		
소수자 미디어를 통한 실천적 차원	소수자 미디어 재현의 문제점 해결 및 개선 방안		

현방식과 차별 문제를 파악하고, 소수자 미디어를 통한 실천적 차원에서 소수자의 전형적인 이미지 재생산 방식에 대한 문제점 개선방안을 모색했다. 이러한 과정을 수행하기 위하여 전술한 이론적 논의를 통해 다음 〈표 7-1〉과 같은 자료 분석의 틀을 도출했다.

3.
연구방법

본 장은 두 가지 연구문제에 기초하여 크게 두 범주, 이주민 소수자 미디어 재현과 차별문제, 그리고 미디어의 이주민 소수자 재현방식에 나타난 문제점과 개선점에 대하여 반구조화 방법으로 인터뷰를 실시했다. 총 6명의 동남아시아계 유학생을 연구참여자로 선정하여 2018년 8월부터 10월

〈표 7-2〉 연구참여자의 일반적 특성*

연구 참여자	출신국	연령	성별	소속	전공	토픽(급)	이용하는 미디어/ 관심 영역
1	베트남	31	여	박사과정	다문화교육	6급	인터넷/뉴스
2	베트남	31	여	박사과정	한국어교육	6급	인터넷/유튜브
3	베트남	26	여	석사과정	한국어교육	4급	인터넷/영화
4	캄보디아	23	여	학부과정	건축공학	4급	인터넷/다큐
5	캄보디아	22	남	학부과정	정보통신	3급	인터넷/드라마
6	필리핀	24	남	학부과정	언론정보	3급	인터넷/뉴스

* 본 장의 연구참여자는 총서 전체 연구참여자 중에서 연구자가 선정하여 개별 번호를 부여함

까지 심층면담을 진행했다. 연구참여자 선정 기준은 평소 미디어에 대해 관심이 많고 토픽 3급 이상을 소지한 한국어가 능숙한 유학생들에 근거했다. 연구참여자는 베트남 유학생 3명, 캄보디아 유학생 2명, 그리고 필리핀 유학생 1명으로, 이들의 일반적 특성은 다음 〈표 7-2〉와 같다.

자료수집을 위하여 우선 연구참여자들은 스스로 미디어를 선정하고 자신들이 선정한 미디어를 시청했다. 연구참여자들이 선정하여 시청한 미디어 자료는 〈표 7-3〉과 같다.

연구자는 연구참여자들의 인터뷰를 분석하여 이들이 시청한 미디어에 대한 경험의 의미를 분석했다. 연구자는 전사한 인터뷰 자료를 여러 차례 반복적으로 읽고 연구자의 관점으로부터 의미단위를 분류했다. 의미단위는 연구참여자의 경험과 관련된 진술을 맥락적으로 연결하면서 해석을 시도했고, 이 과정에 연구자의 생각을 끊임없이 성찰하며 적절한 분석과 깊이 있는 해석을 위해 동료검증을 실시했다.

분석과정의 신뢰성을 검토하기 위한 동료검증으로 연구자가 분석한 텍스트를 다문화교육 전공 교수 1인, 다문화교육 전공 박사 2인이 연구자

〈표 7-3〉 국가별 미디어 자료

국가	미디어 자료
베트남	뉴스 "이주민 가족 고국방문", 〈다문화 고부열전〉, 〈다문화 휴먼다큐 가족〉, 〈글로벌 아빠 찾아 삼만리〉, 〈한국에서 살고 있는 베트남 이주여성 이야기〉, 영화 〈안녕 투이〉 등
캄보디아	뉴스 "캄보디아 근로자 가족 재회", 〈다문화 고부열전〉, 〈다큐 의료봉사단 출정〉, 〈다큐 오늘〉, 〈글로벌 아빠 찾아 삼만 리〉, 다문화가족지원포털다누리 등
필리핀	뉴스 "5년째 재능 나눠요", 〈다문화 고부열전〉, 특별기획 〈상생과 평화 코리안 메시지〉, 〈다큐 필리핀 톤도 쓰레기마을에서 전해지는 감동 이야기〉, 다문화가족지원포털다누리 등

<표 7-4> 연구참여자의 미디어 리터러시 경험 분석결과 개요

관점 분류	본질적 주제	하위 주제
소수자 미디어에 대한 비판적 차원	제노포비아 조장	• 케이스 바이 케이스인데… 미디어가 편견을 만들고 있어요. • 국가를 강조하는 범죄 보도! 한국에서 뉴스 안 보고 싶어요.
	수혜자 삶 클로즈업	• 우리나라에서도 우리보다 더 어려운 나라를 돕고 있어요. • 한국의 위상만을 강조하려고 어두운 곳만 찾아내는 것 같아요.
	지배적 담론의 순응 강요	• 배려는 감사하지만 수동적인 삶을 요구하면 안 돼요. • 외국인이 한국인처럼 행동하는 것에 열광하는 나라인 것 같아요.
소수자 미디어를 통한 실천적 차원	저항적 주체	• 오래되거나 검증되지 않은 자료를 찾아내서 반박하고 싶어요. • 팩트가 아닌 글을 보면 댓글을 달거나 '페북'에 올려요.
	정체성의 정치	• 외국인이 아닌 척하기도 했지만 이제는 저를 드러내고 있어요. • 한국인의 인식을 바꿀 수 있는 외국인 롤 모델이 될 거예요.
	능동적 구성원	• 우리의 목소리를 담은 콘텐츠를 제작하고 싶어요. • 제 꿈을 꼭 이루어서 긍정적인 이미지를 보여줄 거예요.

와 함께 검토했다. 동료들의 의견을 수렴하고 확인을 거치면서 질적 연구 과정에 대한 신빙성을 확보했다. 또한 2019년 5월 넷째 주에 연구자가 작성한 질적 분석내용을 연구참여자들에게 이메일로 발송하여 연구자의 해석에 대한 내용 검토를 요청했고, 이에 대해 정확하고 의미 있는 해석이라는 답메일을 받았다.

연구참여자의 미디어 리터러시 경험에 대한 분석결과 개요는 <표 7-4>와 같다.

4.
유학생의 미디어 리터러시 경험

1) 소수자 미디어에 대한 비판적 차원

(1) 제노포비아 조장

① 케이스 바이 케이스인데… 미디어가 편견을 만들고 있어요.

“물론 케이스 바이 케이스고 뭐… 우리나라에도 된장녀가 많고 그렇긴 한데. (웃음). 근데 우리나라 여자들이 한국 남자를 선호한다? 그 이유는 경제적인 부분을 지원받을 수 있어서? 그런 거를 미디어를 통해서 보도하면 모르는 사람들이 접하게 되면 그게 편견이 돼버리잖아요. 저는 우리나라에서 한국에 대해서 특히 한국 여성이 어떻다 어떻다 그런 영상은 제가 본 적이 없는데, 저는 한국에 와서 한국 미디어가 우리나라를 이렇게 보도하는 것을 보고 깜짝 놀랐어요.” (연구참여자 1)

“근데 딱 영상 보면 갈등 상황을 드러내려고 편집이 됐다는 것을 알 수 있어요. 사실 미디어에서 그런 거를 자주 노출하게 되면 한국 사람들한테 그런 인식이 일반화가 되잖아요. 물론 약간 드라마처럼 만들어서 인기나 시청률을 높이려는 제작자의 입장에서는 그럴 수 있겠지만, 그래도 좀 더 신중하게 해야 돼요. 왜냐하면 정말 한국에 와서 시부모님 잘 모시고 열심히 성실하게 사는 분들도 많이 있는데. 우리나라 여자들은 돈, 돈, 돈 하면서 남편이나 시부모님 간에 갈등만 만드는 것 같잖아요.”

(연구참여자 2)

연구참여자 1과 2는 한국 내 공영방송에서 이주민 소수자를 재현하는 다큐 프로그램들이 방송 제작자의 의도적인 상황이 드러나도록 하기 위하여 편협되고 편집된 내용을 보도하고 있음을 지적했다. 실제 다양한 모습으로 살아가고 있는 이주민들의 삶의 모습을 간과하고 의도적으로 조작된 삶의 단편을 강조하는 것은 이를 시청하는 다수 시청자들로 하여금 편견 의식 혹은 인식의 일반화를 조장할 수 있다.

② 국가를 강조하는 범죄 보도! 한국에서 뉴스 안 보고 싶어요.

“부산에서 근무하는 우리나라 근로자 싸우는 거, 우리도 우리 국민이 한국에 와서 이렇게 하면 안 된다는 거 인정하고 있어요. 그렇지만 다른 국가 근로자도 있을 수 있잖아요. 근데 그 뉴스에서 첫 장면에 우리나라 국기를 크게 보여주면서 우리 국가가 문제가 많고 근로자는 더 문제가 많다는 생각을 하게 만들었어요. 싸우는 거 진짜 안 좋아요. 하지만 그것은 개인적인 것이지 국가 일 아니에요. 그런데 아~ 뉴스 앞에 나라 국기

를 보여주는 거… 정말 자존심이 상했어요." (연구참여자 4)

"한국인 피살 사건 있을 때 (중략) 창피하지만 우리나라에서는 사람 한 명 매수하는 게 엄청 싸고 쉽다고 해요. 아마 그래서 세계 여러 나라에서 우리나라 사람을 매수하는 경우도 있겠지요. (중략) 하지만 사건의 정황을 공정하게 보도해야 하는 본질보다는 세상의 모든 범죄를 다 우리나라 사람들이 주도하는 것처럼 보도하고 있어서, 팀플할 때 학생들도 우리를 피하잖아요. 한국에 살면서 우리나라에 대한 뉴스가 나오면 모두 범죄 뉴스여서 진짜 안 보고 싶어요." (연구참여자 6)

연구참여자 4와 6은 이주민 소수자를 재현하는 한국의 뉴스가 내용에 대한 공정한 전달에 주목하기보다는 출신국가를 강조하여 보도함으로써 자신들의 국가 이미지를 훼손하고 있음을 비판했다. 이러한 보도는 결혼이주민으로서, 근로자로서, 유학생으로서 한국 사회에서 적응하고 있는 다양한 이주민 소수자들의 자존감을 떨어뜨릴 뿐만 아니라 다수자와 소수자 간의 소통을 저해하고 이에 더하여 선주민들에게 외국인을 혐오하는 인식의 근간을 제공할 수 있다.

(2) 수혜자 삶 클로즈업

① 우리나라에서도 우리보다 더 어려운 나라를 돕고 있어요.

"우리나라 아이들에게 심장 수술 의료봉사, 제가 한국에 정말 고맙다고 생각하고 있어요. 고마운 마음이 굉장히 있어요. (중략) 우리나라에는 의술이 아직 한국만큼 좋지 않아요. 맞아요. 하지만 우리나라도 해외봉사 많이 나가요. 한국처럼 의료봉사는 아니지만 다른 것으로 도와주고 있어요. 저도 대학교에 다닐 때 다른 나라에 가서 집도 지어주고 교육봉사도 한 적이 있어요." (연구참여자 3)

"우리나라에도 화장실에 손 말리는 기계가 있고, 백화점 같은 곳에 에스컬레이터도 있어요. 굳이 이렇게 뉴스를 보여주면서 막 다른 나라에는 이런 거 하나도 없는 것처럼, 시골 같은 곳에는 없는 거 맞지만 우리나라에도 한국처럼 좋은 시설 많이 있고 (중략) 한국이 우리나라 농촌 마을을 지원하고 있는 것을 알고 있어요. 하지만 우리나라도 한국처럼 우리보다 더 어려운 나라를 도와주는 그런 일 많이 하고 있어요. 우리도 계속 받기만 하는 그런 나라는 아니에요." (연구참여자 5)

연구참여자 3과 5는 한국의 미디어가 자신들의 출신국가에 대하여 경제적 · 문화적 · 기술적으로 약소국가임을 강조하고 있는 보도 내용을 비판했다. 수혜를 받는 국민의 입장에서 감사하는 마음을 가질 수 있지만 자신들의 국가가 한국에 비해 지나치게 열등한 국가로 클로즈업 되는 것은 한국전쟁 이후 물질적인 지원 대상국이었던 시절 한국의 다수자들이 느꼈을 감정과 동일할 것이라고 했다.

② 한국의 위상만을 강조하려고 어두운 곳만 찾아내는 것 같아요.

"뉴스에서 한국 사람들은 쓰레기를 잘 분리배출해서 자원을 재활용하고 있다. 그런데 동남아시아 어느 국가에는 쓰레기가 동네 전체에 가득하고… 하는 모습을 보여준 적이 있어요. 사실 그 쓰레기 누가 갖다 놓았는지 아세요? 며칠 후에 그 쓰레기가 한국에서 보낸 거라는 사실이 드러났어요. (중략) 뉴스가 한국의 좋은 점을 강조하려고 다른 나라의 한 작은 부분을 가지고 전체가 다 그런 것처럼 얘기하는 게 너무 많아요. 사실은 쓰레기 문제도 한국이 저지른 일이었는데요." (연구참여자 1)

"2017년에 방송된 〈미우나 고우나〉 드라마에 동남아시아 사람이 나오는데요, 세 들어 살면서 한 푼 두 푼 잔돈까지 모으고, 가정부로 일하면서 혼자서 딸을 키우고, 또 너무 가난해서 돈을 벌기 위해서… (중략) 이 사람들은 전반적으로 한국 사회에서 아주 낮은 위치에 있고 경제적으로도 어려운 상황에 처해 있어 도움을 받아야 하는 사람으로 그려지고 있어요. 또 〈여우각시별〉 드라마에서 외국인 배우가 카메오로 나온 적이 있는데 어떤 역할이냐면 불법체류자예요…. (중략)." (연구참여자 6)

연구참여자 1과 6은 한국의 미디어에 동남아시아에 대한 차별적 요소가 내재되어있음을 지적했다. 최근 한국 사회가 경제 발전과 한류 문화에 힘입어 세계 속에서 위상을 얻고 있음은 분명한 사실이다. 그러나 국가 간 경계가 사라지고 있는 미디어의 세계화에 대한 인식 전환도 필요하다. 뉴스 소재나 드라마의 소재가 될 수 있는 이주민의 배경 국가 및 이주민 소수자의 입장에서 이들의 재현 문제가 고려되어야 할 것이다.

(3) 지배적 담론의 순응 강요

① 배려는 감사하지만 수동적인 삶을 요구하면 안 돼요.

"사실 이 다큐에서는 시어머니가 너무 천사같이 착하시고 우아하시고 돈도 책임져주시고 항상 며느리를 배려하시고… 시어머니에 대하여 너무 좋은 이미지를 부여하고 있잖아요? 또한 해설자도 시어머니 입장만 얘기하는 거 같아요. 아, 쇼파도 너무 좋은 거~ 침대도 너무~ 이렇게 비싼 거를 차려주셨네요. 아, 시어머니가 너무 잘해주고 있는데, 며느리는 남편에게 잘하고 아이 잘 키우고 집안일만 잘하면 되는데, 매일 취직하려고 하네요. 이렇게 몰아가고 있어요." (연구참여자 3)

"근로자가 여자니까 사장님이 특별한 숙소를 주고 특별히 배려해주는 거, 네, 배려하는 거 맞아요. 그 근로자 관점에서는 진짜 고마워요. 한국 사람들이 그것을 보면 와, 사장님이 여자를 배려해줘서 진짜 고맙겠지만, 우리가 보면 사장님이 그거 여자에게 왜 적당한 숙소를 주지 않고 창고를 줘요? 창고를 주면서 많이 배려하는 것처럼 하고, 이제 회사 일만 잘하면 된다고 이야기해요. 한국인 근로자라면 배려한다고 말하면서 그런 숙소를 줬을까요? 거기에서 자면서 일만 잘하라고 했을까요?" (연구참여자 5)

연구참여자 1과 5는 한국의 미디어에 동남아시아에 대한 차별적 요소가 내재되어있음을 지적했다. 특히 동남아시아 문화에서 나타나는 여성들의 일 혹은 생활력에 대한 문제는 간과한 채 시어머니의 입장만을 대변하고, 며느리는 무조건 시어머니에게 감사하고 순응하야 한다는 시각을 부각시키고 있다. 또한 회사에서도 이주민 소수자에게 수동적인 행동을 강요함으로써 주류사회에 편입된 순종적인 사람으로서의 삶을 정형화시키고 있다.

② 외국인이 한국인처럼 행동하는 것에 열광하는 나라인 것 같아요.

"드라마나 영화 같은 데 보면 한국말을 잘하는 서구 쪽에서 온 사람들은 좋은 배역을 맡아서 착하고 좋은 역할을 하고, 동남아시아 사람들은 대부분 불법체류자 역할이나 노동자 역할로 많이 나오고 그렇잖아요. 그러니까 보는 사람들도 서구 쪽 사람들에게 점점 더 좋은 이미지를 가지게 되는 것 같아요. 걸 그룹이나 남성 그룹에 인기 있는 외국인을 보면 다 피부색깔이 밝고 행동도 거의 한국 사람하고 똑같이 하고, 그런 사람을 한국 사람들은 정말 좋아하는 것 같아요." (연구참여자 2)

"한국 사람에게 호감을 주는 행동이 따로 있어요. 예능이나 드라마 같은 거를 보면서도 항상 느끼고 있어요. 김치를 잘 먹고, 막걸리를 잘 마시고…. 제작진들도 그런 사람만 출연을 시키잖아요. 사실 우리에게도 우리의 문화가 있는데, 우리 문화를 굳이 버리고 한국 문화만 따라야 한다는 이유가 없는데도, 왠지 한국 사람들처럼 안 하면 좀 가난한 나라에서 온 사람이라서 못 배워서 그렇다 하는 그런 느낌, 이런 것을 보면 저는 좀 불편해요." (연구참여자 4)

연구참여자 2와 4는 미디어가 소수자들로 하여금 수동적인 이미지를 고정관념화 시키고 이를 통해 한국 문화에 동화시키려는 암시를 보여주는 것 같아 불편함을 느끼고 있었다. 한국의 다수 다큐 프로그램들이 이주민 소수자들의 다양한 문화를 공유한다는 제작 의도를 가지고 있다. 그럼에도 불구하고 미디어가 이주민 소수자를 주체로 보지 않고, 다수자의 암묵적이고 지배적인 논리를 통해 소수자들로 하여금 다수자의 지배 담론에 순응하도록 사회화하는 역할을 강조하고 있다.

2) 소수자 미디어를 통한 실천적 차원

(1) 저항적 주체

① 오래되거나 검증되지 않은 자료를 찾아내서 반박하고 싶어요.

"그 영상은 여성을 물건처럼 상품화하고 있어요. 우리나라 여자는 돈만 좋아한다? 그렇지 않아요. 어떤 사람은 결혼 전에 돈을 좋아하고, 결혼 전에 꼭 돈이 필요한 사람도 있고, 그거는 현대인이기 때문에 어느 나라 사람도 그럴 수 있는 거지. 그리고 우리나라 여자가 한국이나 외국인에 동경심이 강하다? 그것도 그렇지 않아요. 어느 나라에도 외국인 좋아하는 사람이 있고 아닌 사람도 있는데, 어디에도 검증된 것이 없는데 이런 자료를 사용하면 정말 안 돼요. 진짜 답답해요." (연구참여자 3)

"우리나라 가정생활 문화, 그거 과거 이야기예요. 18살에 결혼한다, 교육환경이 안 좋다. 자격을 갖춘 선생님이 없다. 교과서도 없다. 이런 얘기들, 지금은 아니에요. 예를 들어 가족제도만 보아도 결혼 후에 부모님과 같이 사는 거 요즘은 그렇지 않고 부부끼리만 살아요. 결혼하는 나이도 더 높아졌어요. 왜냐하면 요즘은 여자들도 많이 교육 받고 적당한 직업도 얻고 집도 있고, 이거 정부에서 만든 자료지만 (중략) 제가 오래된 자료를 다 찾아내서 뭐가 잘못이다 이야기하고 싶어요." (연구참여자 4)

연구참여자 3과 4는 공공기관에서 제작한 소수자 미디어에서 이주민에 대한 정보로 지나치게 오래됐거나 검증되지 않은 자료를 사용함으로써 이를 보는 소비자들이 올바른 정보를 제공받을 수 없음을 강하게 지적하면서, 자신들도 한국 사회에서 주체적인 목소리를 내고자 했다. 미디어가 동남아시아의 문화에 대해 부정적인 면만을 부각시키거나 과거 또는 일부 지방의 일을 일반화시켜 이주민을 우리와 다른 사람으로 차별하고 특별한 대상으로 낙인찍게 만드는 근거를 제공한다면 한국에 살고 있는 이주민 당사자들은 엄청난 스트레스를 겪게 될 것이다.

② 팩트가 아닌 글을 보면 댓글을 달거나 '페북'에 올려요.

"영상을 만들기 전에 아니면 방송을 하기 전에 그 나라의 사람에게 그거 확인해서 이런 거 사실인지 아닌지 확인하는 게 좋겠어요. (중략) 저는 이런 글 읽으면 사실과 다른 정보에 대해 바른 정보를 써주거나 아니면 그 나라 사람에게 한 번 확인해봐라. 이렇게 글을 써요. 방송하는 사람은 그 나라에 대한 정보를 많이 습득하고 영상을 만들어야 해요. 자기 생각만 자기 경험만 가지고 영상 만드는 거 안 돼요. 모르면 우리가 쓴 댓글 같은 거라도 읽어보면 도움받을 수 있는데…" (연구참여자 3)

"나쁜 일을 크게 드러내려고 팩트가 아닌 것을 더하는 거 많이 봤어요. 나쁜 일을 드러내면 좋은 일도 찾아서 같이 강조하면 좋은데 그렇게 하지 않아요. 나쁜 일을 크게 만든다고 한국 사회에 어떤 이익을 받을 수 있어요? 없잖아요. 그거 외국인과 한국인, 차이나 갈등만 커지게 하는 거예요. 더 좋은 것을 다른 사람에게 보여주고 사람끼리 사이가 더 좋아지는 게 하는 게 미디어의 역할인데, 저는 이런 글 보면 참지 못하고 미디어가 사회를 위해 유익하고 긍정적인 역할을 해야 한다는 내용을 '페북'에 자주 올려요." (연구참여자 4)

연구참여자 3과 4는 소수자에 대한 미디어가 관심이나 흥미를 유발하기 위하여 본질을 왜곡하거나 사실과 다른 면을 강조하는 것에 대하여 정보를 수정하는 댓글을 다는 등 비판적 리터러시를 실천하고 있었다. 소수자는 자신의 정체성의 가치를 구현하기 위하여 다수자의 낙인과 불평등에 대하여 대항주체로서 다수자와 소수자 간의 관계를 변화시킬 수 있는 잠재력을 지니고 있다(박경환, 2008). 이는 소수자가 미디어를 통해 자기표현의 장을 마련함으로써 다수자 속의 저항적 소수자로서 주체적 정치를 구현하고자 하는 것이다.

(2) 정체성의 정치

① 외국인이 아닌 척하기도 했지만 이제는 저를 드러내고 있어요.

"시어머니가 외국인 며느리에게 너희 나라에 이런 것 있냐? 이런 것 먹어봤냐? 그 말 속에는 경제적으로 힘든 나라에서 부자 나라에 왔으니까 행복하지? 여기에 차별 의미가 있어요. 다큐가 그런 것을 보여주고 있는 것 같아요. 문제는 한국 사람들 생각이 비슷해요. 한국 학생들도 그런 비슷한 생각 하고 있어요. 이런 거 보면 제 얼굴이 아주 외국인처럼 아니니까 그냥 한국인처럼 하고 있어요. (중략) 이제는 우리는 외국인이다. 말해요. 제가 태어난 나라를 바꿀 수는 없으니까요." (연구참여자 2)

"한국 미디어에는 외국인들을 세 유형으로 묘사하고 있어요. 백인이나 백인계 혼혈인은 동경집단으로 특히 〈비정상회담〉에 나오는 서구인들은 대부분 긍정적으로 묘사하잖아요. 그리고 중국, 일본 이런 국가 사람들은 친숙한 근접집단의 이미지로, 하지만 저 같은 동남아시아 사람들은 한국인들이 항상 도와줘야 되는 동정집단으로 묘사하고 있어요. 그래서 이렇게 인식되는 게 싫어서 외국인이 아닌 척했어요. (중략) 지금은 당당하게 말해요. 우리를 보고 한국 사람 생각이 바뀌면 그거 바람이에요." (연구참여자 6)

연구참여자 2와 6은 한국 사회의 소수자에 대한 미디어가 차별적 언어를 내포하고 있는 다큐를 보여주고 있으며 또한 국가 혹은 인종에 따라 외국인들을 유형화하여 묘사하고 있다는 것을 비판했다. 인종적으로 소수자인 연구참여자들은 이러한 미디어로 인하여 자신들도 유형화되고 있음을 인식하고, 이로 인하여 자신의 출신국가 배경을 의도적으로 드러내지 않으려 했다. 그럼에도 불구하고 한국 사회로의 적응 과정에서 연구참여자들은 자신의 출신국가를 깊이 인식하고 자신들의 올바른 삶의 모습을 보여주면서 한국 사람들의 인식이 바뀌기를 바라는 마음을 가지고 서서히 자신들의 정체성을 드러내고 있었다.

② 한국인의 인식을 바꿀 수 있는 외국인 롤 모델이 될 거예요.

"우리는 공부하러 온 유학생들이지만 어쩌면 우리나라를 대표하는 사람이라고도 할 수 있잖아요. 그래서 저는 제가 할 수 있는 예를 들면 수업, 과제, 팀플 같은 거를 할 때 적극적으로 하지 않으면 저 나라 사람들은 왜 저렇게 해? 그럴까 봐 더 열심히 하려고 해요. 식당이나 어디에 가서도 더 예의 있게 인사해요. 뉴스에서 보는 외국 사람들하고 다르네, 한국 사람들에게 그런 생각을 주고 싶어요. (중략) 유학생들도 저를 보고 나도 저 사람처럼 살아야겠다 그런 생각 많이 하면 좋겠어요." (연구참여자 4)

"미디어에서 특히 동남아 쪽을 묘사하는 방식은 외국인을 바라보는 한국인의 생각에 무의식적으로 영향을 미칠 수밖에 없어요. 미디어에서 그렇게 하니까 한국 사람들은 뭐 백인에게 막 환호하고 동남아 사람들에게는 그와 반대로 하잖아요? (중략) 저는 한국에서 방송인이 되고 싶어요. 한국 사회가 금방 개선될 수는 없겠지만 팩트를 담은 한 명의 목소리라도 내야 해서요. 제가 외국인이지만 한국 사회에 영향력을 미치면서

살고 싶고, 동남아 사람들에게 자부심도 심어주고 싶고 그래요." (연구참여자 6)

연구참여자 4와 6은 미디어가 한국인의 인식에 직접적인 영향력을 행사할 수 있는 도구임에도 불구하고, 이주민 소수자에 대하여 부정적인 이미지를 부각시키고 특정 인종이나 국가에 대하여 고정된 이미지와 담론을 확산시키고 있음에 우려를 표현했다. 이들은 미디어의 사실적이며 공정한 실천을 요구함과 동시에 자신들도 학교생활이나 일상생활 속에서 미디어의 왜곡된 인식을 조금이나마 바로잡는 데에 기여하기 위하여 바람직한 행동을 의식하여 이를 실천하려는 모습을 보였다. 연구참여자들은 작은 실천을 통하여 국제이주 배경을 지닌 이주민 소수자들의 롤 모델이 되어 이들로 하여금 정체성을 드러내며 살아갈 수 있도록 하는 기회의 장을 만들어주고자 했다. 나아가서는 한국 사회의 다수자로 하여금 인식의 전환을 가져올 수 있는 계기가 될 것으로 여기고 있었다.

(3) 능동적 구성원

① 우리의 목소리를 담은 콘텐츠를 제작하고 싶어요.

"사실 오늘 뉴스랑 여러 영상을 보고, 아, 제가 개인적으로 할 수 있는 거는 좀 한계가 있는 거 같긴 하지만…. (중략) 한국 사람들에게는 언론, 미디어가 세상을 보는 창인데…. 사실 미디어를 제작하는 사람들의 시각이 그러니까 그런 콘텐츠를 제작했을지도 몰라요. 그래서 먼저 방속

쪽에서 활동하는 사람들부터 인식 개선이 되어야 한다는 생각돼요. (중략) 우리 외국인들도 이제는 보고만 있지 말고 직접 영상을 제작해서 우리의 이야기를 사실적으로 전달해야겠어요." (연구참여자 2)

"한국 사람들은 자신이 생각하고 있는 내용을 그대로 전달하면 안 돼요. 만약에 어느 나라의 무엇을 제작한다면 반드시 그 나라 사람들에게 아니면 우리처럼 한국에 와 있는 사람 많잖아요. 검증을 받아서 방송해야 돼요. (중략) 시청하는 사람 입장에서도 모든 내용을 너무 믿으면 안 될 거 같아요. 실제 그 나라 사람들의 이야기도 들어서 좀 더 비판적으로 받아들여야 할 것 같아요. 저도 기회가 되면 우리의 목소리를 담은 콘텐츠를 제작할 생각 갖고 있어요." (연구참여자 5)

연구참여자 2와 5는 미디어가 이주민 소수자를 부정적이고 비호의적인 대상으로 재현하는 방식에 대하여 이를 제작하고 시청하는 다수자의 무비판적인 시각을 우려하고 있었다. 이들은 미디어가 세상을 보는 창으로서의 구실을 제대로 하고 있는가에 대하여 제작자와 시청자의 비판적 의식을 요구했으며, 스스로 미디어를 생산하는 주체로서 소수자 되기의 역할을 실천하고자 했다. 이들은 다수자가 만든 주류 미디어의 지배적 통념이나 고정된 관념에서 벗어나 소수자의 입장에서 자신들의 문화와 삶의 사실성을 대변할 수 있는 능동적 구성원이 되기를 강조했다. 이는 한국 사회에서 소수자로서의 삶을 통해 다수자의 시각을 긍정적으로 변화시키기 위한 실천 의지를 담은 것이며, 이러한 과정을 통하여 다수자와 소수자의 차이 그 자체를 인식하고 다수자와 공존하고자 하는 힘을 생성해나가는 과정으로 볼 수 있다.

② 제 꿈을 이루어서 긍정적인 이미지를 보여줄 거예요.

"한국 사회가 외국인에 대해 평등하게 인식하고 있다면 뉴스를 고르거나 드라마에 어떤 역할을 선정할 때 좀 더 신중해야 돼요. (중략) 한국 미디어의 시청 범위가 이제는 전 세계예요. 한국 미디어가 정말 중요해졌어요. 요즘은 한국 방송에 외국인도 많이 출연하는데 양념처럼 게스트로서뿐만 아니라 전문 방송인으로도 편견 없이 채용해서 긍정적으로 소수자를 재현해야 돼요. 저는 그런 역할에 힘을 더하고 싶어요. 그래야 그걸 보는 세계인들에게 한국의 이미지를 더 좋게 할 수 있어요." (연구참여자 3)

"자스민 리라는 분이 있었어요. 그분은 그냥 다문화주의 딱 다문화 가족에게만 관심을 가지고 정책도 다문화 가족 중심으로만 생각했어요. (중략) 저는 우리가 아무리 숫자가 적기는 하지만 저는 아무튼 제 꿈을 이루어 미디어가 다문화 가족을 넘어 한국 사회 전체 구성원에게 미칠 수 있는, 그러니까 미래 한국의 다문화 사회 전체에 긍정적인 역할을 할 수 있는 그런 역할을 할 거예요. (중략) 그 꿈을 이루면 진짜 한국에 있는 외국인들의 좋은 이야기 많이 발굴해서 보여줄 거예요." (연구참여자 6)

연구참여자 3과 6은 한국의 미디어가 한국 사회에서뿐만 아니라 세계인의 인식에도 영향을 줄 수 있음을 인식하고 있었다. 이들은 미디어가 지금까지 다수자의 입장에서 그려낸 이주민 소수자에 대한 전형적인 이미지 재생산 방식을 극복하기 위한 다양한 방식을 예로 들었다. 즉 외국인 출연 방식에 있어서 시청률을 위한 양념 같은 존재인 카메오 출연방식이 아니라 사회적 역할을 리드하는 중심 주체로서 출연되어야 하며, 소재 선정이나 소재 발굴에 있어서도 더 많은 심혈을 기울여야 함을 주장했다. 미디어는 소수자를 다수자와의 동일성에서 벗어나 전형적인 주변인의 자리에 머물도록 해서는 안 되며 다수자와 소수자의 삶의 비중과 의미가 균형 있게 묘사되도록 해야 한다. 즉 이주민 소수자의 삶을 다양한 각도에서 재조명하여 미디어가 이들의 삶의 모습을 긍정적이며 주체적인 이미지로 재현함으로써 한국 사회의 소수자들의 주체적 삶이 정주국에서의 새로운 삶의 터전을 위한 기회로서 비전을 제시해 줄 수 있는 계기가 되어야 할 것이다.

5. 나가기

지금까지 동남아시아계 유학생의 미디어 리터러시 경험을 통하여 이주민 소수자 미디어에 나타난 재현방식과 차별문제를 파악하고 소수자의 전형적인 이미지 재생산 방식에 대한 문제점을 해결하기 위한 대안적 방향을 모색했다. 연구 결과, 첫째, 소수자 미디어에 대한 비판적 차원에서 '제노포비아 조장', '수혜자 삶 클로즈업', '지배적 담론의 순응 강요', 둘째, 소수자 미디어를 통한 실천적 차원에서 '저항적 주체', '정체성의 정치', '능동적 구성원'이라는 본질적 주제가 도출됐다.

한국 사회의 이주민 소수자에 대한 미디어 재현은 이주민을 우리 사회의 주체로 인정하지 않고 다수자의 지배적 논리에 순응하도록 요구하는 수동적인 이미지로 재생산하여 고정관념화하고 있었다. 이러한 미디어를 경험한 연구참여자들은 한국의 미디어가 주류문화의 획일화된 관점을 수용하여 소수자를 부정적으로 낙인찍는 담론을 형성함으로써 다수자와 소수자를 우리와 타자라는 개념으로 구분하여 경계를 나누고 있으며, 다수자와 소수자 간의 권력관계를 드러내는 도구의 역할을 하는 것으로 인식했다.

이주민 소수자에 대한 미디어 재현의 문제는 주류 미디어의 접근에서 배제되고 부정적으로 묘사되고 있는 소수자 집단의 일상 생활세계의 목소리를 듣고 이들의 참여를 통하여 사실적이며 생생하게 드러나도록 해야 한다. 즉 소수자들의 생활세계가 진정성 있게 드러나도록 하기 위해서는 그들의 문화나 이슈나 그들의 권리가 아래로부터(bottom-up) 표현될 수 있도록 다수자와 소통하는 참여의 장이 마련되어야 한다.

소수자는 참여의 장에서 다수자와 함께 어울려서, 다수자와 함께 사회적 관계를 형성하고 확대해나가는 과정에서 서로에게 배우고, 스스로의 힘으로 고정관념에 맞서서 변화하고 상호 인정할 수 있는 기회를 통해 궁극적으로는 사회통합을 위한 기반을 마련할 수 있을 것이다.

연구를 통하여 한국 사회가 바람직한 미래 다문화 사회로서의 공존의 길을 모색하기 위해서는 소수자의 참여, 즉 소수자를 위한 체계적인 미디어교육이 필요함을 시사할 수 있다. 소수자를 위한 미디어교육은 소수자 되기를 지원하는 교육으로, 소수자가 스스로의 힘으로 타자화되고 주변화되어있는 관점에서 벗어나는 과정을 지원하는 것이다. 소수자 되기는 자신들이 수혜자나 수동적인 존재로서 고정관념화 되어있는 이미지에서 탈피하여 사회통합의 담론에 능동적으로 관여하여 자신들의 목소리를 냄으로써 다수자와 공존할 수 있는 긍정적인 주체로서의 삶의 실천을 강조하는 것이다.

본 장은 이주민 소수자 미디어의 재현방식을 변화시키기 위하여 소수자가 자신들의 생활세계의 목소리를 진정성 있게 드러낼 수 있는 소수자 되기 과정 즉, 소수자 미디어교육의 확립을 위한 기초 자료로 활용될 수 있기를 기대한다.

8장

경제 영역

결혼이주여성의 경제 생활세계 자립

1. 들어가기

교통통신과 첨단 정보통신 기술의 발달은 시 · 공간의 양적 · 질적 간극을 좁혀 세계화를 가속화시키고 있으며, 그간의 글로벌리제이션 세계화의 흐름을 글로컬리제이션 세계화의 흐름으로 전환시켜놓았다.* 이로 인해 전 지구적으로 글로컬 다문화 생활세계가 형성되고 있다. 이러한 글로컬 다문화 생활세계의 흐름은 한국도 예외가 아니다. 글로컬 다문화 생활세계 형성은 경제 · 정치 · 사회 · 문화 등 사회의 전 영역에 걸쳐 일어나고 있으며, 이는 다양한 문화의 만남과 접촉을 유발하여 인류 전체의 삶에 영향을 미치고 있다. 오지섭(2008)은 세계화로 인한 문화 영역에서의 변화는 인류 전체의 삶에 영향을 미치고 있으며, 서로 다른 문화가 병존하는 다문화적 상황을 가속화시키고 있다고 이야기했다. 신형종(2001)은 세계화는

---

* 세계화는 기존의 글로벌리제이션(Globalization)이라 일컬어지던 서구 강대국 중심의 세계화의 의미를 넘어 글로컬리제이션(Glocalization)으로서의 세계화로 변모하고 있다. Cohen & Kennedy(2007)는 글로컬리제이션의 개념을 전 지구적 압력들과 수요들의 지역 시장 상황에 맞추어지는지에 대한 설명이라고 이야기했다. 곧, 글로컬리제이션을 통해 세계 각 지역의 수용자들은 전 지구적 가능성들로부터 다양한 요소들을 선택하고, 수용하고, 그것들을 변형시켜 지역적인 것과 세계적인 것에서 민주적이며 창조적인 참여를 이끌어내는 것이다.

인간의 삶을 전 지구적으로 상호의존 관계 혹은 상호연결성을 강화시킨다고 이야기하기도 했다.

2019년 법무부 출입국외국인정책본부 『통계월보』 7월호에 따르면 2019년 7월 기준 우리나라 다문화 인구는 거주 외국인(2,415,714명)과 불법체류 외국인(370,889명), 그리고 2014~2019년 사이 한국 국적을 취득한 외국인(67,260명)을 모두 포함하여 총 2,853,863명으로 집계됐다. 이는 2019년 통계청에서 발표한 2019년 우리나라 중위 추계 인구수인 51,606,633명 대비 약 5.53%로, 이제 한국도 다문화 사회로 진입해 있음을 알 수 있다. 또한, 동 자료의 2050년 추계 인구수인 47,744,500명과 비교하면 약 16.73%로 다문화 인구는 지속적으로 증가한다고 예측할 때 상당한 비율임을 알 수 있다.

한국 사회에서의 초국적 이주는 다양한 국적의 이민자들에 의해 이루어지지만, 그중에서도 중국계 이주민이 가장 큰 비중을 차지하고 있으며, 그다음으로 베트남, 태국 등 동남아시아계 이주민이 큰 비중을 차지하고 있다. 2019년 출입국 · 외국인정책본부 『통계월보』 7월호에 따르면, 2019년 7월 말 현재 체류 외국인은 2,415,714명이며, 이 중 국적별 분포를 보면 중국 45.2%, 베트남 9.1%, 태국 8.4%, 미국 6.7%, 우즈베키스탄 3.0%의 순으로 나타났다. 결혼이민자 체류 현황을 보면 2019년 7월 말 기준 한국 내 총 163,104명의 결혼이민자가 체류하고 있으며, 이들의 국적을 보면 중국이 59,630명(36.6%), 베트남이 43,498명(26.7%)인 것으로 나타났다.

베트남계 결혼이민자 중 성별을 보면 남성이 2,495명, 여성이 41,003명으로 상대적으로 여성의 비율이 높았다. 체류 외국인 중 등록 외국인 1,257,132명의 등록 자격에는 문화예술, 유학 등 다양한 자격 종류가 있는데, 그중 방문취업 자격(H-2)이 237,293명으로 제일 높은 비중을 차지하고 있었으며, 그다음으로 영주 자격(F-5) 147,706명, 결혼이민 자격(F-6) 126,355명 순이었다. 결혼이민자들의 거주지역을 보면, 경기(47,019명), 서울(27,881명), 경남(10,520명), 인천(10,649명), 기타 지역 순으로 상당수가 수도권과 산단지역에 밀집해 있는 것으로 나타났다.

이렇게 한국 사회가 글로컬 다문화 사회로 이미 진입해 있음에도 불구하고 아직까지 글로컬 다문화 시대의 사회통합을 위한 정책은 미흡한 실정이다. 박현선(2014)은 한국 사회가 다문화 시대의 사회적 통합을 위한 각종 지원정책과 프로그램들을 시행하고 있으나, 여전히 다수의 이민자들이 한국 사회 적응에 있어 언어 · 문화 · 사회 · 경제 · 심리적 어려움을 겪고 있다고 비판하고 있다. 박수선과 류한수(2009)는 특히, 결혼이주여성들의 경우 한국 문화에 대한 정보의 부재 상태로 이주해오고 있으며, 이에 더해 한국 사회의 여성에게 부담 지우는 임신, 분만, 양육 등의 기대역할로 인해 심각한 스트레스를 받고 있음에 대해 이야기했다.

이와 같이 결혼이주여성 집단은 국제결혼이라는 특수한 상황에서 이질적 한국문화에 적응해야 하는 인종적 · 민족적 소수자이며, 동시에 성적 약자로서 복합적 소외를 동시에 경험하기 때문에 사회적 배제에 보다 많이 노출될 수 있는 집단 중 하나라고 할 수 있다. 또한 자신의 모국의 제도와 사회에서 축적해온 사회적 자본의 활용과 동원이 새로이 진입한 사회에서는 불가능한 상황에서 '개인과 개인 혹은 개인과 사회 간에 경계 긋기'와 같은 주류사회와의 유대 단절(Silver, 1994)'은 보다 치명적일 수 있으므로 이들이 경제 · 심리 · 문화 등 여러 차원 내에서 참여 기회가 박탈되거나 권리가 침해되지 않도록 보다 적극적인 사회적 관심이 필요하다고 하겠다(박병현 · 최선미, 2001).

그러나 결혼이주여성의 사회적 배제에 관한 연구가 아직까지 부족하며, 결혼이주여성의 사회적 배제와 정체성 문제를 경제적 지위변화와의 관계로 접근하는 연구도 부족한 실정이다. 소수 이루어진 연구들도 포괄적인 사회적 배제 지표에 근거하여 결혼이주여성이 경험하는 배제의 실태를 탐색하고, 이러한 사회적 배제가 특정 시점에서 인구사회적 특성이나 문화변용, 우울 등과 어떠한 관계를 갖는지를 살펴본 횡단적인 연구들이(최혜지, 2012; 임동현, 2013; 박요한, 2014; 김창기 · 이진성, 2013; 김진욱, 2011) 대부분이어서 사회적 배제의 과정적 특성에 대한 실증적 검증은 부족했다.

최근 들어 결혼이주여성들을 '메일오더브라이드'(mail-order bride)로서 자본주의 가부장제의 피해자로 간주하고 연구해 온 기존의 시각에 대한 비판이 여성주의적 관점에서 제기되기 시작하면서 '피해자 행위자 이분법'(victim-agent dichotomy)에서 벗어나 결혼이주여성들의 삶을 총체적으로 이해하고자 하는 학문적 움직임이 나타나고 있다(Kim, 2013).

피해자성을 강조하는 연구들은 구조화된 가부장제의 영향력 하에서 경제적 선진국의 남성들이 경제적 후진국의 여성들을 상품으로서 매매하고 이를 통해 선진국으로 유입된 여성들이 다시 그 국가의 하층계급에서 돌봄노동자화 되어가는 과정을 중심으로 '매매된(trafficked) 피해자'로서의 결혼이주여성들의 현황 분석에 초점을 두고 있다. 이에 반해 행위자성을 강조하는 연구들은 결혼이주여성들이 유입국의 가부장적인 사회구조와 문화에 적극적으로 저항하는 행위자(agent)로서 집합적인 행위에 참여해야 함을 강조하거나 혹은 이들의 국제결혼 결정이 상향혼을 통한 계층 상승의 기회를 활용하려는 경제적으로 합리적인 행위였음을 강조하는 방향으로 분석의 초점을 맞추고 있다.

그러나 이러한 이분법적인 구분은 분석적 견지에서나 혹은 이 여성들의 삶을 실제로 변화시키기 위한 실천적인 의지의 측면에서 볼 때, 다분히 연구자의 주관이 개입된 것이라는 비판을 피하기 힘들다(Kim, 2013: 9). 따라서 최근에는 이러한 이분법을 극복하기 위한 방법으로 연구대상에 대한 질적 접근과 다양한 내러티브에 대한 심층적인 해석을 기반으로 구조적 환경의 제약 속에 전략을 형성해가는 행위자성(agency)의 복원에 중점을 둔 분석이 시도되고 있다(Kim, 2013: 9; Piper & Roces, 2003: 8-9).

그간 진행된 행위자성 복원에 기반한 연구들은 이주여성들의 정체성을 신부(bride) 또는 노동자(worker) 등의 특정 범주에 가두는 연구의 틀을 벗어나고자 했다. 여성의 이주에서 생산 영역과 재생산 영역은 늘 혼재되어 있으므로 이주여성들의 사회참여를 공적 영역과 사적 영역의 구분을 통해 이분화하는 것은 적절하지 않으며, 오히려 여성의 이주는 이들의 사회적 정체성이 고정된 것이 아니라 이주의 과정 속에서 구성되고 있음을 보여주어야 한다는 점을 부각시켜왔다(유은주, 2010: 201; Piper & Roces, 2003: 7).

하지만 이러한 시각은 일면 타당하면서도 한 가지 약점을 가지고 있다. 이 시각은 한국 사회로의 여성 이주의 대표적인 두 갈래인 결혼이주와 노동이주는 이주의 동기에서 명백한 차이가 존재하며, 이 동기의 차이는 이주 이후의 정체성 구성과정에 있어서도 명백한 차이점을 만들어낼 수 있다는 점을 간과하고 있다는 것이다. 물론 결혼이주여성들도 이주 이후 다양한 노동에 참여하게 되고 이들의 노동은 사적 · 공적 영역을 넘나들면서 이들의 정체성 형성에 지대한 영향을 미치므로 '노동'의 의미에 대한 다양한 해석이 요구될 수밖에 없다. 그러나 최초에 노동을 목적으로 이주한 여성들과는 분명 다른 방식의 정체성 구성의 과정이 나타나고 있으며, 이러한 과정에 영향을 미치는 다양한 사회구조적 요소들에 대한 보다 세밀한 분석이 이루어져야만 결혼이주여성의 정체성 구성에 대한 보다 정확한 분석이 가능하게 될 것이다.

노동이주여성들의 사례들과 비교해볼 때, 결혼이주여성의 사례들은 오히려 한국 사회에 내재되어있는 자본주의 경제구조가 이들의 새로운 정체성 형성에 어떠한 방식으로 영향을 미치게 되는지를 보다 잘 드러내준다는 점에서 더욱 의미가 있다. 또한, 이 글에서 연구참여자로 선정한 도시지역의 기업에서 부업을 하고 있는 결혼이주여성들의 사례는 결혼이주여성 일반에 대한 실태 및 정책 연구와 농촌 결혼이주여성들에 대한 연구를 보완하는 새로운 사례를 제공한다는 점에서, 그리고 결혼이주여성들의 취업을 하고자 하는 욕구의 형성과 경제활동 참여 수준에 따른 지위변화의 경험과 정체성 형성의 관계를 분석하고자 한 부분에서 연구의 가치가 있다고 할 수 있다.

사례 여성들은 노동이주를 택한 여성들과는 이주의 동기가 달랐고, 결혼을 통해 한국 사회에 정착했지만 생계 자체를 이유로 노동현장으로 내몰린 결혼이주여성들과는 사뭇 다른 이유로 직업생활을 추구하고 있었다. 따라서 경제활동에 참여하는 삶을 택하게 되는 이 여성들에게 노동의 의미는 무엇이며, 노동시장에 적극적으로 참여하게 되는 이유는 무엇인지를 이들이 처한 사회경제 구조적 상황들과 관련지어 분석하게 된다면 결혼이주여성들의 정체성 형성과정을 행위자성(agency)의 복원을 통해 보다 새롭게 조명할 수 있을 것이다.

따라서 본 장에서는 결혼이주여성들이 한국 남성과의 결혼을 결심하고, 이주하고, 가족을 구성하고 생활하며, 노동시장에 참여하여 직업생활을 영위해가는 과정을 자본주의와 가부장제가 결합된 사회구조 및 인종에 대한 편견이 만들어내는 불평등 구조 속에서 행위자로서의 전략을 형성해가는 과정으로서 보고자 한다. 특히 이들이 경험하는 경제활동의 양상을 직업생활에 초점을 맞추어 분석하고, 직업생활을 중심으로 형성되는 동료관계, 지역 공동체, 작업장 등의 가정 외적 영역을 중심으로 한 '경제 생활세계'를 관찰함으로써 결혼이주여성들의 다양한 사회관계와 이를 바탕으로 생산되는 개인적 · 집단적 정체성 형성과정을 규명해보고자 한다.

이 장의 결혼이주여성들은 수도권 도시에 위치해 있는 'A' 기업에서 자발적 의사에 따라 경제활동을 부업으로 하고 있으며, 경제활동을 통해 미래의 전망을 찾고 있다는 점에서 기존 연구들에서 분석했던 결혼이주여성들의 경제활동 양상과는 다소 차이점을 보인다. 결혼이주여성들의 정체성 형성 과정은 결혼과 이주 그리고 한국 사회에서의 사회문화적 적응, 경제활동에의 참여 등의 일련의 과정을 거치면서 끊임없이 재구성되고 있는데, 이 글에서는 이러한 과정을 결혼이주여성들과의 심층면접을 통해 얻은 자료들을 바탕으로 구조와 연결된 행위자성 복원을 통해 다차원적으로 분석해보고자 한다.

결혼이주여성들을 행위의 주체로 인정하고 그들의 가정 외적 영역을 중심으로 한 생활세계에 대한 사회문화적 분석을 시도하는 것은 이주여성들이 가정과 일터 그리고 지역 공동체와 상호작용하면서 구성하게 되는 정체성 형성 과정을 구체적으로 보여줄 수 있다는 점에서 의미가 있다.

2.
선행연구 검토

1) 선행연구

한국 사회의 결혼이주여성에 관한 연구들은 1980년대 중반부터 시작된 한국 사회의 국제결혼 증가현상과 함께 지속적으로 증가해왔다. 초기에는 국제결혼을 통해 한국의 농촌으로 이주해오는 여성들의 사회 · 문화적 적응 문제를 포함한 전반적인 이주민 사회통합 문제를 제기하는 정책적 연구들이 주를 이루었다(윤형숙, 2004; 이금연, 2003; 이윤애, 2004).

그러나 정책적 연구가 일방향적인 사회통합의 목적만을 강조하는 한계를 지니고 있다는 점이 지적되면서 이주여성들에게 영향을 미치는 근본적인 문제의 원인을 파악하기 위하여, 결혼이주의 실제 현황을 파악하는 연구(이혜경, 2005)와 더불어 정부 주도로 추진되어온 다문화정책의 효과에 대한 논의(민가영, 2011; 박옥진 외, 2012)들이 학술적으로 진행되기 시작했다. 이에 덧붙여 정부와 언론이 주도하고 있는 다문화 담론의 모순을 지적하는 연구도 여성학과 사회학적 시각에서 진행됐다. 김혜순(2008: 36)은 그간 한국 사회에서 급진적으로 유포되어 온 다문화 담론이 실제로는 "국내 거주 외국인, 특히 동남아 출신 결혼이주여성을 온정적 · 시혜적으로 대상화하는 것이 단일민족, 순혈주의에 대응하는 '다문화'로 설정된 것"이라고 지적하면서 일방향적인 다문화정책의 구성에 대한 비판을 가했다.

이후 등장한 연구들은 다문화 담론에 대한 비판을 기반으로 하여 결혼이주여성을 정책의 시혜 대상이 아닌 하나의 사회적 주체로서 분석하기 위해 결혼이주여성의 삶을 기존의 통계적 분석이 아닌 질적인 연구방법을 통해 문화적으로 '이해'해보려는 노력을 하게 된다(최종렬 2009; 최종렬 · 최인영, 2008; 이형하, 2013). 이 연구들은 국제결혼이주여성들에 대한 사회적인 고정관념과 편견을 넘어서, 그들의 실제 삶의 현장에 보다 가깝게 다가감으로써 생활세계 속에서 발견되는 그들의 행위전략을 이해해보는 것을 목적으로 한다는 점에서 의미가 있다.

한국 사회에 이주한 여성들에 대한 연구와 더불어 보다 거시적인 지구화의 맥락에서 여성 노동력의 초국적 이주현상(파레냐스, 2009) 및 그에 따른 결혼이주여성의 시민권 문제를 다룬 연구(황정미, 2011), 공간과 장소라는 관점에서 이주여성들의 주체화 과정과 인정투쟁을 다문화 공동체를 통해 조명해보고자 하는 연구들(정현주, 2012; 김영옥, 2010)은 새롭게 제기되는 '이주의 여성화' 이슈를 결혼이주여성에 대한 구조적 억압과 불평등의 관점에서 분석하고 저항의 가능성에 대해 논의하고 있다.

이들은 특히 초국적 이동의 결과로 다중적인 억압하에서 사회의 하층에 머물게 되는 이주 여성들이 억압으로부터 벗어날 수 있는 방안으로서의 집단화된 투쟁의 가능성을 공간의 개념을 통해 제시하고 있다. 공유되는 공간을 통해 형성된 집단적 정체성으로부터 이주여성들이 기존의 고착화된 젠더구조의 모순을 파헤치고 인정투쟁을 지속할 수 있는 가능성을 볼 수 있다는 이들의 시각은 이주여성 연구에 있어 '정체성' 개념의 중요성을 다시 한 번 제기한다는 점에서 의미가 크다고 할 수 있다.

결혼이주여성들에 관한 최근의 연구 흐름 중 눈에 띄는 것이 이주여성들의 경제활동 혹은 직업활동에 대한 관심이다. 이 연구들은 한국 사회에서 결혼이주여성들을 정책적 시혜의 대상이 아닌 주체적인 행위자로서 인정하고 분석하는 대표적인 연구들이라 할 수 있다. 또한 취업 등의 경제적 행위가 결혼이주여성의 사회적 적응에 있어 어떠한 영향을 미치게 되는지에 주목한다는 점에서 결혼이주여성의 정체성 형성을 사회통합적 측면에서의 인권과 복지의 문제로만 귀결시켜온 기존 연구들의 한계를 보완한다는 의미를 가진다.

실제로 이주민들의 "경제적 자립이 정치, 문화, 교육 등 다른 영역의 사회 적응도 수월하게 만들어준다"는 연구결과들도 보고된 바 있다(Prairie Global Management, 2008; 김병숙 외, 2010: 236-237 재인용; 박미은 외, 2012: 214 재인용). 이 점에 주목하여 최근에는 이주여성들의 취업과 사회 적응의 관련성을 분석하는 국내 연구들도 늘어나고 있는 실정이다. 박능후 · 선남이(2010)는 고용형태에 따라 이주여성들의 한국 사회 적응에 차이가 나타난다는 점을 지적한다. 이주여성들 중 정규직 종사자가 불안정 고용된 여성들보다 한국 사회에 더 잘 적응하고 있다는 것이다. 또한 직업의 만족도가 사회심리적 안정을 가져다주고 긍정적인 정체성 형성을 돕는다는 연구결과도 있다(배경희 · 서인숙 2011).

김경아(2012)는 결혼이주여성의 경제활동 의지를 결정하는 다양한 요인들에 대해 분석하면서, 결혼이주여성들의 개인적 특성과 교육수준 이외에 이주여성 개인들의 문화적 차별 경험과 지원정책에 대한 인지, 그리고 지역사회의 다문화 태도 등이 경제활동 의지에 영향을 준다는 점을 지적

한다.

박미은 외(2012)의 연구는 이주여성들에 대한 심층면접을 통해 이들의 취업 결심, 취업 과정, 그리고 취업 이후의 과정에서 나타나는 일련의 경험들을 범주화하여 한국 사회에서 이주여성들의 취업 경험에 대한 현상학적 분석을 시도하고 있다. 이 연구들에서는 취업경험이나 경제활동을 통한 경제적 성취감이 자존감을 높이고 삶의 만족도를 높여서 사회적 적응과 긍정적인 관련을 가진다는 결론을 내리는 동시에, 결혼이주여성들의 취업을 포함한 경제활동이 한국 사회의 흐름과 메커니즘을 배울 수 있는 주요 통로가 된다는 점도 지적하고 있다. 결국 직업을 갖는다는 것은 이주여성들에게 한국 사회에서 주체적인 행위자로 살아갈 수 있는 일종의 '권리'를 획득하게 되는 것으로 이해할 수 있다(강이수 · 신경아 2009).

결혼이주여성 개인들이 주체화되는 과정을 취업 경험을 통해 살펴보는 것에 덧붙여서, 이주여성들의 정체성을 생산하고 행위전략을 형성하는 데 중요한 역할을 하는 사회연결망에 대한 분석 또한 최근 들어 관심을 끌고 있다. 일찍이 파레냐스(2009)도 지적했듯이 이주여성들의 생활세계는 인종과 민족을 기반으로 한 연결망과 밀접하게 연결되어 있고, 이 연결망을 통해 결혼이주여성들은 직업이나 생활에 대한 정보를 획득하고, 문화적 · 심리적 안정감을 얻는다. 한국 사회에서도 이주여성들의 삶에 있어서 사회적 연결망은 중요한 역할을 하고 있는 것으로 나타난다.

황정미(2010)는 결혼이주여성들의 연결망의 유형에 따라 행위전략도 다르게 나타나고 있음을 발견했다. 가족중심형 연결망을 보유한 여성들은 전통적인 가족 중심의 가치관에 입각하여 행동하지만, 한국인 친구 중심의 연결망을 보유한 여성들은 사회활동과 경제활동에 보다 적극적인 모습을 보이는 것으로 보고됐다. 마지막으로 이주민 친구 중심의 연결망에 속해 있는 경우에는 한국 사회에 존재하는 이주자에 대한 차별적 태도에 대해 비판적인 자세를 견지하며 연대를 통한 변화를 꾀하는 모습이 관찰됐다. 이와는 다르게, 천정훈 · 최정욱(2012)의 연구에서는 결혼이주여성들의 연결망이 여가시간 의존적이므로 직업이 없는 여성들이 직업이 있는 여성들에 비하여 이웃, 친구, 커뮤니티 활동에 더욱 적극적이라는 결과가 보고됐다. 그렇지만 역시 연결망이 직업활동이나 기타 사회경제적 활동을 위한 정보를 제공하는 역할을 한다는 점에서는 앞서의 연구와 궤를 같이한다고 할 수 있다.

결혼이주여성의 경제활동 및 직업생활에 관한 연구나 사회적 연결망에 관한 연구들은 모두 이주여성을 정책의 시혜대상이 아닌 주체로서 상정하여 학문적 접근을 시도하고 있다는 점에서 그 의미가 있다. 그러나 이 연구들조차 주체로서 행위하는 이주여성들의 한국 사회 속에서의 정체성 형성과정에 대한 심도 깊은 분석에는 이르지 못하는 한계를 가지고 있다. 직업생활을 통해 가정 경제에 보탬이 되는 것에 만족하는 것과 이들의 사회에 대한 적응도가 높아진다는 것의 관련성을 단순하게 정의하기에는 논리적인 비약이 따른다. 결혼이주여성들에게 직업생활이 갖는 복합적인 의미를 찾고 이를 통해 형성 또는 변화되는 결혼이주여성들의 정체성의 문제에 집중하지 않는다면, 이주여성들의 직업생활을 하나의 사회통합을 위한 도구 정도로 인식하게 되는 오류를 다시 범하게 될 것이다.

따라서 이주여성들의 경제활동, 직업생활에 초점을 맞추어 이들이 속해 있는 동료관계, 지역 공동체, 자조집단, 작업장 등의 가정 외적 영역을 중심으로 한 '경제 생활세계'를 보다 심도 있게 분석하는 것이 결혼이주여성들의 개인적 혹은 집단적 정체성 변화 및 형성의 과정을 살펴보는 방법이 될 것이다.

2) 이론적 논의

(1) 구조에 배태된 행위자성(embedded agency)

한국 사회에서의 결혼이주여성 연구에 있어서 행위자성에 대한 복원을 주장하는 이유는 그간의 연구들이 보여준 주제의 제한성 때문이라고 할 수 있다. 앞서 살펴본 국내 연구들에서 드러나는 문제이기도 하듯이 결혼이주여성들에 대한 시선은 ① 사회통합을 위한 정책적 시혜의 대상(이금연, 2003; 이윤애, 2004; 윤형숙, 2004)이거나 ② 자본주의 세계 경제구조 하에서 매매된 피해자(Lan, 2008; Wang, 2007)로 한정되었다고 해도 과언이 아닐 것이다.

이러한 연구들에서는 개개인으로서의 결혼이주여성의 삶에 대한 구체적인 분석보다는 이들이 처해있는 구조적 상황에 대한 강조 및 불평등한 구조 하에서 이들이 경험하는 차별을 드러내고 이를 해결하기 위한 방안으로서의 정책 도입 및 거대 구조의 변화에 대한 강조가 주를 이루었다. 따라서 전 지구적 자본주의의 위계서열을 통해 형성된 국가 간 위계에 따른 인종 및 민족적 차별의 문제와 한국 사회에 존재하는 계급문제, 그리고 무엇보다 결혼이주여성이라는 한국 사회에서 그간 볼 수 없었던 독특한 지위 형성에 영향을 미치는 가부장제 구조에 대한 강조를 통해 이들의 삶이 얼마나 힘든지 보여주는 것이 주요 학문적 목적이었다.

그러나 결혼이주여성들에 대한 차별적 구조에 대한 강조는 각자의 삶을 영위해가는 이주여성들의 다양성 및 개별성을 간과하는 결과를 가져왔다는 점에서 비판을 받게 됐다. 이러한 비판을 제기하는 시각에서는 결혼이주여성들의 삶을 분석하는 데 있어서 이들의 행위 양상을 첫째, 외국인과의 상승혼을 통해 사회경제적 지위에서의 신분상승을 꾀하는 기회주의적 행위, 즉 경제적 실리에 입각한 행위로 분석하거나, 둘째, 결혼이주 이후에 겪게 되는 자본주의 가부장제의 모순에 적극적으로 저항하는 태도로 분석하는 등 주로 연구자의 시선이 개입된 분석을 통해 결혼이주여성들의 개인적 행위 패턴을 일반화하는 과정을 반복해온 것으로 볼 수 있다.

자본주의와 가부장제에 기반한 차별적 구조에 대한 강조가 행위의 주체로서의 결혼이주여성들을 분석의 과정에서 간과한 것과 마찬가지로, 여성들을 행위의 주체로 파악하고자 노력한 연구들도 여성들의 행위를 기회주의적(opportunistic)인 것으로 묘사하거나 혹은 기존의 가부장적 권력구조에 대한 저항으로 환원시켜 해석하는 오류를 범하는 과정에서 또한 구조의 영향력에 대해 간과해 왔다는 비판을 피하기 힘들다. 따라서 결혼이주여성들의 결혼과 이주 그리고 이주 이후의 삶과 그 과정에서 형성되는 정체성에 대한 연구에서는 기존의 연구들에서 간과됐던 점을 보완할 수 있는 보다 새로운 관점에서 행위자성(agency)을 복원하는 것이 필요하다(Kim, 2013). 이는 행위자성(agency)에 대한 보다 폭넓은 정의로부터 시작될 수 있다.

행위자성(agency)은 "인간이 그들의 경험에 의미를 부여하는 능동적이고 창조적인 방식"(Anderson, 2006: 393; Kim, 2013: 11 재인용)으로 정의될 수 있고, 이러한 정의를 통해 억압적 권력에 대한 여성들의 직접적인 저항 및 정치적 동원, 혹은 일상생활에서의 저항 및 전략적 선출(cooptation), 동의 그리고 심지어는 억압적 권력에 대한 무관심 등을 아우르는 다양한 행위를 포착하고 분석할 수 있어야 한다(Kim, 2013: 11). 물론 행위자성에 관한 유연한 정의를 받아들일 경우, 구조적인 억압이라는 변수를 간과할 여지가 여전히 존재하기 때문에 이를 보완할 수 있는 대안적 개념이 필요하다. 코르트베 그(Anna Korteweg)가 제시한 '구조에 배태된 행위자성'(embedded agency)이 그 대안적 개념이 될 수 있을 것이다(Korteweg, 2008: 437).

코르트베그에 의하면 '배태된 행위자성'은 역사문화적 · 사회적 · 경제적 맥락에 배태되어있는 행위자성을 의미하며, 한 사회 내에서 종교적 혹은 인종적 소수자들의 행위는 지배와 복종의 사회적 영향력(social forces)이 교차하는 상황에서 '제한된 주도적 행위' 혹은 '직접적인 행동을 할 수 있는 능력(capacity)'으로 나타난다(Korteweg, 2008: 437). 즉, 한 사회 내에 존재하는 정치 · 경제 · 문화적 권력관계를 인지하면서 그 권력관계에 의해 영향을 받는 다양한 사회적 현상들 속에서 형성되는 소수자들의 행위양식을 배태된 행위자성 개념을 통해 포착하고자 하는 것이다. 이러한 접근은 기존의 행위자 중심 접근방식이 가지고 있던 서구 자유주의적 사고방식인 '자유의지'(free will) 혹은'자유로운 선택'(free choice)에 기반한 주체성 개념의 경직성을 극복하며 소수자들의 행위자성을 분석할 수 있다는 장점이 있다.

이 글은 구조에 배태된 행위자성의 개념을 연구대상인 결혼이주여성들의 삶의 궤적을 분석하고 그들이 한국 사회에서 새로운 정체성을 형성해가는 과정을 설명하는 데 활용하고자 한다. 결혼이주여성들의 삶을 둘러싸고 있는 사회, 경제, 문화적 구조를 직시하면서 이들이 이 구조를 어떻게 인식하고 있는지, 그리고 그 구조 안에서 자신들의 삶의 전략을 어떻게 형성해 나가는지를 살펴보고자 한다.

(2) 결혼이주여성의 정체성: 다양성과 복합성을 고려한 심층적 분석

기존의 여성주의적 시각에서 비판해온 이주여성의 정체성 연구에서 나타나는 또 다른 이분법적 시각은 신부(bride) 혹은 아내(wife)로서의 결혼이주여성과 노동자(worker)로서의 노동이주여성을 분리하여 사고하는 것이었다. 이분법에 대한 비판의 시각은 글로벌 이주의 체인 속에서 더 이상 여성들의 이주가 목적론적으로 분리될 수 없다는 점을 지적하면서 '결혼 노동이주를 결합하는 과정'을 통해 이주여성들의 정체성을 규명하고자 했다(Piper & Roces, 2003; 유은주, 2010). "여성에게 이주는 억압적인 지역환경에서 벗어나 다른 기회를 잡기 위한 길(road)이며, 결혼이주야말로 영주권의 취득과 경제적인 안정을 동시에 회복할 수 있는 지름길이므로 이주경로로서의 결혼과 노동은 연결되어있다"(유은주 2010: 204)는 주장은 설득력 있게 다가온다. 특히 노동을 목적으로 이주한 후 결혼하거나 결혼을 통해 이주했지만 노동시장에 참여하는 여성들이 혼재하는 상황에서 아내와 노동자로서 정체성을 분리하여 사고하는 것은 이들의 행위자성을 간과하는 결과를 낳게 될 뿐이다.

그러나 이주의 목적에 따른 이원적 분리론을 극복하는 것만이 행위자성을 강조하고 이주여성들의 정체성 구성에 대한 분석을 풍부하게 하는 길은 아니라고 생각한다. 행위자성의 강조는 이주여성들이 사회 · 경제 · 문화적 구조를 이해하고 그 구조 내에서 자신들의 행위 전략을 형성해가는 과정을 분석함으로써 극복될 수 있다. 이러한 분석은 이주여성들의 이주 이전의 삶 그리고 이주 동기 및 목적으로부터 시작하여 이주 이후 경험하는 다양한 현실들을 통해 구성되는 정체성 형성의 과정을 보다 자세히 드러내 줄 수 있다. 물론 결혼이주여성이 가사노동의 영역에 참여하면서 동시에 임금 노동의 영역에도 참여하게 된다는 측면에서 노동자의 정체성과 아내의 정체성 구별이 의미가 없다는 주장도 일면 타당하지만, 노동을 목적으로 이주한 여성들과 결혼을 통해 이주한 여성들의 정체성 구성의 과정은 이주의 동기에서 나타나는 차이로부터 영향을 받는다는 점을 분석에서 간과하지 말아야 할 것이다.

이 연구의 주요 대상인 결혼이주여성들은 노동을 목적으로 한국으로 이주한 '여성 이주노동자'들과는 분명히 다른 이주의 경험을 가지고 있다. 이들은 이주국의 남성과 결혼함으로써 본국에서 기존에 가지고 있던 경제적 · 사회적 관계들을 단절하고 이주국의 새로운 가족에 편입되는 형태의 이주를 경험하게 된다. 이 글의 결혼이주여성들의 경우 이주의 목적은 결혼을 통해 본국에서 가지고 있던 경제적 지위보다 나은 경제적 지위를 획득하고, 나아가 본국의 가족들에게 경제적인 도움을 주는 것이었다. 따라서 이들이 처음 한국 사회로 이주해 올 시기에는 뚜렷한 직업적 전망을 가지고 있지 않으며 대부분 부양자로서의 남편과 피부양자로서의 아내(자신)로 구성된 전통적이고 낭만적인 가족을 형성하는 것을 목표로 한다. 그러나 시간이 지남에 따라 한국 사회에 적응하게 되면서 직업을 가지려는 구체적인 계획을 세우고 그에 상응하는 노력을 하게 되는 것을 알 수 있다.

또한 연구대상 이주여성들이 일하고 있는 사회적 기업은 작업장 환경 및 노동의 과정 그리고 노동자들 간의 관계망 형성에 있어서 이윤 추구를 주요 목적으로 하는 일반 사업장들과는 다른 성격을 가지고 있는데, 이러한 요소들이 이주여성들의 정체성 구성에 영향을 미치게 되고, 따라서 보다 흥미로운 성격의 정체성 형성과정을 보여주게 될 것이라 기대할 수 있다.

결혼이주여성들의 정체성 형성과정을 이해하기 위해서는 이주의 동기를 포함하여 이주 후의 삶의 경험에 대한 다양한 사례들을 심층적으로 분석해 보는 것이 필요하다. 구조에 배태된 행위자성의 관점은 삶의 경험 속에서 형성되는 여성들의 행위 전략을 분석하는 데 도움을 줄 수 있을 것이다.

3.
연구방법

결혼이주여성의 경제활동을 중심으로 정체성의 변화 경험을 탐색하고자 하는 이 연구는 내러티브 연구방법에 의해 수행됐다. 내러티브 탐구는 결혼이주여성의 정체성 형성의 기반이 될 수 있는 개인의 삶과 경험, 그리고 그에 내재된 의미를 탐구하기에 가장 적합한 연구방법들 중 하나이다.

〈표 8-1〉 내러티브 탐구 절차(Creswell, 2013: 73-75)

절차	내용
① 연구방법 결정	연구문제와 방법이 내러티브 연구에 적합한지 판단
② 연구참여자 선정	연구와 관련하여 상당 기간의 경험과 이야기, 유용한 정보를 가지고 있는 연구참여자를 선정
③ 자료 수집방법 고려	녹음 등 어떻게 자료를 수집할 것인지 고려
④ 이야기 맥락에 관한 정보 수집	이야기의 맥락에 관한 정보 수집
⑤ 자료 분석	연구참여자들의 이야기를 분석하고, 재구성하여 의미 있는 프레임워크를 만들어냄
⑥ 연구참여자의 이야기로 재구성	연구참여자의 내러티브를 연구참여자의 목소리로 재구성

〈표 8-1〉과 같이 이 연구는 클레스웰(2013)이 제안한 내러티브 탐구의 여섯 가지 절차 — ① 연구방법 결정하기, ② 연구참여자 선정하기, ③ 자료 수집하기, ④ 이야기를 둘러싼 상황과 맥락에 대한 정보 수집하기, ⑤ 수집된 자료를 분석하기, ⑥ 연구참여자를 연구과정에 참여시키기 — 에 따라 진행됐다.

1단계(내러티브 연구방법의 결정)에서 연구자는 결혼이주여성의 문화 적응의 경험을 탐구하기에 내러티브 연구가 가장 적합하다고 판단했다. 2단계는 이러한 연구에 적합한 이야기 혹은 삶의 경험을 들려줄 수 있는 연구참여자를 선정하는 단계로, 연구자는 동남아시아계 결혼이주여성 중 베트남계 6명과 필리핀계 2명을 연구참여자로 선정했다. 연구자는 2018년 9월부터 2018년 12월 사이에 연구참여자와의 면담을 통해 연구를 위한 자료를 수집했다(3단계-자료수집).

주로 연구참여자들의 경적 적응을 통한 한국 사회 생활세계 형성 경험을 중심으로 대화가 진행됐으며, 구체적으로 결혼 과정과 한국 정착, 문화 적응 스트레스, 경제활동 참여와 지위의 변화 등 다양한 경험들에 대해 이야기를 나누었다. 각각의 면담시간은 1시간에서 1시간 30분 정도 소요됐고, 연구참여자의 동의를 얻어 녹음을 했다. 연구참여자들은 대부분 20대 초반에서 30대 초반 사이에 한국에 입국하여 모국 고유의 문화적 정체성을 가지고 있었다. 이들의 한국 거주기간은 6년 이상으로 다양한 결혼생활, 문화 적응 및 지위 변화의 경험을 가지고 있었다(4단계-이야기의 맥락에 관한 정보 수집).

연구자는 자료를 분석하는 과정(5단계)에서 연구참여자들의 문화 적응의 경험에 관한 이야기 구조를 구성하기 위해 면담을 통해 수집된 자료들을 반복해서 읽으며 경험의 의미와 연구참여자들의 생활세계 형성의 과정

등에 주목했다. 특히 연구참여자의 이야기에 등장한 주요 인물, 이들과의 관계에서 발생한 사건 등을 엮어가는 과정에서 교사 내러티브의 줄거리와 핵심적인 주제 등을 발견하여 이를 내러티브의 주요 골격으로 구성했다.

이러한 과정에 따라 산출된 연구 텍스트들은 연구참여자의 내러티브를 연구자들의 목소리로 다시 이야기(Creswell, 2013: 74)한 것이다. 다만 내러티브 해석의 적절성과 신뢰성을 확보하기 위하여 면담 녹음을 전사한 자료와 현장 노트를 반복하여 비교했으며, 자료에 대한 분석과 해석, 그리고 그 결과를 담은 이 글의 초고 및 수정 원고를 연구참여자에게 공유하여 확인하는 과정(총 3회)을 거쳤다(6단계).

연구참여자들의 구체적인 특성은 다음의 〈표 8-2〉와 과 같다.

〈표 8-2〉 연구참여자 정보*

연구 참여자	출신국	나이	이주 시기	결혼 전 만남 횟수 (기간)	남편과의 나이 차이	자녀 수	남편 직업	학력	이주 전 직업	A 기업 근무기간	기타
1	베트남	30	2012	1(6개월)	15	1	회사원	초졸	없음	3년	
2	베트남	24		1(6개월)	17	2	회사원	중졸	없음	3년	
3	베트남	29	2009	1(3개월)	18	2	회사원	고졸	회사 통역	3년	
4	베트남	29	2011	2(3개월)	13	2	회사원	고졸	회사 통역	3년	
5	베트남	35	2012	2(4개월)	15	1	사업	고졸	부모님 식당	2년	
6	베트남	29	2006	2(6개월)	21	2	회사원	고졸	공장제조	해당 없음	
7	필리핀	32	2015	1(3개월)	13	0	공무원	고졸	공장제조	해당 없음	암투병
8	필리핀	28	2012	2(3개월)	12	1	공무원	고졸	회사 경리	해당 없음	

* 본 장의 연구참여자는 총서 전체 연구참여자 중에서 연구자가 선정하여 각장마다 개별 번호를 부여함

〈표 8-2〉에 나타난 것과 같이 연구참여자들은 동남아시아계 결혼이주여성이라는 공통점은 있지만, 직업은 5명은 부업에 종사, 3명은 가사를 전담하고 있었다. 이들은 20대 초반에서 30대 초반 사이에 한국에 입국하여 동남아시아 고유의 문화적 정체성을 가지고 있었다. 이들의 한국 거주 기간은 6년 이상으로 결혼이주로 인하여 다양한 결혼 생활 경험과 문화 적응 스트레스와 극복의 경험, 경제적 지위 변화의 경험 등을 가지고 있었다. 이러한 연구참여자들의 구성은 동남아시아계 이주민의 문화 적응의 경험과 경제활동 참여의 경험이 그들의 정체성 형성에 어떻게 영향을 미치고 있으며, 이것이 그들의 생활세계 형성에 어떠한 영향을 미치고 있는지 분석하는 데 있어서 용이할 것으로 판단된다.

이들의 경제활동을 통해서 살펴보기 위해 인천 지역의 포장업체인 'A'에서 근무하는 5인의 결혼이주여성 및 가사를 전담하고 있는 3인의 결혼이주여성을 심층면담했다. 'A' 기업은 마스크 포장업체로 한국인 사업주와 직원 2명 외에 모든 근로자가 부업을 하고 있는 결혼이주여성들로 사업이 운영되고 있었다. 초기에는 정규직원으로 사업을 운영했으나, 경영상의 어려움을 겪으면서 정규직원을 줄이고 대부분의 직원을 부업을 원하는 결혼이주여성으로 고용하여 운영하고 있었다. 현재는 사업주와 경리 업무를 담당하는 직원 그리고 총괄감독을 하는 종업원 이외에 모두 결혼이주여성이 부업으로 일하고 있다. 이 기업의 가장 큰 특징은 결혼이주여성들이 자신의 가정 및 개인사정에 맞추어 자유롭게 출퇴근을 하는 부업을 하고 있다는 점이다.

'A' 기업에서 일하고 있는 8명의 결혼이주여성들을 대상으로 한 심층면접을 통해 이들이 경제적인 자활을 통해 자신들의 정체성을 구성해나가는 과정을 관찰할 수 있었다.

연구참여자와의 심층면담은 2018년 9월부터 2018년 12월 사이에 연구참여자의 편의를 고려하여 일정을 맞추었다. 심층면담은 이들이 일하고 있는 회사 탕비실과 이들이 거주하고 있는 집 근처 카페에서 진행됐고, 개인당 면담시간은 1시간에서 1시간 반 정도 소요됐다. 연구참여자 6명은 한국어가 능통하여 통역 없이 면담을 진행했으나, 2명의 경우 한국어 의사소통에 어려움이 있어 친구들의 통역 도움을 받아 함께 면담을 했다.

인터뷰 내용은 면담 직후 바로 전사하고 줄 단위 코딩을 통하여 분석했으며, 모호하거나 필요한 경우에는 추가 면담에서 자료의 공백을 보충했다. 심층면담은 반구조화된 방법으로 진행했다. 연구참여자의 문화 적응 및 경제적 적응과 관련된 주요 이슈에 대해서는 구조화된 방법으로 면담을 진행했고, 연구참여자의 반응과 대답에 따라서 개방 질문을 병행했다. 또한 면담을 시작하기 전에 연구에 대한 목적과 자세한 연구과정을 설명했다. 연구참여자가 불편하다고 생각되는 질문에는 거부권을 행사할 수 있으며, 언제든지 철회할 수 있음을 안내하고 개인의 사생활 보호를 위한 연구윤리 준수와 연구참여동의서에 서명하고 서로 교부했다. 연구참여동의서에 서명한 다음 면담 시작과 동시에 면담 내용을 녹음했고 면담이 끝나면 바로 전사하여 음성자료를 문서화했다.

연구참여자들 중 6명은 기업 'A'에서 부업을 하고 있었으며, 2인은 가사를 전담하고 있었다. 모두 인천 지역에 거주하고 있었다. 상대적으로 양호한 근무환경에서 자신들에게 주어진 역할을 하고 있으며, 모두 부업을 하고 있었다. 그리고 직장 내에서 공고한 네트워크를 형성하고 그 공동체를 바탕으로 자신들의 삶에 대한 계획과 실천을 이루어가고 있었다. 이들과의 심층면접을 통해 결혼이주의 동기부터 이주 이후의 적응과정 그리고 부업을 하기까지의 경험을 들을 수 있었고 이를 통해 이들의 경제활동을 통한 정체성의 변화과정을 분석해 볼 수 있었다.

4. 결혼이주여성 이야기

1) 이주의 결심부터 직업활동 경험까지

(1) 국제결혼 결심과 한국으로의 이주

연구참여자들은 모두 20대 초반에서 후반의 나이에 국제결혼을 택하여 한국으로 이주했다. 한국 사회 여성의 결혼 평균연령에 비해 이들은 비교적 어린 나이에 결혼을 하고 타국으로의 이주를 결정한 것이다. 이들의 결혼에 가장 큰 영향을 미친 이유는 경제적인 이유와 더 나은 삶에 대한 추구였다. 하지만 이들 모두 사랑이라는 전제조건이 있었다. 모두가 가장 큰 원인으로 경제적 조건과 삶의 질 향상을 꼽았지만, 사랑이 없었다면 결혼을 하지 않았을 것이라고 했다.

연구참여자 1의 경우, 처음에는 부모님이 국제결혼을 적극적으로 권유했으나, 막상 비행기를 타려고 하니 타국으로 가는 딸에 대한 걱정, 한국

방송에서 비추어지는 결혼이주여성에 대한 차별과 편견, 학대 등으로 인해 다시 한 번 결혼을 생각해봐야 하지 않겠냐며 말리기도 했다.

"처음에는 엄마가 빨리 결혼하라고 막…. 아버지는 말리기도 했고…. 어쨌든 한국에 가서 더 잘 살면 되지. 처음엔 엄마, 아버지 모두 결혼하라고 했어요. 그치만 비행기 티켓이 나오고 한국에 가는 게 결정되니깐 걱정하기 시작했어요. 그때 한국 TV에서 조선족 여자가 무시당하고, 월급도 못 받고 하는 게 나왔어요. 아버지가 걱정하더라구요. 정말 잘 살 수 있니? 저도 걱정이 되기도 했어요. 하지만 결국 결혼해서 한국에 와서 지금 잘 살고 있어요." (연구참여자 1)

연구참여자 1처럼 다른 결혼이주여성 모두 막상 결혼을 결심했지만 한국에 오기 직전에는 긴장과 불안이 가득했다고 했다. 하지만 결혼이주여성들은 대부분 대학을 졸업한, 소위 엘리트 여성으로 자기 자신에 대해 자부심을 가지고 있었다. 한편 이들은 모두 새로운 곳에 대한 호기심과 한국에 대한 막연한 동경을 가지고 있었다고 했다.

"한국은 그래도 새로운 나라잖아요. 내가 살던 곳보다 훨씬 잘 살고 돈도 많이 벌 수 있고. 내가 대학교 나왔어도 (우리나라에서) 할 일이 많지 않았어요. 직장도 갖고 싶고, 멋진 결혼도 하고 싶고…. 그때 한국에서 〈풀하우스〉란 드라마가 했던 거 같아요. 왕자님이 나왔어요. 나도 그런 남자를 만나면 좋겠다 생각했죠." (연구참여자 3)

"저도 〈풀하우스〉 알아요. 한국 남자는 그런 남자가 많은 줄 알았어요. 지금은 그런 생각 안 하죠…. 그래도 한국에 오면 더 잘 살 수 있을 거란 확신이 있었어요. 돈도 많이 벌고 부모님도 도와드리고 싶었어요." (연구참여자 4)

한국 드라마의 허구적 스토리가 결혼이주여성에게는 한국에 대해 긍정적인 이미지를 갖게 하여 이주를 결심하는 데 영향을 미치기도 했다. 하지만 이들은 드라마에 나온 여주인공이 되기보다는 전문 직업인으로 살고 싶은 바람을 가지고 있으며, 이것이 한국 남성과의 결혼과 한국으로의 이주를 선택한 가장 큰 요인이다.

"뭐 처음엔 다 그렇지 않나요? 어릴 때 꿈도 그렇고. 하지만 더 잘 살고 싶었어요. 지금(결혼 전)보다. 또, 그때 내가 할 수 있는 일도 많지 않았고…. 한국에 오면 직업을 무조건 가질 수 있겠다고 생각했어요. 한국 남성과 결혼해서 직업을 갖고 내 아이들은 나보다 더 잘 살게 해주고 싶었어요." (연구참여자 4)

"저도 그렇죠 뭐. 어떻게 왕자를 만나겠어요. 전 평범하게 살고 싶었어요. 우리나라에선 평범하게 사는 것도 어려운 일이었죠. 다 그렇겠지만. 한국에 와서 부모님한테, 자식들한테 (용)돈도 많이 주고 싶고. 내 직업도 갖고 싶고…. 여러 가지 생각이 있었어요." (연구참여자 1)

결혼이주여성은 모두 모국에서의 삶보다 더 나은 삶을 추구하고 있다. 그리고 이런 기대를 실현할 수 있는 공간이 한국이라고 여긴 것이다. 또한 한국에서는 전문 직업인으로 살 수 있을 것이라는 희망도 한국 남성과의 결혼과 이주를 결심하는 동인으로 작용하고 있다.

(2) 가정 내 지위 향상에 따른 생활세계의 변화

결혼이주여성은 모두 전문 직업인으로 당당하게 경제활동에 참여하고자 하는 열망을 가지고 있었다. 하지만 이주 후 결혼이주여성들은 모두 문 밖 출입조차 어려울 정도로 한국 사회 적응에서부터 어려움을 겪었다. 당연히 정규 일자리를 찾는 것은 상상할 수 없는 일이었다. 더 나은 삶과 경제적 지위의 향상을 위해 한국 남성과 결혼하여 이주를 선택했지만, 이주 처음부터 많은 난관에 부딪히며 좌초됐다.

> "한국에 오면 다 잘 될 줄 알았죠. 근데 아니더라구요. 처음엔 남편이 주는 생활비로만 생활을 해야 했어요. 대학을 나왔지만 한국 어디에서도 인정해주지 않았어요. 정말 일하고 싶었어요. 근데 안 됐어요." (연구참여자 1)

> "한국에 오자마자 직장에 들어가려고 했어요. 근데 한국말이 잘 안 된다고 떨어졌어요. 대학도 나오고, 회사에 취직하고 싶었어요. 할 수 없이 오랫동안 취직을 못했어요. 알바만 했어요." (연구참여자 2)

결혼이주여성은 한국에 이주한 후 바로 직업을 구하기 시작했으나 한국에서의 현실은 쉽지 않았다. 그들은 언어로 인한 장벽, 이주민에 대한 차별과 편견 등으로 인해 취업을 할 수 없었다. 그들 모두 한국으로 이주한 지 3년에서 5년이 지난 후에서야 직업을 가질 수 있었다.

> "전 한 4년 된 거 같아요. 직업 가진 게. 이것도 한국어가 어느 정도 되니까 가능했죠. 처음엔 다문화 관련된 센터에서 번역 일을 하기 시작했어요. 재미있었어요. 그치만 월급은 그리 많지 않았어요." (연구참여자 3)

결혼이주여성이 직업을 가지려고 했던 가장 큰 이유는 일단 돈을 벌기 위해서였다. 한국으로의 이주와 한국에서의 직장 생활은 모국에서는 벌기 어려운 큰돈을 벌 수 있는 기회였다. 그러나 막상 한국에 와보니 뜻대로 직업은 구해지지 않았고, 주위에 교류할 수 있는 친구도 없었다. 또 자신이 스스로 돈을 벌고 싶었는데 남편이 주는 생활비가 한국에서 손에 쥘 수 있는 돈의 전부이다 보니 자신감도 많이 떨어졌다.

> "그래도 한국에 오면 무슨 일을 해도 돈도 더 많이 벌고 할 수 있다고 해서 왔는데 몇 년 동안 남편이 주는 생활비가 전부였어요. 힘들었어요. 자신감도 없고. 모든 게 어려웠어요. 내가 이렇게 다른 사람한테 말도 못 하고, 친구도 없고, 그냥 남편이랑 애기만 봤어요. 재미없었죠." (연구참여자 4)

이처럼 결혼이주여성은 언어 장벽과 이주민에 대한 한국 사회의 차별과 편견, 그리고 결혼이주여성의 취업에 대한 한국 사회의 사회구조적 문제 등으로 인해 많은 어려움을 겪었다. 이들은 남편을 사랑해서, 또 전문직업여성이 되고 싶어서, 새로운 곳에서 더 나은 삶을 살기 위해서 등의 기대와 희망을 품고 한국으로 이주해 왔지만 한국에서의 현실은 예상했던 바와 전혀 달랐다.

> "다 틀렸어요(달랐어요). 다 좋을 줄 알았는데. 당연히 처음엔 어려울 거라 생각했죠. 근데 너무 틀렸어요. 직업은 말도 할 것 없고, 한국에서 살아간다는 것 자체가 어려웠어요. 외롭고, 힘들고, 음식도 어려운 게 있고, 다 힘들었어요." (연구참여자 3)

> "잘 될 줄 알았어요. 아니었어요. 이야기할 사람이 남편밖에 없었는데, 남편은 일한다고 맨날 늦게 들어오고, 하루 종일 집에 혼자만 있었어요. 지금은 아니지만 처음 1년 동안은 집 밖에도 나가는 게 무서웠어요." (연구참여자 1)

하지만 결혼이주여성이 한국에 거주하는 기간이 길어지면서 한국어 능력이 향상됐고 한국 사회와 직업에 대해 알게 됐다. 또 부업이긴 하지만 급여도 받을 수 있는 일을 갖게 되면서 자아존중감의 향상을 경험했다. 더 나은 삶을 살 수 있으리라는 기대도 다시 품게 됐다.

> "아, 정말 그땐… 정말 기뻤죠. 첫 월급 타던 날…. 부업이라 적은 월급이지만 정말 좋았어요. 내가 뭐 된 거 같고. 그때 그 돈으로 아이 장난감이랑 남편 티셔츠를 샀던 거 같아요." (연구참여자 5)

> "진짜 내가 사람다워진 거 같았어요. 당당하게 집 밖에 나와서 일하고, 돈도 벌고, 너무 좋았어요." (연구참여자 6)

연구참여자들은 첫 직장은 기대한 만큼의 직장은 아니었지만, 한국 이주 후 처음으로 직장을 가졌다는 데 대해 만족했고, 사회인으로서 자기 몫을 하게 됐다는 데 자부심도 갖게 됐다. 움츠러들어있다가 다시금 용기를 갖고 당당하게 집 밖으로 나올 수 있게 된 것이다. 그들에게 직업을 갖게 됐다는 것은 사회인으로서 자신의 능력을 입증받았다는 것을 의미했다. 또한 고정적인 수입이 생기며 가정생활에 금전적인 기여를 할 수 있게 됐다. 이는 가정에서의 위상을 달라지게 했으며 남편과 대등한 위치로 올라설 수 있게 했다.

결혼이주여성들은 부업을 하기 시작하며 가족 내에서의 지위 상승의 경험을 했고, 이로 인해 자아존중감이 향상되는 경험을 하게 됐다. 또한, 한국에 이주해온 이후 줄곧 이방인으로 살던 삶에서 벗어나 한국인으로 정체감을 갖게 됐고, 이를 통해 진정한 한국인으로서 사회에 당당하게 나설 수 있는 존재로 거듭나게 됐다.

(3) 문화 적응에 따른 생활세계의 변화

결혼이주여성들은 경제 적응뿐만 아니라 문화 적응에 있어서도 상당히 어려움을 겪고 있었다. 한국 문화가 낯선 데다 자신을 향한 사회적 편견까지 더해져 처음부터 문화 충돌을 경험했다.

> "뭐가 이렇게 다른지. 남편이 밥 먹을 때부터 틀렸다고 이야기하더라구요. 난 그냥 밥그릇 들고 먹었을 뿐인데. 자기는 맞고 난 틀리고." (연구참여자 7)

"정말 힘들었어요. 전 원래 편식하는데, 한국에서 고추장과 매운 거 먹는 게 힘들었어요. 특히 산낚지볶음. 무릎 꿇는 것도 어색했어요." (연구참여자 8)

결혼이주여성이 이주했던 2000년대 중반 한국은 다문화에 대한 인식 수준이 상당히 낮은 편이었다. 이로 인해 한국 사회가 동남아시아에서 이주해온 여성들에 대해 갖는 차별과 편견은 심각했다. 한국 사회는 그들에 대해 못 살고, 못 배운 여성이라 가르칠 게 많다는 생각 등을 가지고 있었고, 그들은 이러한 차별과 편견을 그들의 모국에서는 경험한 적이 없었기 때문에 문화적 충격으로 받아들인 것이다. 심지어 한 연구참여자는 이를 견디기 어려워 이혼하고 다시 모국으로 가야겠다는 생각을 하기도 했다.

이 연구의 일부 결혼이주여성의 경우 모국에서 나름 좋은 직장에 다니며 많은 월급을 받는 당당한 직장인이었지만, 한국 이주 후 자신들을 향해 쏟아지는 문화적 편견에 적응하는 것이 쉬운 일이 아니었다. 그러나 이들은 강한 의지와 더 나은 삶에 대한 열망으로 한국 문화에 적응하기 위해 노력했고, 한국에 이주한 지 6년이 넘은 지금은 당당한 한국 사회의 구성원으로 살아가고 있다.

"쉬운 게 어디 있겠어요. 그래도 어려웠죠. 하지만 이젠 고향, 우리 나라 문화도 잘 모르겠어요. 그냥 한국인이죠 뭐. 아직 회를 많이 좋아하진 않지만 거북하진 않아요." (연구참여자 8)

"다 그렇겠지만, 5년 정도 지나서부터 한국에 익숙해지기 시작한 거 같아요. 이젠 어려운 건 별로 없어요." (연구참여자 6)

본 연구의 연구참여자들은 베리(Berry, 2005)가 이야기한 문화 적응의 단계 중 동화의 단계를 거쳐 한국 문화에 적응해 나가고 있었다. 이들 대부분은 자신의 모국의 문화적 정체성을 버리고 한국 문화에 동화되는 것을 선택했다. 이는 아직까지 만연한 한국 사회의 동화주의적 다문화주의 인식에 기인한다. 동남아시아계 결혼이주여성들은 한국 사회에서 터부시 하는 동남아시아의 문화를 버리고 그들 고유의 정체성이 아닌, 한국 문화에 따르는 정체성을 새로운 문화적 정체성으로 삼고 있었다.

5. 나가기

구체적으로 이 연구는 동남아시아계 결혼이주여성이 한국 남성과 결혼을 하게 된 과정에서부터 결혼 전후의 경제적 상황과 역할, 지위 등의 변화 과정, 한국 문화 적응 과정, 경제적 적응과 문화 적응의 상호관계와 생활세계 형성과의 관계 등을 살펴보았다.

동남아시아계 결혼이주여성의 내러티브에 근거하여 볼 때, 그들은 첫째, 한국의 주류 사회경제 구조에 대한 진입의 정도에 따라 다른 문화 적응의 양상을 보였고, 둘째, 이러한 문화 적응의 수준은 그들의 안정적인 생활세계 형성에 영향을 미치고 있었으며, 셋째, 그들의 사회경제 구조에 대한 적응과 문화 적응에 있어서 가족(남편 등)과 지역사회, 그리고 정부의 역할이 중요함을 알 수 있었다. 넷째, 가부장적인 한국 남성의 인식 수준과 아직까지 결혼이주여성과 외국인의 한국 주류 사회경제 진입에 대한 차별적이고 억압적인 분위기와 구조적 모순은 동남아시아계 결혼이주여성이 경제적 적응과 문화 적응을 통해 생활세계를 형성하는 데 있어서 걸림돌이 되고 있었다.

이상의 연구결과를 바탕으로, 본 장에서는 동남아시아계 결혼이주여성의 생활세계 형성을 돕기 위한 경제적 적응과 문화 적응의 중요성과 그 관계를 밝히고, 다문화 생활세계 형성의 필요충분조건에 대한 시사점을 제시했다.

9장

인권 영역

난민의 인권의식과 인권교육

1. 들어가기

"90도로 허리를 숙이며 인사를 하고 한국 여자를 쳐다보거나 말을 걸지 않아야 한다. 길거리에 쓰레기 버리지 말고, 떠들지 말고, 싸우지 말고, 그룹으로 다니지 마라."

2018년 500명이 넘는 예멘인들이 제주도로 입국하여 우리 사회에 큰 논란을 일으켰다. 위의 글은 예멘인들에게 강의한 출입국관리소의 어느 강사의 강의내용이다. 이러한 강의를 듣고 있는 이들에게 인권은 사치스러운 단어이다. 인권은 모든 사람들은 인간다운 생활을 할 수 있다는 기본적이고 보편적인 권리이다(박미숙 · 손영화, 2017). 난민들은 자국에서 박해를 피해 한국으로 난민 신청을 했지만 난민 인정자가 되기까지 매우 불안한 삶을 살아간다.

난민법 제2조 1항에서 난민은 "인종, 종교, 국적, 특정 사회집단의 구성원인 신분 또는 정치적 견해를 이유로 박해를 받을 수 있다고 인정할 충분한 근거가 있는 공포로 인하여 국적국의 보호를 받을 수 없거나 보호받기를 원하지 아니하는 외국인 또는 그러한 공포로 인하여 대한민국에 입국하기 전에 거주한 국가로 돌아갈 수 없거나 돌아가기를 원하지 아니하는 무국적자인 외국인"으로 정의한다. 게다가 난민 신청 후 신청면담이 이루어지기 전까지 비자가 없기 때문에 아무런 일을 할 수 없다. 그러다 보니 생존을 유지하기 위해 음성적으로 일을 찾아 불법체류자와 같은 상황에 놓이기도 한다. 이들은 노동에 대한 임금을 제대로 받지 못하고, 인간적인 차별과 무시와 함께 임금을 착취당하는 사례가 빈번하다.

그럼에도 불구하고 이들은 출입국에 적발될까 봐 아무런 조치도 취할 수 없으며 무시와 차별, 부당한 처우에도 아무런 저항도 할 수 없다. 그러므로 이들에게 인권이란 생각조차 할 수 없으며 인간적인 삶을 살아간다는 것은 기대할 수도 없는 형편에 있다. 이처럼 난민들이 인권에 대한 문제를 난민 스스로 극복하고 해결한다는 것은 한계가 있다. 이는 국가적으로 국제적 차원에서 해결되어야 할 문제이다. 이들이 자신의 인권에 대한 의식이 제대로 갖추어질 수 있도록 다양한 노력이 필요한 시점이다.

최근 난민에게 관심이 집중되면서 난민에 대한 연구는 조금씩 증가하고 있다. 그러나 다른 분야에 비추어볼 때 난민에 대한 연구는 매우 미흡하다. 난민과 관련된 선행연구는 크게 네 가지 유형으로 나눌 수 있다.

첫째, 대상에 따른 난민 인권은 주로 여성과 북한이탈주민을 대상으로 한 연구가 가장 많았다. 송효진 외(2016), 민지원(2003)은 주로 난민 여성의 인권 실태와 국제적 보호의 필요성에 대해 논의했고, 국민호(2017), 이종원(2016), 김후형(2015), 정영선(2000)은 탈북 난민이나 중국 거주 탈북 난민에 대한 인권 문제와 난민 인정 문제, 이에 대한 국내외적 대응에 대한 과제를 던져두었다.

둘째, 난민 관련 정책 및 법제에 관해 정궁심(2018), 이혜영(2017), 송영훈(2016). 김대근(2015), 오병훈(2015) 등은 난민의 인권과 관련하여 난민 관련 정책 및 난민법 개정에 관한 문제점과 개선방향에 대해 연구했다. 셋째, 해외 난민정책을 고찰하여 김진호(2018), 홍선기(2017), 장복희(2017), 김종호(2017), 신예진 · 신지원(2013) 등은 유럽 및 동아시아, 독일, 일본 등의 해외의 난민법과 정책에 대한 사례를 제시하며 대응책에 대해 연구했다. 마지막으로 난민의 언어교육 및 문화 적응에 초점을 맞춘 연구는 박은빈(2016), 김시정 외(2016), 손주의 · 정하나(2018) 등이 연구했다. 박은빈(2016)은 난민들이 한국 사회에 안정적으로 적응할 수 있도록 언어교육의 필요성을, 김시정 외(2016)는 난민 노동자의 취업실태에 대한 연구를, 또 손주의 · 정하나(2018)는 난민들의 사회 적응을 위한 정책적 방안을 제시했다. 이처럼 난민들에게 언어는 중요한 요인 중에 하나이기 때문에 언어와 사회 · 문화 적응과는 불가분의 관계이다.

난민에 대한 대부분의 연구는 난민 인권에 대해 법적 측면과 정책적 사례를 제시하고 있고 난민들의 언어와 사회 적응에 대한 정책적 방향 모색에 머물러 있다. 한국 사회에서는 난민들의 인권의식이나 인권교육에 대한 심층적인 연구는 거의 이루어지지 않고 있다.

그러므로 본 장에서는 난민의 인권의식에 대한 경험을 탐색하고 이를 통하여 인권교육의 방향을 제시하고자 한다. 이를 위해 한국에 체류한 경험이 있는 난민들을 대상으로 심층면담을 수행하고 이를 분석하고자 한다. 이를 통해 재한 난민들을 이해하고 이들의 인권을 생각해보는 기회가 되길 기대한다.

2.
난민의 현황과 인권의식

난민이란 자국의 박해를 피해 출신국가를 떠난 비자발적 이주민으로 국제사회의 보호가 필요한 사람들이다. 대한민국 난민법 제2조 1항에서 난민을 다음과 같이 정의했다. "난민은 인종, 종교, 국적, 특정 사회집단의 구성원인 신분 또는 정치적 견해를 이유로 박해를 받을 수 있다고 인정할 충분한 근거가 있는 공포로 인하여 국적국의 보호를 받을 수 없거나 보호받기를 원하지 아니하는 외국인 또는 그러한 공포로 인하여 대한민국에 입국하기 전에 거주한 국가로 돌아갈 수 없거나 돌아가기를 원하지 아니하는 무국적자인 외국인을 말한다."

유엔난민기구에 따르면 2017년을 기준으로 전쟁이나 폭력, 박해로 인해 집을 잃고 실향민이 된 사람들은 6,850만 명이며, 그중 자국을 떠난 난민의 수는 2,540만 명이라고 밝혔다(UNHCR, 2018). 법무부(2018)에 따르면 2018년 12월 말까지 한국 난민 신청자는 48,906명이며 심사결정 종료자는 23,208명이라고 밝혔다. 이 중 936명이 난민 인정을 받았고 1,988명은 인도적 체류허가를 받아 현재까지 2,924명이 난민으로 보호받고 있다. 난

〈표 9-1〉 연도별 난민 신청자 현황

(단위: 건)

연도	1994~2010	2011	2012	2013	2014	2015	2016	2017	2018	총계
신청 건수	2,915	1,011	1,143	1,574	2,896	5,711	7,542	9,942	16,173	48,906

출처: 법무부 통계월보

민 신청자를 연도별로 살펴보면 다음 〈표 9-1〉과 같다.

한국에 체류하기 위한 난민 신청은 1994년 5건을 시작으로 2018년 16,173건 신청하여 총 48,906건이 난민으로 법적 지위를 인정받기 위해 신청 접수됐다. 이 통계를 살펴볼 때 2011년 난민 신청자가 이전보다 2배 가량 증가했으며 2015년 역시 전년도보다 2배 가량 증가했다. 2018년에도 2017년과 비교하여 2배 정도 증가했으며 전체적으로 2018년 신청자는 2009년보다 50배 이상 증가한 것을 알 수 있다. 이처럼 한국에 체류를 목적으로 유입되는 난민은 상상을 뛰어넘을 만큼 큰 폭으로 증가하고 있다.

법무부(2019)가 발표한 자료를 보면 2017년 한 해 동안 9,942명이 난민 신청을 했고 이 중 남자가 7,825명, 여자가 2,117명으로 여자보다 남자의 수가 3배 이상 많은 것으로 보아 남자들이 난민 신청을 한 것은 전쟁이나 정치적인 사유에 해당됨을 알 수 있다. 또한 이들을 국적별로 살펴보면 중국이 1,413건으로 가장 많고 그다음 이집트 741건, 파키스탄 667건, 나이지리아 486건, 시리아 103건, 그 외 순으로 나타났다. 이들은 우리와 지리적 · 문화적으로 멀리 있는 국가의 사람들로 대부분 이슬람 종교의 국가들이 많았다.

이렇게 많은 사람들이 난민으로 인정받기 위해 신청하지만 2018년까지 난민 인정자는 936명에 불과하여 전체 난민 신청자의 1.9%이며 인도적 체류허가를 받은 사람 1,988명을 포함해도 한국에서 난민으로 보호를 받는 사람은 신청자의 약 6%에 불과하다. 이처럼 한국에서 난민으로 인정받기는 실질적으로 매우 어렵다는 것을 알 수 있다. 난민을 신청하는 주된 사유는 종교적 사유가 11,962명, 정치적 사유가 9,520명, 특정 사회집단 구성원으로 인한 사유가 5,217명, 인종 문제가 3,190명, 국적이 193명의 순으로 나타났다.

난민법 2조에서는 난민을 난민 인정자, 인도적 체류자, 난민 신청자, 재정착 희망 난민 네 가지로 분류한다. 한국에 체류하는 난민의 지위를 부여하기 위해 엄격한 심사와 평가를 한다. 난민의 지위는 개인의 심리상태뿐만 아니라 박해나 공포가 객관적인 충분한 근거가 있어야 인정받을 수 있다. 난민은 주관적 요소가 많기 때문에 난민 신청자들은 이를 입증할 수 있는 합리적인 근거를 통해 신빙성이 있어야 한다.

이들은 과거에 박해를 받은 경험이 있거나 그 부족의 관습에 의해 박해를 받을 가능성으로 인해 목숨의 위협을 느낄 만큼의 공포 때문에 신청한다(이호택, 2009). 이들이 주장하는 박해는 다양한 형태로 나타난다. 소수의 인종에 근거한 차별과 인권 침해의 형태로 나타날 수도 있고 종교, 또는 정치적 의견을 달리하여 박해가 가해질 수도 있다. 그러므로 신청인의 인종, 종교, 민족적 · 사회적 · 정치적 집단의 신분, 처한 상황에 대한 이해와 개인적인 배경을 고려하여 난민에 대한 평가가 이루어져야 할 것이다.

한국에 체류하는 난민에 대한 한국인의 인식은 매우 저조하다. 특히 2018년 예멘인들이 제주도에 대거 입국하면서 난민에 대한 한국인들의 시선이 집중되기도 했다. 난민들은 한국에 체류하기 위해서 난민 신청을 한다. 한국은 난민의 유형을 네 가지로 나누고 이들의 비자에 따라 체류를 결정한다. 그러다 보니 난민들은 한국에 체류하지 못하게 될까 봐 항상 노심초사하기 때문에 이런 그들에게 인권의식은 사치이다.

인권은 누구나 갖는 인간적이고 기본적인 권리이며 보편적인 권리이다. 인권을 바로 알고 인지한다는 것은 사람들의 인식적인 문제이다. 김자영(2012)은 인권의식은 인권을 바라보는 관점과 자세를 중요히 여기는 사회심리학적 태도라고 정의했다. 그러면서 그는 인권의식을 구성하는 요소를 인지 · 정서 · 행동 영역으로 구분했다. 인지적 영역은 인권 판단력으로 정서적 영역은 인권 감수성, 행동적 영역은 인권행동 의사가 핵심이라고 밝혔다. 또한 로젠버그와 호블랜드(Rosenberg & Hovland, 1960)는 인권의식은 인권에 대한 감정과 평가로 구성된 정서적 반응과 인권에 대한 사실과 지식, 신념인 인지적 반응, 이를 행동하려는 경향, 의도, 반응인 행동적 반응으로 구성된다고 했다. 또한 박상준 · 임태승(2010)은 인권의식의 구성을 인권에 대한 지식과 사고 기능인 인지적 요소, 인권에 대한 가치와 태도인 정서적 요소, 인권에 대한 개인행동과 집단행동인 행동적 요소로 규정했다.

이처럼 인권의식은 인권에 대한 지식과 정신과 행동의 요소를 모두 포함하고 있다. 그러므로 인권을 안다는 것은 인권에 대해 인지한다는 것이다. 그러나 난민들이 인권을 주장하기 위해 한국 사회에 저항하기에는 이들을 둘러싼 환경은 매우 열악하다. 한국에서 최소한의 생계를 유지하며 살아갈 수 있다는 것에 감사하기 때문이다. 그러나 그들도 인권을 통해 인정받고 보상받고 싶은 욕구를 가지고 있다. 인권의식이 발달되기 원하는 것은 개인이 원하는 것을 자유롭게 하고 모든 사람들이 평등하게 인정받으며 보호받고 싶은 권리라고 한다(구정화, 2004). 그러므로 난민들이 인식하는 인권에 대해 인지적 · 정서적 · 행동적으로 어떻게 나타나는지 탐색하고자 한다.

3.
연구방법

1) 연구참여자

한국에 체류하는 난민들의 인권의식과 공동체 활동에 대해 탐색했다. 이를 통해 외국인들의 공동체 활성화 방안을 제시하고자 한다. 연구는 2018년 10월부터 2019년 4월까지 진행했다. 연구참여자는 한국에 난민 신청 경험이 있는 난민 6명으로, 난민 공동체를 통해 눈덩이 표집을 했다. 연구는 사례연구로 진행했다. 사례연구는 다양한 사례를 통해 이들의 주제에 대한 경험을 분석하는 데 적합한 연구방법이다. 연구에 참여한 사람들의 일반적인 정보는 다음과 같다.

연구참여자는 총 6명이며, 방글라데시, 미얀마, 시리아인으로 한국에 난민을 신청했던 사람들이다. 이들은 모두 자국의 전쟁과 분쟁으로부터 위험을 느껴 한국으로 이주한 난민들이다. 이들 중 연구참여자 1, 2, 3, 4는 한국에 이주하여 난민을 신청한 사람들이고 연구참여자 5, 6은 이미 유엔을 통해 난민을 인정받고 한국에 재정착하기 위해 이주한 사람이다. 또 연

〈표 9-2〉 연구참여자 인적 사항

참여자	성별	나이	유형	모국	민족	거주 기간	학력	자녀	이주 전 직업
1	남	48	한국 국적 취득	방글라데시	줌머	19년	전문 대졸	1명	사업
2	여	49	한국 국적 취득	방글라데시	줌머	12년	고졸	1명	보험 회사
3	여	33	난민 인정	방글라데시	줌머	10년	대졸	2명	간호사
4	남	31	인도적 체류자	시리아	시리아	2년	대졸	없음	사업
5	남	46	난민 인정	미얀마	카렌	3년	무	5명	농업
6	남	34	난민 인정	미얀마	카렌	3년	고졸	3명	홈 비지트

구참여자 1, 2는 한국에서 난민 인정을 받은 후 한국 국적을 취득한 사람이며, 연구참여자 3은 난민 인정자로 현재 한국 국적을 취득하기 위해 노력하고 있다. 연구참여자 4는 난민 인정을 받기 위해 신청했으나 한국에 인도적 체류자로 체류하고 있다. 이들이 한국으로 이주하기 전 다양한 직업을 가지고 있었으며 학력은 학력이 없는 사람부터 대졸까지 다양하다.

2) 자료수집 및 분석

자료수집은 난민들의 인권의식을 통한 공동체 활동을 살펴보기 위해 심층면담을 진행했다. 질문지는 이들이 인식하는 인권의식에 대하여 김자영(2012)의 인지적인 측면과 정서적인 측면, 행동적인 측면으로 나누어 반구조 질문지를 작성했다. 질문지를 가지고 인터뷰를 반구조화 방식으로 진행했으며 인터뷰는 개별적으로 1시간 내외로 진행했다. 인터뷰를 시작하기 전 연구에 대해 설명하고 연구참여동의서를 받은 후 연구참여자의 권리에 대해 설명하고 인터뷰를 진행했다. 인터뷰 내용은 연구참여자에게 동의를 구한 후 녹음했으며 녹음된 자료는 전사하여 텍스트로 만든 후 분석했다.

자료 분석은 글래이저와 슈트라우스(1967)의 반복적 비교분석법을 활용하여 인터뷰 내용의 의미단위를 통하여 범주화하고 범주에 대한 확인과정을 반복적으로 진행했다. 자료의 신뢰도를 높이기 위해 연구참여자에게 인터뷰 전사파일을 보내어 확인 작업을 했으며 연구의 타당도를 높이기 위해 동료 질적 연구자에게 분석 자료에 대한 삼각검증을 받는 등 연구의 신뢰성과 타당성을 확보하고자 노력했다.

〈표 9-3〉 난민의 인권의식에 대한 범주화

영역	주제	내용
인지적인 측면	모르고 당하는 인권 침해	인권에 이해, 인권 침해
	인권 침해인 줄 알면서도 참음	인권에 대한 지식, 인권 보장
	한국 사회에서 살아내기	한국 사회 적응하는 방법, 재사회화
정서적인 측면	인정받지 못하는 사람들	친구에 대한 공감, 난민의 감정
	이방인의 서러움	한국인의 편견, 차별, 이방인
	돌아갈 수 없는 모국	모국, 국가정체성, 이중갈등
	한국 국적을 받아도 나는 난민	한국 국적, 차별, 편견
행동적인 측면	우리는 우리가 보호하자	같은 민족, 민족끼리 돕기
	공동체를 통한 인권활동	공동체 생활, 민족활동
	나 같은 사람 도와주기	한국 난민, 동포, 봉사활동

4.
동남아시아계 이주민의 인권 경험

1) 인지적인 측면

(1) 모르고 당하는 인권 침해

인권은 인간으로서 누려야 할 기본적인 권리이다. 많은 사람들은 인권을 염두에 두고 사회생활을 하지는 않는다. 그러다 보니 인권을 침해당하는지 인식하지 못하고 지나치는 경향이 많다. 그러다가 인권 문제에 직면하게 되면 그제야 인권에 대해 생각한다. 박상준(2010)은 인권문제를 해결하기 위해서는 인권에 대한 지식과 이해가 필요하다고 했다. 즉 인권에 대한 지식과 이해는 이에 대한 문제 상황을 정확히 파악하고 해결할 수 있다.

"한국에 들어오자마자 한 회사에서 일주일 일을 했는데 첫 번째 월급을 받지 못했어요. 그다음에도 여러 차례 그런 일이 있어도 아무런 말을 못했어요. 그만큼 외국인들의 인권 수준 그 당시에 너무 낮았어요." (연구참여자 1)

"제가 어디를 가든 이주민, 외국인 노동자 입장에서 너무 태도가 안 좋아요. 노동현장은 물론이고 미용실을 가도, 식당을 가도, 어디를 가도 너무 안 좋았고 반말하고 소통이 안 되면 무시하고 그러다 안 되면 욕하고 그래도 아무 말 못 했어요." (연구참여자 3)

대한민국 헌법 제11조 제1항에 의거하면 "모든 국민은 법 앞에 평등하며 누구든지 성별, 종교, 사회적 신분에 의하여 정치적 · 경제적 · 사회적 · 문화적 생활의 모든 영역에 있어서 차별을 받지 아니한다"라고 규정하고 있다. 한국에 체류하는 난민들의 인권에 대한 지식과 이해는 매우 낮은 것으로 나타났다. 자신들이 인권을 침해당하고 있다는 인식조차 못 하고 생활하는 사례가 많았다. 그러므로 난민들이 스스로 인식할 수 있도록, 인권에 대한 이해와 지식을 갖출 수 있도록 하는 인권교육의 필요성을 알 수 있었다.

(2) 인권 침해인 줄 알면서도 참음

인권 침해란 인간으로서 누려야 할 기본적인 자유와 권리를 제한하는 것을 말한다. 인권 침해는 크게 두 가지로 형태로 나뉜다. 하나는 헌법이나 법률에서 인정하는 인간의 존엄과 가치 및 자유와 권리인 기본권을 침해하는 행위이며 또 다른 하나는 일반적으로 평등권을 침해하는 차별행위이다(이승림, 2018). 이러한 인권 침해는 우리나라 노동현장에서 외국인에게 심각한 수준이며 이는 이주민들의 삶의 질과 연계되어있다.

"일 끝나면 또 일하라고 하고, 아침에도 한국 사람보다 빨리 오라고 하고, 법으로 쉬는 시간 한두 시간 줘야 하는데 우리는 그냥 다시 일해요. 쉬는 것 사장이 싫어해요." (연구참여자 2)

"기도 못 해요. 사장 때문에 회사에서 기도 안 해요. 그냥 회사 입사할 때 사장이 기도하지 말하고 이야기 들었어요. 그래서 일부러 안 했어요. 회사 오기 전에 집에서 기도하거나 집에 가서 일 끝나고 기도해요." (연구참여자 4)

"일은 똑같이 하는데 한국 사람하고 우리하고 월급이 달라요. 우리는 외국인이기 때문에 차별받고, 난민이기 때문에 차별받아요." (연구참여자 5)

우리나라 근로기준법에서는 "사용자는 근로자에 대해 남녀의 성을 이유로 차별적 대우를 하지 못하고 국적, 신앙 또는 사회적 신분을 이유로 근로조건에 대한 차별적 처우를 하지 못한다"라고 규정하고 있다. 그럼에도 불구하고 난민들은 이주민의 근로현장은 물론 난민들의 일상생활에서도 여전히 차별받고 있었다. 어떤 사람은 한국어를 못해서 차별받고, 또 어떤 이는 종교의식을 회사에서 하지 못하고, 또 어떤 이는 월급을 차별받으면서 다양한 인권 침해를 경험하면서도 이들은 자신의 상황을 대변하지 못한다. 이들의 주된 목적은 한국 사회에 체류하여 살아가는 것이기 때문에 이러한 저항으로 인해 한국 사회에서 추방될까 봐 참고 또 참고 살아가고 있었다.

(3) 한국 사회에서 살아내기

난민법 2조에 의하면 난민의 유형을 네 가지로 나눈다. 첫째, 난민 인정자는 거주 비자인 F-2 비자가 주어지며 별도의 허가 없이 취업활동을 자유롭게 할 수 있다. 이들은 대한민국 국민과 같은 수준의 사회보장을 받을 수 있다. 둘째, 인도적 체류자는 난민에 해당하지 않지만 합리적인 근거를 바탕으로 체류허가를 받은 외국인이다. 이들은 G-1 비자인 기타체류자격 비자를 받고 1년마다 체류기간 연장 허가를 받아야 한다. 이들은 취업활동 허가를 받고 제한된 분야에서 취업이 가능하다. 셋째, 난민 신청자는 난민 인정 신청에 대한 심사가 진행 중인 사람으로 심사가 종료될 때까지 국내 체류를 허가한다. 이들도 기타체류자격인 G-1 비자를 받고 6개월간 거주할 수 있으며 심사 종료 전까지는 연장허가를 받으면 계속 체류할 수 있다. 난민 신청자 중 난민으로 인정받기는 매우 힘들다. 2018년 난민 신청자 중 난민 인정자는 1.9%로 아주 적은 수가 난민으로 인정된다.

"난민 신청자에게 지원 비자를 주는데 그 지원비자로는 아무 일도 할 수 없어요. 난민 조사인 난민 면담을 받고 6개월이 지나야 일을 할 수 있어요. 그러니까 6개월 정도는 아무것도 못하잖아요. 그때는 어느 공장에서도 채용하지 않아요. 그러다 보니 불법체류자같이 일할 수밖에 없어

요." (연구참여자 1)

"난민 불법 상황 너무 많은데 왜냐하면 비자가 그러니까 일을 못 해요. 이런 비자 있는 사람한테 사장이 갑자기 일 없어 가라고 하면서 일 안 줘요." (연구참여자 4)

"저는 월요일부터 토요일까지 일해요. 아침 7시에 나가서 잔업이 없으면 5시 반까지 일해요. 그런데 잔업을 하면 돈이 많으니까 잔업을 하면 좋아요." (연구참여자 6)

난민 지위를 인정받지 못하면 오랫동안 신청자 지위로 아무런 소속 없이 머물러야 한다. 난민 신청자일 경우 본국과 이주국 어디에도 법적 · 사회적 그리고 문화적으로 속하지 못한 경계인으로 살아가야 한다. 또한 난민 신청을 한 후 난민 심사가 끝날 때까지 취업을 불허한다. 한국 사회에서 난민심사가 끝나고 인도적 체류자가 되기까지는 오랜 시간이 걸린다. 그러다 보니 이들은 생활고에 시달릴 수밖에 없다. 이런 사람들은 최소한의 생계를 유지하려다 보니 음성적으로 일을 찾게 되고, 이런 점을 사업주들이 악용하고 있어 자국으로 돌아갈 수 없는 이들은 이중적인 어려움에 처한다.

이러한 결과는 김시정 외(2016)에서도 밝히고 있다. 난민 인정 심사절차가 지나치게 긴 상황에서, 난민들은 취업허가제도의 맹점으로 인하여 불안정한 고용상태를 이어가고 있다. 이러한 현상을 볼 때 난민 인정이 되지 않은 사람들은 경제적 생활고와 함께 심리적인 불안을 가중하는 이중적인 어려움에 처해 있다. 그러나 한국 사회에 적응하면서 살아남기 위해 난민들은 무던히 노력한다. 이들은 한국 사회문화에 적응하면서 어느 정도, 어디까지, 어떤 방법으로 해야지 살아남을 수 있는지에 대해 인지하게 된다. 따라서 난민들의 최소한의 생활고를 해결할 수 있도록 인권적인 측면에서 이에 대한 대책이 마련되어야 할 것이다.

2) 정서적인 측면

(1) 인정받지 못하는 사람들

사람은 혼자서는 살아갈 수 없으며 다양한 관계 속에서 상호작용하면서 살아간다. 부모나 가족을 통해, 또는 동료나 친구, 선배나 상사 등 다양한 사람과 정서적으로 유대관계를 형성하면서 위로받기도 하고 안정감을 느끼기도 한다. 그런데 자신과 정서적 유대감을 가진 사람들이 부당한 이유로 인권을 침해당했을 때 다시금 자신을 돌아보기도 하고 새롭게 현실을 직시하기도 한다.

> "회사 쉴 때는 나와 같은 난민을 만나러 가요. '페이스북' 통해서 알게 됐어요. 평택에 사는데 가끔 만나거나 매일 '페이스북'해요. 이럴 때 어떻게 해야 되는지 서로 물어봐요. 한국 사람들에게 부당한 대우를 받을 때는 제 일 같아서 가슴이 아파요." (연구참여자 4)

"저번에 친구가 한국 사람과 싸움이 있었어요. 우리 친구 맞았어요. 그런데 경찰들도 한국인 아니고 외국인만 잡아가요. 친구 경찰서 가서 그냥 집에 가라고 했어요." (연구참여자 6)

정서적 유대감이란 타인과 서로 연결되어있다는 생각과 느낌으로, 타인과의 정서적인 관계의 질이다(이현지 · 이금자, 2008). 난민들은 한국에 처음 들어와서 한국인 친구보다 외국인 친구들을 더 쉽게 사귄다고 한다. 이들은 한국에 혼자 체류하면서 자신과 같은 처지의 사람들을 만나면서 서로 공감하고 지지하면서 정서적 유대감을 형성하고 있다. 이렇게 난민들은 정서적인 지지자들 때문에 인권의식을 새롭게 생성하기도 하고 같이 공감하면서 도와가며 살아가고 있었다.

(2) 이방인의 서러움

차별은 사회적 맥락과 함께 사회적 불평등과 더불어 국민, 국가 사이에 존재하는 권력 및 지배의 관계, 국민과 국민이 아닌 자, 다수집단과 소수집단, 남성과 여성, 그리고 사회적 계급, 계층 사이에 존재하는 권력 및 지배의 관계가 작용한다(허영식, 2015). 이주자들은 주류 시민들에 의해 많은 편견과 차별을 받는다. 난민들 역시 한국인으로부터 많은 차별을 받고 있었다. 특히 제주 예멘 난민들은 한국에서 난민으로 살아가기가 너무 힘들다고 답했다. 세계적으로 유엔난민기구를 설치하고 난민의 인권을 보호하려고 노력하고 있으나 난민에 대한 한국인들의 인식은 아직도 매우 저조하다.

"김포시가 처음으로 김포 난민촌과 김포 시의원들이 난민을 위한 난민절을 만드는 조례가 통과됐는데 그 조례를 통과시킨 시의원에 대해 시민들이 낙선운동을 벌여 폐지됐어요. 이처럼 난민에 대한 국민들의 인식은 아직도 매우 저조한 상황이에요." (연구참여자 1)

"한국 사람들 난민 싫어해요. 친구가 맞았어요. 그래서 경찰서 갔는데 경찰이 그냥 집에 가라고 했어요. 3개월 있으면 간다고 경찰이 막 말했어요." (연구참여자 4)

"우리가 지나가면 아줌마들은 난민이래, 난민 하면서 쳐다봐요. 우리 다 들을 수 있어요. 우리는 한국 사람과 친하게 지내고 싶고, 얘기도 하고 싶고, 카렌 음식도 만들어주고 싶어요. 그런데 한국 사람들은 우릴 싫어하는 것 같아요." (연구참여자 6)

난민들은 한국인의 차별과 편견으로 한국 사회에 정착하는 데 많은 어려움을 호소한다. 자신의 문화와 다른 문화적 환경에 적응하는 것도 힘든데 한국인들의 차별적인 시선은 이들을 더욱 힘들게 한다고 했다. 그러다 보니 난민에 대한 곱지 않은 시선 때문에 같은 민족끼리 공동체를 형성하고 나름대로 인정받기 위해 노력하고 있었다. 서로 다른 언어, 출신배경, 세계관을 갖고 있는 사람들이 함께 공유하고 생활하는 데는 다양한 문제가 나타난다. 이런 문제를 사회적으로 통합하는 것은 쉬운 일이 아니다. 그러므로 다문화 사회에서 편견과 차별에 대한 문제를 대처할 수 있는 정책적 · 실천적 해결방안이 모색되어야 한다. 국민들이 다양성과 차이를 인정하고 존중할 수 있는 시민으로서 덕목을 갖출 수 있도록 세계시민교육을 신장해야 할 것이다. 특히 난민들에 대한 국민의 인식이 개선될 수 있는 방안도 모색되어야 한다.

(3) 돌아갈 수 없는 모국

이주민들의 삶의 기저에는 고향에 대한 그리움과 애착 그리고 향수가 깔려 있다. 이들에게 향수는 고국과 잘 결합되어있는 감정의 형태이다(이창호, 2016). 고향은 누구에게나 다정함과 그리움을 포함하고 있다. 난민들에게도 고국에 대한 향수는 남다르다. 그럼에도 불구하고 고국을 갈 수 없다는 것에 난민들은 가슴 아프게 생각한다. 난민으로 인정받는다는 것은 모국을 버리는 것과 같다. 그러다 보니 난민들은 박해에서 벗어나는 것은 좋지만 자신의 모국에 갈 수 없다는 것에 절망한다.

"난민이 된다는 것은 모국을 갈 수 없다는 거잖아요. 그래서 모국에 부모님이 계셔도, 어머니가 돌아가셔도 가볼 수 없어요. 그게 가슴 아프죠." (연구참여자 1)

"난민을 인정받으면 자기 모국은 못 가요. 아버지 돌아가실 때도 못 가봤는데 아직 어머니가 계시니까 가보고 싶긴 한데…." (연구참여자 2)

"한국정부에게 바라는 것이 있다면 죽을 때까지 행복하게 살 수 있게 해주고 미얀마 놀러 갈 수 있게 해주었으면 좋겠어요." (연구참여자 6)

난민들은 고국으로 돌아갈 수 없는 상황과 구조 속에 놓여 있기 때문에 이들은 돌아가야 하지만 돌아갈 수 없는 고국에 대해 가슴 아파한다. 이들은 몸이 아프거나 힘든 일이 생길 때 고국에 대한 그리움이 더욱 크다고 했다. 특히 연구참여자들은 부모님이 모국에서 돌아가셨지만 갈 수 없는 것에 매우 안타까워했다. 이처럼 난민들은 모국을 버렸다는 죄책감이 심리적으로 존재하기 때문에 다른 이주자와 다르게 박해로 인한 정신적인 고통과 심리적인 압박감을 함께 가지고 있다. 그러므로 이들에게 심리적인 지원이 마련되어야 한다.

(4) 한국 국적을 받아도 나는 난민

이주민들은 한국 국적을 받고 한국 국민으로 인정받고 살아가고자 하는 사람들이 대부분이다. 이들에게 한국은 국민을 대상으로 모든 것이 이루어지기 때문에 한국의 국민으로 인정받는 것이 한국 사회에 통합되는 것이라고 생각한다. 또한 한국에서 체류기간이 길어지면서 자녀들이 성장하고, 자신들의 노후를 생각하게 되면서 한국 국적을 취득할 수밖에 없는 상황에 놓이게 된다. 그러다 보니 한국 국적을 취득하는 난민들이 증가하고 있다.

인권은 모든 사람들이 인간다운 생활을 할 수 있는 기본적이고 보편적인 권리이다(박미숙 · 손영화, 2017). 난민들 역시 한국 사회에 체류하면서 인간의 권리를 행사할 수 있다. 난민 인정자들은 한국에 일정한 기간 거주하면 한국 국적을 취득할 수 있다. 이들은 한국 사회에 통합되고 싶어 한국 국적을 취득하기도 한다. 한국에 오래 거주한 난민일수록 한국 국적이 없으면 자녀의 대학 입학과 취업에도, 또 자신의 노후에도 불이익을 받을 것 같은 불안감 때문에 한국 국적을 취득했다. 그러나 한국 국적을 받았음에도 이들은 한국 사회에서 영원한 이방인이라고 인식하고 있었다.

"한국은 모든 제도들이 국민 중심이잖아요. 생김새는 달라도 국민으로 인정받으면 모든 것을 할 수 있잖아요. 그래서 저도 한국 국적을 취득했습니다." (연구참여자 1)

"한국 국적을 받았다고 해도 저희는 얼굴이 다르잖아요. 그래서 한국 국적 취득해도 외국인 취급받고 시급도 그렇게 받아요. 면접 볼 때도 한국 국적 있어도 외국인이라고 하고 뭐 만들거나 팔 때도 외국인은 가세요 이래요. 어떨 때는 비자도 안 보고 그냥 외국 사람이라서 안 된다고 그래요. 얼굴만 보고…." (연구참여자 2)

연구참여자 1과 연구참여자 2는 한국에 체류하면서 난민으로 인정받았다. 이들은 많은 고민 끝에 한국 국적을 받았지만 한국인들은 이들을 한국인으로 취급하지 않는다고 한다. 이들은 자신들이 한국인과 다른 외모를 가졌기 때문에 한국 국적이 있음에도 불구하고 한국인들이 자신들을 외국인으로 생각하기 때문에 여러 부분에서 차별을 받는다고 했다. 이들이 이런 취급을 받는 것에는 한국인들의 난민에 대한 인권의식에 문제가 있음을 알 수 있다. 이러한 상황은 이들을 정서적으로 힘들게 할 뿐만 아니라 삶의 질에도 많은 영향을 미친다고 했다.

국적은 국민으로서의 개인의 자격이나 지위이면서 동시에 기본적인 권리이다. 개인은 국적을 가짐으로써 인권을 누릴 수 있는 주체가 된다(김미정 외, 2013). 국적을 보유한 사람은 국민에게 인정되는 모든 권리와 의무를 누릴 자격이 있으며 반면에 국적을 가지지 못한 자는 안정적 체류를 보장받지 못하고, 사회복지 혜택에서 제외되며 사회의 주변부로 자리 잡게 된다(지현정, 2012).

이처럼 연구참여자 중 일부는 한국 국적을 받아도 서툰 한국어와 얼굴의 생김새로 인해 외국인 취급을 받고 있었다. 이처럼 한국 사람들의 국인이나 이주자들에 대한 인식은 아직도 매우 낮은 수준임을 확인할 수 있다. 이러한 문제는 한국인들의 시민의식은 아직도 후진국에 머물러 있음을 알 수 있으며 지속적인 시민교육이 필요함을 시사하고 있다.

3) 행동적인 측면

(1) 우리는 우리가 보호하자

사람은 살아가기 위해서 자기 스스로 방법을 터득하고 강구한다. 자신이 제대로 알고 대처했을 때 가장 큰 효과를 낼 수 있기 때문이다. 난민들 역시 자기 스스로 강해져야 한다고 인식하고 있었으며 스스로 해결하는 방법을 찾기 위해 친구, 동료, 공동체를 활용하고 있었다.

> "한국에 입국하고 난민을 신청하는 사람들은 아무런 혜택을 받을 수 없어요. 기본적인 혜택도 받지 못하고 그런 상황입니다. 그때는 난민법

도 없었고, 돈도 없고, 난민에 대한 인식이 많이 부족해서 다 스스로 알아서 하는 그런 상황입니다. 그래서 일을 하든 안 하든 단속 당하면 억울한 거고, 그러니까 스스로 하는 거지요." (연구참여자 1)

"한국과 문화적인 것이 많이 다르다 보니 저희가 직접 나설 수밖에 없어요. 자녀들이 학교 가는 데 필요한 서류가 뭔지, 월급 못 받았을 때 어떻게 해야 하는지, 직장을 새로 구해야 할 때 정보도 가르쳐주고 이렇게 우리끼리 해요." (연구참여자 3)

한국에 체류하는 난민들은 자신의 인권은 자기 스스로 해결하고 자신을 보호해야 한다고 생각했다. 아무도 자신들의 인권에 대해 관심이 없다고 여기고 있으며 한국에서 살아가기 위해서는 친구나 동료들의 도움을 통해서, 같은 민족이나 같은 처지의 외국인을 통해 자신이 찾아보고 알아보는 것이 가장 필요하다고 인식하고 있었다.

(2) 공동체를 통한 인권활동

우리는 누구나 공동체에 속해 있다. 사람은 살아가는 동안 집, 직장, 학교, 국가 등 몇 개의 공동체에 속하게 되고 공동체는 때때로 달라진다. 난민들 역시 자신들을 위한 공동체를 만들어 활동하고 있다.

"저희는 커뮤니티가 있으니까 커뮤니티 안에서 서로 도움을 주고 그래요. 사실 정부에서 난민 신청자 신분 때 아무런 혜택을 받지 못하고 있

을 때 서로서로 저희가 돕는 역할을 해요. 또 월급을." (연구참여자 1)

"카렌족끼리는 회의를 잘 해요. 아이들한테 카렌어도 가르쳐주고 안 가르쳐주면 아이들도 잊어버릴까 봐 그래요. 이렇게 카렌 사람들끼리 아이들한테 카렌 문화도 가르쳐주고 카렌어도 가르쳐주고 우리 카렌 사람이라는 것 잊지 않게 하기 위해 우리끼리 노력해요." (연구참여자 5)

공동체가 가족이나 촌락에서 구성원들의 생존을 유지하기 위해 함께 노력하는 것처럼, 난민들의 공동체 역시 한국 사회에서 생활하면서 이들의 생존을 위해 만들어졌다. 이들은 공동체를 통해 한국 사회의 어려움이나 힘든 점에 대해 공유하고 서로 서로 힘이 되는 역할을 하고 있었다. 또한 이들은 공동체를 통하여 화합하고 한국 사회문화 적응을 서로 도우며 생활하고 있었다. 이를 통해 자신들의 인권에 대한 지식을 높이고 이해하면서 인권의식을 높이는 역할을 했다.

(3) 나 같은 난민 도와주기

봉사활동은 삶의 경험에서 축적된 지식과 기술을 사회에 환원하면서 공동체의 삶의 질을 향상하는 데 기여한다. 봉사는 아무런 대가 없이 다른 사람들을 위해 자신의 능력이나 시간을 자발적으로 할애하여 지속적으로 행하는 활동이다(김영준, 1996). 많은 사람들은 봉사활동을 통해 다른 사람들에게 다양한 도움을 주고 성취감을 느끼기도 한다. 난민들은 자신의 경험을 통하여 한국에 난민 신청을 하는 사람들을 도와주고 난민의 인권을 회복시키기 위해 노력한다.

"아이들 교육문제는 그런 것도 누군가가 한국에서 도와주는 사람들이 많아요. 그럼에도 불구하고 이렇게 문화적인 것이 다르다 보니까 직접 역할을 해줄 수 없어요. 그러면 우리가 직접 해야지요. 학교에 필요한 서류가 무엇인지, 먼저 해본 사람들이 저 같은 사람이 먼저 겪었기 때문에 누구보다 잘 알잖아요. 그런 것들 도와주고 이런 활동을 해요." (연구참여자 1)

"한국 사람같이 키우고 싶은데 우리가 한국 사람이 아니니까 어떻게 하는지 방법을 잘 몰라요. 어떤 교육을 시켜야 하는지 한국 사람이 아니라 잘 모르잖아요. 그래서 저같이 난민으로 들어오는 사람들을 위해 도와주고 싶고 제가 경험했던 것들을 알려주고 싶어요." (연구참여자 2)

맥킨타이어(Macintyre, 1984)는 사람들이 사회적 실천을 이루기 위해서 개인의 능력보다는 사회의 맥락 안에서 자신의 삶의 의미를 발견하고 삶의 가치를 지향한다고 주장했다. 사회적 실천 개념에서 봉사활동은 사회적으로 내재적인 선을 추구하고 협동적이고 복합적이며 일관된 인간의 의지가 반영된 활동이다(박미숙, 2016). 이처럼 난민들은 난민들을 위한 봉사활동으로 사회적 실천을 하고 있었다.

이들은 한국에서 난민으로 살아가면서 힘들었던 점을 생각하며 난민들을 돕고 있었다. 커뮤니티를 형성하여 난민의 목소리를 내고자 노력했으며 난민들이 자립할 수 있도록 봉사를 통해 다양한 지원을 하고 있었다. 박순용 · 서정기(2014)의 연구에서 나타나듯 난민들은 자신의 존재를 이해했고 스스로를 의식화하며 불합리한 현실을 극복하고 자신들의 목소리를 내려 했다. 이러한 난민들이 많아질 때 한국에서 살아가는 난민들이 안정적으로 정착할 수 있을 것이다.

5. 나가기

본 장은 난민의 인권의식에 대한 경험을 탐색하고 이를 통하여 인권교육의 방향을 제시했다. 연구는 한국에 체류 경험이 있는 난민 6명을 대상으로 심층면담을 진행하고 난민들의 인권의식을 인지적인 측면과 정서적인 측면, 행동적인 측면으로 나누어 분석했다. 그 결과 다음과 같은 결론을 도출했다.

첫째, 인지적인 측면으로 난민들은 한국에 체류하는 것이 급급하여 인권을 침해받아도 이를 인권 침해인지조차 인지하지 못하기도 하고, 인권 침해인 줄 알면서도 참고 살아가고 있었다. 또 난민 비자와 생활고 때문에 한국에서 어떻게 살아가야 하는지 인지하게 됐다. 둘째, 정서적인 측면으로 이들은 부당한 대우를 받으면서도 저항하지 못하는 이주민과 난민들을 보며 공감하고, 정서적으로 교류하고 있었다. 또한 한국인으로 살아가기 위해 국적을 취득했지만 여전히 이방인으로 살아가고 있었다. 난민 신분 때문에 고국에 돌아갈 수 없다는 것은 이들을 정서적으로 힘들게 했다. 모국에 대한 그리움과 모국을 버렸다는 인식이 겹쳐지면서 이들의 심리적인 갈등은 이중적인 어려움으로 나타나고 있었다. 셋째, 행동적인 측면으로 난민들은 같은 처지의 이주민과 민족, 공동체를 통하여 자신들의 인권을 보호받고자 노력했다. 더불어 자신과 같은 난민들을 돕기 위해 봉사활동을 하는 등 다양한 활동을 통해 자신들의 인권을 지키려는 것을 행동으로 보여주고 있었다.

이러한 결과를 바탕으로 난민들의 인권교육의 방향을 다음과 같이 제시한다.

첫째, 인지적인 측면에서 난민들이 인권에 대한 지식을 쌓고 이해할 수 있도록 다양한 프로그램과 콘텐츠가 개발되어야 한다. 오프라인은 물론 온라인을 포함하여 난민들의 언어로 이루어지는 인권교육 콘텐츠가 마련되어 난민들이 인권에 대해 인지할 수 있게 해야 한다. 둘째, 정서적인 측면으로 난민들의 처한 상황과 환경을 이해하고 이들이 최대한 편안하고 자연스럽게 상담 받을 수 있는 창구가 마련되어야 한다. 이를 통해 난민들의 인권감수성이 발달할 수 있도록 해야 한다. 셋째, 행동적인 측면으로 난민들이 자신의 인권을 보호할 수 있도록 자발적으로 행동할 수 있게 지지해야 한다. 더불어 이들의 공동체가 활성화될 수 있도록 적극적인 지원 방안이 마련되어야 한다.

본 장은 난민들의 체류 경험을 통한 인권의식을 탐색하여 난민들의 삶을 들여다보았다는 점에 의의를 두었다. 이를 통해 한국에 체류하는 난민을 이해하고 이들과 함께 살아갈 수 있는 사회통합의 기초자료가 되길 기대한다.

10장

교육 영역

결혼이주여성의 학습동기

1. 들어가기

2018년 전국 다문화 가족 실태조사에 따르면, 조사에 응답한 17,073명의 결혼이민자 및 귀화자를 통해서 추정한 결혼이민자는 238,567명이며, 이 중에서 결혼이주 여성은 83%인 19만 7천여 명에 달한다. 이 조사에서 결혼이민자의 교육수준은 무학자를 포함한 초등학교 졸업 이하가 13.2%, 중학교 졸업이 27.6%, 고등학교 졸업이 43.6%, 대학 졸업 이상이 15.6%인 것으로 나타났다(한국여성연구원, 2019: 63). 다른 한편으로 2015년 국내 인구 총조사에 따르면, 4,272만여 명으로 추산되는 15세 이상 내국인의 교육 수준은 미취학자를 포함한 초등학교 졸업 이하가 11.6%, 중학교 졸업이 8.9%, 고등학교 졸업이 33.8%, 대학 졸업 이상이 45.8%인 것으로 나타났다(국가통계포털, 2019). 그러므로 교육수준이라는 측면에서 내국인과 결혼이민자를 비교하면, 결혼 이민자의 교육수준은 대체적으로 내국인의 교육수준보다 낮은 것으로 나타났다.

동일한 조사에서 학교 진학 의향에 대한 내용을 살펴보면(한국여성연구원, 2019: 261-266), 결혼이민자 및 귀화자 중에서 앞으로 한국에서 검정고시를 준비하거나 학교에 진학할 의사를 가진 이들은 16.6% 정도였으며, 남성(8.1%)보다 여성(18.4%)이 학교에 진학할 의사가 많았다. 하지만 이러한 통계는 2015년과 비교하면 학교 진학 의향이 감소하고 있다. 진학 의향이 오히려 16.5% 감소했고, 이 중에서 여성의 진학 의사가 남성보다 크게 감소한 것으로 나타났다. 출신국적별로는 캄보디아(30.3%), 베트남(26.6%), 태국(25.0%) 등의 동남아시아 출신이 진학 의향이 높은 편이다. 그리고 진학 의향을 밝힌 이들을 대상으로 어려움을 조사한 결과, 93%는 어려움이 있다고 응답했으며, 진학 준비에 있어 주된 어려움은 자녀돌봄 및 가사와 학업의 병행, 일과 학업의 병행, 한국어, 교육비 부담, 모국에서 취득한 학력의 불인정 등으로 나타났다.

그뿐만 아니라 교육 및 지원 서비스에 대한 조사를 살펴보면(한국여성연구원, 2019: 247-261), 결혼이민자 및 귀화자들의 61%는 교육 및 지원 서비스를 이용했으며, 이는 3년 전에 비해서 6% 증가했다. 교육 서비스의 주제는 가정방문교육, 한국어, 한국 사회 적응 및 정착, 번역, 자녀 양육, 부모 역할, 자녀언어, 자녀학습지원, 사회활동 등이며, 거의 모든 주제에서 2015년에 비하여 서비스 이용률이 대폭 증가했다. 교육지원 서비스의 요구에서 결혼이주자들은 직업교육 및 직업소개교육, 한국어 및 한국 사회 적응 교육, 가정방문을 통한 교육, 각종 상담 등의 순으로 요구사항이 있었으며, 자녀와 관련된 지원 서비스에 대한 요구는 정체됐다. 이들은 대부분 주민센터(77.0%) 혹은 다문화가족지원센터(47.6%)를 통해서 교육지원 서비스를 경험했다.

요약하면, 이러한 최근 통계조사는 결혼이주여성의 교육에 대하여 다음과 같은 현황을 제시한다고 볼 수 있다. 결혼이주여성은 내국인 여성보다 교육수준이 낮고, 소수만이 학교에 진학하거나 검정고시를 통하여 교육을 받을 의사를 가지고 있다. 하지만, 진학 의사를 가진 결혼이주여성조차도 학업을 가사 혹은 직업과 병행하기 어렵다고 느끼고 포기하고 있는 추세이다. 그럼에도 불구하고 결혼이주여성의 절반 이상이 정부나 지자체에서 제공하는 교육 및 지원 서비스를 받은 적이 있으며, 이용자의 수와 교육 요구내용의 다양성이 점차 확대되고 있는 추세이다.

그러므로 전국 다문화 가족 실태조사가 결혼이주여성의 교육에 대하여 시사하는 바는 다음과 같다. 첫째, 결혼이주여성의 교육수준을 내국인 여성의 교육수준으로 끌어올릴 필요가 있으며, 이를 위해서 가사 혹은 직업을 학업과 병행할 수 있는 방안을 강구해야 한다. 둘째, 결혼이주여성의 실제적인 요구에 맞는 교육을 위해서 지방자치단체 및 민간기관에서는 교육의 내용을 확대하고 지원 서비스를 강화할 필요가 있다.

결혼이주여성의 교육에 대한 연구 및 정책이 지난 10여 년 동안 국내에서 진행되어왔다. 하지만 연구 및 정책의 주제는 대부분 한국어교육, 문화적응교육, 자녀교육, 다문화교육 등으로 한정됐다. 결혼이주여성은 대부분 교육의 대상이라는 관점에서(임혜정, 2017: 6), 한국 사회에 편입되어 동화되어야 할 대상이라는 관점(김효숙, 2017: 46)에서 연구됐으며, 한국에 입국하여 자기실현을 위해서 학습하는 주체적이고 적극적인 학습자로서 조명된 연구는 최근에 와서야 주목을 받고 있다(박미숙, 2019; 백은숙 · 한상길, 2017; 서홍란 · 배영미 · 유영림, 2016).

그러므로 본 연구는 결혼이주여성이 교육지원 서비스를 받아야 하는 사회적 약자라는 통념에서 벗어나고자 한다. 더 나아가서 본 연구는 교육심리학, 특히 학습 동기라는 관점에서 적극적으로 동기를 부여하고 학습하는 자기주도적인 학습자, 교육적인 기회를 통해서 자신의 삶을 적극적으로 개척해나가고 자신을 끊임없이 개발해가는 주체적인 학습자라는 새로운 관점을 제공하고자 한다. 이러한 관점은 정부나 지자체, 민간기관에서 결혼이주여성에게 수준 높은 교육 서비스를 제공하는 데 기여할 수 있을 것으로 기대한다.

따라서 본 연구의 연구문제는 다음과 같다. 첫째, 결혼이주여성은 어떠한 학습 동기를 가지고 있는가? 둘째, 결혼이주여성의 학습동기로부터 얻을 수 있는 교육지원 서비스에 대한 시사점은 무엇인가?

2.
결혼이주여성 교육의 정책과 연구

1) 결혼이주여성의 교육지원정책

다문화가족지원법 제6조에 따르면, 국가와 지자체는 결혼이민자가 자녀에 대한 학습 및 생활 관련 정보를 포함하여 한국에서 생활하는 기본 정보를 제공하고, 더 나아가서 사회적응교육, 직업교육, 의사소통을 위한 한국어교육 등을 제공하도록 필요한 지원을 하며, 이를 위하여 다양한 방법으로 교육을 지원하도록 명시하고 있다(국가법령정보센터, 2019).

이를 위해서 정부 부처별로 다음과 같은 교육지원정책을 추진한다. 첫째, 법무부는 결혼이주여성에게 사회통합 프로그램을 지원한다(법무부 사회통합정보망, 2019). 이 교육 프로그램은 결혼이주여성으로 하여금 단계별로 한국어와 한국문화(415시간), 한국 사회(70시간)를 이수하도록 하고 있다. 이는 이민자들로 하여금 한국 사회에 적응하고 최종적으로 이들이 귀화하는 데 필요한 최소한의 기본소양을 배양하는 데 목적이 있다.

둘째, 여성가족부(2018)는 제1·2차 다문화가족정책(2008~2017)을 통해서 결혼이민자로 하여금 한국어, 상담, 가족통합교육, 직업훈련, 자녀 학교생활 지원 등의 초기 적응 중심의 교육지원정책을 펼쳐왔다. 하지만 최근 들어 제3차 다문화가족정책(2018~2022)을 통해서 결혼이민자들의 자립 역량을 강화하여 경제적 · 사회적 참여 기회를 확대하는 방향으로 정책을 추진하고 있다. 전국적으로 210여 개의 다문화가족지원센터를 통해서 한국어, 방문교육, 자녀 언어발달, 이중언어 등을 지원하고 있다.

셋째, 문화체육관광부(2018: 103-128)는 문화다양성정책을 통하여 문화교류 및 문화행사 등을 추진하고 있다. 특히 '무지개다리' 사업은 결혼이주여성 등의 소수문화 계층의 문화표현 기회를 확대하고, 선주민과 이주민 사이의 소통 및 교류를 추진한다.

결혼이주여성의 교육지원정책을 생산하는 정부 부처나 정책을 집행하는 지방자치단체마다 차이는 있지만, 대체적으로 지적되는 문제점은 다음과 같다(백은숙 · 한상길, 2017: 181-182; 김효숙, 2017: 56-59; 권미경 · 조용하, 2009: 16-18). 첫째, 동화주의의 관점에서 결혼이주여성에 대한 교육이 이루어진다. 이는 한국어교육이나 문화예술 교육에서나 공통적인 현상이다. 결혼이주여성들이 한국 사회에 적응하는 것 이상의 교육이기 때문에 자기를 실현하는 목적의 교육이라고 볼 수 없다.

둘째, 교육 수준, 문화적 맥락, 실생활 등의 학습자로서 결혼이주여성의 상황을 충분히 고려하지 않은 상태로 획일적인 교육이 이루어진다. 그러므로 교육현장에서 사용되는 교육과정이나 교재 등의 개선이 필요한 것으로 나타난다.

셋째, 장기적인 관점에서 결혼이주여성의 전문성을 키우는 고등 직업교육 훈련이라기보다는, 부업 또는 자원봉사 수준의 사회활동을 위한 단기적인 취업지원교육이다. 이러한 근시안적인 교육정책은 결혼이주여성으로 하여금 경쟁력을 갖추기 어렵게 하며, 그들이 한국 사회의 구성원으로 사회발전에 기여하고, 사회적 자본으로 역할을 하는 데 장애물이 될 수 있다.

그러므로 결혼이주여성의 교육지원정책은 결혼이주여성에게 충분한 교육적인 기회를 부여하고, 장기적으로 고등 직업교육을 통해서 자신의 전문성 및 역량을 개발하여 한국 사회의 중요한 구성원으로서 경제적 · 사회적 참여를 할 수 있는 방향으로 나아갈 필요가 있다. 본 연구는 결혼이주여성의 자기발전을 위한 학습의 근본적인 동기에 대하여 살펴봄으로써, 결혼이주여성의 자발적인 진학과 학습을 고양하는 교육지원정책을 마련하는 데 기초자료로서 기여할 것으로 기대한다.

2) 결혼이주여성 교육의 국내연구동향

결혼이주여성의 교육에 대한 연구는 결혼이주여성에 대한 관심이 높아지고 교육 관련 지원정책들이 현장에서 본격적으로 시행되는 시점에서부터 시작됐다고 할 수 있으며, 학위논문과 학술지를 중심으로 발표됐다. 본 연구는 학술적인 완성도가 높다고 할 수 있는 학위논문을 중심으로 결혼이주여성의 교육에 대한 국내 연구 동향을 살펴보고자 한다.

먼저 학술정보검색 서비스인 RISS를 활용하여 '이주여성'과 '교육'이라는 단어를 제목어로 동시에 사용한 학위논문을 검색했으며, 직접적인 관련이 없는 논문을 제외한 학위논문은 2019년 5월을 기준으로 모두 104편이다.

104편의 학위논문에 대한 분석결과는 다음과 같다. 첫째, 결혼이주여성의 교육에 대한 학위논문이 2007년도에 처음으로 등장했으며, 논문 주제는 사회적응교육(이강숙, 2007), 한국어교육(조선경, 2007), 평생교육(김갑현, 2007)이었다. 이후로 결혼이주여성의 교육에 관한 연구가 양적으로 늘어났다.

둘째, 결혼이주여성의 교육에 관한 주제가 더욱 세분화됐다. 결혼이주여성의 교육을 주제로 국내 학위논문에서 나타난 세부주제를 빈도에 따라서 분류하면 다음의 〈표 10-1〉과 같다.

〈표 10-1〉과 같이, 빈도에 따라 주제를 분류하면, 한국어교육(21%), 자녀교육(16%), 평생교육(12%), 미디어 및 리터러시 교육(12%), 문화예술교육(10%), 다문화 및 상호문화 교육(10%), 보건교육(7%), 사회적응교육(5%), 경

〈표 10-1〉 결혼이주여성 교육의 주제별 연구동향

순번	주제	빈도(건)	백분율(%)
1	한국어	22	21
2	자녀	17	16
3	평생교육	12	12
4	미디어 및 리터러시	12	12
5	문화	10	10
6	다문화와 상호문화	10	10
7	보건	7	7
8	사회 적응	5	5
9	경제	3	3
10	기독교	2	2
11	기타	4	4

제교육(3%), 기독교교육(2%), 기타(4%) 등이다.

선행연구의 빈도분석이 시사하는 바는 다음과 같다. 첫째, 선행연구 동향으로부터 가장 많이 다루어지는 주제가 결혼이주여성의 한국어교육과 자녀교육이다. 다시 말해서 결혼이주여성이 한국으로 이주하여 한국어를 습득하고, 자녀를 양육하는 것이 가장 시급하고 중요한 교육적인 문제라고 할 수 있다. 대표적인 논문은 김효숙(2017)과 장효순(2019)의 논문이다.

김효숙(2017)은 기존의 한국어교육에 내재된 동화주의와 기능적 문식성을 비판하면서, Freire의 교육 철학과 실행연구방법에 기반하여 비판적 문식성 교육 프로그램을 개발했으며, 이러한 프로그램은 결혼이주여성의 주체성을 형성하는 데 도움이 됐다.

장효순(2019)은 15회기의 부모 역량 증진 프로그램을 구안했으며, 이는 유아기 자녀를 가진 결혼이주여성들의 자녀 양육 행동, 자녀 양육 효능감, 자녀 진로인식, 자녀 진로 지지행동에 긍정적인 효과를 확인했다.

둘째, 결혼이주여성의 교육적인 당면과제를 평생교육, 미디어교육, 문화예술교육, 다문화교육 및 상호문화교육, 보건교육, 사회적응교육, 경제교육, 기독교교육 등의 교육방법으로 해결하고자 했다고 볼 수 있다. 대표적인 논문은 임혜정(2017)과 한기연(2018)의 논문이다.

임혜정(2017)은 다문화교육을 관주도의 교육이 아니라, 아래로부터의 운동을 지향하고, 결혼이주여성을 다문화교육의 대상자가 아니라 주체자로서 인식한다. 그러므로 결혼이주여성 다문화강사들이 교육현장의 안팎에서 새로운 변화를 일으키는 가능성을 제시한다.

한기연(2018)은 음성지역의 결혼이주여성을 대상으로 평생교육 프로그램의 운영 요구를 분석했다. 이를 통해서 결혼이주여성들은 한국어교육, 자녀교육, 자격증 취득교육에 대한 요구가 있으며, 이를 해결하기 위하여 실무담당자 및 강사들의 역량 강화가 필요하다고 제안한다.

다시 말해서 이상의 학위논문들은 결혼이주여성이 한국에 이주하면서 한국어 및 문화 적응, 자녀교육 등의 문제들을 가지고 있으며, 교육자들과 교육행정가들은 이러한 어려움을 해결하기 위해서 평생교육, 미디어교육, 문화예술교육, 다문화교육, 보건교육, 경제교육 등의 다양한 관점과 방법을 통해서 노력하고 있음을 보여주고 있다. 하지만 선행연구들은 여전히 학습의 행위자로서 결혼이주여성이 자기 주도적으로 학습에 관심을 갖고 적극적으로 실천하는 이유를 설명하는 데 미흡하다.

그러므로 본 연구는 학습자로서 결혼이주여성의 인지적 · 정서적 측면에서의 발달 및 특성에 대하여 이해하며, 이러한 이해를 바탕으로 교수자, 교수-학습법, 평가에 대한 실천에 주목한다(신명희 외, 2018: 20-22). 다시 말해서, 본 연구는 선행연구가 간과했던 교육심리학의 관점, 특히 학습동기이론에 비추어서 결혼이주여성의 교육을 조명하고자 한다. 본 연구는 구체적으로 결혼이주여성이 가지고 있는 학습 동기는 무엇이며, 그러한 동기를 어떻게 행동으로 옮기고 있는지에 대하여 연구하고자 한다.

3) 학습동기이론

본 연구는 무엇이 결혼이주여성으로 하여금 학습에 관심을 가지게 하고 행동으로 옮기게 하는가에 대하여 질문을 던진다. 즉, 결혼이주여성의 학습 동기에 대한 질문을 탐색한다.

일반적으로 동기에 대해 접근할 때, 네 가지의 틀을 가지고 분석할 수 있다(김아영, 2017: 21-24). 첫째, 동기는 의식적 의도 혹은 무의식적 기능일 수 있다. 둘째, 동기는 생물학적 조절 기능 혹은 목적적 기능일 수 있다. 셋째, 동기는 내재적 출처 혹은 외재적 출처로 나눌 수 있다. 넷째, 동기는 특정 상황에서 발생하는 근접동기 혹은 일반적인 경향성을 가진 원격동기로 나눌 수 있다. 현대의 동기이론들은 위의 네 가지 틀에서 나타난 하나의 속성을 지향하거나 여러 개의 속성들을 조합하는 형태로 나타난다.

교육심리학 분야에서 학습자의 학습과 관련된 동기를 설명하기 위하여 도입된 주요 학습동기이론은 다음과 같다(김아영, 2017: 62-354). 첫째, 성취동기이론은 성공 혹은 실패라는 결과가 수반되는 성취과제에 당면한 개인이 어떻게 행동하는가를 설명한다. 둘째, 귀인이론은 결과에 대한 원인과 과정을 설명하고, 그러한 귀인결과가 후속 태도나 행동에 미치는 영향을 탐구한다. 셋째, 자기결정성 이론은 개인이 심리적인 성장과 통합을 지향하면서 자기 개념을 발달시키는 능동적인 경향을 가진다는 가정 하에 개인의 내재적 동기와 외재적 동기의 원인과 역할을 설명한다. 넷째, 자기효능감 이론은 한 개인이 가지고 있는 자신의 능력에 대한 판단과 효율성에 자기지각, 즉 자기효능감이 동기와 행동에 영향을 미친다고 설명한다. 다섯째, 목표설정이론은 목표가 인간행동의 직접적인 조절자, 즉 동기변인이라는 가정 하에 목표로부터 결과에 이르는 과정에서 변인과 기재 등에 대하여 탐구한다.

본 연구는 학습동기이론들 중에서 드치와 라이언(Deci & Ryan, 1985)이 주창한 자기결정성 이론(Self-Determination Theory: SDT)에 주목한다. 자기결정성 이론의 명칭이 말해주듯이, 자기라는 핵심개념은 한 개인이 통합의 과정을 거치며 심리적으로 성장하는 경향을 가진다고 전제한다. 나아가서 자기결정성은 개인의 의지를 사용하는 과정으로서 자신의 장점과 단점을 수용하고, 자신에게 미치는 외부의 힘을 인식하면서, 선택을 스스로 결정하고 욕구를 충족시킨다는 개념이다(김아영, 2010: 584).

자기결정성 이론은 기본심리욕구이론을 기반으로 개인의 심리적 성장과 발달에 필요한 특성을 설명한다(김아영, 2017: 237-243). 자기결정성 이론에서 말하는 기본심리욕구는 자율성, 유능성, 관계성이다. 첫째, 자율성(autonomy)은 개인이 행동의 근원이나 주체가 자신에게 있기 때문에, 자신에게 중요하고 가치 있는 것을 결정하여, 자발적으로 목표를 설정하고 행동할 수 있다는 것이다. 자율성이 확보된 후에 유능감이 발휘될 수 있다는 점에서 자율성은 자기결정성 이론의 핵심 요소이다.

둘째, 유능성(competence)은 개인이 유능한 사람이 되고 싶어 하고, 자신의 능력을 더욱 발전시키기를 원하는 욕구이다. 유능성은 이미 얻은 역량이 아니라 개인이 능력이 있다고 느끼고 싶은 지각이다. 자기효능감과 유사한 개념이라고 볼 수 있다(신명희 외, 2018: 279). 유능성은 사회적 환경과 상호작용할 기회가 지속적이고 효과적으로 주어질 때 충족될 수 있다.

셋째, 관계성(relatedness)은 타인과 안정적이고 정서적인 유대와 조화를 형성하고자 하는 욕구이다. 유능성과 자율성과는 달리, 관계성은 직접적으로 내재동기와 관련이 없다. 하지만 내재동기를 유지하기 위해서 관계성이 필요하다. 그뿐만 아니라 관계성은 외적 원인을 내재화하는 데 있어서 결정적인 역할을 한다.

결론적으로 이러한 기본 심리욕구가 충족될 때, 인간은 심리적인 안녕을 느끼게 된다. 다시 말해서 자율성, 유능성, 관계성의 욕구가 채워지는 환경은 내재동기를 유지시킬 뿐만 아니라, 외재동기를 자기결정적인 형태로 변화하도록 유도한다.

이러한 학습환경은 학습자들로 하여금 성장과 심리적 안녕감을 촉진

〈표 10-2〉 자기결정성 이론의 동기유형

행동	비자기결정적 ← → 자기결정적					
동기	무동기	외재동기				내재동기
동기유형	무조절	외적 조절	내사된 조절	확인된 조절	통합된 조절	내적 조절

시키고, 학습자의 학습참여의 질을 최고의 수준으로 높일 수 있다. 자기결정성 이론은 자율성의 정도에 따라서 개인의 행동이 변화한다고 본다. 자율성이 전혀 없는 상황에서는 동기가 없으며, 이는 비자기결정적인 행동으로 나타난다. 다른 한편으로 자율성이 완전히 보장된 상황에서의 동기는 내재동기이며, 이는 자기결정적인 행동으로 나타난다. 하지만 현실적으로는 완전한 무동기나 완전한 내재동기가 존재하지 않는다. 자기결정성 이론은 무동기와 내재동기, 즉 비자기결정적 행동과 자기결정적인 행동 사이에 외재동기가 다양한 형태로 존재한다고 본다.

자기결정성 이론은 동기를 내재동기와 외재동기로 상호대립적인 관계로 구분하는 관점에서 벗어나서, 무동기에서 외재동기, 그리고 외재동기에서 내재동기에 이르는 동기의 유형을 6가지로 구분함으로써 인간의 동기를 포괄적으로 통합하고 체계화하려고 시도한다. 〈표 10-2〉와 같이 자기결정성 이론은 자기결정성의 정도에 따른 연속선 위에서 동기의 6가지 유형을 설명한다.

첫째, 무동기(amotivation)는 자기결정성이 없는 상태이며, 행동으로 옮기려는 의지가 전혀 없는 상태이다. 무동기 상태의 학습자는 학습에 전혀 참여하지 않고 의지가 없는 상태로 참여한다. 한마디로 말해서, 학습자가 왜 하는지도 모르는 채로 공부를 하는 것이다.

둘째, 외적 조절 동기(external regulation)는 외재동기 중에서 가장 자기결정성이 부족한 상태이며, 보상이나 체벌, 마감일과 같은 외적 제약 때문에 공부하는 상태이다. 예를 들어서, 학습자는 교사의 강요나 부모의 보상 때문에 공부하는 것이다.

셋째, 내사된 조절 동기(introjected regulation)는 어떤 행동에 대한 외부원인을 내재화시키는 시작단계로서 자신의 의지가 일부 개입되어있다. 하지만 근본적으로는 외부의 압력에 의한 것으로서 죄의식이나 수치심을 통해 형성되는 동기이다. 그러므로 진정한 의미의 자기결정적인 동기는 아니다. 예를 들어서, 학습자는 부모나 선생을 기쁘게 하거나 인정받기 위해서 공부하는 것이다.

넷째, 확인된 조절 동기(identified regulation)는 개인이 어떤 행동의 목표를 철저하게 내재화시키지 않았지만, 가치를 어느 정도 인정하고 수용한 상태의 동기이다. 이 단계에서 학습은 가치가 있고 개인적으로 중요한 일이라고 의식적으로 의미를 부여하지만, 여전히 어떤 목표를 달성하기 위한 수단이다. 예를 들어서, 학습자는 생활에 유익이 되기 때문에 공부한다.

다섯째, 통합된 조절 동기(integrated regulation)는 외부의 원인을 가장 완전하게 내재화시킨 단계의 외재동기이다. 하지만 이 단계에서도 어떤 행위의 고유한 속성 때문에 행동을 하지는 않는다. 이 단계의 학습자에게 학습은 여전히 그 자체로 학습자에게 기쁨이 되지 않는 상태이다. 예를 들어, 학습자는 공부가 가치가 있다고 믿기 때문에 공부하거나 사회에서 요구하는 사람이 되고 싶어서 공부한다.

여섯째, 내재동기(intrinsic motivation)는 완전한 내재적 조절의 결과로서 행위 자체에 대한 관심과 만족감 때문에 행동을 한다. 가장 자율적이고 가장 자기결정성이 높은 동기 유형이다. 이 단계에서 학습자는 공부 자체가 재미있으므로 공부하는 행위를 즐기게 된다.

자기결정성 이론의 기본 전제인 기본 심리욕구와 동기유형이 학습자로서의 결혼이주여성의 주체성, 즉 자기결정성을 적절하게 설명할 수 있는 분석틀을 제공할 수 있다. 다시 말하면, 본 연구는 교육심리학에서의 학습동기, 즉 자기결정성 이론의 관점을 통해서 바라본 결혼이주여성의 경험은 그들로 하여금 어떠한 기본욕구를 충족시키고 있으며, 그들은 어느 수준의 동기를 가지고 학습을 하는지를 확인하고자 한다. 이러한 연구결과는 결혼이주여성의 교육지원 서비스를 질적으로 개선하는 데 있어서 시사점을 제공할 것이다.

3. 연구방법

본 연구는 질적 연구방법으로서 사례연구방법을 수행했다. 사례연구는 동시대의 현상 즉, 사례를 깊이 있게 그리고 실제 세계의 맥락에서 탐구하는 연구방법이며, 특히 현상과 맥락이 명확히 구분되지 않은 상황에서 이루어지는 연구방법이다(Yin, 2014: 16). 본 연구는 결혼이주이라는 공통적인 맥락을 가진 여성들이 학습에 대한 동기가 무엇인지를 설명하는 것이므로, 연구자는 이러한 연구의 목적에 질적 사례연구가 가장 적합하다고 판단했다.

자료수집은 반구조화된 질문지를 바탕으로 2018년 10월부터 2018년 12월까지 1~2차례의 심층면담을 실시했다. 연구자는 심층면담을 통해서 얻은 자료를 반복비교분석법을 통해서 결혼이주여성의 학습 동기에 대한 내용을 범주화했다(유기웅 외, 2012: 29-31). 주제를 범주화할 때, 자기결정성 이론의 기본 심리욕구와 동기유형의 분석틀을 사용하여 범주화했다.

본 연구는 한국에 이주한 이후에 학습을 통해서 성장하고자 하는 욕구를 가지고 학습 경험을 가지고 있는 7명의 연구참여자들을 선정했다.

〈표 10-3〉 연구참여자의 특성

참여자	나이	민족	이주 연도	학력	이주 전 직업	현재 직업
1	23	베트남	2013	고졸	없음	없음
2	30	베트남	2009	고졸	학생	통번역사
3	38	베트남	2010	중국 유학	학생	다문화 언어강사
4	46	태국	2011	대졸	회사원	통번역사
5	45	태국	2010	미국 석사	회사 중간 간부	대학 강사, 통번역사
6	31	필리핀	2011	전문대졸	없음	통번역사
7	30	필리핀	2010	고졸	생산직, 판매직	가정주부

연구참여자의 특성은 〈표 10-3〉과 같다.

〈표 10-3〉에서 보는 바와 같이, 연구참여자들은 베트남, 태국 출신의 동남아시아계 결혼이주여성이다. 이들의 연령대는 20대 초반에서 40대 중반에 이르며, 한국에 이주하여 체류한 기간은 5년에서 9년 사이이다. 연구참여자들의 학력은 고졸 이상이며 한국에 오기 전에 외국에서 유학 경험이 있는 여성도 포함되어 있다.

연구참여자 1은 베트남에서 고등학교 졸업 후에 바로 결혼하여 한국으로 이주했으며 사회 경험이 없었다. 연구참여자는 취업에 대한 관심 때문에 사회복지나 통번역 공부를 하고 싶어 하며, 방문교육 서비스를 활용했다. 친구들과도 취업과 관련된 공부 이야기를 많이 한다.

연구참여자 2는 베트남에서 고등학교를 졸업했다. 공부를 더 하고 싶어 했지만, 집안의 반대로 더 공부하지 못했다. 시어머니의 도움으로 한국어를 배웠으며, 통번역사로 일할 수 있었다. 하지만 자녀 교육방식에 대한 의견 차이로 시어머니와 갈등이 있었으며, 이혼의 위기도 있었다.

연구참여자 3은 베트남 출신이며 베트남에서 우수한 대학을 다녔다. 중국에서 교환학생으로 유학하면서 남편을 만나서 결혼했다. 배움에 대한 열망이 커서 한국의 K대와 S대에서 한국어를 공부했다. 다문화 언어강사와 도서관 사서로 일했으며, 향후에 대학원에 진학하고자 하는 의향을 가지고 있다.

연구참여자 4는 태국에서 컴퓨터 관련 전공으로 대학교를 마치고 한국계 기업에서 일하다가 한국인 남편을 만나서 결혼했다. 이후에 남편의 출장지를 따라서 여러 나라를 돌아다니면서 살았다. 한국어교육이 결혼이주 여성에게 가장 중요하다고 생각한다.

연구참여자 5는 태국 출신으로 태국에서 최상위급의 고등학교와 대학교를 졸업했을 뿐만 아니라 미국에 유학하여 경영학 석사를 취득하고 다국적기업에서 일을 했다. 하지만 이 모든 것에는 자신의 의사보다도 어머니의 뜻에 따라 좋은 딸이 되고자 공부를 열심히 한 것이었다. 한국에서 자녀에 대한 교육에 관심을 가지고 있으며, 직업교육 강사로, 통번역사로서, 대학강사로 일하고 있다.

연구참여자 6은 필리핀에서 고등학교를 졸업했다. 임신 중에 방문교육지도사의 도움으로 한국어를 공부했다. 아이를 어린이집에 보낸 후에 한국어교육의 필요성을 더 느끼게 됐다. 2년 동안 한국에 있는 전문대학에서 다문화 복지를 전공했으며, 사회복지사 및 컴퓨터 자격증을 취득했다.

연구참여자 7은 필리핀에서 고등학교를 졸업했다. 형제가 7남매였기 때문에 부모님이 자녀교육으로 고생을 했다. 결혼이주한 후에 방문교사를 통해서 한국어와 육아를 배웠다. 다문화센터에서 통역봉사를 하면서 어려움에 처한 사람들을 도우며, 자신도 한국어를 배웠다.

4. 결혼이주여성의 학습동기 인식

본 연구에서 학습에 대한 기본욕구를 살펴보면, 동남아시아계 결혼이주여성들은 한국으로 이주한 이후에 자신에게 주어진 학습의 기회를 적극적으로 활용했으며 평생 학습을 하고자 하는 자율성을 보였다. 학습을 통해서 자신의 변화를 기대하고 전문성을 개발하고자 하는 의지를 가지면서 유능감을 표출했다. 이러한 자율성과 유능감이 유지되는 밑바탕에는 자녀와의 관계 혹은 다문화 사회 구성원과의 관계가 자리하고 있었다.

학습동기의 측면에서 동남아시아계 결혼이주여성은 공부 자체에 대한 흥미를 가지거나, 공부를 통해서 적성을 발견하고 개발하고, 자기와 같은 처지의 사람들을 돕고자 하는 내재적 동기를 가지고 있었다. 다른 한편으로는 가족구성원의 지원 및 갈등, 외부인의 자극, 생활의 현실적인 필요성 등의 외적 요인에 의해서 학습을 하기도 했다. 동남아시아계 결혼이주여성의 학습에 대한 욕구와 동기는 〈표 10-4〉와 같다.

〈표 10-4〉 동남아시아계 결혼이주여성의 학습 동기

대주제	소주제	내용
욕구	자율성	• 교육 기회의 적극적 활용과 투자 • 평생 학습에 대한 관심
	유능감	• 학습을 통해서 자신의 변화를 기대함 • 전문성 개발에 대한 소원
	관계성	• 자녀교육을 위한 엄마로서의 준비 • 다문화 사회 구성원으로서의 책임
동기	내재적 동기	• 공부에 대한 흥미, 자기 발견과 개발 • 자기와 같은 사람을 돕는 보람
	외재적 동기	• 가족의 지원과 갈등, 외부인의 자극 • 생활의 현실적 필요

1) 자율성

(1) 교육기회의 적극적 활용

최근 실태조사에서 캄보디아, 베트남, 필리핀 등의 동남아시아 출신 결혼이주여성들이 비동남아시아 출신에 비하여 교육지원 서비스 이용률이 월등히 높은 것으로 나타났다(한국여성연구원, 2019: 248). 그뿐만 아니라 동남아시아 출신은 가정방문교육, 한국어 및 한국 사회 적응교육, 임신 및 출산, 영유아 자녀돌봄, 부모교육, 자녀언어 및 학습 등의 서비스를 많이 이용하는 반면에, 한국계 중국 및 남부아시아 출신은 각종 상담 및 일자리교육 등의 이용률이 높은 것으로 나타났다(한국여성연구원, 2019: 252). 다시 말해서 동남아시아계 결혼이주여성들은 교육 서비스에 대한 수요가 많을 뿐만 아니라, 초기 정착 위주의 교육을 선호하는 경향이 있다.

이러한 경향은 본 연구에서도 나타난다. 연구참여자 1은 임신과 겨울이라는 환경적 변화로 인하여, 공부를 하고 싶어서 방문교육을 신청했으며, 교육지원 서비스를 수년 동안 활용했다. 더 나아가서 방문교사와 지속적으로 어려운 점을 이야기하는 관계로 발전했다.

연구참여자 6은 출산 후에 필요한 부모교육을 방문교육으로 받으면서, 자녀 양육에 많은 도움을 받았다.

연구참여자 5는 자녀에 대한 정부무상교육지원 등을 받았을 뿐만 아니라, 좋은 교육 프로그램이 있다면 투자를 아끼지 않으면서 자녀가 사회에 적응하도록 하는 데 적극적이었다.

> "집에서 공부하다가 들어가고 공부하고. 저는 전에는 여기는 안 왔고 처음에는 다 집에서 공부했어요. (중략) 전 그때 (방문지도교육을) 2년 동안 받았지. (중략) 처음에 와서 남편이 여기는 저는 임신했으니까 여기 와서 겨울방학이에요. 바로 시청에서 방문교육 하는 걸 신청하니까 거의 여기는 올 때도 우리도 없으니까. 그래서 집에서 공부하고." (연구참여자 1)

> "아기 양육하는 방법 이런 거 처음에는 아기 울 때 왜 우는지 몰랐어요. 그런데 선생님 오니까 '아~ 배고픈가 보다' 해서 먹을 거 주니까 진짜 배고픈 거였던 거예요. 그래서 선생님은 우는 소리가 다르대요. 배고프고 틀리고 화장실 가고 싶은 것도 울음소리가 다르다고 말씀하셨는데 도대체 어떻게 구별하지? 생각을 했는데 키우다 보니까 알게 되더라

고요." (연구참여자 6)

"그때는 나라가 학습지, 교육 2년 동안 무료 해주시니까, 그 또 ××× 프로그램에서 2주에 한 번 받아 하고. (중략) ○○가 워낙 좋아하니까 우리도 돈 더 내고, 더 수업 더 늘리게 해주고. 그래서 ○○가 조금 지금은… 같은 비해, 같은 아이가 자연스럽게 한국 사람처럼 되는 거죠." (연구참여자 5)

(2) 평생 학습에 대한 관심

국제결혼을 통한 한국으로의 이주라는 사건이 결혼이주여성들에게 자신의 학습에 방해물로 작용하기보다는 학습의 중요한 동기로 작동한다. 이주로 인하여 발생한 어려움과 불편함을 극복하기 위해서 결혼이주여성들은 가정과 교육기관에서의 다양한 형태로 자율적이고 장기적인 학습을 통해서 노력하고 있었다.

연구참여자 5는 이주 이후에 아이를 낳고 우울증이 있었고, 남편과의 관계도 소원해져서 이혼까지 생각하던 심각한 상황에서, 평생 배우고 발전하려는 생각으로 전환하고, 자신의 가정을 학습적인 환경으로 바꾸었다. 이를 통해서 자신의 삶의 위기를 극복하게 됐다.

연구참여자 6은 외국인으로서 한국에서 취업하기 위해서 선주민의 교육수준 이상의 조건과 자격을 취득해야 한다고 생각하고, 끊임없이 노력했다. 전문학사 취득에 이어서 사회복지사, 컴퓨터활용능력, 활동보조사 등의 각종 자격증을 취득했다. 다문화센터나 대학에서 열리는 교육 프로그램에 참가하여 계속하여 공부하고 있었다.

“거실은 그 라이브러리, 도서관처럼. (중략) 책 사놓고, ○○는 친구 매일 데려오고 친구 여기 하고, 그래서 가까워지고, 소통 더 하고. 일 끝나서 어떻게 되는지…. 서로 몸이 붙이니까, 아, 오늘 어때? 그런 거 소통이가 이렇게 가족이지. 또 그런…. 제가 또 계속, 평생 공부잖아요. 공부는 그냥 대학교 다니기보다는 제가 정보, 좋은 정보 얻지. (중략) 지금은 지금도 배우죠. 그 세대 차이 바꾸고 상황을 힘듦으로, 사람이 좀 상황을 바꾸고 생각해서. 우리는 평생 삶을 배우는 거죠.” (연구참여자 5)

“그래서 자꾸 가서 물어보고 거기는 기본이 있어야 된다. 안 그러면 안 된다. 한국 사람도 지원이 어렵다고 하는데 외국 사람은 더 어렵다고 해서 더 해야 되지 않나 해서 그랬어요.” (연구참여자 6)

2) 유능감

(1) 학습을 통해서 자신의 변화를 기대함

동남아시아계 결혼이주여성은 학습을 통해서 자신이 유능한 모습으로 변화할 것을 인식하는 동시에 그들은 학습을 방해하는 현실적인 원인이 존재함을 인식했다.

연구참여자 2는 교육을 받기 전과 후는 다른 삶을 살 수 있다고 생각했다. 대부분의 결혼이주여성이 경제적인 이유로 공부보다는 취업에 몰두하는 현실이지만, 시간이 갈수록 공부를 하지 않으면 결혼이주여성들이 손해를 본다고 생각했다.

연구참여자 4는 공부를 하면 새로운 기회가 찾아온다는 것을 인식했으며, 어떤 분야의 공부가 다른 분야의 공부와 자연스럽게 연결되는 것을 경험하면서 공부가 그녀에게 자연스러운 과정이 됐다.

> "예전에는 나의 어릴 때 좀 약간 그런 것 많았어. 보면 되게 막 우울하고 그랬는데 좀 후에 사회도 나가고 이런, 저런 사람을 만나고 교육도 받고 역시 공부를 더 많이 하게 되니깐 사람이 생각이 바뀐 것 같아요. 그래서 너무 아쉬운 것은 지금은 전반적인 결혼 이민자 여성분들이 보통은 한국 와서, 아 저도 예전에는 똑같이 생각해요. 한국에 와서 언어 안 되니깐 자기 일단 첫 번째 돈을 벌고 싶은 마음이 더 커요. (중략) 근데 갈수록은 자기 힘들어질 수밖에 없잖아요. 이런 것 어떻게 결혼 이민자 분들이 이렇게 생각을 바꿔야 되는지. 진짜로 지금은 아, 저는 가끔 그런 고민을 하게 돼요." (연구참여자 2)

> "그런데 (애가) 3학년 되니까 혼자 다닐 수 있어서, 네. 그래서 그때부터 공부도 시작하고, 공부하니까 또 일 생기네? 일하게 되고. 왜냐하면 상황 그렇게 되니까, 가능하니까. 큰 이유는 없어요. 기회가 되니까." (연구참여자 4)

(2) 전문성 개발에 대한 소원

결혼이주여성이 경제적 · 사회적 자립의 단계까지 나아가고, 한국 사회의 구성원으로 사회발전에 기여하기 위해서는 장기적으로 전문성을 개발하는 교육이 필요하다. 이는 다문화가족정책이 추진하고자 하는 방향이다.

연구참여자 1은 자신이 관심 있는 사회복지나 통번역을 공부하고 싶지만, 실제로는 자신이 방문할 수 있는 곳에서 배우기가 쉽지 않다고 말했다. 이러한 교육환경에 비추어서, 결혼이주여성의 가장 큰 문제는 자신의 전문성을 개발하는 교육과정이 미흡하기 때문에 공장이나 부업 정도의 수준으로 그친다는 점을 인식했다.

연구참여자 3은 언어학 전공으로 베트남과 중국의 대학교를 다녔다. 한국에서 이주하여 2개의 대학교에서 어학연수를 했다. 하지만 임신으로 인하여 공부를 중단할 수밖에 없었다. 현재 언어에 대한 자신의 전문성을 살려서 다문화언어강사로 일하고 있지만, 더 나아가서 대학원에 진학하여 전문성을 개발하고자 하는 소원을 가지고 있다.

> "네. 왜냐면 조금 되면 취업 같은 결혼한 사람들은 다 그냥 공장에 가거나 아니면 부업하거나 전문적인 그건 안 했으니까." (연구참여자 1)

> "제가, 사실은 제가 아쉬운 점이 있어요. 제가 한국에 와서 석사과정을 좀 하려고 했거든요. 그래서 서울 대학교가서 3개월 공부 좀 하고 그리고 서울에서 석사과정 하려고 하는 그때 첫째 생겼어요. 입덧이 너무 심해서 그때는 그냥 공부하는 거는 접었어요. 근데 더 하고 싶은데 그래

서 제가 거듭 말씀 드린 거는 대학원 좀 다니고 싶고. 전공은 한국어 하면 좋겠어요. 한국어교육. 그거는 제일 하고 싶고요. (중략) 제가 일단은 지금 제가 강사활동하고 있는데 만족하고 있어요. (중략) 그래서 앞으로 그런 직업 할 수 있으면 좋겠다고 생각해요." (연구참여자 3)

3) 관계성

(1) 자녀교육을 위한 엄마로서의 준비

일반적으로 교사와 부모와 안정적인 인간관계를 맺고 있는 아동 학습자는 외적인 원인을 내재화하며 학습에 몰입할 수 있다(신명희 외, 2018: 279). 관계성은 자율성과 유능감을 유지시키는 중요한 역할을 한다(김아영: 2017: 242). 본 연구에서 동남아시아계 결혼이주여성은 자녀가 한국에서 교육을 받는 데 있어서, 자녀교육에 도움이 되는 엄마가 되기 위해서 한국어를 공부한다.

연구참여자 4는 해외로 출장을 다니는 한국인 남편을 따라서 여러 나라에서 자녀와 함께 살았으며, 이런 과정에서 자녀가 한국어로 말하고, 한국 학교를 다녀야 해서 함께 한국어를 공부했다. 연구참여자 5는 아이를 키우는 과정에서 아이를 맡은 기관에서 보내주는 기본정보조차도 읽을 수가 없어서, 어학당에 다니면서 한국어를 공부했다.

"그런데 모스크바에서는 한국 사람 많이 만나요. 회사 사람들. 그래서 그때는 좀 배워야 했고, 제가 한국어 관심 있을 때는 애가 말하기 시작할 때. 나중에 애가 한국 학교를 다녀야 하니까. 그리고 틈틈이 공부하긴 해요." (연구참여자 4)

"(중략) 집에서 아이만 키우다. 키우다가도 유치원 가서, 어린이집 가서, 정보 그 안내장 같은 거. 읽을 수가 없어. (중략) 그래서 엄마들이 학교 뭔가 보내도 못 읽어주죠. 그래서 상황을 어떻게 아이에게 도움이 될 수가 없다. (중략) ○○가 유치원 때 제가, 어린이집 때 제가 안 되겠다. (중략) 그때는 Y대학교에 있는 어학당에 쭉 계속." (연구참여자 5)

(2) 다문화 사회 구성원으로서의 책임

결혼이주여성들은 자녀와의 관계를 넘어서, 한국에 이주하여 함께하는 자신의 민족구성원을 위해서 학습하려는 동기를 갖는다. 그리고 결혼이주여성들은 다문화 사회를 구성하는 이주민뿐만 아니라 선주민에 대해서도 좋은 관계성을 맺으면서, 자신의 재능을 나누며, 선주민의 학습에 도움이 되고자 한다. 그것은 자신의 자녀를 위한 것이고 더 나아가서 이주민을 위한 것이다.

연구참여자 4는 학습의 영역을 계속 확장하고 있으며, 그 이유는 한국에서 출판된 태국어 책의 번역에 상당한 문제점을 발견하고 수정하고 싶어서였다.

연구참여자 5는 영어에 대한 자신의 재능을 다른 한국인 엄마들과 나누면서 적극적으로 관계를 형성하고 있었다. 연구참여자 5는 이주민이 교육수준이 낮기 때문에 선주민과 좋은 관계성을 맺어야 하고 이는 자녀와 이주민을 위한 것이라고 인식하고 있었다.

"사실 제가 배우고 싶은 건 많거든요…. 저는 … 편집 디자인 같은 거? 그거 배우고 싶어요. 사실 제가 배우고 싶은 이유는, 제가 가끔 프리랜서 일로 번역을 받아요. 그 사람들은 책을 만드는데, 태국어 책이 문제가 많아요. 글 깨지거나. 그런데 디자인팀에서 잘 몰라요. 제가 감수해야 하는데, 이건 안 된다, 이렇게 해달라, 저렇게 해달라 하면 그 사람들이 안 된다, 안 된다 하거든요. 그런데 제가 그 사람들이 사용하는 프로그램을 잘 모르니까 뭐라 할 수 없잖아요. 제가 알면 이렇게, 분명히 할 수 있다, 할 수 있잖아요. 그래서 내가 좀 배워야겠다. 그러면 큰소리칠 수 있겠다, 이렇게요." (연구참여자 4)

"저는 특히 제가 친구 엄마들이 좋아하는 거, 어, 제가 영어 할 수 있다. 제가 가끔 그 엄마들도 영어 학습 받는 것처럼 저랑 같이 이야기하고…. 제가 또 영어는 어떻게 잘 공부하는지 또 정보 알려드리고, 자기도 또 한국에서 학원 어떤 게 좋은 건지… 저에게 알려주고. 그것처럼 서로 받아주고, 이런 거 하는 거죠. 그러니까 그 릴레이션십 잘 돼요…. 아이 위해서. 하지만 이주민들이 다른 거. 공부도 못하고, 부족한 교육도 받고, 걷고 있고, 그렇게 하면, 사회, 얻을 수가 어렵고. 엄마 어려우면 아이도 어려운 느낌이 나요. 그래서 엄마는 두 배, 세 배 더, 해야죠. 하지만 이런 힘이 누구나 다 있어요." (연구참여자 5)

4) 내재적 동기

(1) 공부에 대한 흥미, 자기 발견과 계발

가장 완전한 형태의 내재 동기는 내적 조절 동기이며, 학습 자체가 학습자에게 즐거움이 된다. 이것은 가장 자기결정적인 학습동기라고 할 수 있으며, 학습자가 가장 자율적이고 자기주도적으로 학습에 참여하는 것이다. 이러한 수준의 동기는 아니지만, 공부가 주는 자기 발견과 개발의 기쁨으로 인하여 학습의 동기를 내재화하면 학습에 깊이 몰입할 수 있다.

연구참여자 4는 자녀교육의 필요, 즉 외재적 동기에 따라서 한국어 공부를 시작했지만, 이후에는 어떤 특정 목적을 이루기 위한 공부보다는 자연스럽게 공부하는 과정에 흥미를 가졌다.

연구참여자 5는 태국에서 최상위급의 고등학교 및 대학교를 나왔으며, 자신의 엄마와 같이 법학을 전공했다. 그뿐만 아니라 미국의 대학원까지 유학을 다녀왔다. 그럼에도 불구하고, 자신의 공부는 엄마의 기대를 충족하기 위한 것이었다. 반면에 한국인 남편은 연구참여자의 적성과 관심에 대하여 적극적으로 지지하면서, 연구참여자는 자신의 적성이 미용 기술에 있었음을 고백했다. 다시 말해서 자신의 기존의 학습이 자기결정성이 부족한 상태에서 학습한 것이라는 것을 인식하고, 학습의 내재적인 동기에 대하여 성찰하는 계기가 됐다.

연구참여자 6은 취업에 대한 마음으로 공부를 시작했지만, 자기계발에 대한 기쁨으로 인하여 멀리 지방에 있는 전문대학을 주말마다 통학하면서 공부했다.

"힘들다기보다는, 그냥 이만큼 했으면 됐지, 그런 생활은. '엄마 한국어 공부 필요 없잖아'라고도 하는데 근데 제가 공부하고 싶은 거 많아요. 한국어 공부하고, 한국어 공부하면 또 다른 거 배우고 싶고. 그래서 그냥 빠져나와서 내가 필요한 거 찾아보고 공부하고 그렇게 된 거죠." (연구참여자 4)

"(중략) 엄마가 키운, 몇십 년 동안, 이렇게 저도 모르게 책을 잘 읽고, 정보도 잘 읽고 어떤 그런 그 스킬은, 맘에 들지는 않는데 몸은 익숙하니까. 바로바로 읽어져요. 책들이. (중략) 고등학교 때 제가 머리, 미용실 쪽 관심 있잖아요. 제가 친구 머리 길고, 그래서 손으로, 제 친구가 절 기다리는 거예요. 몇십 명 정도. (중략) 엄마 가족, 엄마 부모님 위해서 제가 많이 노력을 했었고, 이 남자가 만나서. (중략) 그 제 남편은 한국 오면 제가 좋아하는 거 공부해라. 자기가 서포트해줄게…." (연구참여자 5)

"어우 근데 그때는 새벽 4~5시에 일어나서 부평에 가서 그때는 그 학교 버스가 있어요. 그래서 다 모여서 한 번에 내려가고 이렇게 했어요. 그래서 집에 오면 밤 11시 반, 12시 정도에 들어와요." (연구참여자 6)

(2) 자기와 같은 사람들을 돕는 보람

자기결정성 이론에 따르면, 외재적 동기 중에서 외적 요인을 가장 완전하게 내재화시킨 동기는 통합된 조절 동기이다. 학습자는 사회에 필요한 사람이 되기 위해서, 학습이 가치가 있기 때문에 공부한다.

연구참여자 7은 비자 갱신과정에서 어려움을 겪은 후에 동일한 어려움을 가진 다문화 구성원들에게 통역 봉사를 하는 과정에서 고급 한국어를 배우는 것이 좋았다.

연구참여자 6은 베트남에서 온 결혼이주여성 7명에게 3년 동안 한국어를 가르쳐주기 위해서 본인도 공부하면서 준비했다.

"필리핀 분들이 되게 요즘 많아요. 그래서 한국말 못하고 영어도 좀 어렵고 그래서 다른 말도 할 수 있잖아요. 그거 때문에 사람들이 좀 편해졌어요. 그래서 내가 도와줄 수 있고 그분들이 편하게 할 수 있게 하니까 너무 좋았어요. (중략) 필리핀 분들만이 아니라 여러 사람 그다음에 내가 한국말 좀 부족하잖아요? 남에 거기 들어가면 한국 사람이시잖아요. 한국사장님들 그렇게 하면 높임말도 이용하잖아요? 많이 저도 국어도 많이 좋아졌어요." (연구참여자 7)

"저는 최근에 온 모국 친구들한테 한국어 가르쳐주고 있어요. (중략) 왜냐하면은 처음에는 선생님한테서 배웠대요. 그런데 무슨 말 하는지 몰랐대요. 근데 그래서 다시 물어봐도 서로 대답을 못 하고 몰라서 그래서 이해가 못 했어요. 그래서 제가 그냥 가서 하고 있어요…. 도움 많이 됐으면 좋겠어요." (연구참여자 6)

5) 외재적 동기

(1) 가족의 지원과 갈등, 외부인의 자극

자기결정성이 가장 낮은 수준의 학습동기는 외적 조절 동기 혹은 내사된 조절 동기이며, 이는 자기 의지가 일부 개입이 되어 있지만, 근본적으로 강요나 외부의 압력이라든지 수치심이나 보상 때문에 학습에 참여한다.

연구참여자 2는 자녀교육 문제로 고부갈등을 경험했으며, 한국어에 대한 자신의 능력이 없으면 의사를 피력할 수 없는 상황에서 한국어를 공부해야겠다는 동기를 가지게 됐다.

연구참여자 6은 남편의 적극적인 지원과 후원으로 공부를 시작했다. 그뿐만 아니라 다른 아기 엄마들이 자기 직업을 가지고 있는 데 대해서 자극을 받고 공부를 시작했다.

> "어, 맞아요. 어, 왜냐하면 저는 갑자기 그게 왜냐하면 나 한국말을 좀 잘할 수 있으면 이 상황에서 이렇게 싸움이 벌어지지 않고 나는 이것을 전달할 수 있잖아요. 지금은 어머님의 의견을 이해하는데 근데 나는 의견을 피할 수 없기 때문에 이렇게 싸움이 일어나잖아." (연구참여자 2)

> "남편도 저한테 항상 그랬어요. '어차피 먹고 살아야 하니까. 평생. 그리고 너는 지금 젊으니까 하고 싶은 거 먼저 하고.' 이랬어요. 그리고 만약에 안 되면 뭐 공장 가서 돈 벌어야죠." (연구참여자 6)

"네. 왜냐면 여기 하기 전에는 아기 엄마들은 다 선생님이고 방과 후 하고 막 이런 거 가지고 있는 엄마들이라서 부모교육 할 때 다 모인 자리에서 다 소개하잖아요. 근데 다들 누구는 선생님이고 누구는 방과 후 강사고. (중략) 그래서 지금 우리 사회복지사 어디 어디 근무하고 해가지고. '어, 나는 어떡하지?' 해서 저는 그때 한국에 막 와서 뭐 할지 생각을 못 했어요. '그냥 공장 다녀야지'만 생각하고 있었어요. 그런데 '이제 안 되겠다. 나도 조금 더 공부해야겠다' 해서 나주에 있는 대학교 다녔어요." (연구참여자 6)

(2) 생활의 현실적 필요

확인된 조절동기는 외적 조절 동기 혹은 내사된 조절 동기보다 자기 결정적인 동기이다. 외적 요인을 내재화하지 않았지만, 학습의 목표를 구체적으로 정하여 의식적으로 의미를 부여하고 학습의 가치를 인정한다.

연구참여자 1은 취업하고 싶어서 사회복지 및 통번역을 공부를 하고자 했다. 연구참여자 6은 한국에서 필요한 기본자격을 제시하기 위해서, 전문대 공부를 시작했으며, 사회복지사 자격증 및 컴퓨터 기본 자격증 취득을 위한 공부를 했다.

"저는 지금 아직 자격증이 없으니까 취업을 하면 어떻게 공부하는지 저는 사회복지도 공부하고 싶고 하지만 지금 대학을 가면 4년이 걸리잖아요. 온라인 교육이면 2년 정도인가? 2년 정도이고. (중략) 저는요. 저는 지금 통번역 쪽으로 그것도 공부하고 싶은데 아직 어디에 가야 되는지

아니면 저는 센터에서 아직 그걸 운영하지 않으니까.” (연구참여자 1)

“저 안 그래도 어디 가면은 다 필요한 게 있잖아요. 예를 들어서 한국 사람 기본 대학교 2년 정도는 나와야 하고, 컴퓨터 자격증도 있어야 하고, 그리고 사회복지 자격증 뭐 이런 것도 기본이고 어디를 가도 그러니까…. 그래서 저번에 자격증을 제가 땄어요….” (연구참여자 6)

5. 나가기

본 연구의 결과를 요약하면 다음과 같다. 결혼이주여성, 특히 동남아시아계 결혼이주여성이 가진 학습동기는 자기결정성 이론에 비추어볼 때, 자율성과 유능감과 관계성이라는 기본욕구를 충족하기 위해서 학습하는 의지를 가지고 있었다.

다시 말해서 동남아시아계 결혼이주여성들은 한국으로 이주한 이후에 교육지원 서비스 등 자신에게 주어진 학습의 기회를 적극적으로 활용했으며, 배움을 중단하지 않고 평생 동안 학습하고자 하는 자율성을 보였다. 이들은 학습을 통해서 자신의 변화를 기대하고 전문성을 계발하고자 하는 유능감을 표출했다. 이러한 자율성과 유능감의 욕구를 표현한 바탕에는 이들이 자녀와의 관계 혹은 선주민을 포함한 다문화 사회 구성원과의 관계에서 학습을 고려한 것이라고 할 수 있다.

동남아시아계 결혼이주여성은 외재적 동기와 내재적 동기가 혼재된 가운데 자기결정적인 학습을 지향하고 있었다. 다시 말해서, 동남아시아계 결혼이주여성의 학습동기는 가장 낮은 수준의 외재적 동기인 가족의 지원 및 갈등, 외부인의 자극, 생활의 현실적인 필요성으로부터, 가장 높은 수준의 내재적 동기인 공부 자체에 대한 흥미, 적성의 발견과 개발, 사람을 돕는 보람에 이르기까지 모든 차원의 학습동기 유형이 존재했다. 하지만 이들은 외적 요인에 의해서 학습을 시작하더라도 외적 요인을 내재화시켰으며, 비자기결정적 학습자에서 자기결정적 학습자로 성장하고 발전했다고 할 수 있다.

본 연구결과로부터 얻은 교육지원 서비스 개선에 대한 시사점은 다음과 같다.

첫째, 학습자로서 결혼이주여성의 기본 심리욕구에 대한 이해가 있어야 한다. 다시 말해서 결혼이주여성들로 하여금 자율성, 유능감, 관계성을 증진시키는 학습환경을 조성할 필요가 있다. 본 연구에서 결혼이주여성들은 단순히 한국에 이주하여 적응하는 데 필요한 수준의 학습이 아니라, 그 이상의 학습에 대해서 관심을 가지고 있었으며 적극적으로 학습에 참여하고 있었다.

이런 점에서 결혼이주여성에 대한 동화주의적인 관점에서 이루어지는 교육지원 서비스는 학습자로서의 자율성을 보장하고 유능감을 고취하는 것과는 거리가 멀기 때문에, 결혼이주여성의 잠재력과 역량을 이끌어내는 교육으로서 분명히 한계가 있다. 결혼이주여성들이 자율적 참여를 기반으로 수행하는 학습, 성공적으로 과제를 수행하여 유능감을 높이는 교육과정, 학습과 관련된 다양한 인간관계에서 친밀감이 형성되는 환경이 조성된다면, 기존의 교육지원 서비스의 질적 수준을 한 단계 높이게 될 것이다.

둘째, 자기결정적이고 내재적인 학습동기를 강화시키는 교육지원 서비스로 나아가야 한다. 앞서 말했듯이 사회통합정책의 일환으로 시행되는 교육지원 서비스는 한계가 있다. 이는 학습자로서의 자기결정성이나 내재적인 학습동기로부터 참여하는 학습이라기보다는 외부적인 요인에 의해서 비자발적으로 학습에 참여하도록 하는 경향이 있다. 그러므로 교육지원 서비스는 결혼이주여성들이 생활과 정착의 현실적인 필요에 따라서 학습에 참여하더라도, 외부적 요인을 내재적인 동기로 전환할 필요가 있다. 그리고 모국에서 미처 발견하지 못한 자신의 적성과 역량을 계발할 수 있도록 학습동기를 고무하는 서비스를 제공할 필요가 있다.

본 연구에서 만난 동남아시아계 결혼이주여성은 학습수준에 있어서 결코 낮은 여성이 아니었다. 이들은 학습에 있어서 결코 수동적이거나 열등한 학습자가 아니었다. 이들의 학습에 대한 욕구와 동기는 선주민 여성들과 결코 다를 바가 없었다. 그러므로 한국 사회에서 결혼이주여성들에게 충분한 학습 기회가 주어지고 학습을 통해서 성장한 결혼이주여성들이 다시 한국 사회에 기여할 수 있는 공평한 기회가 주어진다면, 이들은 한국 사회 성장과 발전의 새로운 원동력이 될 것이다.

맺음말

본 책은 동남아시아계 이주민의 초국적 이주와 이로 인한 새로운 글로컬 다문화 사회 공간이 창출되고 있는 한국 사회의 다문화 관련 사회적 이슈들을 효과적으로 해결하고, 다문화 구성원들인 결혼이민자, 외국인 노동자, 외국인 유학생, 난민 등의 문화 적응 양상을 탐색하여 사회통합의 과정을 이루고자 했다. 이를 위하여 다문화 구성원들의 생활세계에서 일어나는 인지정서적 영역에서 나타난 일상의 적응과 사회제도적 영역에서의 구조적 적응에 대한 그 구체적인 사례를 통한 영역별 연구를 수합했다.

먼저 인지정서적 영역은 문화 · 언어 · 여가 · 가족 · 상담 영역으로 나누고 이러한 영역에서 다문화 구성원들이 어떻게 생활세계를 구성해 가는지를 탐색했다.

그 결과 문화 영역에서 외국인 노동자는 직장 내에서 다양한 문화적 차이를 경험하고 이러한 차이는 갈등과 업무에 상당한 영향을 미치게 된다. 직장 내의 갈등은 문화적 차이뿐만 아니라, 외국인 동료에 대한 오해와 편견 및 차별 등으로 인해 동료 간 서로를 불신하고 불쾌한 감정을 느끼면서 발생한다. 또한 외국인 동료의 욕구 불만과 외국인 동료에 대한 임금차별에서 나타나기도 한다. 이를 극복하기 위해서는 우리 문화만을 강조하는 것이 아니라 외국의 이질적인 문화에 대한 이해가 우선되어야 한다.

언어 영역에서는 재정착 난민의 언어와 문화 적응 경험의 구체적인 양상을 살펴보고 재정착 난민 삶의 독자성과 특이성뿐만 아니라 카렌족의 삶과 외부 세계와의 관계에서 오는 영향에 주목했다. 카렌족 재정착 난민이 한국으로 이주하기까지의 여정, 그리고 한국 사회의 적응과정을 살핀 결과 우리 사회는 종교, 인종, 민족 등에서 지속해서 다양성이 증대될 것이며, 다양성에 비례해서 갈등 또한 높아질 것을 예측할 수 있다. 그러므로 사회통합은 미래 지속 가능한 다양성에 대한 대비와 그로 인해 발생 가능한 갈등을 어떻게 진단하고 해결하느냐가 관건이다.

여가 영역에서는 동남아시아계 결혼이주여성의 여가 경험 양상을 토대로 사회통합적 관점에서 이들의 여가 경험을 의미화하면, 초국적 문화자원과 여가 활동을 연계한 생산적인 활동 전략으로 정리될 수 있다. 동남아시아계 결혼이주여성들은 개인 여가 활동보다는 가족여가 활동을 통해 여가 만족도를 높여 일상생활에까지 이어지길 원하고 있다. 그들은 모국 문화를 접할 수 있는 매개체를 활용하여 간접 경험을 하고 있었으며, 모국과의 교류를 통해 그리움을 회복하는 것으로 나타났다. 결혼이주여성들은 앞서 언급한 모국 문화를 단순히 접하는 것으로 끝나는 것이 아닌 초국적 문화 자원을 활용하여 또 다른 생산적 활동으로 나타났으며, 여가와 노동 간의 경계가 불분명하게 드러나는 양상을 보였다. 또한 결혼이주여성들은 커뮤니티를 통해 문화정체감, 소속감, 유대감을 형성하고 있었으며, 상호교류를 통해 동일 문화집단의 언어 사용, 정보 등을 주고받으며 일상생활에 활력을 불어넣어줄 수 있는 요인 중의 하나로 나타났다.

가족 영역에서는 베트남 출신 결혼이주여성들이 가장 가까이에서 겪는 생활세계인 가정에서의 가족관계를 상호문화성의 개념을 중심으로 해석한 결과 내러티브에 나타난 상호문화성은 긍정적 혹은 부정적으로 다양하게 나타났다. 또 문화 다양성의 인정에 대한 가족관계에서는 다름에 대하여 열린 마음으로 다양성을 받아들이기도 하고, 다름에 대하여 거부하기도 했다. 평등한 관계에 대한 가족의 관계는 한쪽으로 기울어진 양상이 대부분이었으며 공감의 상호작용에 대한 가족관계는 결혼이주여성을 향한 가족의 환대로 이어졌다.

상담 영역에서는 동남아시아계의 결혼이주여성들의 심리적 경험을 파악하고, 이들이 자신의 어려움을 해결하기 위해 기울인 노력 및 주위의 지원을 확인했다. 또 이주민들이 경험한 심리적 어려움은 크게 개인적 측면의 어려움, 가족관계에서의 어려움, 사회적 관계의 어려움으로 구분됐으며 어려움을 해결하기 위해서 가족과 친지와의 대화, 활동, 전문가의 상담, 소극적 노력이 필요함을 시사했다.

사회제도적 생활세계 영역은 복지 · 미디어 · 경제 · 인권 · 교육 영역으로 나누어 연구했는데, 복지 영역에서는 결혼이주여성의 생애주기별 사회복지 서비스 이용 경험에 대한 사례를 탐색한 결과 결혼이주여성의 생애주기를 크게 입국 초기, 자녀양육기, 노동시장 재진입기 단계로 나타났다. 입국 초기 단계에서 이들은 한국어교육을 지원받기 위한 사회복지 서비스를 많이 이용하고 있으며 가정 내 지지체계와 사회복지정책으로 인해 여성들이 초기 한국 사회에 잘 적응할 수 있도록 도움을 주고 있다. 그리고 자녀양육기 단계에서는 무엇보다 자녀 양육과 교육에 관심을 많이 두는 시기이며 문화 차이로 인해 양육방식에 대한 차이가 있음을 확인하고, 경험과 학습을 통해 다양한 양육방식을 이해하게 된다. 노동시장 재진입기에서는 결혼이주여성들이 새로운 삶의 모습을 추구하며 기존의 경력을 활용해서 계속 직업을 구하려고 하거나 컴퓨터활용 능력, 자격증 취득 등을 통해서 새로운 직종을 계속해서 찾았다. 이처럼 삶을 꾸준히 개척하려고 하는 여성들의 적극적인 삶의 태도를 볼 수가 있었다.

미디어 영역에서는 동남아시아계 유학생의 미디어 리터러시 경험을 통하여 이주민 소수자 미디어에 나타난 재현방식과 차별문제를 파악하고 소수자의 전형적인 이미지 재생산 방식에 대한 문제점을 해결하기 위한 대안적 방향을 모색했다. 그 결과 한국 사회의 이주민 소수자에 대한 미디어 재현은 이주민을 우리 사회의 주체로 인정하지 않고 다수자의 지배적 논리에 순응을 요구하는 수동적인 이미지로 재생산하여 고정 관념화하고 있었다. 또 한국의 미디어가 주류문화의 획일화된 관점을 수용하여 소수자를 부정적으로 낙인찍는 담론을 형성함으로써 다수자와 소수자를 우리와 타자라는 개념으로 구분하여 경계를 나누고 있으며 다수자와 소수자 간의 권력관계를 드러내는 도구의 역할을 하는 것으로 인식하고 있다.

경제 영역은 결혼이주여성의 경제 생활세계 자립과정에 대해 이들이 한국 남성과의 결혼을 결심하고, 이주하고, 가족을 구성하고 생활하며, 노동시장에 참여하여 직업생활을 영위해가는 과정이다. 이는 자본주의와 가부장제가 결합된 사회구조 및 인종에 대한 편견이 만들어내는 불평등 구조 속에서 행위자로서의 전략을 형성해가는 것으로 나타났다. 동남아시아계 결혼이주여성의 내러티브에 근거하여 볼 때, 그들은 한국의 주류 사회경제 구조에 대한 진입의 정도에 따라 다른 문화 적응의 양상을 보였으며 이러한 문화 적응의 수준은 그들의 안정적인 생활세계 형성에 영향을 미치고 있었다. 또한 그들의 사회경제 구조에 대한 적응과 문화 적응에 있어서 남편과 가족, 지역사회, 그리고 정부의 역할이 중요하며 가부장적인 한국 남성의 인식 수준과 아직까지 결혼이주여성과 외국인의 한국 주류 사회경제 진입에 대한 차별적이고 억압적인 분위기와 구조적 모순은 동남아시아계 결혼이주여성이 경제적 적응과 문화 적응을 통해 생활세계를 형성하는 데 있어서 걸림돌이 되고 있었다.

인권 영역은 난민의 인권의식에 대한 경험을 탐색했다. 난민들의 인권의식을 인지적인 측면과 정서적인 측면, 행동적인 측면으로 나누어 분석한 결과, 인지적인 측면에서 난민들은 한국에 체류하는 것이 급급하여 인권 침해인지조차 인지하지 못하기도 하고, 인권 침해인 줄 알면서도 참고 살아가고 있었으며 난민비자와 생활고 때문에 한국에서 어떻게 살아가야 하는지 인지하게 됐다. 둘째, 정서적인 측면에서 이들은 부당한 대우를 받으면서도 저항하지 못하는 이주민과 난민들을 보며 공감하고 정서적으로 교류하고 있었다. 행동적인 측면은 난민들은 같은 처지의 이주민과 민족, 공동체를 통하여 자신들의 인권을 보호받고자 노력했다. 더불어 자신과 같은 난민들을 돕기 위해 봉사활동을 하는 등 다양한 활동을 통해 자신들의 인권을 지키려는 것을 행동으로 보여주고 있었다.

교육 영역은 결혼이주여성의 학습동기에 관해 연구했다. 결혼이주여성들에게 교육심리학, 특히 학습 동기라는 관점에서 적극적으로 동기를 부여하고 학습하는 자기주도적인 학습자, 교육적인 기회를 통해서 자신의 삶을 적극적으로 개척해나가고 자신을 끊임없이 개발해가는 주체적인 학습자라는 새로운 관점을 제공했다. 그 결과 결혼이주여성, 특히 동남아시아계 결혼이주여성이 가진 학습 동기는 자기결정성 이론에 비추어볼 때, 자율성과 유능감과 관계성이라는 기본욕구를 충족하기 위해서 학습하는 의지를 가지고 있었다.

지금까지 동남아시아 이주민의 다문화 생활세계를 인지정서적 영역과 사회제도적 영역에서 탐색해보았다. 그 결과 다음과 같은 시사점을 도출할 수 있었다.

인지정서적 측면인 문화 영역에서는 우리 문화만을 강조하는 것이 아니라 외국의 이질적인 문화를 한국인 고용주와 동료가 이해할 수 있도록 프로그램을 개발해야 하고, 근로현장에서 동등한 임금 지불과 제도적 장치가 마련돼야 한다. 또한 외국인 노동자들에게 한국 음식에 관한 설명과 한국의 계절변화를 이해할 수 있는 안내책자를 각 국가별로 제작하여 이를 모국어로 번역하고 지원할 수 있는 노력이 필요하다. 또한 외국인 노동자의 취업교육 중 한국어교육시간을 대폭 확대하고, 이들이 의무적으로 일주일에 한 번씩이라도 한국어 수업에 참여할 수 있는 유인책을 마련해야 하며 외국인 노동자들의 입장만이 아닌 한국인 고용주와 동료를 대상으로 하는 연구가 함께 이루어져야 한다.

언어 영역에서는 이주민들에게 다문화센터나 지역사회 어학당에서 진행되는 한국어 및 영어를 무상으로 지원받을 수 있도록 해야 한다. 또 이들에게 취업이나 일자리를 제공하되 이주민의 자격이나 적성을 고려하여 취업할 수 있도록 지원되어야 한다. 특히 이주민들은 언어소통 능력 부족으로 개인의 능력에 맞는 일자리를 구할 수 없는 실정이므로 집중 언어교육과 체계적이고 세부적인 취업준비교육을 사업장과 연계하여 시행해야 한다.

여가 영역에서는 이주민의 가족여가 활동 프로그램은 현저히 부족하기 때문에 이주민 부부가 함께 할 수 있는 다양한 여가 활동 탐색과 프로그램이 요구된다. 또한 자녀의 생애주기에 따라 여가 패턴이 달라질 수 있기 때문에 이주민의 가족구성원에 따라 생애주기에 적합한 활동으로 가족화합 애(愛)를 경험할 수 있는 여가 콘텐츠 개발이 필요하다. 특히 모국 문화를 접할 수 있는 매개체를 활용할 수 있도록 해야 한다.

가족 영역에서는 결혼이주여성들이 결혼과 이주라는 어려움을 겪기 때문에 가족 내 모든 관계에서 서로의 문화 다양성을 인정하고, 존중과 배려를 통해 가족 공동체를 만들어야 한다. 그러기 위해서는 다문화 사회에서 타자에 대한 논의가 지속적으로 이어져야 한다.

상담 영역에서 사회구성원의 개인 문제는 그 사회의 전체 구성원에게 영향을 미치기 때문에 이주민들의 사회 적응 및 통합을 통한 개인의 안정감은 한국 사회의 안녕과 발전에 관계된다. 그러므로 이주민들의 갈등을 해결하기 위해 다문화센터 상담사와 전문가들의 적극적인 지원이 이루어져야 하며 이를 통해 자존감을 회복시키고 자기효능감을 높여줄 수 있는 상담 프로그램이 구축되어야 한다.

사회제도적 측면인 복지 영역에서는 이주민을 위한 다양한 직업의 기회를 제공해야 한다. 이를 위해서는 다양한 직업을 탐색하고 체험할 수 있는 프로그램을 개발하여 보급해야 한다.

미디어 영역에서는 한국 사회가 바람직한 미래 다문화 사회로서의 공존의 길을 모색하기 위해서는 소수자의 참여, 즉 소수자를 위한 체계적인 미디어교육이 필요하다. 소수자를 위한 미디어교육은 소수자가 스스로의 힘으로 타자화되고 주변화되어 있는 관점에서 벗어나는 과정을 지원해야 한다. 그리고 이주자 자신들이 수혜자나 수동적인 존재로서 고정관념화되어 있는 이미지에서 탈피하여 사회통합의 담론에 능동적으로 관여하여 자신들의 목소리를 냄으로써 다수자와 공존할 수 있는 긍정적인 주체로서의 삶의 실천을 강조해야 한다.

경제 영역에서는 다양한 노동에 참여하고 있는 이주자와 결혼이주여성의 경제활동에 대한 정체성 구성과정에 대해 명확히 이해해야 한다. 이를 통해 경제활동 참여에 따른 지위변화와 사회경제 구조적 상황과 관련되어 분석되고 개발되어야 한다.

인권 영역에서 이주민들이 인권에 대한 지식을 쌓고 이해를 할 수 있도록 다양한 프로그램과 콘텐츠가 개발되어야 한다. 또한 이주민이 처한 상황과 환경을 이해하고 최대한 편안하고 자연스럽게 상담 받을 수 있는 창구가 마련되어야 한다. 또한 난민들이 자신의 인권을 보호할 수 있도록 자발적으로 행동할 수 있게 지지하여 이들의 공동체가 활성화될 수 있도록 적극적인 지원 방안이 요구된다.

교육 영역에서는 한국 사회에서 이주민들에게 충분한 학습 기회가 주어지고 학습을 통해서 성장하여 이주민들이 다시 한국 사회에 기여할 수 있는 공평한 기회를 마련해 주어 한국 사회 성장과 발전을 통해 새로운 원동력을 재생산해야 한다.

이처럼 이주민들은 주류사회와 각종 사회제도에서 소외되고 타자화되고 있으나 그 안에서 자신의 삶의 영역으로 만들어 나가기 위해 다양한 노력을 하고 있다. 그러므로 이민자들의 구체적인 삶의 과정과 그 속에서 겪고 있는 고통을 이해하고, 더 나아가 이들 역시 우리 사회의 일원으로서 공존할 수 있도록 미래 지속 가능한 사회를 위한 새로운 패러다임을 확립하여 새로운 사회통합 모형을 만들어 나가야 할 것이다.

참고문헌

강경미(2011),「다문화가정의 가정폭력 예방과 기독교상담」. 『복음과 상담』 17.

강대기(2004), 『현대사회에서 공동체는 가능한가』, 아카넷.

강동관 · 오정은 · 이창원 · 최영미 · 최서리(2010),「한국의 이주동향 2014」, IOM이민정책연구원.

강미선(2013),「국제결혼 여성들의 가족생활과 경제활동에 관한 비교연구: 도시에 거주하는 중국조선족과 한족을 중심으로」, 서울대학교 석사학위논문.

강윤주 · 정희선(2013),「결혼이주여성 전통식문화 인식 및 교육방안」, 한국식생활문화학회지 28(3), 246-260.

강진숙(2012), 『차이와 소수성을 위한 이주노동자 미디어교육에 대한 질적 연구』(공저), 한국언론학보.

______(2018), 『미디어 소수자(미디어약자)를 위한 미디어교육 프로그램 개발방향 연구』(공저), 한국언론학회.

강진아(2013),「결혼이주여성의 텍스트에 기초한 다문화 가족 상담: 폴리쾨르의 해석학을 중심으로」, 『목회와상담』 21, 7-33.

고영복(2010), 『사회학사전』, 사회문화연구소.

고은(2006),「이중언어 사용 아동의 부모들이 갖는 모국어에 대한 가치기준과 경험적 의미」. 『언어치료연구』 15, 143-162.

공은숙(2011),「다문화가족의 시어머니 상담사례 연구」, 『교류분석상담연구』 1(1).

곽정임 · 서미아(2015),「갈등관계에 있는 다문화 가정의 부부를 대상으로 한 정서중심상담 적용연구」, 『다문화콘텐츠연구』 18.

구경희 · 송준호(2011),「외국인 노동자의 갈등유형과 조직유효성 연구」, 『사회과학연구』 16, 91-111.

구정화(2004),「아동의 인권 개념 형성에 비추어 본 초등 사회과 인권 내용의 적합성」.『사회과교육』 43(2), 65-84.

국가법령정보센터(2019), 다문화가족지원법 제6조, http://www.law.go.kr/lsInfoP.do?lsiSeq=199550#J6:0

권미경 · 조용하(2009),「여성결혼이민자 문화 리터러시(Cultural Literacy) 습득의 평생교육적 함의」, Interdisciplinary Journal of Adult & Continuing Education 12(3), 1-26.

권복순 · 차보현(2006),「농촌지역 코시안가정주부의 의사소통능력, 문화적 정체성이 결혼만족도에 미치는 영향」,『한국 사회복지학』 58(3), 109-134.

권순희(2007),「다문화가정 고부관계향상프로그램의 교회적용: 다문화 가정 자녀의 상담 지도 사례」,『國語教育學研究』 29.

권종욱 · 김학조(2012),「한국거주 외국인 노동자 적응 분석: Black의 해외파견자 적응 모델을 중심으로」,『국제통상연구』 17(2), 161-183.

김갑현(2007),「국제결혼이주여성 대상 교육프로그램 개선방안에 관한 연구: 전남지역 공공도서관 및 평생교육관 평생학습 프로그램을 중심으로」, 한국교원대학교 대학원 석사학위논문.

김경미(2012),「여성결혼이민자의 사회연결망과 한국생활 만족도: 중국, 베트남, 일본 출신을 중심으로」,『한국인구학』 35(2), 185-208.

김경희(2009),「텔레비전 뉴스 내러티브에 나타난 재한 이주민의 특성: 뉴스초점이주민과 주변인물(한국인 · 이주민) 분석을 중심으로」,『한국방송학보』 23(3), 7-46.

______(2011),「휴먼다큐멘터리 프로그램 게시판에 나타난 이주민에 대한 수용자의 인식」,『방송과 커뮤니케이션』 12(4), 5-42.

김광수(2008),『다문화 사회와 학교상담의 역할과 과제』, 서울교대 다문화연구소.

김광수 · 정태희(2010),「다문화가정 학생지도를 위한 학교상담의 방향과 과제」,『한국초등교육』 20(2).

김대근(2015),『난민의 인권보장을 위한 구금관련 규정 정비 방안』, 형사정책연구원연구총서-2015, 형사정책연구원.

김동회 · 하규수(2011),「외국인 노동자의 문화적응과 조직공정성이 조직몰입에 미치는 영향에 관한 연구」, 한국콘텐츠학회논문지, 11(9), 187-201.

김미옥 · 김경희(2011),「인권관점에 기초한 사회복지실천 경험에 관한 질적 사례연구」,『한국 사회복지학』 63(1), 29-55.

김민경(2012),『결혼 이주 여성에 대한 문화적 민감성과 수용』, 파주: 이담북스.

김민석(2016),「상호문화주의적 관점에서의 국내 다문화 정책: 캄보디아 출신 이주자를 대상으로 한 정책 사례 연구」, 한국 사회학회 사회학대회 논문집, 393-401.

김민영(2014),「결혼이주여성의 어머니 되어가기」, 계명대학교 대학원 박사학위논문.

김민정(2012), 「필리핀 여성의 젠더화된 이주: 한국의 사례」, 『한국여성학』 28(2), 33-74.

김민정 · 유명기 · 이혜경 · 정기선(2006), 「국제결혼이주여성의 딜레마와 선택: 베트남과 필리핀 아내의 사례를 중심으로」, 『한국문화인류학』 39(1), 159-193.

김수재(2008), 「외국인 노동자의 문화적 갈등과 대응: 인도네시아 노동자를 중심으로」, 『민족문화논총』 38, 153-184.

김아영(2010), 「자기결정성이론과 현장 적용 연구」, 『교육심리연구』 24(3), 583-609.

______(2017), 『학업동기: 이론, 연구와 적용』, 서울: 학지사.

김안나 · 최승아(2017), 「외국인 노동자의 삶의 만족도에 대한 영향요인 연구: 학력 미스매치, 차별경험, 임파워먼트를 중심으로」, 『사회복지연구』 48(2), 331-357.

김양희(2014), 「북한 식량권의 연구동향 및 과제」, 『통일인문학』 60, 307-336.

김영미 · 박수선 · 김일광(2014), 「문화복지로써 결혼이주여성의 한국생활적응을 위한 여가의 의미와 활용 방안」, 한국체육학회지, 53(2), 407-421.

김영순 · 임지혜 · 정경희 · 박봉수(2014), 「결혼이주여성의 초국적 유대관계에 나타난 정체성 협상의 커뮤니케이션」, 『커뮤니케이션이론』 10(3), 36-96.

김영순 · 조영철 · 김정희 · 정지현 · 박봉수 · 오영훈 · 손영화 · 박종도 · 이미정 · 정경희 · 박미숙(2019), 『다문화 생활세계와 사회통합 연구』, 북코리아.

김영신(2010), 「친인권적 교실 문화가 청소년의 인권태도에 미치는 영향」, 서울대학교 대학원 박사학위논문.

김오남(2006), 「국제결혼이주여성의 부부갈등 결정요인 연구」, 『가족과 문화』 18(3).

______(2008), 『결혼이민자가족의 이해』, 서울: 집문당.

김유식 · 이솔잎(2017), 「결혼이주여성의 여가경험과 기본심리욕구충족 및 생애목표에 관한 연구」, 한국여가레크리에이션학회지, 41(4), 14-28.

김윤정(2014), 「한국, 중국, 일본 며느리의 한국에서의 부양 경험」, 『디지털융복합연구』 12(8): 501-513.

김의수 · 손현화(2011), 「이주노동자의 한국어 구어문장이 지닌 통사적 복잡성과 그 한계」, 『한국어학』 50, 111-140.

김이선(2006), 『여성 결혼이민자의 문화적 갈등 경험과 소통 증진을 위한 정책 과제』, 한국여성개발원.

김자영(2012), 「청소년 인권의식의 형성 및 유형화에 관한 연구」, 서울대학교 대학원 박사학위논문.

김정선(2011), 「시민권 없는 복지정책으로서 '한국식' 다문화주의에 대한 비판적 고찰」, 『경제와사회』, 205-246.

김정희(2019), 「동남아시아계 이주 노동자의 문화 적응 생애담 연구」, 한국언어문화교육학회 2019

학술대회 발표집.

김종호(2012), 「결혼이주여성의 여가경험 탐색: 신체적 여가활동을 중심으로」, 서울대학교 박사학위논문.

______(2017), 「독일의 난민사태에 대한 대응입법의 연구」, 『법과 정책』 23(3), 65-100.

김종호 · 권순용(2013), 「결혼이주여성의 여가경험: 신체적 여가활동을 중심으로」, 한국스포츠사회학회지, 26(1), 65-82.

김지원 · 이정윤(2014), 「부자유친 성정과 대학생의 자아분화의 관계」, 『아시아교육연구』 15(3), 97-120.

김지현 · 김보미(2017), 「외국인 노동자의 문화적응 스트레스 영향요인」, 『디지털융복합연구』, 15(8), 277-287.

김지훈(2013), 「서울 A 대학 동남아시아 유학생의 학업경험에 대한 탐색적 연구」, 『동남아시아연구』 23(3), 135-179.

김진호(2018), 「예멘 난민 인권의식 정립할 기회다」, 『제3시대』 135, 2-4.

김초희 · 김도연(2018), 「한국 다문화 TV 프로그램에서의 이주민 · 외국인 재현」, 『韓國 言論學報』 62(3), 309-341.

김춘희 · 손은령(2014), 「국내 다문화 상담 연구」, 『상담학연구』 15(6), 2209-2223.

김태원(2012a), 「글로컬 생활세계로서의 다문화 사회」, 『다문화와 인간』 1(1), 63-89.

______(2012b), 「다문화 사회의 통합을 위한 패러다임으로서의 유럽 상호문화주의에 대한 이론적 탐색」, 『유럽사회문화』 9, 179-213. 사회, 92, 205-246.

______(2013), 「생활세계로서의 다문화공간과 정체성」, 전남대학교 세계한상문화연구단 국내학술대회, 27-43.

김판준(2012), 「다문화 사회의 갈등과 기여에 관한 고찰」, 『현대사회와 다문화』 3(2), 207-237.

김현미(2010), 「글로벌 신자유주의 경제 질서와 이동하는 여성들」, 『여성과 평화』 5.

김현미 · 김민정 · 김정선(2008), 「안전한 결혼 이주? 몽골 여성들의 한국으로의 이주 과정과 경험」, 『한국여성학』 24(1), 121-155.

김현미 · 이호택 · 최원근 · 박준규 · 류유선(2010), 「한국 체류 난민 등의 실태조사 및 사회적 처우개선을 위한 정책 방안」, 과천: 법무부.

김현수 · 최연실(2012), 「결혼이주여성의 가족상담 필요성 인식 관련 요인의 탐색」, 한국심리학회지 여성, 17(3), 435-456.

김현숙 · 최송식 · 김희재 · 박병현(2012), 「베트남 여성결혼이민자의 모국 출국 전 사전정보제공 프로그램 현황과 개선 방향」, 『한국 사회복지조사연구』 33, 135-174.

김현아(2013), 「다문화상담 관련 종사자의 다문화수용성과 다문화상담자 자질의 관계: 다문화상담자

자기 효능감의 매개효과」, 『상담학연구』 14(3).

김현재(2007), 「베트남 여성의 한국으로 결혼이민: 그 배경과 원인에 대한 고찰」, 『동아연구』 52, 219-254.

김혜순(2014), 「결혼이민여성의 이혼과 '다문화정책'」, 『한국 사회학』 48(1), 299-344.

김효숙(2017), 「비판적 문식성 교육을 통한 결혼이주여성의 주체성 형성에 관한 실행연구」, 숭실대학교 박사학위논문.

김후형(2015), 「탈북자의 인권과 국제사회의 노력」, ATE, 321-346.

남부현 · 김옥남(2014), 「외국인 유학생 생활경험 속에 투영된 한국인과 한국문화」, 『사회과학연구』 25(1), 105-126.

남순현 · 김슬기 · 이은혜 · 윤상연(2010), 「한국 다문화 사회에 대한 한국인의 인식」, 『한국심리학회』, 한국심리학회 학술대회 자료집, 394-395.

노영순(2013), 「바다의 디아스포라, 보트피플: 한국에 들어온 2차 베트남 난민(1977~1993) 연구」, 『디아스포라연구』 7(2), 75-108.

노충래 · 윤수경 · 김신영(2018), 「국내 난민아동의 문화적응 스트레스가 우울에 미치는 영향」, 『한국아동복지학』 63, 23-53.

레티후엔짱(2016), 「베트남 유학생들의 한국대학생활 적응에 관한 사례연구」, 동아대학교 국제전문대학원 석사학위논문.

레황바오쩜(2018), 「한국, 베트남과 베트남 결혼이주 어머니의 자녀양육태도와 심리특징 비교 연구」, 인하대학교 대학원 박사학위논문.

류지성 · 문종원(2013), 「농축산업 분야 외국인 노동자의 근로 지속성 결정요인 분석: 경기도 지역을 중심으로」, 『농업경영 · 정책연구』 40(3), 749-766.

문정화(2017), 「가정폭력 피해 결혼이주여성의 가족치료 사례연구: 단독으로 상담에 참여한 중국출신 여성을 중심으로」, 『한국가족복지학』 55.

문화체육관광부(2018), 「2017 문화예술정책백서」, https://www.mcst.go.kr/kor/s_policy/dept/deptView.jsp?pDataCD=0406000000&pSeq=1740

민웅기 · 김상학(2014), 「다문화가족 이주여성들의 여가제약이 여가활동 참여 및 여가만족에 미치는 영향」, 『관광연구저널』 28(5), 45-61.

______(2018), 「결혼이주여성들의 여가활동 특성에 대한 비판적 고찰」, 『문화와 융합』 40(3), 29-62.

민지원(2003), 「난민자격 결정기준으로서 젠더 박해: 북한여성 난민자격 가능성을 중심으로」, 『여성학논집』 20, 3-37.

박능후 · 선남이(2010), 「국제결혼이주여성의 취업이 한국 사회 적응에 미치는 영향」, 『민족연구』 41, 120-144.

박미경 · 이헌율(2017), 「가족주의 관점에서 본 KBS 〈이웃집 찰스〉의 이주민 가족 재현 연구」, 한국콘텐츠학회논문지, 17(4), 12-24.

박미숙(2019), 「학업을 통한 결혼이주여성의 자기성장과정에 관한 연구」, 『교육문화연구』 25(2), 833-855.

박미숙 · 김영순(2015), 「입국초기 결혼이주여성의 스마트폰 이용 경험에 관한 연구」, 『여가학연구』 13(1), 1-17.

박미숙 · 김영순 · 이진영(2015), 「결혼이주여성의 한국 국적 불취득에 관한 연구」, 『다문화와 평화』 9(2), 138-159.

박미숙 · 손영화(2018), 「중국계 외국인근로자의 인권차별 경험을 통한 인권보호 대안 모색」, 『교육문화연구』 24(3), 523-546.

박미숙 · 이미정(2014), 「다문화가정 청소년들이 경험하는 갈등원인에 관한 연구」, 『교육문화연구』 20(3), 149-174.

박상준 · 임태승(2010), 「초등학생의 인권의식 발달에 관한 연구: 인권판단력의 발달을 중심으로」, 『법과 인권교육연구』, 39-58.

박수정 · 윤채빈 · 김민규(2011), 「도서지역 결혼이주여성의 여가참여 실태에 관한 연구」, 『교육문화연구』 17(2), 113-147.

박순용 · 서정기(2014), 「이주난민으로 살아가기에 대한 경험의 탐색: 콜라지의 분석방법에 기초한 현상학적 연구」, 『교육인류학』 17(3), 103-132.

박순호(2012), 「베트남 여성 결혼이주자의 결혼 전,후 경제상황에 대한 인식」, 한국지역지리학회지, 18(3), 268-282.

박신규(2017), 「외국인 노동자의 노동실태 및 정책과제: 전북 지역 사례를 중심으로」, 『다문화와 디아스포라 연구』 11, 99-118.

박은민(2016), 「한국에 입국한 난민의 삶에 관한 질적 사례연구」, 이화여자대학교 대학원 석사학위논문.

박인철(2015), 『현상학과 상호문화성』, 파주: 아카넷.

박장식(2009), 「미얀마 까렌족의 분리주의 운동」, 『동남아연구』 4, 255- 282.

박진숙 · 전혜정(2009), 「난민 가정의 문화 정체성에 대한 문화기술지적 사례연구」, 한국가족관계학회지, 14(1), 1-31.

박한울 · 김선아(2017), 「다문화상담을 위한 미술치료사의 인식과 다문화 감수성에 관한 실행연구」, 『造形教育』 64.

방현희(2013), 「다문화가족 방문교육지도사의 역량 강화 방안 연구」, 인하대학교 대학원 석사학위논문.

백은숙 · 한상길(2017), 「결혼이주여성의 전문대학 학습경험 의미」, 한국콘텐츠학회논문지, 17(4),

179-199.

법무부(2018), 「난민인정자, 인도적체류자, 난민신청자를 위한 난민인정절차 가이드북」.

______(2019), 「2019년 3월호 출입국 외국인 정책 통계 월보」, 출입국 · 외국인정책본부.

법무부 사회통합정보망(2019), http://www.socinet.go.kr/soci/contents/PgmCosCopl.jsp?q_global_menu_id=S_SIP_SUB02

법무부 출입국외국인정책본부(2016), 「출입국외국인정책 통계월보」, www.immigration.go.kr

______(2018), 「출입국 · 외국인정책 통계연보」.

부티짱(2017), 「한 · 베 다문화가족의 귀환여성과 그 자녀에 관한 연구」, 서울대학교 대학원 석사학위논문.

산다툰(2011), 「재한 동남아시아 유학생의 대학생활 적응스트레스에 영향을 미치는 요인에 관한 연구」, 대구대학교 대학원 석사학위논문.

서광봉 · 이철원(2011), 「부부의 여가만족 형성과정에 관한 근거 이론적 해석」, 한국여가레크리에이션학회지, 35(3), 53-66.

서영석 · 안창일(2003), 「문화가치에 대한 충실도, 성격유형, 및 상담경험이 상담기법에 대한 인식에 미치는 영향」, 『한국심리학회지: 상담 및 심리치료』 15(3), 403-421.

서정애(2017), 「한국거주 난민 아동의 권리-아동교육권을 중심으로」, 『재외한인연구』 41, 79-101.

서홍란 · 배영미 · 유영림(2016), 「베트남 결혼이주여성의 검정고시 학습경험에 관한 생애사 연구」, 『한국 사회복지질적연구』 10(3), 33-63.

선국진(2013), 「다문화가족지원센터 상담자의 직무스트레스와 심리적 소진과의 관계」, 『韓國컴퓨터情報學會論文誌』 18(7).

설동훈(2009), 「한국 사회의 외국인 이주노동자: 새로운 '소수자 집단'에 한 사회학 설명」, 『사림』 34, 53-77.

______(2005), 「국가의 주권'과 '국민의 기본권'및 '인간의 기본권'의 상충요소 검토」, 『민주주의와 인권』 5, 39-77.

설동훈 · 이병하(2013), 「다문화주의에서 시민통합으로」, 『한국정치외교사논총』 35(1), 207-238.

설동훈 · 김윤태 · 김현미 · 윤홍식 · 이혜경 · 정기선 · 주영수 · 한건수(2005), 「국제결혼이주여성 실태조사 및 보건복지 지원 정책방안」, 보건복지부 연구보고서.

설진배 · 김소희 · 송은희(2013), 「결혼이주여성의 사회적 연결망과 초국가적 정체성」, 『아태연구』 20(3), 229-260.

성정애(2017), 「한국 거주 난민 아동의 권리: 아동 교육권을 중심으로」, 『재외한인연구』 41, 79-101.

손주희(2018), 「한국 체류 난민의 사회적응에 관한 연구」, 성결대학교 대학원 박사학위논문.

손현화(2017), 「이주노동자의 한국어 구어 문장이 지닌 통사적 복잡성과 그 한계」, 『한국어학』 50, 111-140.

송미경(2008), 「결혼이주여성에 대한 다문화 상담의 모색」, 『여성연구논총』 23, 41-51.

송영훈(2016), 「난민의 인권과 국가안보: 난민법 개정의 쟁점을 중심으로」, 『담론』 201, 19(3), 55-82.

송유진(2008), 「베트남 국제결혼 여성의 혼인이주 원인 및 의사결정과정」, 한국지역사회생활과학회지, 19(4): 581-595.

송은아(2013), 「헤르만 헤르츠버거의 교육공간에 나타난 사회적 지속가능성에 관한 연구」, 건국대학교 박사학위논문.

송효진 · 김소영 · 이인선 · 한지영(2016a), 「한국체류 난민여성의 인권실태에 관한 연구」, 한국여성정책연구원.

______(2016b), 「한국체류 난민여성의 인권실태에 관한 연구」, 한국여성정책연구원 연구보고서-2016, 한국여성정책연구원.

______(2018), 「한국에서의 난민여성의 삶과 인권」, 『이화젠더법학』 10(3), 149-189.

신명희 · 임호용 · 원영실 · 송수지 · 서은희 · 노원경 · 김정민 · 김은경 · 강소연(2018), 『교육심리학』, 서울: 학지사.

신예진 · 신지원(2013), 「일본의 재정책 난민 수용과 관련 제도에 대한 고찰」, 『동아연구』 65, 191-231.

심현용 · 김재기(2004), 「러시아 재이주 한인의 난민적 상황과 인권보호」, 『민주주의 인권』 4(1), 117-152.

안성경 · 윤이숙(2013), 「난민의 지위와 인정 절차의 법제화에 대한 비판적 검토: 독일 난민법과 비교를 중심으로」, 『유럽헌법연구』 13, 127-150.

안영빈 · 김정원(2017), 「국내 난민아동의 생활실태 분석과 교육 방안 모색」, 『다문화교육연구』 10(1), 171-200.

안진우 · 이채원(2017), 「문화적응스트레스가 베트남 유학생의 대학생활적응에 미치는 영향」, 『사회과학연구』 28(3), 157-177.

양순미(2016), 「농업 분야 외국인 노동자의 생활 애로와 직무 환경 만족도의 관계 분석」, 『농촌경제』 39(4), 97-122.

양승민(2008), 「한국적 다문화상담의 모색을 위한 농촌지역 결혼이민여성들의 스트레스 요인과 반응에 관한 연구」, 연세대학교 박사학위논문.

양현아(2013), 「가족 안으로 들어온 한국의 '다문화주의(multiculturalism)' 실현」, 『저스티스』 134(2), 298-335.

엄한진(2011), 『다문화 사회론: 이민과 다문화 상에 한 성찰 입문서』, 서울: 소화.

여성가족부(2018), 「제3차 다문화가족정책 기본계획(안)」, http://www.mogef.go.kr/mp/pcd/mp_pcd_s001d.do?mid=plc503&bbtSn=704810

______(2019), 「2018년 전국 다문화 가족 실태 조사」.

오경석(2011), 「재한줌머인연대(Jumma People's Network in Korea)와 미디어의 재현」, 『다문화사회연구』 4(2), 71-102.

오병훈(2015), 「한국난민정책의 문제점과 개선방안」, 『정책개발연구』 15(1), 69-95.

오세경(2014), 「지속가능한 여가로서 도보여행자의 경험에 관한 연구」, 인하대학교 문화경영학 박사학위논문.

오세경 · 김미순(2016), 「대학생의 다문화 멘토링 활동 경험을 통한 다문화 인식 변화」, 예술인문사회융합멀티미디어논문지, 6(9), 201-210.

______(2018), 「사회통합적 접근에서 본 재한 중국 유학생의 여가 경의 의미 분석」, 『여가학연구』 16(2), 45-65.

오승진(2012), 「난민법 제정의 의의와 문제점」, 국제법학회논집, 57(2), 91-112.

______(2018), 「한국의 난민 수용 관행과 방향에 대한 연구」, 『경희법학』 53(2), 389-414.

오영훈 · 방현희(2013), 「가치문화로서의 효에 대한 인식연구: 베트남 출신 결혼이주여성의 경험을 중심으로」, 『효학연구』 20, 135-158.

옥영혜(2015), 「한국의 난민정책: 재정착난민제도를 중심으로」, 동북아시아문화학회 국제학술대회, 187-195.

원숙경(2014), 「타자의 시선으로 재현된 이주민: 영화 〈방가?방가!〉와 〈완득이〉를 중심으로」. 『지역과 커뮤니케이션』 18(1), 109-134.

위선주(2013), 「베트남과 필리핀의 결혼이주 관련 정책연구」, 『세계정치』 19: 269-327.

유기웅 · 정종원 · 김영석 · 김한별(2012), 『질적연구방법의 이해』, 서울: 박영사.

윤영주 · 장소영(2016), 「베트남 유학생의 교우관계 갈등경험에 관한 현상학적 연구」, 『인문사회21』, 7(2), 399-415.

윤인진(2008), 「한국적 다문화주의의 전개와 특성」, 『한국 사회학』 42(2), 72-103.

이강숙(2007), 「국제결혼이주여성들의 실태조사 및 한국 사회 적응을 위한 교육프로그램 연구」, 강원대학교 대학원 박사학위논문.

이경민(2009), 「베트남 이주노동자를 위한 취업 전 한국어 교재 개발 연구」, 『한국어문화교육』 3, 119-143.

이경숙(2015), 「베트남 결혼이주여성을 위한 자녀양육행동 및 양육효능감 향상 프로그램 개발 및 적용 효과」, 대진대학교 대학원 박사학위논문.

이민정(2016), 「재한 베트남인 유학생의 문화적응에 관한 내러티브 탐구」, 경희사이버대학교 석사학위논문.

이병준 · 장소은(2013), 「학습공동체: 사회적 공간 및 친교 담론적 접근」, 『교육사상연구』 27(2), 123-137.

이상국(2009), 「백인 구원자와 카렌족: 현실이 된 카렌족 신화」, 『한국문화인류학』 43(1), 217-261.

______(2016), 「비슷하되 같지 않은 길: 재한 미얀마 카렌족 공동체의 형성과 발전」, 『동남아시아연구』 26(2), 101-143.

이석란 · 탄티튀히엔 · 권미경(2012), 「베트남 이주노동자 가정 자녀와 한국 가정 아동의 이야기 만들기에 나타난 통사적 숙달도 비교 연구: 9세 아동을 중심으로」, 『한국어교육』 23(2), 215-245.

이선웅 · 김규상 · 김태균(2009), 「경기지역 일부 이주노동자들의 직무스트레스와 우울 증상의 상관성」, 대한산업의학회지, 21(1), 76-86.

이선형(2013), 「한국 결혼이주여성의 모성과 정체성: 구술 생애사 분석을 중심으로」, 서울대학교 박사학위논문.

이성순 · 이종복(2013), 「여성결혼이민자의 정신보건정책 현황과 개선방안」, 중앙대학교 문화콘텐츠기술연구원, 『다문화콘텐츠연구』 14, 79-113.

이승림(2018), 「인권침해가 이주노동자의 삶의 질에 미치는 영향 연구」, 중부대학교 대학원 박사학위논문.

이승미(2000), 「인권교육 프로그램의 인지정서요인에 관한 실험연구」, 서을대학교 대학원 박사학위논문.

이아진 · 최연실(2011), 「문화적응 유형화를 중심으로 한 국제결혼이주여성의 부부갈등과 가족상담자의 문화적 역량에 대한 기대」, 한국생활과학회지, 20(1).

이애련(2014), 「결혼이주여성의 가정생활문화 적응에 관한 사례연구: 베트남 여성을 대상으로」, 한국가족자원경영학회, 18(4), 69-90.

이윤정(2018), 「외국인 노동자의 일과 삶의 균형에 영향을 미치는 요인에 관한 융합 연구」, 한국융합학회논문지, 9(10), 477-485.

이은주 · 전미경(2014), 「출신국의 사회 · 문화적 맥락에서 이해한 베트남 결혼이주여성의 적응 경험 연구」, 한국가정관리학회지, 32(5), 63-86.

이정윤(2016), 「태국의 '카렌족 생활방식 회복정책' 연구: 캐나다 다문화정책과 비교를 중심으로」, 한국외국어대학교 박사학위논문.

이정환(2016), 「외국인 노동자의 한국생활 만족도」, 『한국인구학』 39(2), 25-48.

이종원(2016), 「난민과 탈북자의 윤리적 문제: 아감벤과 레비나스 이론을 중심으로」, 『기독교사회윤리』 34, 103-138.

이주재 · 김순규(2010), 「결혼이민여성의 사회복지서비스 이용에 영향을 미치는 요인」,

『한국가족복지학』 30, 299-322.

이지연(2018), 「베트남 출신 결혼이주여성의 자녀양육 경험: 위계의 교차 위에 놓여있는 이중민족사회화」, 서울대학교 대학원 박사학위논문, 1-231.

이지영(2013), 「국제이주와 여성: 세계화와 이주의 여성화」, 『세계정치』 19.

이지은(2019), 「재정착난민아동의 한국어교육 실태와 교육방향: 미얀마 카렌족 초등학생을 중심으로」, 인하대학교 교육대학원 석사학위논문.

이현옥(2016), 「동아시아 맥락에서의 돌봄레짐 변화와 이주의 여성화」, 『경제와 사회』 110, 239-269.

이혜경(2005), 「혼인이주와 혼인이주 가정의 문제와 대응」, 『한국인구학』 28(1), 73-106.

______(2017), 「외국인 노동자 사회통합의 정치철학과 정책방향의 모색」, 『대한정치학회보』, 25(4), 117-139.

이혜경 · 전혜인(2013), 「결혼이주여성이 지각한 사회적 지지가 결혼만족도에 미치는 영향: 문화적응 스트레스의 매개효과를 중심으로」, 『한국가족복지학』 18(4), 413-432.

이혜경 · 정기선 · 유명기 · 김민정(2006), 「이주의 여성화와 초국가적 가족」, 『한국 사회학』 40(5), 258-298.

이혜린 · 권유홍(2014), 「농촌 결혼이주여성의 여가참여가 여가만족 및 생활만족에 미치는 영향」, 『관광레저연구』 26(1), 151-170.

이혜림(2018), 「결혼이주여성의 문화적응과 사회 · 경제적 참여에 관한 연구」, 성균관대학교 국정전문대학원 박사학위논문.

이혜영(2017), 『난민인정과 재판절차의 개선방안』, 사법정책연구원 연구총서-2017, 사법정책연구원.

이혜영 · 표현덕 · 서용성 · 최유나(2007), 『난민인정과 재판 절차의 개선 방안』, 사법정책연구원.

이호택(2016), 「실질적 난민보호를 위한 민관협력방안」, 난민법 시행 3주년 기념 학술포럼집, 법무부 · UNHCR.

이화도(2011), 「상호문화성에 근거한 다문화교육의 이해」, 『비교교육연구』 21(5), 171-193.

임명언(2017), 「한국 거주 베트남인의 다문화적응 유형에 관한 탐색적 연구」, 『인문사회21』. 8(2). 893-913.

임춘희(2016), 「외국인 노동자 고용에 대한 사업주의 인식과 어려움 및 대처: 충남 서천군의 사례를 중심으로」, 예술인문사회융합멀티미디어논문지, 6(9), 171-189.

임혜정(2017), 「'아래로부터의 운동'으로서 결혼이주여성의 다문화교육」, 한국외국어대학교 대학원 박사학위논문.

자크 아탈리(2005), 『호모노마드 유목하는 인간』(이효숙 역), 웅진닷컴.

장명선 · 이옥경(2008), 「서울시 다문화가족 실태 및 지원체계 구축방안 연구」, 서울시여성가족단.

장복희(2007), 「국제법상 난민보호와 그 문제해결」, 『국제법학회논총』 42(2), 175-196.

______(2017), 「북한이탈주민의 인권보호」, 『이화젠더법학』 9(2), 125-158.

장안리(2017), 「국내동남아시아계 유학생들이 인식하는 문제와 대응기제 방법」, 『아태연구』 24(2), 101-141.

장윤정(2015), 「가구생애주기별 여가관광이동 행태 특성분석: 거주지에서 여가관광목적지를 중심으로」, 『관광연구저널』 29(8), 111-123.

장인모 · 전순영(2015), 「외국인 노동자의 조직 갈등이 조직성과에 미치는 문화적응 매개효과 연구」, 대한경영학회지, 28(1), 159-177.

장인협(1987), 『사회복지학개론』, 서울대출판부.

장효순(2019), 「결혼이주여성의 자녀교육 프로그램 효과 분석」, 전주대학교 대학원 박사학위논문.

전윤주 · 서광봉 · 임진선(2012), 「결혼이주여성의 여가제약 협상과정에 관한 근거 이론적 분석」, 한국레저사이언스학회지, 3(2), 31-56.

전혜정 · 이가언(2015), 「베트남 외국인 노동자의 문화적응 스트레스와 우울」, 지역사회간호학회지, 28(4), 380-389.

정경운(2007), 「이주여성의 사회문화적 정체성에 관한 연구」, 『아시아여성연구』 46(1), 97-139.

정국희(2010), 「이주노동자의 한국어 교재 분석」, 한남대학교 석사학위논문.

정금심(2018), 「난민 인권 보호를 위한 난민법 개정 방향 연구: 난민 심사 및 난민 처우를 중심으로」, 『법조』 67(3), 645-698.

정기선(2008), 「결혼이주여성의 한국이주특성과 이미생활적응: 출신국가별 차이를 중심으로」, 『인문사회과학연구』 20, 68-103.

정기섭(2011), 「지속가능발전교육의 관점에서 본 상호문화역량」, 『교육의 이론과 실천』 16(3), 133-149.

정복례 · 유광자 · 김지숙(2014), 「베트남 결혼이주여성의 임신과 출산 경험」, 『가족과 문화』 26(2), 221-244.

정복성 · 함상우(2018), 「외국인 노동자의 문화 차이에 따른 일-가정 갈등이 직무소진에 미치는 영향」, 아태예술인문사회 융합멀티미디어논문지, 8(3), 661-670.

정선영 · 오영림 · 배이진(2013), 「사회적 관계망, 일상적 어려움, 사회적 지지가 외국인 근로자의 정신건강에 미치는 영향에 관한 연구」, 『한국 사회복지조사연구』 34, 1-35.

정의철(2011), 「다문화 사회와 이주민 미디어: 〈이주민방송〉을 중심으로」, 『언론과학연구』 11(4), 489-526.

정인섭(2009), 「한국에서의 난민 수용 실행」, 『서울국제법연구』 6(1), 197-222.

정정순(2010),「결혼이주여성의 임신 · 출산과 문화적응」, 연세대학교 박사학위논문.

정주연(2008),「한국 학습자들의 'come'의 사용 능력에 대한 연구」, 이화여자대학교 대학원 석사학위논문.

조선경(2007),「특수목적 한국어교육 연구: 이주노동자, 이주여성 및 그 자녀에 대한 한국어교육을 중심으로」, 이화여자대학교 대학원 박사학위논문.

조윤주 · 최연실(2013),「다문화가족 외국인 남성의 가족상담에 대한 필요성 인식 관련 변인: 사회인구학적 변인, 한국어 능력, 가족관계 만족도, 가족상담 경험 유무를 중심으로」, 『상담학연구』 14(1).

조태준 · 박덕현 · 허상구(2016),「국내 중소 제조업에 종사하는 중국인 근로자의 문화지능이 직무만족과 조직몰입에 미치는 영향: 자기효능감의 매개효과를 중심으로」, HRD 연구, 18(1), 1-27.

조한범 · 이정진 · 김미향(2005),「여가 · 레크리에이션학: 가족 구성원의 여가 활동 참여 특성과 여가만족도 및 여가태도에 관한 연구」, 한국체육학회지, 44(3), 709-719.

조현미(2013),「베트남 북부지역의 국제결혼의 증가와 초국가적 사회공간」, 한국지역지리학회지, 19(3), 494-513.

주여진(2014),「베트남 출신 결혼이주여성의 출산에 관한 연구」, 중앙대학교 대학원 석사학위논문.

주재원(2016),「미메시스로서의 '타자'와 디에게시스로서의 '다문화': 지상파 방송 뉴스에 재현된 이주민들의 영상 담론 분석」, 한국콘텐츠학회논문지, 16(1), 503-514.

주철수(2013),「김해지역 이주노동자의 한국어교육 만족도에 근거한 한국어교육 개선 방안 연구: 베트남 노동자를 중심으로」, 부경대학교 석사학위논문.

차성란(2011),「결혼이주여성 관점에서의 다문화가정 여가생활」, 한국가족자원경영학회지, 15(1), 51-70.

차윤정(2015),「한국 생활의 경험과 결혼이주여성의 언어 의식 변화」, 『코기토』 77, 223-251.

차효성(2019),「결혼이주여성의 어머니되기 영향요인」, 이화여자대학교 박사학위논문.

최금해(2006),「한국남성과 결혼한 중국 조선족여성들의 한국생활 적응에 관한 연구」, 서울대학교 대학원 박사학위논문.

최나연(2019),「베트남 결혼이주여성의 산후조리에 관한 문화기술지」, 계명대학교 대학원 박사학위논문.

최대희(2015),「베트남 결혼이주여성의 '어머니됨'의 의미 연구」, 『디아스포라연구』 9(2), 233-256.

최미경(2014),「베트남 해체가족 이주여성의 홀로서기 과정에 관한 경험 연구」, 『한국가족복지학』 45, 199-227.

최미화(2006),「한국 남성과 국제결혼한 이주여성: 문화적 차이로 인해 발생하는 문제」, 『한국 사회연구』 14, 21-38.

최병두(2012),「초국적 이주자의 권리와 환대」, 한국공간환경학회 학술대회 논문집, 2012(1), 1-16.

최승은(2015),「상호문화교육의 관점에서 본 초등교사의 음악교육 경험에 관한 연구」, 인하대학교 대학원 박사학위논문.

최운선(2007),「국제결혼이주여성의 사회문화 적응에 관한 연구」,『아시아여성연구』46(1), 141-181.

최재식(2006),「상호문화성의 현상학: 문화중심주의를 넘어 상호문화주의로」,『철학과 현상학 연구』30, 1-30.

최종렬(2009),「탈영토화된 공간에서의 베트남 이주여성의 행위전략: 은혜와 홍 로안의 사랑과 결혼 이야기」,『한국 사회학』43(4): 107-146.

최호림(2015),「국제결혼에서 귀환까지: 베트남 여성의 한국행 결혼이주 경험에 관한 연구」,『동아연구』34(1), 143~182.

최희 · 정상우(2017),「재중탈북자의 난민인정여부와 법적 보호방안: 중국법과 국제인권법 비교를 중심으로」,『공법학연구』18(4), 111-140.

통계청(2017a),「2017년 다문화 인구동태 통계」.

______(2017b).「KOSIS 통계표:인구동향조사」, http://kosis.kr

팜티훼짱 · 김영순 · 박봉수(2014),「베트남 결혼이주여성의 가족유형에 따른 영유아기 자녀양육 경험」,『교육문화연구』20(4), 137-164.

한건수(2012),「한국 사회의 다문화주의 혐오증과 실패론」,『다문화와 인간』1(1), 113-143.

한국문화관광연구원(2010),「2010년 이주민 문화향수 실태조사」, 문화체육관광부 연구보고서.

한국언론정보학회(2006),『현대사회와 매스커뮤니케이션』, 파주: 한울아카데미.

한국여성연구원(2019),「2018년 전국다문화가족실태조사 연구」, 연구보고 2019-01, 여성가족부 다문화가족과.

한기연(2018),「결혼이주여성을 위한 평생교육프로그램 운영 요구 분석: 음성군을 중심으로」, 한국교통대학교 대학원 석사학위논문.

한상영(2012),「여성결혼이민자가 경험하는 다문화가족 적응에 관한 연구」, 한국산학기술학회논문지, 13(11), 5066-5075.

한영란(2019),「재정착난민 청소년의 한국어 및 학교생활 적응교육 실태와 방향: 교육지원 과정을 중심으로」, 인하대학교 교육대학원 석사학위논문.

허선미(2017),「고학력 결혼이주여성의 탈구위치와 인정투쟁: 이중언어강사를 중심으로」, 충남대학교 대학원 박사학위논문.

허찬행 · 심영섭(2015),「TV매체가 재현한 다문화 사회와 사회통합의 현실: 다문화 가정 구성원과 전문가의 인식을 중심으로」, 『언론과학연구』 15(1), 325-363.

홍선기(2017), 「유럽인권법원의 난민보호와 우리의 방향-인권에 내재된 국가의 적극적 직위 의무」, 『헌법연구』 25(2), 241-257.

황정미(2009), 「'이주의 여성화' 현상과 한국 내 결혼이주에 대한 이론적 고찰」, 『페미니즘연구』 9(2), 1-37.

______(2012), 「다문화 사회와 '이주 어머니(migrant mother)': 모성 담론의 재구성과 어머니의 시민권에 관한 고찰」, 『아시아여성연구』 51(2), 103-142.

Adriaanse, C. C. M. (2007), Measuring residential satisfaction: a residential environmental satisfaction scale (RESS), *Journal of housing and the built environment* 22(3), 287-304.

Alba, Richard & Nee, Victor. (1997), Rethinking Assimilation Theory for a New Era of Immigration. *The International Migration Review* 31(4), 826-874.

______ (2009), "Chapter two: Assimilation Theory, Old and New," in Remaking the American Mainstream: Assimilation and Contemporary Immigration, Harvard University Press, pp. 17-66.

Andersen, P. M. & Newman, J. F. (1973), Societal and individual predictiors of medical care utilization in the United States, *The Milbank Quarterly* 51, 95-124.

Baker, R. W., & Siryk, B. (1984), Measuring adjustment to college, *Journal of counseling psychology*, 31(2), 179.

Bandura (1977),

Basilio, L., Bauer, T. K., & Kramer, A. (2017), Transferability of human capital and immigrant assimilation: An analysis for Germany, *Labour* 31(3): 245-264.

Berry, J. W. (1990), Psychology of acculturation: Understanding individuals moving between cultures, In R. Brislin (Ed.), *Applied cross-cultural psychology*, Newbury Park, CA: Sage, 232-253.

______ (1997), Immigration, acculturation, and adaptation, Applied psychology 46(1): 5-34.

______ (2001), A psychology of immigration, *Journal of social issues* 57(3): 615-631.

______ (2005), Acculturation: Living successfully in two cultures, *International journal of intercultural relations* 29(6): 697-712.

Berry, J. W., & Sabatier, C. (2010), Acculturation, discrimination, and adaptation among second generation immigrant youth in Montreal and Paris, *International journal of intercultural relations* 34(3): 191-207.

Berry, J. W., & Sam, D. L. (1997), Acculturation and adaptation, *Handbook of cross-cultural psychology* 3(2), 291-326.

Berry, J. W., Kim, U., Power, S., Young, M., & Bujaki, M. (1989), Acculturation attitudes in plural societies, *Applied psychology* 38(2): 185-206.

Berry, J. W., Kim, U., Tomas, M., & Mok, D. (1987), Comparative studies of acculturative stress, *International Migration Review* 21, 491-511.

Berry, J. W., Phinney, J. S., Sam, D. L., & Vedder, P. (2006), Immigrant youth: Acculturation, identity, and adaptation, *Applied psychology* 55(3): 303-332.

Borjas, G. J. (2006), Making it in America: Social mobility in the immigrant population, *The Future of Children* 16(2): 55-71.

Bourhis, R. Y., Moise, L. C., Perreault, S., & Senecal, S. (1997), Towards an interactive acculturation model: A social psychological approach, *International journal of psychology* 32(6): 369-386.

Broderick, D. (2014), Collaborative design: Participatory culture meets multiliteracies in a high school literacy arts community, *Journal of Adolescent & Adult Literacy* 58(3), 198-208.

Buber, M. (1964), *Reden uber Erziehung*, 우정길 역(2010), 『교육강연집』, 서울: 지식을 만드는 지식.

______ (1979), *Ich und Du*, 10, Auflage, Heidelberg: Lambert Schneider.

Carlo, M. de (1998), *L'interculturel*, 장한업 역(2011), 『상호문화 이해하기: 개념과 활용』, 파주: 한울.

Castle, S. & Miller, M. J. (2003), *The age of migration*, New York: Guilford.

Chiswick, B. R. (1978), The effect of Americanization on the earnings of foreign-born men, *Journal of political Economy* 86(5): 897-921.

Chiswick, B. R., & Miller, P. W. (2009), The international transferability of immigrants' human capital, *Economics of Education Review* 28(2): 162-169.

______ (2013), The impact of surplus skills on earnings: Extending the over-education model to language proficiency, *Economics of Education Review* 36: 263-275.

Chiswick, B. R., Lee, Y. L., & Miller, P. W. (2006), Immigrants' Language Skills and Visa Category1, *International Migration Review* 40(2): 419-450.

Clandinin, D. J. & Connelly, F. M. (2000), *Narrative Inquiry: Experience and story in qualitative research*, San Francisco: Jossey_Bass.

_____ (2004), *Narrative Inquiry*, 소경희 역(2007), 『내러티브 탐구』, 파주: 교육과학사.

Constable, N. (2005), Introduction: Cross-border marriages, gendered mobility, and global hypergamy, *Cross-border marriages: Gender and mobility in transnational Asia*, 1-16.

Creswell, J. W. (2013), *Qualitative inquiry and research design: Choosing among five traditions* (3rd edition), Los Angeles, CA: SAGE Publications.

Creswell, John W. (2013), *Qualitative Inquiry and Research Design: Choosing among Five Approaches*, 『질적 연구 방법론: 다섯 가지 접근』, 조흥식 외 공역(2015), 서울: 학지사.

Deci, E. L., & Ryan, R. M. (1985), The general casuality orientations scale: Self-determination in personality, *Journal of Research in Personality* 19(2), 109-134.

Ferrante, J. (2003), *Sociology: A global perspective*, California: Thomson Wadsworth.

Georgiou, M. (2005), Diasporic media across Europe: Multicultural societies and the universalismparticularism continuum, *Journal of Ethnic and Migration Studies* 31(3), 481-498.

Gordon, Milton. (1964), "Chapter 3: The nature of assimilation" in Assimilation in American Life, New York: Oxford University Press, pp. 60-83.

Heitmeyer, Wilhelm (1997), Gesellschaftliche Integration, Anomie und ethnische-kulturelle Konflikte, W. Heitmeyer (ed.), *Was treibt die Gesellschaft auseinander?-Bundesrepublik Deutschland: Auf dem Weg von der Konsens-zur Konfliktgesellschaft* 2, Aufl, Frankfurt am Main: Suhrkamp.

Hobbs, R., & Moore, D. C. (2013), *Discovering media literacy: Teaching digital media and popular culture in elementary school*, Thousand Oaks, CA: CORWIN.

Hofstede, G., Hofstede, G. J., & Minkov, M. (2010), *Cultures and organizations: Software of the mind*, Revised and expanded, New York: McGraw-Hill [차재호 · 나은영 공역(2014), 『세계의 문화와 조직』, 학지사].

Holzbrecher, A. (2004), *Interkulturelle Padagogik*, 정기섭 외 역(2014), 『상호문화교육의 이해: 교사를 위한 교수-학습방법』, 성남: 북코리아.

Husserl, E. (2008), *Die Lebenswelt: Auslegungen der vorgegebenen Welt und ihrer Konstitution* (Vol. 39), Springer-Verlag.

Ivey, A. E. & Ivey, M. B. (1999), *International Interviewing and Counseling: Faciliting Client Development in a multicultural Society*, Pacific Grove, CA: Brooks-Cole.

Kearns, A., & Forrest, R. (2000), Social cohesion and multilevel urban governance, *Urban studies* 37(5-6), 995-1017.

Kellner, D., & Share, J. (2007), Critical media literacy, democracy, and the reconstruction of education. In D. Macedo & S. R. Steinberg (Eds.), *Media literacy: A reader* (pp. 3-23), New York, NY: Peter Lang Publishing.

Kern, R. (2006), Perspectives on technology in learning and teaching languages, *TESOL Quarterly* 40(1), 183-210.

King, R., & Christou, A. (2011), Of counter-diaspora and reverse transnationalism: return mobilities to and from the ancestral homeland, *Mobilities* 6(4), 451-466.

Kress, G. (2000), Multimodality: Challenges to thinking about language, *TESOL Quarterly* 34(2), 337-340.

Laffer, S. H. (2004), Adolesent sex offenders: factors associated with service utilization, Ph. D. Thesis, New York University School of Social Work.

Levinas, E. (1979), *Le temps et l'autre*, 강영안 역(1997), 『시간과 타자』, 서울: 문예출판사.

Lévi-Strauss, C. & Weightman, J. (1969), *The raw and the cooked: Introduction to a science of mythology* (Vol. 1), New York: Harper & Row.

MacIntyre, Alasdair(1984), *After Vertue: A Study in Moral Theory*, Notre Dame: University of Notre Dame press.

Martin, David. (1990), *Tongues of Fire: The Explosion of Protestantism in Latin America*, Oxford: Blackwell.

Pessar, P. R. & Mahler, S. J. (2003), Transnational migration: Bringing gender in, *International migration review* 37(3), 812-846.

Piper, N. (2006), Gendering the Politics of Migration 1, *International Migration Review* 40(1), 133-164.

Redfield, R., Linton, R., & Herskovits, M. J. (1936), Memorandum for the study of acculturation, *American anthropologist* 38(1): 149-152.

Sainsbury, E. (1977), The Personal Social Services, p. 2.

Sam, D. L., & Berry, J. W. (2010), Acculturation when individuals and groups of different cultural backgrounds meet, *Perspectives on Psychological Science* 5(4): 472-481.

Samers, M. (2010), *Migration* (Key ideas in geography), (이영민 · 박경환 · 이용균 · 이현욱 · 이종희 역(2013), 『이주』, 서울: 푸른길.

Simmel, G.(1992), *Soziologie: Untersuchungen uber die Formen der Vergesellschaftung*,

Frankfurt am Main: Suhrkamp.

Strauss, A. L., & Corbin, J. M. (1990), *Basics of qualitative research: Grounded theory procedures and techniques*, Newbury Park, CA: Sage Publications.

Taylor, C. (1994), The politics of recognition, *New contexts of Canadian criticism*, 98-131.

UNESCO (2007), UNESCO Guidelines on Intercultural Education.

Ward, C., Bochner, S., & Furnham, A. (2001), *The psychology of culture shock*, Routledge.

Watson, J. L. (1987), *From the common pot: feasting with equals in Chinese society*, Anthropos, 389-401.

Webster, L. & Mertova, P. (2007), *Using narrative inquiry as a research method*, Oxon, Canada: Routledge.

Yin, R. (2014), *Case study research: Design and methods*, Thousand Oaks, CA: Sage Publication [신경식 · 서아영 · 송민채 역(2016), 『사례연구방법』, 서울: 한경사].

국가통계포털(2019), 「성, 연령, 혼인상태 및 교육정도별 인구(15세 이상, 내국인)-시군구」, http://kosis.kr/statisticsList/statisticsListIndex.do?menuId=M_01_01&vwcd=MT_ZTITLE&parmTabId=M_01_01#SelectStatsBoxDiv

찾아보기

ㄴ

ㄷ

ㅈ

ㅎ

저자소개

김영순(金永洵) kimysoon@inha.ac.kr

독일 베를린자유대학교에서 문화학, 교육학, 언어학 등을 수학하고 문화학 박사학위를 받았다. 현재 인하대학교 사범대학 사회교육과와 동 대학원 다문화교육학과 교수로 재직하고 있다. 인하대학교 다문화융합연구소 소장, 전국 대학원생 질적연구방법 캠프 촌창, BK21 글로컬다문화교육연구단 단장, 탈북다문화멘토링사업단 단장을 맡고 있다. 대표 저서로는 『다문화 생활세계와 사회통합 연구』, 『중국계 이주민의 다문화 생활세계 연구』, 『다문화사회와 공존의 인문학』, 『다문화교육의 이론과 이론가들』, 『처음 만나는 다문화교육』 등이 있으며, 공동 번역서로는 『다문화교육과 인간관계』, 『민주주의와 다문화교육』, 『교사를 위한 다문화교육』, 『언어, 문화 그리고 비판적 다문화교육』, 『상호문화교육의 이해』 등이 있다.

박미숙(朴美淑) parkmisuk@inha.ac.kr

인하대학교 일반대학원에서 다문화교육을 전공하였으며 대학생들의 사회적 실천과정에 대한 근거이론으로 박사학위를 받았다. 현재는 인하대학교 BK21+다문화교육사업팀의 연구교수로 재직 중이며 다문화교육 및 정책과 관련한 연구를 수행하고 있다. 또한 한국국제문화교류학회 편집국장 및 한국다문화교육연구학회 총무이사로 활동하고 있다. 주요 연구는 결혼이주여성, 외국인 노동자, 외국인 유학생 관련 30여 편의 소논문을 게재하였으며, 공저로는 『다문화교육 용어사전』, 『다문화교육연구의 경향과 쟁점』, 『사할린 한인의 노스탤지어 이야기탐구』, 『사할린 한인의 다양한 삶과 그 이야기』 등이 있다.

최승은(崔承恩) 219105@inha.ac.kr

오스트리아 빈 대학교와 동 대학원을 졸업하고, 인하대학교에서 다문화교육을 전공하여 교육학 박사학위를 받았다. 경인교육대학교, 목원대학교, 인하대학교에서 강의를 했으며, 현재 인하대학교 다문화융합연구소에서 연구교수로 재직하며 다문화 관련 연구를 수행하고 있다. 주요 공저로는 『처음 만나는 다문화교육』, 『질적연구의 즐거움』이 있고, 공동 번역서로는 『언어, 문화 그리고 비판적 다문화교육』이 있으며, 박사학위 논문으로는 「상호문화교육의 관점에서 본 초등교사의 음악교육 경험에 관한 연구」가 있다. 사회통합을 위해 한국 사회의 이주민에게 지속적인 관심을 갖고 「이주 어머니(migrant mother)의 자녀교육 경험에 관한 연구」, 「베트남 출신 결혼이주여성의 가족 관계에 관한 상호문화적 해석」 등의 논문을 발표했다.

오영훈(嗚榮勳) ohy10106@hotmail.com

독일 레겐스부르크 대학교에서 언어학으로 석사와 박사학위를 취득하여 호남신학대학교 교양학부 강의전담교수를 거쳐, 현재 인하대 교육대학원 다문화교육에서 다문화 이론 및 다문화교육에 관한 연구와 강의를 수행하고 있다. 논문으로는 「다문화국제학교 설립 및 운영에 관한 연구」, 「상호문화역량 강화를 위한 다문화 멘토링 캠프 프로그램 개발」, 「다문화대안학교 특성화 교과과정 분석 연구」, 「교육연극을 활용한 상호문화교육의 이해」 등 다문화교육 관련 논문들이 다수 있으며, 저서로는 『처음 만나는 다문화교육』, 『다문화 대안학교의 실천과 모색』, 『다문화사회교육론』, 『다문화교육 용어사전』 등이 있다. 역서로는 『언어, 문화 그리고 비판적 다문화교육』, 『상호문화교육의 이해』, 『교사를 위한 다문화교육』 등이 있다.

손영화(孫永和) drsonn2@inha.ac.kr

한양대학교에서 상법, 경제법 등을 수학하고 법학박사 학위를 받았다. 이후 명지대학교 지식경제연구소 연구교수를 거쳐 인하대학교 법학전문대학원에서 공정거래법, 소비자법 등에 관한 연구와 강의를 수행하고 있다. 한국국제문화교류학회, 한국경제법학회, 한국상사판례학회, 한국기업법학회, 한국법정책학회, 한양법학회 등의 부회장을 맡고 있다. 인하대학교 경쟁법센터 센터장도 맡고 있다. 대표 저서로는 『창업과 법』(공저), 『법의 통섭』(공저), 『주식회사법대계』(공저), 『자본시장법 주석서』(공저), 『기업범죄연구』(공저), 『인터넷과 법』 등이 있으며, 학술논문으로는 「회사분할과 부정당업자 제재처분의 승계 여부」, 「자회사의 부실에 대한 지원과 모회사 이사의 책임」, 「국내 · 외 인권정책을 통한 이주민 인권보호의 방향 모색」(공저), 「외국인노동자에 대한 법정책의 연구: 인권침해의 방지 및 사회통합을 중심으로」 등이 있다.

박종도(朴鍾道) jdp23@inu.ac.kr

2013년 미국 University of Pittsburgh의 School of information Sciences에서 "Automated Question Triage for Social Reference: A Study of Adopting Decision Factors from Digital Reference"라는 주제의 논문으로 문헌정보학 박사학위를 받았다. 이후 중앙대학교와 숙명여자대학교 등에서 강의를 계속하다 2016년부터 현재까지 인천대학교 사회과학대학 문헌정보학과에 교수로 재직하고 있다. 대학에서는 정보학과 정보처리, 목록에 관한 강의를 담당하고 있으며, 커뮤니티 기반의 레퍼런스 서비스인 소셜 레퍼런스 환경에서 이용자들 간의 협업에 관한 연구를 수행하고 있다. 본 과제에서는 아카이브 구축을 담당하고 있으며 지속 가능한 아카이브의 설계 및 구축과 연구자들 간의 협업 플랫폼 개발에 관심과 노력을 기울이고 있다.

조영철(曺永喆) tem2000@hanmail.net

경인교육대학교에서 학사학위를 받고, 인하대학교에서 문화경영학, 다문화교육학 등을 수학하고 교육학 박사학위를 받았다. 인천광역시 교육청 소속 초등교사로 약 15년간 근무 후 현재 인하대학교 아시아다문화융합연구소에서 연구교수 일을 수행하고 있다. 공립학교 초등교사 및 연구원으로서 '공립다문화대안학교 체재 및 운영 연구', '지속가능발전교육 수업모델 개발', '세계시민교육 연계 지속가능발전교육 중장기 정책연구' 등 다문화교육, 상호문화교육, 이주민 연구를 수행해오고 있다. 대표 공저로는 『미래를 걷는 아이들』, 『다문화교육 용어사전』, 『처음 만나는 다문화교육』 등이 있다.

이미정(李美貞) pro03@daum.net

인하대학교 대학원 문화경영학과에서 문학 박사학위를 취득하였으며, 인하대학교 문화경영심리연구소와 교육연구소 전임연구원, 인하대학교 BK+사업단 연구교수로 활동하였다. 현재 인하대학교 교육연구소 연구교수로 재직하고 있으며, 다문화교육과 관련된 다수의 저서, 연구 및 프로젝트에 참여하고 있다. 대표적으로 한국연구재단 '도서지역 결혼이주여성의 문화적응에 관한 연구', '지속가능발전교육 활용 다문화가정자녀 케어 시스템에 관한 융합적 연구', '글로컬 다문화멘토링 시스템 연구' 등 다수의 연구에 참여하였다. 저서 및 번역서로는 『다문화교육총서 1, 2, 3』(공저), 『다문화교육 용어사전』(공저), 『다문화교육과 인간관계』(공역), 『민주주의와 다문화교육』(공역), 『교사를 위한 다문화교육』(공역), 『언어, 문화 그리고 비판적 다문화교육』(공역) 등이 있다.

오세경(嗚世京) pang0425@naver.com

인하대학교에서 문화경영학 박사학위를 받았고 이후 아시아다문화융합연구소 연구교수를 거쳐 동 대학교 대학교육혁신단 교육혁신팀 전임연구원으로 재직 중이다. 박사학위 논문은 「인천둘레길을 중심으로 지속 가능한 여가로서 도보여행자의 경험에 관한 연구」이며, 주요 논문으로는 「도보여행자의 진지한 여가 체험에 관한 연구」, 「외국인 유학생의 문화적응을 위한 여가 경험의 의미」, 공동 저서로는 『질적연구의 즐거움』 등이 있다.

정지현(鄭智賢) oxy59j@hanmail.net

인하대학교 교육대학원 외국어로서의한국어학과에서 석사학위를 취득하고, 동 대학교 일반대학원 다문화교육 전공으로 교육학 박사학위를 취득하였다. 현재 인하대학교 언어교육원에서 학문 목적 외국인 학습자를 대상으로 한국어를 강의하고 있다. 또한 법무부의 다문화사회 전문가, 여성가족부의 다문화이해교육 전문강사로 활동하고 있다. 다문화 리터러시 교육과 관련하여 다수의 논문이 있으며, 공저로는 『다문화교육 용어사전』, 『다문화교육의 이론과 적용』, 『새인하한국어 주교재 1』, 『새인하한국어 익힘책 1』, 『새인하한국어 주 교재 2』, 『새인하한국어 익힘책 2』, 『처음 만나는 다문화교육』, 『질적연구의 즐거움』, 『사할린 한인들의 다양한 삶과 그 이야기』 등이 있다.

박봉수(朴奉秀) wuligaqi@naver.com

인하대학교에서 다문화학과 다문화교육을 수학하고, 「영주귀국 사할린 한인의 내러티브」로 교육학 박사학위를 받았다. 인하대학교 아시아다문화융합연구소의 전임연구원을 거쳐 현재는 디아스포라연구소의 소장으로 우리 사회에 거주하는 이주민의 작은 목소리를 세상 밖으로 드러내는 데 지원하고 있다. 한국연구재단에서 주관한 '지속가능발전교육 활용 다문화가정자녀 케어시스템에 관한 융합적 연구'와 'BK+' 등의 연구 프로젝트에 참여하였다. 주요 논문으로 「사할린 영주귀국자의 통과의례에 나타난 교향의 의미」, 「사할린 영주귀국 노인의 자원봉사활동 경험과 의미」 등이 있으며, 주요 공저로는 『다문화교육 용어사전』, 『다문화교육연구의 이론과 적용』, 『사할린 한인의 노스탤지어 이야기 탐구』, 『사할린 한인들의 다양한 삶과 그 이야기』 등이 있다.

방현희(方賢姬) hhbang60@hanmail.net

인하대학교 일반대학원에서 다문화교육을 전공하였으며, 대학생들의 다문화지식을 주제로 연구하여 교육학 박사학위를 받았다. 현재는 인하대학교 다문화융합연구소의 전문연구위원으로 다문화교육 및 정책에 관한 연구를 수행하고 있으며, 한국국제문화교류학회 연구이사로 활동하고 있다. 그리고 다문화 전문가 및 한국어강사로도 활동 중이다. 주요 연구는 결혼이주여성, 외국인 유학생, 대학생의 다문화 역량, 다문화 지식, 진로 등에 관하여 진행한 연구가 다수 있다. 주요 공저로는 『다문화교육 용어사전』, 『다문화교육연구의 경향과 쟁점』이 있다.

오영섭(塢瑛燮) yesoh@hanmail.net

인하대학교에서 다문화교육 전공으로 교육학 박사학위를 받았으며, 현재 인하대학교 BK21 글로컬다문화교육연구단 전임연구원으로 재직하고 있다. 박사학위 논문은 「이주배경 중도입국 청소년의 미술: 이야기융합치료 프로그램 참여경험 사례연구」이다. 주요 연구로는 '질적 연구데이터 기반 다문화생활세계 아카이브 구축 사례 및 활용방안에 관한 연구', '이야기치료의 국제적 연구동향에 관한 탐색적 연구' 등이 있다.